Tim Cope

Auf den Spuren
Dschingis Khans

Tim Cope

Auf den Spuren Dschingis Khans

Drei Jahre zu Pferd von Asien nach Europa

Aus dem Englischen von Katja Hald, Enrico Heinemann, Ursula Pesch und Werner Roller

Mit 32 Seiten Farbbildteil und neun Karten

MALIK NATIONAL GEOGRAPHIC

Mehr über unsere Autoren und Bücher:
www.malik.de

Die englische Originalausgabe erschien 2013 unter dem Titel
»On the Trail of Genghis Khan« bei Bloomsbury Publishing in London

Bibliografische Information der Deutschen Nationalbibliothek
Die Deutsche Nationalbibliothek verzeichnet diese Publikation in der Deutschen Nationalbibliografie; detaillierte bibliografische Daten sind im Internet über http://dnb.d-nb.de abrufbar.

MALIK NATIONAL GEOGRAPHIC

Ungekürzte Taschenbuchausgabe
Mai 2016

Umschlaggestaltung: Dorkenwald Grafik-Design, München
Umschlagabbildungen: Tim Cope
Autorenfoto: Tim Cope
Innenteilfotos: Tim Cope, mit Ausnahme der Tafeln 2 oben (Kathrin Bender-Nienhaus), 24 oben und unten rechts (Igor Shpilenok)
Karten: Will Pringle
Litho: Lorenz & Zeller, Inning a. A.
Satz: Satz für Satz, Wangen im Allgäu
Papier: Naturoffset ECF
Druck und Bindung: CPI books GmbH, Leck
Printed in Germany ISBN 978-3-492-40601-7

Das Papier wurde aus chlorfrei gebleichtem Zellstoff hergestellt.

Inhalt

KRIM

UKRAINE

UNGARN

Prolog

Im Juni 2004 machte ich mich im Alter von 25 Jahren auf, um von der Mongolei bis nach Ungarn rund 9600 Kilometer durch die Eurasische Steppe zu reiten. Zu meiner Reise inspirierten mich die nomadischen Mongolen, die unter Dschingis Khan die Gründung des größten Landreichs der Geschichte in Angriff genommen hatten. Ziel dieser Reise war es, jene zu ehren und zu verstehen, die seit Tausenden von Jahren mit ihren Pferden die Steppe bevölkern und ein Nomadenleben führen.

Als ich drei Jahre später, im Herbst 2007, die Donau erreichte, stellte man mir oft die Frage: »Wie haben Sie es so lange allein ausgehalten?« Die Wahrheit ist, dass ich mich nie ganz allein gefühlt habe. Mit mir unterwegs war meine Pferdefamilie; zwei ihrer Mitglieder, Taskonir und Ogonjok, trugen mich die meiste Zeit. Dann war da noch Tigon, mein kasachischer Hund, der mich auf seinen vier Pfoten begleitete. Meine Tiere waren die Anführer bei dieser Reise und trugen die Hauptlast von Kälte und Hitze. Sie durchquerten Wüsten, überquerten Berge und waren stümperhaften Bürokraten und Pferdedieben ausgesetzt. Sie haben es mir ermöglicht, die Vielfalt der Eurasischen Steppe zu erfahren, und rückblickend habe ich keine bessere Erklärung für meine Reise als diese: dass ich das Glück erleben durfte, mit meinen Pferden und Tigon an unserer Seite über die offene Steppe zu reiten, wo nichts und niemandem – weder Gedanken noch Gefühlen, der Zeit, der Erde oder den Tieren – Grenzen gesetzt waren.

Auch ohne die vielen Einzelpersonen und Familien, die ich unterwegs kennenlernte, wäre diese Reise bedeutungslos gewesen. Etliche von ihnen begleiteten mich ein Stück auf meinem Weg, und mehr als 100 nahmen meine Tiere und mich bei sich auf. Einige meiner Gastgeber waren bitter arm, andere reich, und viele von ihnen waren alkoholabhängig oder in Korruption und Verbrechen verstrickt. Die meisten sorgten jedoch für mich wie für einen Freund und teilten ihr Essen, ihr Futter und ihre Unterkunft großzügig mit mir – manchmal wochen- und monatelang. Wenn ich nach einem tagelangen anstrengenden Ritt trotz meines normalerweise ziemlich verwahrlosten Aussehens von einem Fremden mit einem Lächeln willkommen geheißen wurde, empfand ich ein Gefühl der Kameraderie und Nähe, das mein Leben nicht nur bereicherte, sondern es zuweilen auch rettete.

All meine Gastgeber erzählten mir mit großer Offenheit von ihren Lebensumständen, ihrer Kultur und ihrer Geschichte. Später wurde mir klar, dass ich in einigen von ihnen den modernen Wächtern der Steppe begegnet war – jenen besonderen Menschen, die ihr Kulturerbe schützen, den Stolz der Nomaden nähren und die Traditionen ihrer Vorfahren lebendig halten.

Dieses Buch ist meinen Tieren und all jenen Menschen gewidmet, denen ich in der Eurasischen Steppe begegnet bin.

»Vor uns erstreckte sich jetzt die Mongolei, mit Wüsten, die in den Luftspiegelungen zitterten, mit endlosen Steppen, die bedeckt waren mit smaragdgrünem Gras und einer Vielzahl von Wildblumen, und mit namenlosen schneebedeckten Gipfeln, grenzenlosen Wäldern, donnernden Flüssen und schnellen Gebirgsbächen. Der Weg, den wir unter großen Mühen zurückgelegt hatten, war hinter uns zwischen Schluchten verschwunden. Wir hätten uns keinen faszinierenderen Zugang zu einem neuen Land erträumen können, und als die Sonne an diesem Tag unterging, hatten wir das Gefühl, neu geboren worden zu sein – in ein Leben, das die Macht der Berge, die Tiefe des Himmels und die Schönheit des Sonnenaufgangs in sich trug.«

– HENNING HASLUND
Mongolian Adventure: 1920s Danger and Escape Among the Mounted Nomads of Central Asia

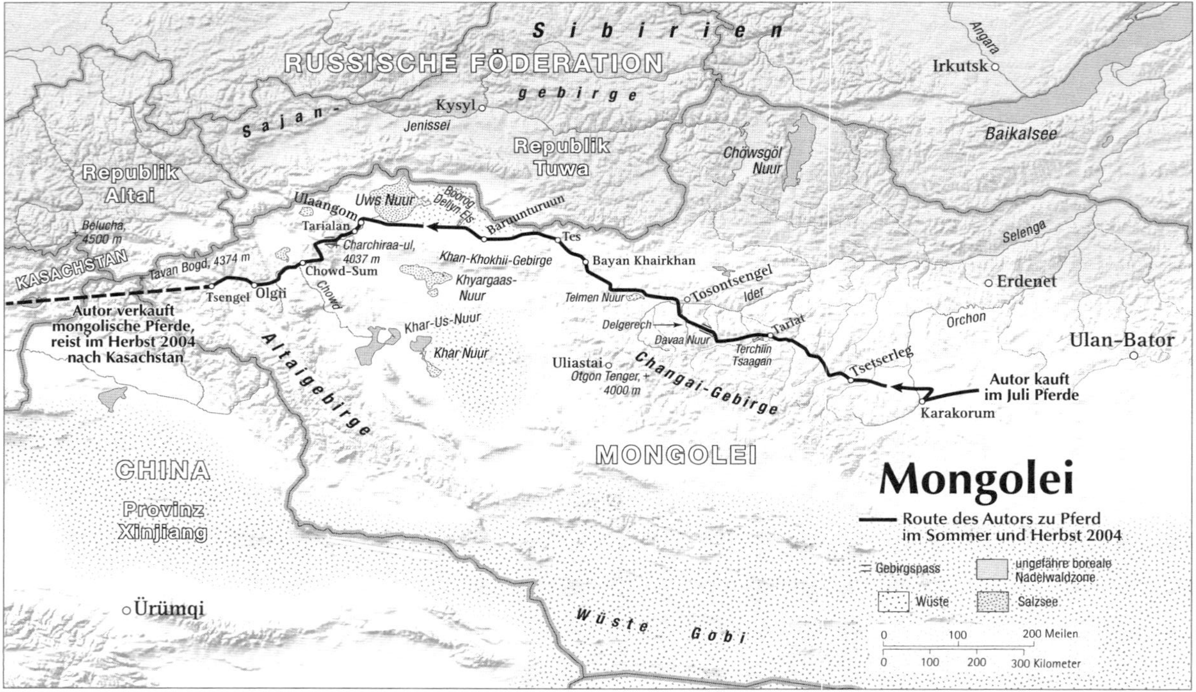
Sibirien
RUSSISCHE FÖDERATION
Sajan-gebirge
Kysyl
Jenissei
Republik Tuwa
Republik Altai
Irkutsk
Angara
Baikalsee
Chöwsgöl Nuur
Selenga
Erdenet
Orchon
Ulan-Bator
Uws Nuur
Böörög Deliyn Els
Ulaangom
Tarialan
Baruunturuun
Tes
Bayan Khairkhan
Belucha, 4500 m
KASACHSTAN
Tavan Bogd, 4374 m
Charchiraa-ul, 4037 m
Khan-Khokhii-Gebirge
Chowd-Sum
Khyargaas-Nuur
Tsengel
Olgii
Chowd
Telmen Nuur
Tosontsengel
Ider
Delgerech
Davaa Nuur
Tariat
Terchiin Tsaagan
Autor verkauft mongolische Pferde, reist im Herbst 2004 nach Kasachstan
Khar-Us-Nuur
Khar Nuur
Altaigebirge
Uliastai
Otgon Tenger, 4000 m
Changai-Gebirge
Tsetserleg
Autor kauft im Juli Pferde
Karakorum
MONGOLEI
CHINA
Provinz Xinjiang
Ürümqi
Wüste Gobi
Mongolei
Route des Autors zu Pferd im Sommer und Herbst 2004
Gebirgspass
ungefähre boreale Nadelwaldzone
Wüste
Salzsee
0 100 200 Meilen
0 100 200 300 Kilometer

MONGOLEI

Mongolische Träume

Zehn Minuten zuvor hatten wir uns noch über unsere Sättel gebeugt und uns gegen den peitschenden Regen und Hagel gestemmt, jetzt war die Nachmittagssonne zurückgekehrt, und der Wind war eingeschlafen. Ich schob die Kapuze meiner Jacke zurück und nahm nach und nach wieder Geräusche und Klänge wahr, die der Sturm übertönt hatte. Ganz in der Nähe hörte ich das Rasseln von Zaumzeug, als mein Packpferd eine Fliege abschüttelte. Um uns herum hallten die schrillen Lieder unsichtbarer Vögel. Meine nassen Lederüberhosen wurden langsam wärmer, und der Geschmack von getrocknetem Quark, bekannt als *aaruul*, wurde bitter in meinem Mund. Vor mir saß meine Freundin Kathrin erstaunlich ruhig auf ihrem kleinen kastanienbraunen Wallach. Unter mir schaukelte mein Sattel – während sich die Hufe meines Pferdes in den weichen Untergrund pressten – in einem Rhythmus so gleichmäßig wie ein Herzschlag.

In einem so offenen und weiten Land wie der Mongolei brauchte es, wie mir zunehmend bewusst wurde, nur wenig, um meine Aufmerksamkeit von dem, was mich umgab, auf die Ferne zu lenken. Kaum drehte ich mich in meinem Sattel ein kleines bisschen, schon richtete sich mein Blick auf die Regenwolken, die uns noch Minuten zuvor durchweicht hatten, jetzt aber über das Land links von uns segelten. Vom Wind wie ein riesiger Spinnaker aufgeblasen, überquerten sie die Ebene, um die wir herumritten, und zogen weiter zu entfernten Hochländern, wobei sie flüchtig die Erde befleckten und en passant Nomadenlager vernichteten.

In meiner Kindheit hatte ich oft Wolken wie diese beobachtet und sie um die Freiheit beneidet, mit der sie umherziehen konnten. Hier jedoch war das Land so endlos weit wie der Himmel. Über den makellosen grünen Teppich früher Sommergräser waren zahllose Pferde-, Schaf- und

Ziegenherden verstreut, die sich wie Wolkenschatten bewegten und veränderten. Für die Nomaden, die sie hüteten, schien kein Ort tabu zu sein. Ihre weißen, als *gers* bekannten Jurten standen auf Anhöhen, an leise rauschenden Flüssen und in den Spalten entfernter Hänge. Reiter trieben ihre Herden voran, durchquerten offenes Gelände und liefen in ihren Lagern umher. Kein einziger Baum, kein Strauch, kein Zaun, keine Straße war zu sehen, und die höchsten Gipfel in der Ferne wirkten wie geschleift, was den Eindruck einer Welt ohne Grenzen noch verstärkte.

Als ich die Zügel umklammerte und den Blick wieder auf die frisch geschnittene Mähne meines Reitpferdes Bor richtete, wanderten meine Gedanken hin und her zwischen dieser überschaubaren Realität und den Herausforderungen einer komplexeren Welt, die immer mehr in den Hintergrund trat.

In den vergangenen zwölf Monaten hatte ich mich in meiner Wohnung im dritten Stock mit Blick über die Vororte von Melbourne, Australien, auf diese Reise vorbereitet. Theoretisch schien es kein großes Problem zu sein, zu Pferd die Eurasische Steppe zu durchqueren und dabei von der Mongolei bis nach Ungarn 9600 Kilometer zurückzulegen – unabhängig von der motorisierten Welt und von Straßen könnte ich ungehindert umherziehen und würde als Treibstoff einzig Gras und Wasser brauchen. Einer meiner Freunde hatte mir sogar gesagt: »Steig auf dein Pferd, richte es nach Westen, und wenn die Leute anfangen, Französisch zu sprechen, dann weißt du, dass du zu weit geritten bist.«

In Wirklichkeit gab es viele Dinge, die ich planen musste. Ich wusste zum Beispiel, dass es – um Visa zu bekommen und mit Tieren Grenzen zu überqueren – bürokratische Hürden zu überwinden galt und dass die richtige Ausrüstung darüber entscheiden könnte, ob meine Reise 200 oder nur zwei Tage dauern würde. Zu Beginn meiner Planungen begriff ich noch nicht, welch gewaltige Reise ich mir vorgenommen hatte. Meine Erfahrung als Reiter bestand darin, dass ich zwei Jahrzehnte zuvor im Alter von sieben Jahren zehn Minuten auf dem Rücken eines Pferdes gesessen hatte. Damals hatte das Pferd mich abgeworfen, und ich war mit einem gebrochenen Arm im Krankenhaus gelandet. Ich hatte noch immer große Angst vor diesen kraftvollen Geschöpfen und konnte mir nicht wirklich vorstellen, jemals ein passabler Reiter zu werden – ein Gefühl, das meine Mutter Anne teilte, die ein bisschen verwirrt war, als ich die Idee meiner Reise zum ersten Mal erwähnte.

Trotz aller Unsicherheiten hatte ich meine Planung vorangetrieben und fühlte mich im Frühjahr 2004 relativ gut vorbereitet. Unter der Führung des Gründers der Long Riders' Guild, CuChullaine O'Reilly, hatte ich die Regeln des Reisens mit Pferden studiert und sorgfältig meine Ausrüstung zusammengestellt. Ich hatte auch den Kontakt mit Botschaften, Visaagenturen und Menschen hergestellt, die mir ihre Hilfe vor Ort versprochen hatten.

Doch nicht alle Vorbereitungen waren nach Plan verlaufen. So war es mir nicht gelungen, genügend Geld für mein Zielbudget von zehn Dollar pro Tag aufzutreiben (für eine Reise, für die ich achtzehn Monate veranschlagte), und die Zusicherungen, dass ich Dauervisa erhalten würde, waren im besten Fall vage. Außerdem hatte ich seit Beginn meiner Planungen nicht so viel Reiterfahrung gesammelt wie erhofft. Abgesehen von jenem lang zurückliegenden verhängnisvollen Ritt hatte ich – dank der Familie Baird, die so freundlich war, den nervösen Novizen mitzunehmen – an einem fünftägigen Packpferde-Trip durch die Australischen Alpen im Südosten Australiens und einem dreitägigen Crashkurs mit Pferdetrainern und einem Fachtierarzt für Pferde in Western Australia teilgenommen. Zugleich war ich überzeugt, dass angesichts der unvorstellbaren Schwierigkeiten der vor mir liegenden Reise nicht einmal weitere vierzig Jahre des Planens ausreichen würden. Außerdem: Welche besseren Lehrer könnte ich wohl haben als die Nomaden der Steppe, zu denen ich mich bald gesellen würde?

Als ich meine Flugtickets gebucht und meine Wohnung gekündigt hatte, gab es kein Zurück mehr. Das mir bekannte Leben fiel auseinander, und mir blieb nur noch, mich von meiner Familie zu verabschieden. Nachdem ich von Jon, einem meiner Brüder, Abschied genommen hatte, ließ ich mich, gegen die Wand in meiner leeren Wohnung gelehnt, zu Boden gleiten und weinte. Als das älteste von vier einander sehr nahestehenden Geschwistern zu einer so langen Reise aufzubrechen, fühlte sich an, als würde ich Bindungen durchtrennen, und der Gedanke, wie sehr wir uns voneinander entfremden könnten, machte mir Angst. Schließlich stand ich auf dem Flughafen von Melbourne. Meine Mutter umarmte mich, und je länger ich in ihren Armen verweilte, desto deutlicher wurde mir, dass ich als Sohn etwas tat, das an Verantwortungslosigkeit grenzte.

Nachdem ich in Peking gelandet und von dort mit dem Zug nach Ulan-Bator, der Hauptstadt der Mongolei, gefahren war, hatte ich ein paar Wochen damit verbracht, das mongolische Außenministerium davon zu überzeugen, mir eine Visaverlängerung zu gewähren, was mir beinahe misslungen wäre. Außerdem beschaffte ich mir zusätzliche Ausrüstungsgegenstände und suchte nach den Pferden, die mein Transportmittel, meine Lastenträger und meine Reisebegleiter sein würden.

Ein junger, Englisch sprechender Mongole namens Gansukh Baatarsuren hatte mich zum Haus einer Nomadenfamilie rund 290 Kilometer südwestlich von Ulan-Bator gebracht, wo er mir »Heldenpferde« zu finden versprach. Die Sache erwies sich als schwierig. Im Allgemeinen waren die Nomaden der – in meinem Fall berechtigten – Überzeugung, dass Weiße nicht reiten konnten, und als sie herausfanden, dass der potenzielle Käufer ein Ausländer war, zogen mehrere von ihnen frühere Verkaufsangebote zurück. Niemand wollte dafür verantwortlich sein, einen Ausländer wie mich einer Gefahr auszusetzen, ganz zu schweigen eine schlechte Behandlung seiner wertvollen Pferde zu riskieren.

Schließlich war mir ein Zufall zu Hilfe gekommen – es hatte eine Parlamentswahl gegeben, für die Nomaden eine Gelegenheit, um von allen Ecken und Enden der Steppe herbeizureiten und unter Leute zu kommen. Gansukh war zu einem Wahllokal gegangen und hatte kundgetan, dass er drei gute Pferde suche. Am nächsten Tag verhandelte er, während ich mich in einer Jurte versteckte, in meinem Namen mit Verkäufern. Auf diese Weise gelang es mir, zwei Wallache zu kaufen. Den dritten erstand ich von einer Nomadenfamilie, bei der wir wohnten.

Vor nur sechs Tagen war ich mit meiner kleinen Karawane aufgebrochen und hatte, weitgehend zu Fuß, die erste unsichere Etappe zurückgelegt. Und ich hatte mich mit Kathrin getroffen, die mich in den ersten zwei Monaten meiner Reise begleiten wollte.

Als ich jetzt wieder hochschaute und zwischen den Ohren meines Pferdes hindurch die Steppe betrachtete, spürte ich, wie die Steifheit in meinen Gliedern nachließ. Vielleicht war dies lediglich der Wirkung der *airag* zu verdanken – fermentierter Stutenmilch, von der Nomaden Kathrin und mir beim Mittagessen eine ganze Schüssel serviert hatten –, doch zum ersten Mal, seit ich in einen Sattel gestiegen war, überkam mich ein Gefühl der Leichtigkeit. Die Zügel in der Hand, den Kompass eingestellt und den Rucksack umgeschnallt, dachte ich nur eins:

dass vor mir bis zur Donau 9600 Kilometer dieses offenen Landes lagen und dass jenseits dieses weiten Horizonts keine Menschenseele wusste, dass ich kam.

Als die Sonne sich dem Horizont näherte und die Hitze nachließ, tränkte ich die Pferde und wählte einen Lagerplatz auf halber Höhe eines Hangs mit Blick über das Land, durch das wir geritten waren. Anschließend legte ich den Pferden Fußfesseln an und kettete sie in der Nähe des Zeltes mit rund zwei Meter langen Leinen an Stahlpflöcken an, etwas, das zur abendlichen Routine werden sollte. Kathrin und ich warfen den Campingkocher an, kochten das Abendessen und beobachteten, angelehnt an unsere Packkisten, Schaf- und Ziegenherden, die zu unterhalb von uns verstreuten Lagern strömten. Die Brise trug den süßen Geruch brennenden Dungs und die Rufe weit entfernter Reiter zu uns, und als wir unsere Töpfe leergekratzt hatten, legten wir uns auf Matratzen aus Pferdedecken und lauschten dem knirschenden Kauen der Gras fressenden Tiere. Danach verlor ich mich angesichts der vor mir liegenden Wochen und Monate in einem traumgleichen Zustand der Halbbewusstheit.

Irgendwann muss ich einen tiefen Schlaf gefallen sein, denn als ich die Augen wieder öffnete, waren die bukolischen Szenen des Abends verschwunden. Stattdessen blähte sich das Zelt unter lautem Flattern im Wind. Irgendetwas hatte mich geweckt, und obwohl ich nicht wusste, was, kroch ich aus meinem Schlafsack und tastete nach meiner Taschenlampe. Doch ich konnte sie nicht finden und lag dann ganz still da, hielt den Atem an und lauschte angestrengt nach meinen Pferden.

Minuten vergingen. Ich hörte weder das Bimmeln der Pferdeglocke, die ich um den Nacken meines Packpferdes gebunden hatte, noch irgendein anderes Geräusch, das darauf schließen ließ, dass die Pferde grasten. Ich versuchte mir einzureden, dass ich unter Verfolgungswahn litt und dass die Pferde schliefen, doch dann hörte ich von jenseits des Lagers gedämpfte Stimmen und das Donnern von Hufen. Ich kletterte aus dem Zelt und lief barfuß zu der Stelle, an der ich die Tiere angebunden hatte. Dort fand ich nur noch mein weißes Reitpferd, Bor, das an seiner Leine zerrte und wie verrückt in das Dunkel der Nacht hinein wieherte. Irgendwo im Umkreis unseres Lagers wurden die Galoppgeräusche schnell leiser.

Ich hielt mich an Bors Leine fest und stolperte weiter, bis ich die zwei anderen Leinen zwischen meinen Zehen spürte. Als ich das Ende einer der Leinen erreichte, fiel ich auf die Knie und umklammerte den einzig verbliebenen Beweis für die Existenz der anderen beiden Pferde: die Glocke und die Fesseln.

Als Kathrin mit einer Taschenlampe von unserem Zelt herbeigerannt kam, erinnerte ich mich an die Warnungen erfahrener Nomaden: *Was wirst du tun, wenn Wölfe angreifen? Wenn Diebe deine Pferde stehlen? Hast du eine Waffe bei dir?* Als Antwort hatte ich naiv meine Axt und meine Pferdeglocke gezeigt. Sheila Greenwell, die australische Tierärztin, die mir freundlicherweise bei meinen Vorbereitungen geholfen hatte, meinte, dass ich aufwachen würde, falls sich Diebe näherten, wenn ich meinen Pferden abends eine Glocke umband, weil die Pferde nervös werden und die Glocke läuten würde. In Wirklichkeit hatte der Klang der Glocke die Diebe direkt zu meinem Lager geführt. Sie hatten dem Packpferd leise die Glocke abgestreift, die Pferde losgebunden und sich aus dem Staub gemacht.

So sinnlos es auch gewesen sein mag, Kathrin und ich durchkämmten weiter die Steppe in der Hoffnung, irgendetwas übersehen zu haben. Als wir dann durchgefroren zum Zelt zurückkehrten, musste ich mir eingestehen, dass ich schon am sechsten Tag meiner Reise einige meiner Pläne revidieren musste. Ja, vielleicht musste ich die ganze Unternehmung neu überdenken.

Schon seit meinem 19. Lebensjahr hatte ich davon geträumt, zu Pferd auf den Spuren der Nomaden von der Mongolei bis nach Ungarn zu reiten. Damals hatte ich die juristische Fakultät in Australien verlassen, um mich in Finnland zum Wildnisführer ausbilden zu lassen. Dort erfuhr ich von den Reisen von Carl Gustaf Emil Mannerheim, dem legendären finnischen General und Forscher, dessen Karriere in der Kaiserlich Russischen Armee begann. Später führte er die finnischen Unabhängigkeitsbestrebungen an und wurde gegen Ende des Zweiten Weltkriegs zum Präsidenten Finnlands gewählt.

Nachdem ich 1999 meine Ausbildung zum Wildnisführer abgeschlossen hatte, stornierte ich mein Rückflugticket nach Australien und machte mich mit meinem Freund Chris Hatherly mit Liegerädern von russischen Karelien nach Peking auf. Unsere Reise, während derer wir von zwei Dollar pro Tag lebten, dauerte 14 Monate. Wir zelteten in Wäldern, tranken aus Bächen am Straßenrand und wurden von freundlichen Dorfbewohnern gerettet, die sich unserer erbarmten.

Chris und ich landeten dann im Herbst 2000 in der Mongolei – der logischsten und kürzesten Route von Sibirien nach Peking folgend.

Während wir uns mit unseren Rädern durch den Sand der Wüste Gobi kämpften, hielten wir immer wieder erschöpft an und beobachteten, wie plötzlich am Horizont Reiter mit langen, flatternden Mänteln auftauchten, die Augen nach vorn gerichtet und so reglos im Sattel sitzend, als würden sie sich überhaupt nicht bewegen. Nachdem sie angehalten und sich die beiden jungen Australier angesehen hatten, die im Sand der einzigen weit und breit erkennbaren Spur versanken, bestiegen sie wieder ihre Pferde und galoppierten in alle Himmelsrichtungen davon.

Ihre Welt ohne Straßen, Klein- und Großstädte, in der selbst Wohnstätten keine dauerhaften Narben auf dem Land hinterließen, beeindruckte mich. Frei von Zäunen und privatem Landbesitz blieb die natürliche Beschaffenheit der Erde erhalten und wurde nur durch Berge, Flüsse, Wüsten und das natürliche Kommen und Gehen der Jahreszeiten definiert. Außerdem hatten die Nomaden, die kaum mehr als ein dünnes Stück Filz vor Temperaturen schützte, die im Lauf eines Jahres um bis zu 80 Grad schwankten, eine Verbindung zum Land, wie ich sie in der heutigen Zeit nie für möglich gehalten hätte.

Bis zu diesem Zeitpunkt unserer Reise waren Fahrräder für Chris und mich Freiheitsmaschinen gewesen, die es uns ermöglichten, alle Konventionen hinter uns zu lassen. Doch mir dämmerte, dass uns das Reich der Nomaden verschlossen war, weil wir auf Straßen und Reifenspuren angewiesen waren. Ich war lediglich ein Tourist auf der Durchreise.

Als wir die chinesische Grenze erreicht hatten, war unsere Tour nach Peking ziemlich schnell vorbei, und schon einen Monat nachdem wir von der Wüste Gobi aufgebrochen und in Chinas geschäftiger Megalopolis angekommen waren, verstaubte mein Fahrrad in der Garage meiner Eltern. Doch die Erinnerungen an die Mongolei ließen mich nicht mehr los. Ich sehnte mich nicht nur danach, dorthin zurückzukehren, sondern wurde immer mehr verzaubert von der Geschichte der Vorfahren der Mongolen und ihrer einst uneingeschränkten Herrschaft unter der Führung Dschingis Khans.

Dank derselben Widerstandsfähigkeit, die die Nomaden und ihre Steppenpferde befähigt, in der rauen Umwelt der heutigen Mongolei zu überleben, waren Reiter des 13. Jahrhunderts von der riesigen mongolischen Steppe nach Polen und Ungarn gezogen, wo sie einige der angesehensten Armeen Europas vernichteten. Mich faszinierten die Geschichten von diesen Kriegern, die im tiefsten Winter ihre Rösser bestiegen, sich als Schutz vor Erfrierungen Fett ins Gesicht geschmiert und Blut aus den Nacken ihrer Pferde getrunken hatten, wenn die Nahrungsmittel knapp wurden. Die mongolischen Heere waren imstande, bis zu achtzig Kilometer pro Tag zurückzulegen, und zu ihren vielen militärischen Leistungen zählt die, Russland im Winter besiegt zu haben – etwas, das weder Napoleon noch Hitler gelang. Mit der Eroberung Bagdads im Jahr 1258 glückte ihnen auch auf Anhieb etwas, was die Kreuzfahrer seit über einem Jahrhundert versucht hatten und was bis zur U.S.-Invasion im Jahr 2003 nicht wiederholt werden sollte.

Doch genauso beeindruckend wie die militärische Stärke der Mongolen war die Fähigkeit Dschingis Khans und seiner Nachfolger, den Übergang vom Erobern und Plündern zum Regieren und Verwalten zu vollziehen. Sie errichteten ein Reich, das ein Jahrhundert lang mehr oder weniger intakt blieb und ein hochentwickeltes, die Dschingisiden-Dynastie lange überdauerndes Modell der Staatsführung und des Militärwesens hinterließ. Viele zeitgenössische Historiker weisen darauf hin, dass die Steuern, die die Mongolen während ihrer Herrschaft erhoben, im Großen und Ganzen den Völkern dienten, die sie regierten. Die Mongolen schufen Gesetzbücher, finanzierten öffentliche Bauprojekte, förderten Künste und Religion und trieben den internationalen Handel voran. Unter ihrer Führung waren die Handelsrouten und Kommunikationswege innerhalb Eurasiens vielleicht sicherer und effizienter als je zuvor, was die ersten direkten Beziehungen zwischen China und Europa ermöglichte.

Es ist eine bemerkenswerte Vorstellung, dass nomadische Hirten aus den kaum bekannten Steppen Ostasiens ein Reich beherrschten, das auf dem Höhepunkt seiner Macht einige der bevölkerungsreichsten Städte auf Erden umfasste und sich von Korea im Osten bis nach Ungarn im Westen und von den Tropen Südostasiens im Süden – die Mongolen kämpften sogar in Java, Indonesien – bis zur Subarktis im Norden erstreckte. Auch Westeuropa hätte ein weiterer Teil ihres Reiches werden können, hätte es da nicht eine Fügung des Schicksals gegeben. Als mongolische Kundschafter 1242 Wien erreichten, starb in der Mongolei der Großkhan, Dschingis Khans Sohn und Erbe Ögedei, woraufhin das Heer nach Hause zurückkehrte, um einen neuen Führer zu wählen. Das Ziel, Westeuropa zu beherrschen, wurde nie wieder in Erwägung gezogen.

Als ich von der Größe und Bedeutung des Mongolenreiches erfuhr, fand ich nur eines noch erstaunlicher als die Errungenschaften der Mongolen: wie wenig ich zuvor über sie und über die Geschichte der berittenen Steppennomaden gewusst hatte.

Als Chris und ich per Fahrrad unterwegs in die Mongolei gewesen waren, hatten uns die Aussagen vieler ethnischer Russen, denen wir begegnet waren, wenig Aufschluss hierüber gegeben. Wieder und wieder hatte man uns gewarnt, die Mongolei sei ein verarmtes und rückständiges Land, in dem »primitive« und »unzivilisierte« Menschen, die noch immer auf Pferde angewiesen waren, unserer Reise sicherlich bald ein Ende setzen würden. Es war geradezu unfassbar, dass diese Menschen, die »nicht einmal wussten, wie man ein Haus baut«, jemals Russland, geschweige denn viele der großen Zivilisationen Chinas, Europas, Zentralasiens und Vorderasiens beherrscht hatten. Und doch waren die mongolischen Reiter in einer Zeit, in der die meisten Europäer auf Entfernungen beschränkt waren, die sie zu Fuß bewältigen konnten, über den halben Globus galoppiert und hatten ihr Wissen so schnell erweitert wie ihr Reich die Religionen, Technologien und Kulturen der von ihnen eroberten Länder assimilieren konnte.

Bezeichnenderweise war das Nomadentum der Mongolen kein Einzelphänomen. Im Gegenteil, es fiel in die Zeit einer historischen Blüte von Nomadenreichen, die vor Tausenden von Jahren mit einem der wichtigsten Wendepunkte der Menschheitsgeschichte ihren Anfang genommen hatte: der Domestizierung des Wildpferdes.

Jüngste Entdeckungen legen nahe, dass diese Revolution um 3500 vor unserer Zeitrechnung in der heutigen Nordsteppe Kasachstans begann. In dieser urzeitlichen Ebene, in der die Steppe sich mit dem Südrand sibirischer Wälder vermischt, begannen die Jäger und Sammler, die vierbeinige Kreatur, mit der sie das Land seit Menschengedenken geteilt hatten, zu zähmen, zu züchten, zu melken und zu reiten.

In den riesigen, weitgehend wasserlosen Landstrichen der Eurasischen Steppe ermöglichte es die Verbindung von menschlicher Intelligenz mit der Geschwindigkeit der Huftiere den plattfüßigen Jägern und Sammlern, in Gebiete jenseits des bekannten Horizonts zu galoppieren und sich auf eine bis dahin unvorstellbare Weise weiterzuentwickeln. Die Freiheit, besseres Weideland, Wasser und Wildbret aufspüren zu können, erweiterte ihre Vorstellung von der Welt und revolutionierte ihre Art zu kommunizieren, Land zu bewirtschaften, Handel zu treiben und Kriege zu führen. Mit anderen Worten, das Pferd befreite die Menschheit von ihren körperlichen Einschränkungen.

Im Lauf der Zeit führte die Domestizierung der Pferde zur Entstehung nomadischer Gesellschaften von der Mongolei bis zur Donau im heutigen Ungarn. Der griechische Historiker Herodot widmete das vierte Buch seiner Historien einem der ersten bekannten Reitervölker, den Skythen, die im 8. Jahrhundert vor unserer Zeit Bedeutung erlangten und die Steppe von der Donau bis zum Altaigebirge beherrschten. Zu den vielen mächtigen Nomadenvölkern, die sich die Skythen zum Vorbild nahmen, gehörten die Sarmaten, die Hunnen, die unter Attila die Grundfesten des Römischen Reiches erschütterten, die Bulgaren, die Awaren und schließlich die Madjaren, die 896 die moderne Nation Ungarn gründeten. 250 Jahre später waren die im Westen auch als Tataren bekannten Mongolen, das mächtigste Nomadenvolk aller Zeiten, auf dem Höhepunkt ihrer Macht.

Selbst nach dem Zusammenbruch des Mongolenreiches im 14. Jahrhundert übernahmen nomadische Turkvölker viele Merkmale der gefallenen Dschingisiden-Dynastie. Der berühmte Timur Lenk gestaltete nach dem Vorbild der Mongolen ein Reich, das großes historisches Ansehen genießen sollte.

Erst die Erfindung der Muskete im 17. Jahrhundert besiegelte endgültig das Schicksal der Nomaden. Die letzte große Wanderung von Nomaden durch die Steppe fand 1771 statt, als die Kalmücken, ein westmongolisches Volk, von der Kaspischen Region in Russland nach China und in die Mongolei zogen. Der letzte Nachfahre von Dschingis Khan, der Herrschaftsgewalt innehatte, war Alim Khan, der Emir von Buchara, der 1920 abgesetzt wurde.

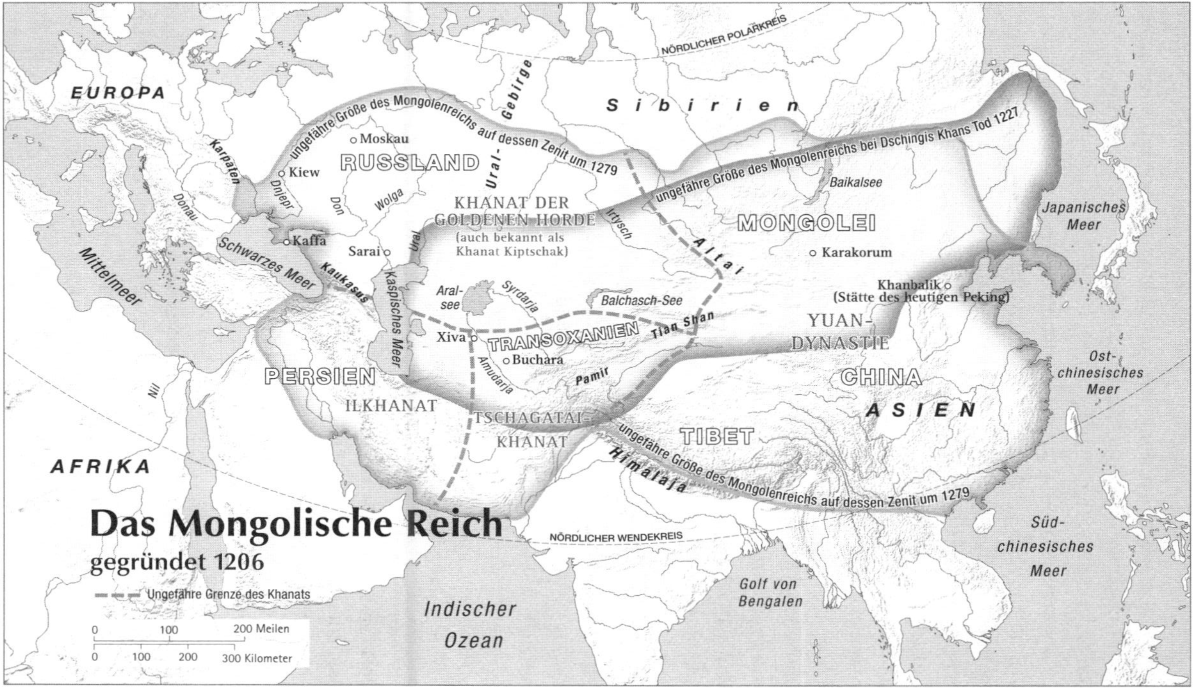
Das Mongolische Reich
gegründet 1206
Ungefähre Grenze des Khanats
0 100 200 Meilen
0 100 200 300 Kilometer
EUROPA
AFRIKA
ASIEN
Sibirien
NÖRDLICHER POLARKREIS
NÖRDLICHER WENDEKREIS
ungefähre Größe des Mongolenreichs auf dessen Zenit um 1279
ungefähre Größe des Mongolenreichs bei Dschingis Khans Tod 1227
ungefähre Größe des Mongolenreichs auf dessen Zenit um 1279
RUSSLAND
Moskau
Kiew
Kaffa
Sarai
Karpaten
Dnjepr
Don
Wolga
Donau
Ural
Ural-Gebirge
Schwarzes Meer
Kaukasus
Mittelmeer
Nil
Kaspisches Meer
KHANAT DER GOLDENEN HORDE
(auch bekannt als Khanat Kiptschak)
Irtysch
Altai
Aral-see
Syrdarja
Balchasch-See
Tian Shan
Xiva
TRANSOXANIEN
Buchara
Amudarja
Pamir
PERSIEN
ILKHANAT
TSCHAGATAI-KHANAT
Himalaja
TIBET
Baikalsee
MONGOLEI
Karakorum
Khanbalik
(Stätte des heutigen Peking)
YUAN-DYNASTIE
CHINA
Japanisches Meer
Ost-chinesisches Meer
Süd-chinesisches Meer
Golf von Bengalen
Indischer Ozean

In den Monaten und Jahren nach meiner Radreise verschlang ich weitere Bücher über die Mongolen und über Nomaden im Allgemeinen und stieß dabei auf zwei grundverschiedene und sehr extreme Vorstellungen von dem Steppenvolk.

Einerseits gab es das festgefahrene Stereotyp von den Mongolen als primitiven Barbaren, die während ihrer Herrschaft sinnlos geplündert, vergewaltigt und gemordet hatten, bevor sie wieder nach Osten geritten waren. Dieser Ruf ist zugegebenermaßen nicht völlig unbegründet. Die Eroberungstaktik der Mongolen war brutal und darauf ausgerichtet, die Bevölkerung zu dezimieren, um einer Rebellion vorzubeugen, und Angst zu schüren, damit zukünftige Feinde sich kampflos ergeben würden. Zahlreiche Städte in Zentralasien, Persien, Vorderasien, Russland und China wurden völlig verwüstet. Als die Stadt Merw kapitulierte, wurde historischen Quellen zufolge fast die gesamte Bevölkerung getötet. Urganch versank in den Fluten des Amudarja, nachdem die Mongolen Dammwände niedergerissen hatten. Im Iran klagt man noch heute über die Zerstörung lebenswichtiger Bewässerungssysteme durch die Mongolen, deren Wiederherstellung Jahrhunderte in Anspruch nehmen sollte. Die Hungersnöte, die hierdurch verursacht wurden, forderten wahrscheinlich mehr Menschenleben als die ursprüngliche Eroberung. Und es gibt Belege dafür, dass die Verwüstungen, die die Mongolen unter Dschingis Khan anrichteten, Nachfolgern ein problematisches Erbe hinterließen. In China verbrachte Kublai Khan, Dschingis Khans Enkel, der sowohl Großkhan als auch Kaiser von China wurde, Jahrzehnte damit, Städte wiederaufzubauen und landwirtschaftliche Nutzflächen wieder urbar zu machen, die unter der ursprünglichen mongolischen Invasion gelitten hatten.

Auf der Basis ihrer gewaltsamen Eroberungen ein moralisches Urteil über die Mongolen zu fällen, ist dennoch keine angemessene Art, die Beschaffenheit des Mongolenreiches oder das Wesen des mongolischen Nomadenvolkes und seiner Kultur zu bewerten. So schreibt der Historiker Charles J. Halperin: »Der Aufbau eines Reiches ist ausnahmslos ein destruktiver, den Eroberten unliebsamer Prozess«, und in dieser Hinsicht waren die Mongolen nicht »grausamer oder weniger grausam« als andere Reichsgründer vor und nach ihnen. Man sollte nicht vergessen, dass die Geschichte des Mongolenreiches vornehmlich von den Besiegten aufgezeichnet und durch die Brille religiöser Ideologien gesehen wurde. Die Beurteilung der Nomaden wurde oft davon beeinflusst, dass man sie für Ungläubige hielt und ihnen eine Art angeborene Verderbtheit zuschrieb. 1240, im Jahr, bevor die Mongolen die Karpaten überquerten und nach Ungarn eindrangen, beschrieb der berühmte englische Mönch des Klosters St. Albans, Matthew Paris, sie als »das widerwärtige Volk des Satans«, als »unmenschlich und bestialisch, eher Monster als Menschen, die es nach Blut dürstet, die Blut trinken und das Fleisch von Hunden und Menschen verschlingen«.

Andererseits wurden die Leistungen der Mongolen, militärischer und anderer Art, weithin als Beweis für die Kultiviertheit und Weltgewandtheit dieses Volkes gerühmt. Die Mongolen schufen nicht nur das größte zusammenhängende Landreich der Geschichte. Sie führten, trotz des Terrors, den sie verbreiteten, auch umfassende soziale Programme ein, zeigten eine erstaunliche religiöse und kulturelle Toleranz und läuteten eine relativ stabile Ära wirtschaftlichen Wohlstands ein. Während seiner Herrschaft über China versuchte Kublai ein öffentliches Schulwesen zu etablieren, förderte die weitverbreitete Verwendung von Papiergeld (das sich später seine mongolischen Amtskollegen des persischen Ilkhanats und der Goldenen Horde Russlands zum Vorbild nahmen), versorgte Witwen und Waisen mit Getreide und trieb als Schutz vor Hungersnöten und Naturkatastrophen die landesweite Einführung von Getreidespeichern voran. Er schuf Regierungseinrichtungen, um die Interessen von Händlern, Handwerkern, Bauern und Religionsgemeinschaften zu wahren und zu fördern, und er verwendete einen Teil der Abgaben, die er in eroberten Ländern eintrieb, für Staatsprojekte wie den Ausbau des Kaiserkanals, ein Vorhaben, das nie ganz vollendet wurde, aber schätzungsweise drei Millionen Menschen Arbeit verschaffte.

Die Mongolen verwalteten auch städtische Kultur- und Handelszentren, was Annahmen widerspricht, dass sie – als kulturlose »Barbaren« – ausschließlich vom Sattel aus eroberten und herrschten. Sarai, die speziell errichtete, an der Wolga gelegene Hauptstadt der Goldenen Horde, war eine florierende Stadt mit befestigten Straßen, Moscheen, Palästen und Karawansereien und wurde über Aquädukte mit fließendem Wasser versorgt. Kublais Hauptstadt in China, Khanbalik (auch bekannt als Dadu) war kennzeichnend für die Art, in der mongolische Herrscher die unterschiedlichen Kulturen, Religionen und Errungenschaften ihrer Herrschaftsbereiche miteinander vereinten.

Für mich waren diese widersprüchlichen Porträts – auf der einen Seite die grausamen, auf mutwillige Zerstörung versessenen Rohlinge, auf der anderen die Reichsgründer, die ein geniales Regierungs- und Verwaltungssystem schufen – zwei Seiten derselben Medaille. Doch immer wieder dachte ich darüber nach, dass keines dieser Bilder in Beziehung zu den gastfreundlichen Hirten und Hirtinnen stand, denen ich in der Wüste Gobi begegnet war.

Wann immer ich eine Weltkarte vor mir hatte, nahm mich der riesige Landstrich im Herzen Eurasiens gefangen. Abgesehen von der Geschichte großer Reiche: Wer waren die Menschen, die einst in diesem Land umhergewandert waren? Wie sah wohl ihr Leben aus? Wie muss es für einen jungen Mongolen gewesen sein, in den Sattel zu steigen und über die halbe Welt bis nach Europa zu reiten?

2001, rund sechs Monate nachdem ich von meiner Fahrradexpedition nach Hause zurückgekehrt war, kam mir erstmals der Gedanke, die Steppe zu Pferd zu durchqueren. Im Laufe der Zeit nahm diese Idee Gestalt an, und ich war begeistert von einem wie mir schien sehr einfachen Plan: Mithilfe von Packpferden und wo nötig Kamelen, die meine Ausrüstung trugen, würde ich von Karakorum aus, der ehemaligen Hauptstadt des Mongolenreiches, Richtung Westen durch die Eurasische Steppe reiten, bis ich die Donau erreichte. Die Route war zwar ähnlich der, die 1000 Jahre zuvor die Mongolen unter Dschingis Khan und seinen Nachfolgern genommen hatten, doch ich hatte nicht die Absicht, irgendeiner Spur zu folgen, und keinerlei Interesse daran, alte Schlachtfelder zu besuchen, auf einem Kriegspfad zu wandeln oder mich in Städte in den sesshaften Nationen zu wagen, die einst Vasallen der Mongolen gewesen waren. Mir ging es vielmehr darum, das alltägliche Gesicht der Nomadenkulturen zu entdecken, das in den vielen mit Superlativen gefüllten Geschichten verloren gegangen zu sein schien. Den Endpunkt meiner Reise, die Donau, repräsentierte die Westgrenze des Mongolenreiches, doch noch wichtiger war, dass sie den Westrand der Steppe und damit das Ende der traditionellen Nomadenwelt bildete.

Nach Westen zu reiten war im 21. Jahrhundert noch aus einem anderen Grund aufschlussreich: Die Eurasische Steppe und vor allem deren Westhälfte waren nicht länger das Reich der Nomaden in seiner ursprünglichen Form. In den vergangenen Jahrhunderten hatte das Russische Reich sich aus der Abhängigkeit von den Nomaden befreit und seinerseits den Großteil der Steppengesellschaften dominiert. Im Land zwischen Karakorum und Donau, in dem es zwar keine Zäune gab und das größtenteils wild und entlegen war, entstanden nun moderne Staaten. Im Westen umfassten sie Ungarn, die Ukraine und Südrussland, im Osten Kasachstan, die Mongolei und – für meine Reise weniger relevant – Regionen wie Westchina und die zentralasiatischen Nationen Kirgisistan, Usbekistan und Turkmenistan. Mit Ausnahme Chinas handelte es sich hierbei um Länder, die versuchten, aus dem Schatten der Sowjetherrschaft herauszutreten, während derer man die Menschen ihrer traditionellen Lebensweise beraubt hatte. Allein die Mongolei als kommunistischer Satellitenstaat war von den brutalen Folgen der stalinistischen Kollektivierungspolitik weitgehend verschont geblieben. Dies war neben der geografisch isolierten Lage der Mongolei mit dafür verantwortlich, dass es den Mongolen gelungen war, eine lebendige Nomadenkultur aufrechtzuerhalten, während ihre Cousins in den westlicheren Ländern die ihre verloren hatten.

Angesichts all dessen bestand der Zweck meiner Reise nicht allein darin, zu verstehen, wie das Leben der Steppennomaden früher einmal ausgesehen hatte. Ich wollte wissen, ob es noch lebendige Verbindungen zwischen den jetzt über Europa verstreuten Nomadenvölkern und ehemaligen Nomadenvölkern gab. Waren sich zum Beispiel die Ungarn ihrer nomadischen Wurzeln überhaupt bewusst?

Und noch wichtiger: Was war während der gewaltsamen Umwälzungen im Rahmen von Stalins Industrialisierungskampagne mit den Nomadengesellschafen geschehen und was hielt die Zukunft nach dem Zusammenbruch der Sowjetunion für sie bereit? Würde die nomadische Lebensweise langfristig überleben?

Um lebendige Spuren des nomadischen Erbes überhaupt erkennen zu können, musste ich dieses Erbe zuerst verstehen lernen. Und genau das hatte mich in erster Linie zu meiner Reise in die Mongolei bewogen.

Ich weiß nicht, wie viele Stunden vergangen waren, seit man mir die Pferde gestohlen hatte, doch irgendwann gewann ich den Glauben an meine Reise zurück. Dennoch: Ich musste etwas unternehmen. Also tat ich, was wohl jeder moderne Abenteurer in einer misslichen Lage wie dieser getan hätte: Ich griff nach meinem Satellitentelefon und rief meine langjährige Freundin Tseren in Ulan-Bator an.

»Tja, Tim«, meinte sie, »hier in der Mongolei sagen wir, dass du deine Probleme nie lösen wirst, wenn du sie nicht vor Sonnenaufgang löst. Du solltest das letzte noch verbliebene Pferd besteigen und dich auf die Suche machen!«

Um 5.30 Uhr ließ ich Kathrin in unserem Lager zurück und lenkte Bor in Richtung Osten, wo der Himmel inzwischen blassblau gefärbt war. Bei der nächstgelegenen Jurte stiegen schon Rauchwölkchen auf, und die Menschen begannen bereits, ihre Ziegen zu melken. Ich saß völlig aufrecht in meinen Sattel, setzte die einschüchterndste Miene auf, die ich zustande brachte, und trieb mein Pferd dazu an, in das zu verfallen, was ich für einen Galopp hielt, was wahrscheinlich jedoch nichts weiter als ein Trab war.

Als ich mich der ersten Jurte näherte, schoss ein großer Hund aus ihr hervor. Bor bäumte sich auf, und ich hatte große Mühe, mich im Sattel zu halten, als wir dem Hund dorthin folgten, woher er gekommen war. Bei Besuchen anderer Lager war ich ein wenig souveräner, doch auch dort erwartete mich wenig mehr als ein Schulterzucken.

Schließlich erregte rund acht Kilometer vom Lager entfernt eine Frau, die mir aus ihrer Jurte zuwinkte, meine Aufmerksamkeit.

»*Hello!*«, rief sie mir auf Englisch zu.

Kaum war ich von meinem Pferd gestiegen, als eine Pferdeherde über eine Anhöhe gesprengt kam und Staubwolken aufwirbelte, die die Sonne verdunkelten. Ich kniff die Augen zusammen und konnte erkennen, dass dieser Herde zwei Pferde und ein Reiter folgten. Als der Reiter die Pferde in unsere Richtung lenkte, schaute ich genauer hin. Meine Pferde!

Der Reiter, der Ehemann dieser Frau, näherte sich, und ich erklärte ihm, dass zwei der Pferde mir gehörten.

»Ich weiß«, sagte er. »Sie sind heute Morgen ganz von selbst zu mir gekommen. Sie müssen sie *wirklich* schlecht angebunden haben.«

In meinem dürftigen Mongolisch fragte ich ihn, wie es komme, dass meine Pferde keine Halfter oder Führleinen mehr hätten. Er zuckte die Schultern. Es war jetzt bedeutungslos.

Man lud mich zu fermentierter Stutenmilch in die Jurte ein, während aus Rohleder neue Halfter angefertigt wurden. Der Reiter saß auf dem

Boden, musterte mich und sagte dann etwas auf Mongolisch: »*Tanilgui hun algiin chinee. Taniltai hun taliin chinee.*«

Mithilfe eines Taschenwörterbuchs gelang es mir, zu übersetzen: Ein Mann ohne Freunde ist so klein wie ein Grashalm. Ein Mann mit Freunden ist so groß wie die Steppe.

Es war ein altes mongolisches Sprichwort, und rückblickend frage ich mich, ob man mir mit dem ganzen Drama eine Lektion hatte erteilen wollen. Gansukh meinte, dass es sich vielleicht um die ursprünglichen Besitzer meiner Pferde gehandelt habe, die mich aufgespürt und die Pferde gestohlen hätten, um zu beweisen, dass ihre Warnungen berechtigt gewesen seien. Wie auch immer, es spielte jetzt keine Rolle mehr.

Mit dem Reiter der Familie an meiner Seite ritt ich im Morgentau zurück zu unserem Lager. Ich war in Hochstimmung. Während der Suche nach meinen Pferden hatte ich die Sorgen der letzten zwölf Monate irgendwo zurückgelassen. Jetzt zählte nur noch, dass meine Familie wieder vollständig war – man hatte mir eine zweite Chance gegeben – und dass ich zu Kathrin und unserem Lager mit zwei neuen Erkenntnissen zurückkehrte: Wenn ich allein zeltete, war ich Freiwild, und wenn ich noch weitere 100 Kilometer, ganz zu schweigen von 10 000 Kilometern zurücklegen wollte, durfte ich meine Pferde nicht als selbstverständlich betrachten.

Die letzte Nomadennation

»Den berittenen Nomaden, die durch die Eurasische Steppe ritten und sie bevölkerten, dienten Besitztümer dazu, verwendet und nicht gehortet zu werden. Das Leben war für sie eine Brücke. Man sollte sie überqueren, kein Haus auf ihr bauen.«

– CUCHULLAINE O'REILLY, F.R.G.S.
Gründer der Long Riders' Guild

Als ich mit den wiedergewonnen Pferden bei unserem Lager eintraf, tauchte Kathrin, die blonden Haare ganz verwuschelt, aus dem Zelt auf. Ihre blauen Augen leuchteten im Morgenlicht. Diese Augen hatten es mir vor etwa neun Monaten sofort angetan. Kathrin, eine Lehrerin aus Deutschland, war ein Jahr zuvor nach Australien gekommen, um dort zu arbeiten und zu reisen. Wir teilten die Leidenschaft fürs Reisen, und ich fühlte mich sofort von ihrem bodenständigen Humor und ihrer Herzlichkeit angezogen. Als sie auf eine Anzeige antwortete, in der ich eines der beiden Zimmer in meiner Wohnung in Melbourne zur Miete anbot, entwickelte sich zwischen uns sehr schnell eine intensive Beziehung – für mich, damals vierundzwanzig, die bis dahin ernsthafteste und wichtigste. Im Lauf der Zeit kannte mich Kathrin, die zwei Jahre älter war als ich, wahrscheinlich besser als irgendjemand zuvor.

Tatsache war jedoch auch, dass ich den Entschluss, von der Mongolei aus nach Ungarn zu reiten, bereits gefasst hatte, bevor unsere Wege sich kreuzten. Auch hatte ich schon lange davon geträumt, allein zu reisen. Auf diese Weise, so dachte ich, wäre ich schutzbedürftiger und würde mich viel eher auf die Menschlichkeit von Fremden verlassen müssen. Ohne vertraute Begleiter oder eine vertraute Kultur, auf die ich mich stützen konnte, wäre ich gezwungen, an das Gute in den Menschen zu appellieren, egal, wer sie waren. Das würde mir die Möglichkeit bieten, auf genau die Weise in die Landschaft und das Leben der Menschen einzutauchen, nach der ich mich sehnte.

Kathrin kannte meinen Plan und hatte anfangs nicht vor, mich zu begleiten. Doch sie hatte wahrscheinlich nicht damit gerechnet, dass ich in den sechs Monaten vor meiner Abreise derart intensiv mit meinen Vorbereitungen beschäftigt sein würde. Kathrin fühlte sich vernachlässigt und fragte sich hin und wieder, warum sie mit mir lebte, statt Australien zu bereisen, wie sie es ursprünglich hatte tun wollen.

Am Ende beschlossen wir, die ersten beiden Monate zusammen zu reisen. Ende August würde Kathrin dann nach Deutschland zurückkehren müssen, um eine Stelle als Lehrerin anzutreten. Dieser erste Teil des Abenteuers wäre eine gute Gelegenheit, nach meiner langen »Abwesenheit« kostbare Zeit miteinander zu verbringen.

Nach diesen beiden Monaten lagen, wie ich schätzte, bis Ungarn noch weitere sechzehn Monate vor mir, und wir hatten uns vorgenommen, dass sie mich in den Sommerferien wieder begleiten würde. Dazu sollte es jedoch nicht kommen. Im Sommer wurde bei Kathrin die lebensbedrohliche Krankheit Cushing-Syndrom diagnostiziert, hervorgerufen durch einen Hirntumor, der eine Operation erforderlich machte, und ich sollte am Ende dreieinhalb Jahre brauchen, um die Donau zu erreichen. Als ich die letzten Kilometer im Sattel zurücklegte, war Kathrin bereits verheiratet. Doch all das lag vorerst noch in der Zukunft.

Fünf Tage vor dem Pferdediebstahl war Kathrin aus einem staubigen Kastenwagen gestiegen und hatte ihre Taschen im Schmutz der Stadt Karakorum abgesetzt – der einst stolzen Hauptstadt des Mongolenreiches, die am Oberlauf des Orchons in der Zentralmongolei liegt. Am folgenden Morgen half mir ihre Gelassenheit, einen ziemlich wackeligen Start zu überstehen, als mein Pferd Bor meinen Aufsitzversuch mit einer Drehung um sich selbst beantwortete. Vor den Augen einer Menschenmenge, die uns auf die Reise schicken wollte, fiel ich nach vorn, den Hintern in die Luft gestreckt, das Gesicht in Bors Mähne gedrückt. Als das Pferd sich beruhigt hatte, sprang ich hinab auf festen Boden und führte es, Kathrins Beispiel folgend, zu Fuß aus der Stadt hinaus.

Die anfänglichen Missgeschicke standen nicht gerade im Einklang mit einer Reise im Geist des großen Reitervolks der Steppe. Doch wir schöpften Mut daraus, dass wir von einer Region aus zu unserem Abenteuer aufbrachen, die durch ein großes Nomadenerbe geprägt war.

Schon vor der Zeit Dschingis Khans war das Tal am Oberlauf des Orchons, in dem Karakorum erbaut wurde, das legendenumwobene Machtzentrum zahlreicher aufeinanderfolgender Steppenreiche gewesen. Die Ehrfurcht vor dem Orchon war so groß, dass die Göktürken, die vom 6. bis 8. Jahrhundert einen Großteil der Mongolei und Zentralasiens beherrschten, glaubten, Gott habe denjenigen, der die Orchon-Region kontrollierte, zum Führer der Turkstämme auserwählt. Später verdrängten die Uiguren, deren Reich sich zeitweise vom Kaspischen Meer bis zur Mandschurei erstreckte, die Göktürken und errichteten an derselben Stätte ihre eigene Hauptstadt, Char Balgas, deren Ruinen noch heute rund 32 Kilometer von Karakorum entfernt zu finden sind.

Der Orchon verdankte seine Bedeutung unter anderem dem Glauben, dass den heiligen Bergen, durch die er mäanderte, eine besondere Macht innewohne. Wichtiger war jedoch, wie ein Blick auf die Karte zeigt, seine strategische Bedeutung. Der Oberlauf des Orchons, der durch die sanften Ausläufer des Changai-Gebirges fließt, liegt nahe dem geografischen Zentrum der Mongolei, also dort, wo die wichtigsten Ost-West- und Nord-Süd-Routen verlaufen und die drei vorherrschenden Landschaftsarten der Eurasischen Steppe sich beinahe vermischen: die Wüsten des Südens, die Wälder des Nordens und das Grasland in der Mitte. Mit einem reichen Vorrat an Wasser und seinem eigenen relativ milden Mikroklima verwandelt sich das Orchontal im Spätfrühling und Frühsommer in einen Teppich olivgrünen Graslands, auf dem eine Fülle aller fünf wertvollen Nutztierarten der Steppe grast: Pferde, Bovidae (Yaks, Rinder), Schafe, Ziegen und Kamele, die zusammen im Mongolischen als *tavan tolgoi mal* bezeichnet werden. Pferde leben hier noch immer in frei umherlaufenden Herden wie vor ihrer Domestizierung. Der Orchon ist also schon immer eine Wiege der von Grund auf nomadischen, ländlichen Lebensweise gewesen.

Wie es sich für einen Mann ziemte, der ein Reich schuf, das alle vorherigen Steppenreiche in den Schatten stellte, errichtete Dschingis Khan am Oberlauf des Orchons nicht nur seine Verwaltungshauptstadt, sondern führte dort auch eine der wichtigsten Schlachten auf seinem langen Weg zur Konsolidierung der Macht.

1204 war Dschingis Khan, der die Stämme in der Osthälfte der Mongolei beherrschte, gewahr geworden, dass die Feinde im Westen ein

Komplott gegen ihn schmiedeten – der mächtige Stamm der Naimanen hatte unter anderem ein Bündnis mit Jamukha geschlossen, Dschingis' Freund aus Kindheitstagen, der zu seinem Erzfeind geworden war. In Erwartung eines Angriffs zog Dschingis im Frühjahr ein Heer zusammen und machte sich zu einem waghalsigen Präventivfeldzug auf. Um in die Nähe des heutigen Karakorum zu gelangen, legte er mit seinem Heer weite Strecken zurück und riskierte, dass die Pferde in einer Jahreszeit ermüdeten, in der das Weideland knapp und alle Tiere am schwächsten waren. Seine Männer waren dem Feind, der unter dem Kommando des Naimanenführers Tayang Khan stand, auch zahlenmäßig weit unterlegen.

Dschingis' Taktiken bei diesem Feldzug wurden viele Jahrhunderte lang mit dem Mongolenreich assoziiert. So befahl er, dass jeder seiner Männer nachts mehrere Lagerfeuer entzündete, um den Feind über die wahre Größe seines Heeres zu täuschen. Später setzte das mongolische Heer auch menschenähnliche Attrappen auf Reservepferde, sodass es um das Zwei- bis Dreifache größer wirkte, als es tatsächlich war.

Als Kundschafter Tayang Khan von Dschingis' Vormarsch berichteten, zog der Naimanenführer den Rückzug in das vertrautere Gebiet des Altaigebirges im Westen in Erwägung. Hätten die Naimanen sich tatsächlich dorthin zurückgezogen, hätten Dschingis Khan und seine Männer ihnen rund 1000 Kilometer nachjagen müssen, was sich angesichts des geschwächten Zustands der Pferde als verheerend hätte erweisen können. Doch Tayang Khans Sohn, Kuchlug, tat die Idee als feige ab und überredete seinen Vater, in die Schlacht zu ziehen.

Es war eine verhängnisvolle Entscheidung. Eine unermessliche Anzahl von Naimanen fiel auf dem Schlachtfeld, Tayang Khan wurde tödlich verwundet, und Kuchlug floh zusammen mit Jamukha in den heutigen Osten Kasachstans, wo man die beiden zur Strecke brachte.

Nach der Niederlage der Naimanen unterwarfen sich die Stämme des Westens Dschingis Khan. Damit war für den nun 43-Jährigen ein lebenslanger Kampf um die Vereinigung der Stämme auf dem Mongolischen Plateau beendet und der Weg zur Gründung des Mongolischen Reiches bereitet. Um so weit zu kommen, hatte Dschingis Enormes geleistet. Die Mongolei des 12. Jahrhunderts, in der er zur Welt kam, war in nicht enden wollende Konflikte verstrickt, da Nomadenstämme turkomongolischen Ursprungs sich immer wieder gegenseitig überfielen, aber auch größere, durch ständig sich ändernde Allianzen und eine endlose Geschichte von Rache und Verrat geprägte Machtkämpfe ausgetragen wurden.

Dschingis, dem sein Vater den Namen Temüdschin gegeben hatte, gehörte dem Borjigin-Klan an. Dieser praktizierte in den nördlichen Bereichen der Mongolei, in denen der Südrand der großen sibirischen Taiga, ein Gürtel subarktischen Waldes, in die offene Steppe übergeht, eine Mischung aus Jagd und Pastoralismus. Etwa zur Zeit von Dschingis' Geburt tötete sein Vater Yesügai das Stammesoberhaupt der feindlichen Tataren – tatsächlich nimmt man an, dass Yesügei seinen neugeborenen Temüdschin nach dem erschlagenen Tataren benannte.

Dieser Mord sollte nicht ohne Folgen bleiben.

Als Temüdschin neun war, wurde Yesügai von Tataren vergiftet und starb. Temüdschins verwitwete Mutter Üdschin wurde von den anderen Borjigin-Familien im Stich gelassen und führte fortan eine unsichere Existenz. Temüdschin kämpfte mit seinen älteren Verwandten darum, das Oberhaupt der Familie zu werden, entkam um Haaresbreite gewaltsamen Überfällen und geriet mehrfach in Gefangenschaft.

Dschingis Khan, dessen selbst gewählter Titel so viel wie »Weltherrscher« bedeutet, hatte seit jener Zeit gegen viele Feinde gekämpft. Wie weit er gekommen war, zeigte die Tatsache, dass er 1201, nur drei Jahre vor der Niederlage der Naimanen, Rache an den Tataren geübt, sie besiegt und damit einer künftigen Gefahr vorgebaut hatte. Verschiedenen Quellen zufolge wurden die männlichen Tataren niedergemetzelt und die Überlebenden unter den verschiedenen Stämmen aufgeteilt. Und obwohl sich der Begriff *Tatar* bis heute als allgemeine Beschreibung für Nomaden der Eurasischen Steppe gehalten hat, erklärte man im 13. Jahrhundert europäischen Besuchern des Mongolenreiches, die Tataren seien einst ein Volk gewesen, das die Mongolen jedoch unterworfen hätten.

Für Dschingis Khan muss das Tal am Oberlauf des Orchons ein Aussichtspunkt gewesen sein, von dem aus er mit Genugtuung seinen bemerkenswerten Aufstiegspfad überschauen konnte. Im Norden und Osten lag inmitten von Mischwäldern, Bergen und Steppe seine spirituelle Heimat, in der er seine prägenden Jahre verbracht und seine Fähigkeit als charismatischer Führer bewiesen hatte. Nach Süden hin erstreckte sich die Wüste Gobi, die Stätte zukünftiger Bestrebungen.

Dort waren verschiedene nomadische und halbnomadische Stämme zu Hause, einschließlich der Uiguren, von denen Dschingis schließlich ein Schriftsystem für seinen zuvor des Lesens und Schreibens unkundigen Stamm übernahm. Jenseits des Sands und der ariden Steppe lag China, ein Land mit unermesslichen Reichtümern, das er nach der Konsolidierung der Mongolei als Erstes anvisierte. Dschingis starb 1227, nachdem er während einer der vielen Feldzüge zur Bezwingung seiner südlichen Nachbarn vom Pferd gefallen war.

Ein gerissener Führer wie Dschingis Khan, der seinen Herrschaftsanspruch damit begründete, dass er ein Abgesandter des Himmelsgottes *Tengri* sei, war sich sicherlich vor allem der symbolischen Bedeutung der Eroberung des Orchontals bewusst. Solange er die Macht über dieses Tal hatte, würde ihm seine damit einhergehende Omnipräsenz unter den Nomaden helfen, die Mongolenstämme geeint zu halten. Zudem bildete das Tal ein strategisches Tor zu den Ecken seines wachsenden Reiches.

Dschingis Khan mochte es 1204 gelungen sein, die Krieg führenden Stämme der Mongolei zu einen. Acht Jahrhunderte später verfolgten Kathrin und ich ein bescheideneres Ziel: unbeschadet unseren Weg aus dem Tal herauszufinden, in dem wir unserer Pferde beraubt worden waren. In der darauffolgenden Nacht kampierten wir versteckt in einer Senke zwischen Hügeln und sahen regelmäßig nach unserem Trio. In der Morgendämmerung zogen sich die Schatten zurück, und mit ihnen verschwand unsere Angst vor Dieben, doch der Sonnenaufgang führte uns auch das Ausmaß der vor uns liegenden Aufgabe deutlich vor Augen.

Die erste Etappe unserer Reise bis hin zum Altaigebirge ganz im Westen des Landes umfasste rund 1450 Kilometer Steppe, Wüste und Berge, und der Pferdediebstahl war nur ein Vorgeschmack auf diese große Herausforderung gewesen. Um einen einzigen Tag sicher zu überstehen, mussten wir lernen, andere, weniger offensichtliche Gefahren wie einen schlecht sitzenden Sattel zu erkennen, der schnell ein Pferd verletzen konnte. Ohne zusätzliches Futter wie Getreide und Heu bestand eine unserer Hauptaufgaben darin, Gräser zu finden, die für unsere Pferde nahrhaft waren. Vor allem mussten wir uns aber auch mit den Gepflogenheiten der Steppe vertraut machen und die Kunst des Reitens beherrschen lernen. So gesehen waren die folgenden drei Sommermonate ein sehr überschaubarer Zeitrahmen, um mich als Nomade zu beweisen. Hatte ich die Mongolei hinter mir gelassen – sofern ich dies überhaupt schaffte –, würden mich die härteren Bedingungen des Winters erwarten und die Aussicht auf Länder, in denen das Leben und die Weisheit der Nomaden schon seit Langem im Niedergang begriffen waren.

Das Allererste, was ich möglichst schnell lernen musste, war, mit der Wesensart der Pferde zurechtzukommen. Obwohl es sich bei allen mongolischen Rassen um stämmige Tiere handelt, die den Winter überleben, indem sie im Schnee nach Nahrung graben, fielen sie offensichtlich in zwei Kategorien. Zur ersten gehörten Tiere mit einem ruhigen Temperament, die als *nomkhon* bekannt waren. Die zweite umfasste wilde, ungezähmte Pferde, die dennoch Menschen dulden können. Zwei von unseren Pferden – mein alter weißer Wallach Bor und der kastanienbraune Wallach Saartai Zeerd (sein Name bedeutete »kastanienfarbener Halbmond«) gehörten eindeutig letzterer Kategorie an. Schon die Berührung einer Bürste oder einer Decke konnte dazu führen, dass sie sich aufbäumten oder mit den Hinterbeinen ausschlugen, wobei sie den Kopf gesenkt hielten und die Vorderbeine fest auf dem Boden stehen ließen. Sie allmorgendlich zu striegeln, ihnen eine Decke überzulegen und sie zu satteln, war somit eine nervenaufreibende Prozedur.

Ein Jahr sollte vergehen, ehe ich genug gelernt hatte, um mit den Widrigkeiten des Reitens und der Pferdepflege klarzukommen. In jenen ersten Tagen erforderte es noch all unsere Energie und Konzentration, es einfach nur von einem Lager bis zum nächsten zu schaffen. Unsere Situation wurde noch durch die Nachtwachen erschwert, zu denen Kathrin und ich uns entschlossen hatten. Dennoch ließ das Gefühl, Freiwild zu sein, mit jedem Tag nach, und die Pferde wurden mit zunehmender Müdigkeit ein wenig umgänglicher.

Nach einer Woche ununterbrochenen Reitens erwachte in mir wieder ein Gefühl für die Schönheit des Landes, und ich gewöhnte mich an einen Rhythmus, der eng an die Stimmungen des Sommers gekoppelt war. Als wir am zwölften Tag unser Lager in der Nähe von Karakorum abbrachen und in eine weite baumlose Ebene gelangten, spürte ich, wie mir die frühen Sonnenstrahlen sanft den Rücken wärmten, während die Rosatöne des westlichen Himmels nach und nach von einem strahlenden Blau verdrängt wurden. Vor und um uns herum breitete sich die

Steppe mit ihren riesigen Teppichen leuchtenden Grüns aus und schien völlig verlassen zu sein, bis die Sonne weiße Jurten am Fuß hoher Berge erkennen ließ. Für die Wachablösung zwischen Morgen und Mittag war eine Brise verantwortlich, die über das junge, biegsame Sommergras säuselte und Wolken mit sich brachte, deren Schatten anmutig über die Erde glitten. Während die Vormittagshitze stieg, schwoll der Gesang der Zikaden an, und der Horizont verschmolz zu einem Dunstschleier, ein Schauspiel, das uns vertraut werden sollte. Rinder-, Yak-, Schaf- und Ziegenherden verschwanden auf der Suche nach Schatten und Wasser, und wenn die Sonne im Zenit stand und die Temperaturen 32 Grad überstiegen, standen die wenigen Pferde, an denen wir vorbeikamen, kopfnickend und schweifwedelnd da. Derweil wirkten die Nomadenlager einsam und verlassen, abgesehen von an Haltegurten festgebundenen flach daliegenden Fohlen und großen wolligen Wachhunden, die sich dorthin zurückgezogen hatten, wo sie ein wenig Schatten hatten finden können.

Am späten Nachmittag hatte die Sonne einen Pfad von unseren Rücken über die linke Schulter verfolgt und stand tief am westlichen Himmel. Wie die zurückkehrende Flut strömten die Herden zusammen, und um die Lager wurden Haufen qualmenden Dungs aufgetürmt, um die Moskitoschwärme in Schach zu halten. Auf der Suche nach einem Lagerplatz für die Nacht richteten wir den Blick auf mehrere kaum wahrnehmbare Jurten, die in der Ferne am Fuß eines Berges standen.

Als wir die Jurten erreichten, war die Landschaft in ein goldenes Abendlicht getaucht. Die Familie im Lager hatte uns schon ein paar Stunden lang durch ein Fernglas beobachtet. Noch bevor wir vom Pferd gestiegen waren, eilten Kinder mit Schalen frischen Joghurts herbei und führten uns zu einem Platz, wo wir unser Zelt aufbauen konnten. Während die Tiere zu einer durch eine Quelle gespeisten Tränke geführt wurden, half uns eine Gruppe von Jungen und Alten beim Auspacken.

Seit dem Pferdediebstahl waren wir fremden Menschen gegenüber ein wenig misstrauisch, doch erfüllt von dem Zauber unseres Tagesritts nahmen wir die Hilfe glücklich und ohne Vorbehalte an. Dieser Aufenthalt war typisch für einen Großteil der Zeit, die wir in den nächsten Monaten unter Nomaden verbrachten, doch vor allem für die Zentralmongolei mit ihren sommerlichen Milchprodukten und ihrer Fülle an Tieren.

Unser Zelt war mithilfe zahlreicher helfender Hände schnell aufgebaut, und schon drängte sich die Familie dort hinein. Ein älterer Mann in einem grünen seidenen *deel* – dem allgegenwärtigen langen mantelartigen Gewand, das von einer fest um die Taille gebundenen Schärpe gehalten wird – inspizierte die Reißverschlüsse, den Stoff und die Stangen und legte sich dann auf den Boden, so als sei er ein Kaufinteressent. Als Nächstes nahm er unser Sattel- und Zaumzeug unter die Lupe, wobei ihn vor allem meine Sättel und Halfterstricke faszinierten. Zu seiner großen Verwunderung hatten unsere Pferde kein Zaumzeug im Maul gehabt. Stattdessen hatten wir einen am Halfterstrick befestigten Zügel benutzt. Zu dieser Technik waren wir von den Watsons ermuntert worden, bei denen wir beide einen Crashkurs in der Reitkunst absolviert hatten, weil sie es den Tieren ermöglichte, ungehindert zu fressen und zu trinken. Der alte Mann schüttelte den Kopf über diese Technik. Auch über den Packsattel mit den schweren Kisten war er nicht glücklich. Pferde galten als die Aristokraten der Steppe, und indem ich meines belud, behandelte ich es wie ein Lasttier. Ich brach ein altes Tabu. Wie zur Zeit Dschingis Khans werden Pferde auch heute noch allein zum Reiten verwendet. Lasten zu transportieren ist die Aufgabe von Kamelen, Rindern und Yaks.

Als die Sonne langsam hinter den Bergen verschwand, tauchte die Matriarchin der Familie auf und erteilte Befehle. Im Handumdrehen hatten alle unser Zelt verlassen und widmeten sich wieder ihren Aufgaben. Wir beobachteten nun die Aktivitäten der Familie mit derselben Faszination, mit der man uns in Augenschein genommen hatte.

In diesem auf einer leichten Anhöhe mit Blick auf die Ebene gelegenen Lager gab es drei Jurten, die drei Generationen beherbergten. In der Jurte am hinteren Ende des Lagers lebte ein älteres Paar mit seinem jüngsten, unverheirateten Sohn, in den beiden anderen zwei seiner anderen Söhne samt deren Frauen und Kinder. Besonders schwer fiel es uns, den Überblick darüber zu behalten, welches Kind zu wem gehörte, denn im Sommer gab es in den Nomadenlagern immer eine viel größere Anzahl von Kindern, weil die Verwandten aus den Provinzzentren und aus Ulan-Bator ihren Nachwuchs während der langen Schulferien aufs Land schickten. Außerdem schienen Babys – abhängig davon, wer gerade etwas zu tun hatte und wer nicht – oft von einer Mutter zur anderen gereicht zu werden.

Das Familienleben der Nomaden war jedoch von einer klaren Struktur gekennzeichnet, die sich seit den frühesten Aufzeichnungen nicht geändert hat. So mussten die Töchter wegziehen, um mit den Familien ihrer Ehemänner zu leben, während die Söhne normalerweise in der Nähe ihrer Eltern blieben. Der jüngste Sohn hatte für seine Eltern zu sorgen, wenn sie älter wurden, und erhielt den Titel *otchigin* – Hüter des Zuhauses und des Viehs der Familie.

Dschingis Khan brach zwar mit vielen Traditionen der Nomaden, hielt sich aber streng an die Tradition des *otchigin*, als er das Mongolenreich unter seinen Söhnen aufteilte. Sein ältester Sohn, Jochi, erhielt das Land, das am weitesten vom Zentrum der Mongolei entfernt war, ja so weit in den Westen hinein reichte, »wie unsere Pferde uns trugen«, was zur Zeit Dschingis Khans das Gebiet von der Irtysch bis zum Ural im heutigen Kasachstan umfasste. Als das Mongolenreich sich ausdehnte, gründeten Jochis Söhne das Goldene Horde genannte Khanat, das territorial das heutige Russland, die Ukraine und große Teile Kasachstans mit einschloss. Dschingis jüngstem Sohn, Tolui, wurde das Herzland, die Mongolei, anvertraut. Nach Dschingis' Tod musste er auch die Verantwortlichkeiten eines Verwaltungschefs übernehmen, bis einer der anderen Söhne, Ögedei, zum Großkhan gewählt wurde.

Vor unserer Ankunft hatten die Söhne der Familie riesige gemeinschaftliche Schaf-, Ziegen- und Yakherden zurück ins Lager getrieben, in dem die Frauen mit ihren Melkeimern und -schemeln warteten. Die Ziegen wurden als Erste gemolken, und während wir dabei zusahen, wurde jedes Familienmitglied zum Teil eines allabendlichen Arbeitsablaufes, wie er auch bei Zehntausenden anderen Nomadenfamilien überall im Land üblich war.

Es gab tumultartige Szenen, als die kleinen Kinder damit beauftragt wurden, die übermütigsten Ziegen einzufangen. Sie jagten hinter den Tieren her und versuchten, irgendein Körperteil, Bein, Ohr oder Schwanz, zu erwischen, landeten oft jedoch mit dem Gesicht im Staub. Als eine besonders große und mutige Ziege plötzlich in die offene Steppe jenseits des Lagers entwischte, schwang sich einer der Jungen, der wahrscheinlich kaum älter als zehn war, auf ein Pferd, warf sich in die Brust und galoppierte mit einem gellenden Schrei davon.

Die Ziegen wurden dann mit Seilen aus Yak- und Pferdehaar an den Köpfen zusammengebunden. Junge Mädchen gingen unter der Aufsicht ihrer Mütter von Tier zu Tier, melkten, bis der Eimer voll war, und brachten ihn dann zu einem bereitstehenden Topf, in dem die Milch gekocht wurde.

Während die Steppennomaden für ihr Überleben weitgehend auf Fleisch angewiesen sind, gehören im Sommer Milchprodukte zu ihren Grundnahrungsmitteln. Aus der gekochten Milch von Ziegen, Yaks und Kühlen – und in Wüstengebieten Kamelen – stellen sie eine Vielzahl von Erzeugnissen wie Sahne, Butter, Käse und Joghurt her. Berühmt ist die bereits erwähnte fermentierte Stutenmilch Airag – bekannter unter ihrem türkischen Namen *kumys* –, von der Marco Polo sagte, sie sei wie »ein Weißwein«. Archäologische Ausgrabungen im Norden Kasachstans, wo die älteste bis dato bekannte Pferdekultur entdeckt wurde, zeigen, dass dieses Getränk seit frühesten Zeiten ein wichtiger Bestandteil der Nahrung der Steppennomaden gewesen ist.

Das gängigste Nahrungsmittel der Reiter der Steppe war jedoch der Aaruul genannte getrocknete Quark, den die Großmutter der Familie an diesem Abend zubereitete. Sie kochte die frische Milch, die man in ihre Jurte brachte, auf einem mit Dung befeuerten Herd, ließ sie dann gerinnen und siebte sie. Den so gewonnenen Quark presste sie zwischen Holzbrettern zusammen, die mit großen Steinen beschwert wurden. Schließlich gab sie die großen Quarkstücke, die unterschiedliche Formen hatten, auf Tabletts und ließ sie auf dem Dach der Jurte trocknen. Frischer Aaruul ist weich, wird im trockenen Klima der Steppe jedoch so steinhart, dass man ihn eher lecken als kauen muss. Es heißt, dass Krieger zu Lebzeiten Dschingis Khans mit einem Beutel dieses bitteren Snacks zehn Tag lang ohne jede andere Nahrung überleben konnten. Kathrin und ich hatten bereits einen großen Vorrat an Aaruul von anderen Nomadenfamilien bekommen, und obwohl ich ihn unglaublich bitter fand, lernte ich ihn im Lauf der Zeit immer mehr schätzen, weil er während der langen Stunden im Sattel den Hunger stillte.

Während das Melken noch im Gang war, wurden Kathrin und ich in eine Jurte gewinkt und zum Gras an deren Ende, hinter der Kochstelle, geleitet. Eine der Mütter, eine o-beinige Frau mit einem engelhaften jugendlichen Gesicht, aber den faltigen, abgearbeiteten Händen eines Menschen im mittleren Alter, reichte uns, noch bevor wir Platz genommen hatten, eine Tasse Milchtee.

Als ich einen Schluck des salzigen Tees getrunken hatte, erstarb das nachklingende Geräusch des Windes in meinen Ohren. In diesem Filzzelt, nur wenige Schritte vom Eingang entfernt, schienen das weite Land und der endlose Himmel, die unser Unterwegssein so stark dominiert hatten, verschwunden zu sein.

Ich sah zu Kathrin hinüber und schwieg. Sie saß da, die Teetasse in den Händen, und ließ den Blick durch die Jurte wandern.

Während die Teetasse meine Finger wärmte, schaute ich hoch zu der Frau, die neben dem Herd stand. Ein letzter Lichtstrahl, der durch die kreisrunde Öffnung in der Decke drang, erhellte ihr Gesicht. Sie hob eine mit Milch gefüllte Kelle hoch, ließ die Milch dann zurück in den Topf fließen und wiederholte diesen Vorgang immer wieder. Dampf stieg auf und kondensierte auf ihren von der Sonne gebräunten Wangen, die so breit und gespreizt wie Flügel waren, aber immer noch weich wirkten. Ihre länglichen Augen, deren Form an Federn erinnerte, strahlten Weiblichkeit aus, doch ihre Schultern waren breit, grobknochig und kraftvoll.

Als sie sich zu einem alten Bett mit Stahlfedern zurückzog, um ihr Baby zu wiegen, sah ich mir die Jurte genauer an. Der Rahmen war aus sechs zusammenklappbaren Scherengittern konstruiert, die schnell abgebaut und auf den Rücken eines Kamels gebunden oder, wie es in dieser Region Brauch war, auf einen von einem Yak gezogenen Karren geschnallt werden konnten. Auf die Scherengitter wurden mehr als siebzig kompliziert bemalte Dachstangen – die Speichen ähnelten – aufgelegt und in der kreisförmigen Öffnung der Dachkrone befestigt.

Um den Holzrahmen gewickelt waren dicke Schichten Filz, die kaum Sonnenlicht durchließen und vor Kälte und Hitze schützten. Der Filz dämpfte die Geräusche der Außenwelt so effektiv, dass man sich leicht im Flüsterton verständigen konnte, selbst wenn man an entgegengesetzten Enden der Jurte saß und ein Sturm tobte – etwas, das ich ansonsten nur in einer Schneehöhle erlebt hatte.

Nach dem Melken drängten sich alle in eine Jurte zu einer Mahlzeit aus Fleisch und *gurultai shul*, selbst gemachten Nudeln. Anschließend reichten wir mein Fotoalbum aus Australien herum. Der Familienälteste versuchte uns eine Reihe von Fragen zu stellen, doch unser Mongolisch war zu dürftig, um sie beantworten zu können. Ich spreche fließend Russisch, doch wie der Kommunismus selbst hatte sich diese

Sprache bei einem Volk, das über die Jahrhunderte hinweg mehr oder weniger selbstständig geblieben war, nie wirklich behauptet.

Ehe wir uns versahen, war es draußen dunkel. Eine Öllampe wurde angezündet und warf einen Lichtschein hinüber zu der Frau, die vorhin gekocht hatte. Jetzt hatte sie sich zu ihrem Ehemann gesetzt, das tief schlafende Baby zwischen ihnen. Von draußen drang das fast unhörbare Geräusch des Blökens und Furzens herein, als sich die Schafe, Ziegen und Yaks um die Jurten herum niederließen.

Ich begriff es damals noch nicht, doch einen Großteil meiner Reise durch die Steppe nach Ungarn sollte ich mit dem Versuch verbringen, mir vorzustellen, wie das Leben ausgesehen haben mochte, bevor das Russische Reich und die Ära der Industrialisierung zu Sowjetzeiten der nomadischen Lebensweise ein Ende gesetzt hatten. Tatsache war auch, dass die städtischen Bevölkerungszahlen in der Mongolei, vor allem in Ulan-Bator, exponentiell wuchsen. Außerdem gab es Gerüchte, dass große multinationale Minenkonzerne Verträge aushandelten, um die unermesslichen Gold-, Kohle-, Kupfer- und Uranvorräte in der Mongolei abzubauen.

2004 schienen der sich anbahnende Bergbauboom und seine potenziellen Folgen für die meisten Mongolen noch in weiter Ferne und unvorstellbar zu sein. Und in diesem Augenblick in jener Jurte gab es kein Vorher oder Nachher, sondern allein ein Gefühl der Vollkommenheit, denn hier war das Nomadenleben noch intakt und seit den Tagen Dschingis Khans vor 800 Jahren praktisch unverändert geblieben.

Wolf-Totem

Vom Nomadenlager aus ritten wir weiter nach Westen durch das Changai-Gebirge, eine große Gebirgskette, die die Zentralmongolei beherrscht und die trockenen Wüsten des Südens von den sibirischen Wäldern trennt. Wir durchschnitten einen schmalen Gebirgsfinger, um die sanfteren Ebenen und Flusstäler am Nordwestrand des Gebirges zu erreichen. Während unseres Ritts nahm mich das Terrain, das sich vor uns ausbreitete und größer und wilder wurde, vollständig gefangen.

Mäandernde Flüsse führten uns zwischen Gipfeln hindurch, die so knochig waren wie die Rücken schlecht ernährter Pferde, und vorbei an Seen, wo im Morgengrauen der Nebel über das glasige Wasser wallte. Die höheren Gipfel waren normalerweise glatt, abgerundet und smaragdgrün. Dichte Waldgruppen verhüllten einen Großteil der oberen Hänge.

Vielleicht lag es an der Zuversicht, die wir bei unserem Aufenthalt bei der Nomadenfamilie wiedergewonnen hatten, dass uns ein wohltuendes Gefühl der Routine und Sicherheit erfasste. Weiße Farbflecke am Horizont erwiesen sich, als wir näher kamen, als Jurten und füllten den Tag mit Menschen, Geräuschen und Farben, um am nächsten Morgen wieder in der Ferne zu verschwimmen – so wie der Geschmack von fermentierter Milch und getrocknetem Quark auf unseren Gaumen langsam verschwand. In einer Welt ohne Zäune, in der Gemeinschaften so unvorhersehbar wie das Wetter immer wieder ihre Zelte abbrechen und weiterziehen, änderte sich nach und nach unsere Gewohnheit, den Überblick über Zeit und Ort zu behalten. In einem der verlassenen Täler war der einzige Anhaltspunkt ein Aasgeier, der unter einer drückenden Sonne am Fleisch eines Yakkadavers herumpickte. Ein ganzer Tag wurde dadurch definiert, dass Hirten sich Kathrins Wallach borgten, um ihre weggelaufenen Pferde einzufangen, und uns stundenlang darüber spekulieren ließen, ob sie unser Pferd nicht vielleicht gestohlen hatten. Ein ganzer Nachmittag stand im Zeichen einer der vielen tosenden Stürme, die über uns hinwegzogen, uns mit Hagel beschossen und dafür sorgten, dass die Hitze vorübergehend nachließ. Eine Stunde lang standen wir so wie die Pferde mit dem Rücken zum Wind und zitterten vor Kälte, doch schon innerhalb einer weiteren halben Stunde war die schwarze Wand wieder gewichen, sodass ich unter der brennenden Sonne den blauen Himmel nach Schatten spendenden Wolken absuchte.

Zehn Tage nach unserem Aufenthalt bei der Nomadenfamilie beschlossen wir, statt durch die Haupttäler über einen wilden, als Davaa Nuur bekannten Bergpass zu reiten. Wir hatten zwar begonnen, unser Lager regelmäßig bei Nomadenfamilien aufzuschlagen, weil sie uns Schutz boten, doch das Gras, das diese Lager umgab, war normalerweise zu trockenen Stoppeln heruntergefressen, und unsere Pferde wurden hungrig und dünn. Genauso wichtig war, dass der Davaa Nuur uns von der Hitze weg und durch die Nordränder des Changai-Gebirges zu weitläufigeren Hängen und Ebenen führen würde.

Als die Familie, bei der wir unten im Flusstal kampiert hatten, von unserem Plan erfuhr, versorgte sie uns mit Unmengen von getrocknetem Quark und Yakkäse. Wir wollten gerade aufbrechen, als unser Gastgeber, ein bärbeißiger, zahnloser Hirte in einem zerrissenen, fadenscheinigen, nach Tabak und Hammelfleisch riechenden Deel aus der Jurte auftauchte, den Kopf schüttelte und immer wieder sagte: »Es ist gefährlich dort oben!« Die krummbeinige ältere Matriarchin der Familie kam mit einem Eimer Milch herbeigelaufen. Als wir uns umdrehten und wegritten, spritzte sie drei Schöpflöffel voll gen Himmel. »*Ayan zamdaa sain yavaarai!*«, rief sie und wünschte uns Glück für unsere Reise, während die Milch auf unsere Rücken und die Hinterteile der Pferde herabregnete. In einem Land, in dem jede Reise fort von zu Hause das Risiko eines Unglücks oder sogar des Todes barg, hatte sich dieses Ritual, das aus einer Zeit lange vor der Ära Dschingis Khans stammte, bis heute gehalten. Die Farbe Weiß repräsentierte Glück und Reinheit, und mit diesem Milchopfer wurden die Götter gebeten, uns bei unseren Reisen vor Gefahren zu schützen.

Mehrere Stunden später war die Jurte der Familie unten im Tal zu einem anonymen Fleck zusammengeschrumpft, und aus dem breiten Flusstal war eine enge Schlucht am Fuß riesiger, sich zueinander hinneigender Bergkämme geworden. Wir hatten schon lange jede Spur eines Pfades verloren und folgten durch Sumpf und loses Gestein einem Fluss, der einen Gebirgseinschnitt hinabstürzte.

Es wurde gerade Abend, als die hohen Gräser dichtem, kurzem alpenländisch anmutendem Gras wichen, auf dem sich Tau und Regentropfen angesammelt hatten. Nicht weit über uns waren rund 3000 Meter hohe Gipfel in Nebel und Wolken gehüllt und boten jedes Mal, wenn ich nach oben schaute, einen anderen Anblick. Einmal brach die Sonne für kurze Zeit durch und fiel auf die silbrigen Hänge mit ihren orangefarbenen und gelben Flechten. Schon bald jedoch überzogen dunkle Wolkenschatten den Berg und kein Farbtupfer war mehr zu sehen. Dann entluden sich die Wolken, und wieder war alles in einer Suppe aus Regen und Nebel verloren.

Als wir ein letztes Stück Gestein und Gras erklommen hatten, lag plötzlich die Quelle des Flusses vor uns. Ein dunkelgelber See zwischen den felsigen Gipfeln, auf die wir uns den ganzen Tag zubewegt hatten. Inzwischen hatten dicke schwarze Sturmwolken das Sonnenlicht und damit jedes Gefühl für Romantik verbannt.

Am nächsten Morgen erwartete uns Regen und Hagel, begleitet von so starken Windböen, dass unser Zelt auseinanderzureißen drohte. Wir setzen uns auf, lehnten uns fest gegen die Zeltwand und spürten, wie Regen und Hagel unseren Rücken beschossen. Irgendwann ließ der Wind ein wenig nach, und wir kuschelten uns in unsere Schlafsäcke. Es war kein Geheimnis, dass Kathrin sich auf das Gefühl der Ungestörtheit hier in der Wildnis gefreut hatte. Doch wenn wir bei Tagesanbruch aufwachten, wurden wir regelmäßig von Kindern und Erwachsenen begrüßt, die am Zelteingang saßen und jede unserer Bewegungen verfolgten. Wollten wir aufbrechen, zogen sie oft alles ohne böse Hintergedanken aus unseren Packkisten und verstreuten es überall. Männer ritten herbei und baten, unsere Sättel sehen zu dürfen. Diese geballte Aufmerksamkeit ließ nicht viel Raum für Romantik. Unser Zusammensein war inzwischen ziemlich zweckgerichtet geworden. Und dass ich abends vor dem Einschlafen gerade noch ein müdes »Gute Nacht« zustande brachte, war auch nicht sonderlich hilfreich.

Zwei Tage später fesselte uns das Wetter noch immer an unser Zelt, und ich sehnte mich nach den weiten Horizonten der Steppe. Da unser Essensvorrat schwand und wir nur noch ganz wenig Diesel für unseren Kocher übrig hatten, blieb uns nur die Wahl, den Pass in Angriff zu nehmen oder wieder dorthin zurückzukehren, wo wir hergekommen waren.

Wir wachten um fünf Uhr auf und saßen gegen sieben wieder auf unseren Pferden, um den See zu umrunden. Eine Spur von Sonnenlicht, das durch die düsteren Wolken zu brechen versprach, schürte die Hoffnung auf besseres Wetter, doch es ließ sich nicht leugnen, dass wir den Sommer im Tal zurückgelassen hatten. Meine Zehen verwandelten sich in Eiszapfen, und die einzigen Bäume, die auf den kahlen, windgepeitschten Hängen wuchsen, waren Zwergbirken und -weiden, die völlig verunstaltet und kaum größer als Kriechpflanzen waren.

Ich hatte gerade überlegt abzusteigen, um meine Zehen aufzuwärmen, als Bor durch eine gefrorene Kruste knietief in einem Sumpf versank und mich beinahe abgeworfen hätte. Wir stiegen ab und gingen zu Fuß weiter, waren aber immer wieder gezwungen, mit unseren panischen Pferden Sümpfen auszuweichen. Hin und wieder versperrten uns auch Felder mit zerklüfteten Steinen, die an alte Moränen erinnerten, den Weg. Als Kathrins Pferd plötzlich mit den Hinterbeinen auf mich losging und seine Hufe meinen Kopf nur um Haaresbreite verfehlten, legten wir uns im Morast hin und zogen Bilanz. Der Adrenalinschub ließ meine Hände noch immer zittern, und vor lauter Hunger sah ich alles verschwommen. Kathrin machte den Eindruck, als wolle sie sich geschlagen geben. Wir hatten gerade erst das Nordende des Sees erreicht, und meiner Karte zufolge war der Pass noch acht Kilometer entfernt, die zum größten Teil völlig im Nebel lagen. Wir glaubten nicht mehr wirklich daran, dass wir es dort hinauf schaffen würden.

Doch nachdem wir ein paar Schlucke Tee aus unserer Thermosflasche getrunken hatten, fiel uns etwas auf, das unsere Hoffnung neu entfachte. Zwischen zwei Felsen war die unverwechselbare Form eines Hufabdrucks zu sehen. Wir sprangen auf und fanden nur ein kleines Stück weiter einen ähnlichen Abdruck. Dann entdeckten wir etwas, das alle Zweifel beseitigte: eine Zigarettenkippe.

In den nächsten drei oder vier Stunden verloren wir hin und wieder die Hufspuren, doch gerade wenn wir sicher waren, vom Weg abgekommen zu sein, tauchten sie wieder auf. Derweil nahm ein Bild dieses Phantomreiters Gestalt an. Ich stellte ihn mir als freundlichen Menschen im mittleren Alter vor, ein Gewehr über die Schulter gehängt und eine Zigarette im Mundwinkel. Manchmal sang er, doch als er sich dem Pass näherte, wurde er ruhig und ernst. In Wirklichkeit brachte ihn jedoch nichts aus der Fassung. Während wir uns abmühten und fielen und mit jedem Hindernis kämpften, ritt er mit Leichtigkeit und Geschicklichkeit einen Pfad entlang, der ihm und seinem Pferd völlig vertraut war. Unser großes Abenteuer war für einen Nomaden, der nach einem Besuch bei Freunden nach Hause zurückkehrte, möglicherweise nur ein normaler Tagesritt.

Nachdem wir uns sechs Stunden lang mühevoll weitergekämpft hatten, munterte uns die Tatsache auf, dass der Nebel sich ein wenig verzog und die dreieckige Silhouette eines als *obo* bekannten Steinhaufens in Sicht kam. Auf diesem waren Reste von getrocknetem Quark und ein zerrissener, *khadag* genannter blauer Seidenschal verstreut. Aus der Mitte des Steinhaufens ragten ein paar Holzstöcke. Obos wie dieser sind auf Berggipfeln und Pässen der Mongolei seit Jahrhunderten, wenn nicht gar Jahrtausenden ein vertrauter Anblick. Ursprünglich dienten sie wahrscheinlich als Wegmarkierung, doch sie waren vor allem auch Kultstätten, an denen Reisende anhielten, um ihren tiefen Respekt vor den Bergen zu bekunden und zu Tengri, dem endlos blauen Himmel zu beten. Die dreieckige Struktur, die manchmal aus Holz statt aus Steinen errichtet wird, symbolisiert einer Interpretation zufolge die Form der aufgehenden Sonne und würdigt deren lebenspendende Strahlen. Dies spiegelt die alten animistischen Glaubensvorstellungen der Mongolen wider, die seit alters her den Himmel als ihren Vater und die Erde als ihre Mutter betrachten. Obos sind normalerweise an den höchsten Orten zu finden, weil sich dort der Himmel, die Sonne und die Erde vereinen.

Der Tradition gemäß gingen wir dreimal im Uhrzeigersinn um den Obo herum und legten jedes Mal einen neuen Stein auf den Haufen. In einem anderen Kontext hätten wir uns vielleicht wie Fremde gefühlt, die das Ritual einer anderen Kultur vollzogen, doch hier tröstete uns das Wissen, dass irgendetwas von unserer Anwesenheit zeugte.

Direkt unterhalb des Obos stiegen wir einen Weg aus Lehm und bröckligen Steinen hinab und traten hinter einem Nebelvorhang hervor ins Tageslicht.

Morastiger Permafrostboden machte festem Untergrund Platz, und die Sonnenstrahlen drangen sanft zu uns durch und schenkten uns eine Wärme, von der wir in den letzten Tagen nur hatten träumen können. Das einzige Anzeichen für Stürme war ein feiner Nebel, der über den Rand des von Osten nach Westen verlaufenden Kamms wallte, den wir überquert hatten, und dort in der Sonne verdampfte. Im Gegensatz zu der baumlosen und windgepeitschten Südseite waren die Hänge hier dicht bewachsen mit Lärchenwäldern, die sich, so weit das Auge reichte, nach Norden hin erstreckten. Wir folgten den Spuren des Reiters und stiegen in zügigem Tempo bergab, bis der Wind einschlief und wir das Gurgeln eines Flusses, das Zwitschern von Vögeln und das Zirpen von Zikaden hörten. Kälte und Sturm waren zur Erinnerung geworden, die wir ebenso wegpackten wie die regendichten Mäntel und warmen Kleidungsschichten, in denen wir tagelang gelebt hatten.

Gerade als die gelbe Sonnenscheibe die gezackte Silhouette des Waldes berührte, kippte die Stimmung. Wir hatten die Spur des Reiters verloren, und die Talhänge waren jetzt so steil, dass wir gezwungen waren, die Pferde entlang schmaler Felsvorsprünge und von einem Flussufer zum anderen zu führen. Der Wald war durch ein Wildfeuer zerstört worden, und wo die Bäume einst vielleicht farbenprächtig gewesen waren und von Vögeln und Eichhörnchen bevölkert wurden, ragten jetzt kahle, rußbedeckte Stämme in den Himmel. Ein Meer von Weidenröschen bedeckte den Boden unter uns, und die Heerscharen violetter Blüten waren die einzigen Lebewesen, die das noch verweilende Licht einfingen. Hier waren schon lange keine Nomaden mehr gewesen, und vielleicht hatten sie ihre Tiere nie in den höheren Lagen dieses Tals grasen lassen.

Als die Abenddämmerung hereinbrach, waren wir wieder ein wenig zuversichtlicher gestimmt. Nach dem steilsten Abschnitt des Tals hatten wir eine große, offene Grasfläche an einem Flussufer erreicht und uns darangemacht, unser Lager zu errichten. Gerade als wir die Zeltleinen befestigten, war aus dem Tal ein Heulen zu hören.

»Da unten muss doch eine Nomadenfamilie sein«, sagte ich zu Kathrin, richtete den Blick flussabwärts und erwartete, ein Nomadenlager auszumachen. Ich versuchte, im schwindenden Licht etwas zu erkennen, doch der einzige Weißschimmer stammte von einem gespenstischen Felsen auf einem Hang mit geschwärzten toten Bäumen.

Wieder war von unten ein langes, hundeartiges Heulen zu hören, gefolgt von einem ähnlichen Heulen oben aus dem Tal und einem weiteren aus dem Wald am anderen Ufer. Kathrin stolperte über unsere Reisetasche aus Segeltuch und blieb dann, den Blick angsterfüllt auf den Wald gerichtet, genau dort sitzen, wo sie hingefallen war. Nichts bewegte sich, und erneut wurde es still.

»Du – du bindest die Pferde fest. Ich hole uns Brennholz«, stammelte ich.

Die Nomaden hatten mich schon zu Beginn der Reise vor Wölfen gewarnt und hielten es für Wahnsinn, ohne ein Gewehr zu reisen, doch ich hatte ihre Warnungen immer als Panikmache abgetan. Während meines Studiums in Finnland hatte ich gelernt, dass es trotz all der Gerüchte um Wölfe und der Angst vor ihnen nur eine Handvoll dokumentierter Geschichten über Angriffe auf Menschen gab, wobei die Opfer Babys oder kleine Kinder gewesen waren.

Erst jetzt dämmerte mir, dass die Wölfe eine echte Gefahr darstellten: Sie waren nicht an uns interessiert, sondern an unseren Pferden. Wenn die Pferde so verängstigt waren, dass sie sich losrissen und wegliefen, was dann?

Die Nacht brach schnell über uns herein, während ich auf Bäume einschlug und die Axt sich durch Holzkohle arbeitete, bevor sie auf einen Kern toten trockenen Holzes traf, das so hart wie Stahl war. Nach einer Stunde Arbeit hatte ich kaum genug Holz, um meine ausgestreckten Arme damit zu bedecken. Trotzdem eilte ich zurück zu unserem Lager.

Ohne ein Gewehr blieb nur zweierlei zu tun. Zunächst urinierte ich in der Nähe eines jeden der drei Pferde, ein Trick, zu dem mir die Tierärztin Sheila Greenwell geraten hatte. Danach entzündete ich ein Feuer und rationierte unseren mageren Holzvorrat, damit er bis zur Morgendämmerung reichte. Den Mongolen zufolge hielt ein Feuer die Wölfe auf Abstand.

Sobald das Feuer brannte, entspannten wir uns ein wenig, starrten in die Flammen und aßen einen Brei aus Reis und Trockenfleisch. Währenddessen sah ich, wie eine tiefe Schwärze den östlichen Himmel überzog und Sterne zu flackern begannen.

Nachdem ein oder zwei Stunden ohne ein Lebenszeichen von den Wölfen vergangen waren, verzog ich mich völlig erschlagen in unser Zelt, während Kathrin die erste Nachtwache am Feuer übernahm.

Als ich wieder aufwachte, kam es mir so vor, als seien nur wenige Minuten vergangen. Kathrin schüttelte mich.

»Entspann dich, Tim! Abgesehen davon, dass ich friere, ist alles okay. Bis jetzt keine Wölfe. Es ist ein Uhr morgens, also bist du an der Reihe, du fauler Australier!« Wie immer, wenn sie müde war, war ihr deutscher Akzent deutlicher zu hören.

Ich tauschte meinen Schlafsack gegen die Daunenjacke ein, die sie getragen hatte, und setzte mich neben das sanft prasselnde Feuer. Die Flammen züngelten in die Nachtluft und bildeten einen flackernden Lichtkreis, der gerade bis hin zu den Pferden reichte. Alle drei hatten sich am Nachmittag richtig vollgefressen und standen jetzt, mit hängenden Köpfen, völlig unbeweglich da. Der Himmel über uns war unendlich weit, doch das hohe Gras im Schoß der Berge bot uns ein Gefühl von Geborgenheit. Ich fragte mich, wie es sein würde, wenn Kathrin wieder nach Hause fuhr und noch rund 9000 Kilometer bis Ungarn vor mir lagen. Meine bisher längste Reise durch die Wildnis ohne Begleitung hatte lediglich zehn Tage gedauert.

Gegen drei Uhr wurden meine Arme und Beine bleischwer. Ich bettete mein müdes Haupt auf einen zusammengerollten Mantel und schlief ein.

Als das Dröhnen von Hufen den Boden unter mir vibrieren ließ, wähnte ich mich in unserem Zelt. Ich nahm an, dass Bor versuchte, sich in den Fesseln zu bewegen, mit denen seine Vorderbeine und das linke Hinterbein zusammengebunden waren. Während die anderen Pferde inzwischen die Kunst beherrschten, mit den Fußfesseln in einem ordentlichen Tempo zu gehen, stolperte Bor darin noch immer unbeholfen.

Dann hörte ich jedoch wütendes Stampfen, das aus allen Richtungen näher kam.

Gerade als ich die Augen geöffnet hatte, drang ein Heulen durch die Dunkelheit. Dieses Mal kam es von irgendwo direkt hinter uns, vielleicht vom rund zehn Meter entfernten Waldrand. Ich legte mich flach hin, wagte nicht zu atmen. Um mich herum war es völlig dunkel, das Feuer hatte ich bis auf ein paar glühende Kohlen herunterbrennen lassen.

Als das Feuer wieder loderte, nahm ich die Axt und kontrollierte die Seile und Pflöcke. Nacken und Widerrist der Pferde waren angespannt. Sie hielten den Kopf hoch, und ihre Ohren zuckten hin und her. Im Verlauf Tausender von Jahren hatten sie sich zu überragenden Fluchttieren entwickelt, die innerhalb von Sekunden ihre maximale Laufgeschwindigkeit erreichen und beim ersten Anzeichen von Raubtieren die Flucht ergreifen konnten. Doch indem ich ihnen Fesseln angelegt hatte, waren sie zur leichten Beute geworden.

In den nächsten Stunden saß ich mit der Axt in der Hand da, fest davon überzeugt, dass unser Leben am seidenen Faden hing. Als das Feuer auszugehen drohte und ich kaum noch glaubte, dass mein Holzstapel bis zum Morgen reichen würde, war ich mir sicher, im Umkreis des Lagers die Umrisse von Wölfen erkennen zu können. Irgendwann dachte ich sogar, dass es dort draußen zwischen den Überresten des Waldes vielleicht Hunderte von ihnen gab, halb wahnsinnig vor Hunger. Ich fütterte das Feuer immer wieder mit den mir verbliebenen Ästen und betete, dass es Morgen würde, und bereute bitterlich, dass ich die Warnungen der Nomaden so leichthin abgetan hatte. Egal, was ich zuvor über Wölfe gedacht haben mochte, dieses Heulen in der Dunkelheit hatte etwas zutiefst Beängstigendes.

Ich erinnerte mich an etwas, das mein Freund Gansukh mir einmal gesagt hatte: »Nicht umsonst wird ein Hund in deinem Land als ›bester Freund des Menschen‹ bezeichnet – wir Mongolen wissen, dass Hunde die ersten Tiere waren, die domestiziert wurden! Wir glauben, dass der Wolf das weiseste und spirituellste aller Tiere ist. Schau nur, wie gerissen er ist, wie er unter solch schwierigen Bedingungen überlebt. Einen Wolf zu sehen ist unserem Glauben nach ein gutes Omen. Es bedeutet, dass du einen Teil seiner Weisheit erben wirst. Einen Wolf zu töten, heißt, klüger als er zu sein. Wir essen Wolfsfleisch, weil es uns Kraft verleiht, und verwenden es für medizinische Zwecke.«

Die Bedeutung, die der Wolf für die Mongolen hatte, reichte jedoch noch tiefer. Der Legende nach stammten die Mongolen von einem blaugrauen Wolf und einer Hirschkuh ab. Wölfe nahmen den Geist der mongolischen Vorfahren in sich auf, was der sogenannte »Mongolenfleck« bewies – ein bläulicher Fleck am Kreuzbein oder Gesäß der meisten Neugeborenen. Man glaubte auch, dass ein Wolf zum Himmel betete, wenn er heulte, womit er das einzige andere Lebewesen war, das dem Himmelsgott Tengri huldigte.

Vielleicht am wichtigsten für die Nomaden war jedoch der Glaube an die Symbiose zwischen Wolf und Mensch in der Steppe. Wölfe trugen wesentlich dazu bei, das Gleichgewicht der Steppe zu erhalten, weil sie sicherstellten, dass es keine Kaninchen- oder Nagetierplagen gab. Dies wiederum schützte das hochwichtige Weideland der Nomadenherden.

Obwohl die Wölfe verheerenden Schaden anrichteten, wenn sie über

Schafe herfielen, griffen sie Pferde normalerweise nur an, wenn diese verletzt oder schwach waren. Damit trugen sie zur natürlichen Auslese bei und sorgten dafür, dass sich nur die stärksten Pferde vermehrten. Von dem tiefen Gefühl der Dankbarkeit und dem Respekt der Mongolen vor den Wölfen zeugte der Glaube, dass der Geist eines Verstorbenen mithilfe der Wölfe freigelassen werden konnte, um in den Himmel einzugehen. Wenn ein Mensch starb, wurde sein Leichnam auf einen Berg gebracht, wo die Wölfe ihn dann fraßen. Ein guter Mensch wurde schnell verspeist, ein schlechter hingegen blieb tagelang dort liegen und verweste. Der Legende nach flogen die Wölfe mit dem aufgenommenen Menschenfleisch zum Himmel und ließen den Geist des Betreffenden frei.

Kathrin und ich fanden später heraus, dass die Nomaden auch heute noch an dem Brauch des »Himmelsbegräbnisses« festhalten. In der Provinz Uws, nur einen Tagesritt von Ulaangom entfernt, fanden wir in der Steppe das Skelett eines jungen Mannes mit nur noch wenigen, von der Sonne getrockneten Fleischstücken. Ganz in der Nähe lag ein zerrissener *khadag*.

In der Sicherheit und Behaglichkeit einer Nomadenjurte hätte diese Philosophie vielleicht Anlass geboten, fesselnde Geschichten zu erzählen. Doch als das Feuer auszugehen drohte, war es schwierig, Dankbarkeit gegenüber den Wölfen zu empfinden. Wie ließ sich die gutwillige Kreatur, die die Mongolen verehrten, mit diesen unbarmherzigen Tieren vereinbaren, die sicherlich jeden Moment meine Pferde und vielleicht sogar Kathrin und mich angreifen würden? Und wie konnte Gansukh von der Verehrung des Wolfes sprechen, um im gleichen Atemzug zu sagen, dass es klug sei, ihn zu töten und zu essen?

Ich wusste es damals noch nicht, doch dies waren Fragen, die mich noch weit über das Ende meiner Reise hinaus beschäftigen sollten. Im Laufe der Zeit gewann ich die Überzeugung, dass das Abqualifizieren des Wolfes als blutrünstigen Feind von derselben Ignoranz zeugte wie das Bild, das die Europäer jahrhundertelang von den Mongolen gezeichnet hatten.

In Wirklichkeit war das Überleben in der Steppe ein Balanceakt, und die Wölfe waren so wie die Menschen nur so grausam, wie ihr Überleben es erforderte. Die Beziehung zwischen Wölfen und Menschen wird vielleicht am besten in dem autobiografischen Roman »Der Zorn der

Wölfe« von Jiang Rong beschrieben. Darin erzählt ein alter mongolischer Hirte einem chinesischen Studenten, dass der »Wolf ein spirituelles Totem, aber ein physischer Feind ist«. Natürlich war ich kurz nach Beginn meiner Reise zur weit entfernten Donau noch Lichtjahre davon entfernt, dies zu begreifen.

Der Kampf zwischen der Nacht und meinem Feuer blieb bis zur letzten Minute spannend, und es gab Augenblicke, in denen ich mir nicht sicher war, ob das Feuer durchhalten würde. Doch als die Nacht sich dem Ende zuneigte, hatte ich seit Stunden kein Heulen mehr gehört. Ich legte das letzte Stückchen Holz aufs Feuer und lag da, bis das Glühen der Sonne das der Kohlen verdrängt hatte. Schon bald war das Feuer, an das ich mich so geklammert hatte, nur noch ein graues Aschebett.

Bis zu unserem Aufbruch hatte die Sonne die Schatten übermalt, und so wie die Berge um uns herum im Tageslicht zu schrumpfen schienen, kam mir die panische Angst vor den Wölfen mit einem Mal übertrieben vor. Als erfahrenerer Reiter wäre ich, wie ich glaubte, sicher spielend mit dieser nächtlichen Erfahrung fertiggeworden. Doch als hätte man uns eine Mahnung hinterlassen, entdeckten wir nur einen Steinwurf von unserem Lager entfernt am schlammigen Flussufer die frischen Spuren eines Wolfes.

In Zukunft würde ich, vor allem in der offenen Steppe der Westmongolei und Kasachstans, kein Feuerholz mehr haben, das mir helfen könnte, und auch auf Kathrins Gesellschaft würde ich verzichten müssen. Ein Gewehr zu tragen, kam nicht infrage, aber es war klar, dass ich mir einen Plan ausdenken musste. Vorerst war ich jedoch einfach nur dankbar, von diesem Lagerplatz wegreiten zu können.

Eine feine Linie zum Westen

Als wir den Wald hinter uns gelassen und die abgegrasten Hänge des tiefer gelegenen Tals erreicht hatten, verblasste die Angst vor den Wölfen und der Gefahr, die von ihnen ausging. Mich tröstete die Aussicht auf das, was die Reise noch für mich bereithielt. Der als Delgerech bekannte Gebirgsfluss, dem wir vom Pass aus folgten, war Teil eines größeren Wasserlaufs, mit dem ich schon während früherer Reisen Bekanntschaft gemacht hatte. Drei Tagesritte flussabwärts floss er in den Ider, der wiederum nach Osten und Norden floss und, mit der Selenga vereint, in den Baikalsee in Sibirien mündete.

Vier Jahre zuvor hatten Chris Hatherly und ich während unserer Radtour durch Russland den kristallklaren Baikalsee per Schiff überquert und waren an der Selenga entlanggeradelt. Im folgenden Jahr war ich an die Ufer des Baikalsees zurückgekehrt und mit drei anderen mit einem Holzboot mehr als 4000 Kilometer in nördlicher Richtung durch Sibirien bis zum Nordpolarmeer gerudert. Wir waren Tag und Nacht unterwegs, folgten zuerst der Angara und dann dem Jenissei und schlängelten uns viereinhalb Monate lange durch Steppe, dann dichte Taiga und schließlich gefrorene Tundra, bis wir die Arktisküste erreichten, wo der Fluss in den Karasee mündet. Dort ließen wir unser Boot bei einer Gemeinschaft von Rentierzüchtern zurück und machten uns auf den Heimweg.

Als ich jetzt, drei Jahre später, am Delgerech entlangritt, war die Situation eine völlig andere. Auf meinem Weg nach Westen in das Zentrum Eurasiens würde ich nicht die Fülle an Feuerholz, Wasser und Fischen vorfinden, die für jene früheren Erfahrungen bezeichnend gewesen waren. Für die Nomaden war in erster Linie Weideland von Bedeutung, sodass mir nichts anderes übrig blieb, als in der Steppe zu bleiben und eine Linie zwischen den borealen Nadelwäldern im Norden und den Wüsten und Bergen in südlicheren Breiten zu wählen. Der Fluss, in dem vielleicht mehr Nahrung zu finden war, reizte mich zwar, doch ich freute mich darauf, mich von ihm zu entfernen und zu den weiteren Horizonten zurückzukehren. Nur wenige Tagesritte von hier entfernt würden wir das Changai-Gebirge hinter uns lassen und in das weitläufigere, trockenere Terrain der Westmongolei gelangen.

Bevor wir das Tal verlassen und unseren Rhythmus wiederfinden konnten, hatte der Delgerech jedoch einige wichtige Lektionen für uns auf Lager.

Wir hatten gerade in der Nähe einer der ersten Jurten, auf die wir nach etlichen Tagen gestoßen waren, unser Lager errichtet, als das entfernte Rumpeln eines russischen Geländewagens, das aus dem Tal hochdrang, plötzlich zu einem Röhren anschwoll. Nur kurze Zeit später waren die Frontscheinwerfer auf uns gerichtet. Als Kathrin losrannte, um die Pferde dichter an unser Zelt zu ziehen, fuhr der Wagen über die Haltestricke und kam dann nur wenige Fuß vor meinem Campingkocher, auf dem ich gerade Wasser erhitzte, zum Stehen. Der Motor erstarb und einen Augenblick lang war es völlig still. Dann öffnete sich eine Tür, und im blendenden Licht der Scheinwerfer kam die Silhouette eines Mannes in Sicht. Seine Wodkafahne schlug mir entgegen.

»Hast du Whisky? Wodka? Airag?«, schrie er auf Russisch und bohrte mir den Zeigefinger in die Brust. Mein ausdrucksloser Blick brachte ihn so in Rage, dass er versuchte, sich das Messer an meinem Gürtel zu schnappen. Als ich mich wehrte, ballte er die Faust und drohte, auf mich loszugehen.

»Ich nehme jetzt zwei von euren Pferden! Sie gehören mir!«

Der Abend hatte in der vermeintlichen Sicherheit eines Gebietes, in dem es keine Wölfe gab und wir von Menschen umgeben waren, so friedlich begonnen. Jetzt aber erwartete uns eine Feuerprobe, während derer es uns gerade noch gelang, unsere Pferde zu retten. Als der Angreifer mitsamt unserer Navigationskarten wegfuhr, suchten wir Zuflucht bei einer Nomadenfamilie, bei der uns jedoch nur weitere Unannehmlichkeiten mit Angetrunkenen erwarteten: Streitereien, spöttische Bemerkungen über Kathrin und mich und das Kommen und Gehen von Reitern hielten bis zum Morgengrauen an. Als wir nach unseren Pferden sahen, wussten wir, dass wir noch nicht über den Berg waren. Bor saß auf den Hinterbeinen und versuchte, eine Schwellung an der Wirbelsäule zu lecken. Sie befand sich an einer Stelle am Rücken ein Stück weit hinter meinem Sattel, wo mir zuvor schon mehrere Narben aufgefallen waren, laut Sheila Greenwell ein Anzeichen für einen möglichen

Dasselfliegenbefall. Die Larven dieser Fliege graben sich ins Fleisch ein und verursachen schmerzhafte Schwellungen und Wunden, wenn die ausgereiften Larven wieder an die Oberfläche dringen.

Zu rasten, damit die Pferde sich ausruhen konnten, war keine Option, und so schnallte ich mir den Rucksack um und machte mich mit Bor und dem Packpferd Kheer im Schlepptau zu Fuß auf den Weg. Wir waren sehr erleichtert, als zwei junge Männer mit den gestohlenen Karten herbeiritten, auch wenn sie sofort drohten, sie zu zerreißen, wenn wir nicht für ihre Dienste zahlten. Nachdem wir eine Summe von zehn Dollar ausgehandelt hatten, zogen wir in dem Bewusstsein weiter, dass wir zwar dieses Mal großes Glück gehabt hatten, es jedoch keine Garantie gab, dass dies immer der Fall sein würde.

Noch bevor wir uns am Abend auf Gedeih und Verderb einer freundlichen Nomadenfamilie auslieferten, war uns klar geworden, dass die schmale Gratwanderung zwischen den Gefahren der Wildnis und den von Menschen ausgehenden Gefahren eine der größten Herausforderungen auf dieser Reise war. In den kommenden Wochen und Monaten lernten wir, dass auch das Überleben der Nomaden selbst von dieser feinen Gratwanderung abhing.

Die Nomaden besitzen zwar keinen Grund und Boden, doch einige von ihnen haben mehr Glück mit dem Land, das sie bewohnen, als andere – früher die Ursache für Gebietsstreitigkeiten zwischen Stämmen. Nach einem langen Tagesritt Richtung Westen erreichten wir ein Nomadenlager an einem von seidig grünem Gras flankierten Bach, das an eine Oase erinnerte. Am Tag zuvor war noch alles in Staub gehüllt. Jetzt aber plantschten Kinder im Wasser herum, und Frauen legten ihre Wäsche auf einem Grasteppich aus. Als wir von fünf erwachsenen Brüdern und ihren Großfamilien, die in fünf oder sechs am Bach verteilten Jurten lebten, begrüßt wurden und uns entgegen unseren Erwartungen keine alkoholbedingten Aggressionen entgegenschlugen, erfüllte uns ein Gefühl von Leben und Wohlbefinden, das wir in den vergangenen Tagen schmerzlich vermisst hatten. Dieses Lager war uns umso willkommener, als wir jetzt nur noch einen Tagesritt von der trockensten und anspruchsvollsten Teilstrecke auf unserem Weg nach Westen entfernt waren.

Wir bauten unser Zelt auf und sahen zu, wie die aus achtzehn fetten

Kamelen bestehende Herde der Familie das steile staubige Ufer hinabdonnerte, um Wasser zu trinken. Und mit einem Mal wussten wir, dass dies ein entscheidender Moment für unsere kleine Truppe war. Obwohl es Bor, der zwei Wochen lang ohne Sattel herumgelaufen war, inzwischen besser ging, zögerten wir, ihn wieder voll in Anspruch zu nehmen. Und was noch entscheidender war: Kheer, unser treues Packpferd und die Hauptstütze unserer Karawane, zeigte Anzeichen von Müdigkeit und von wundgeriebenen Stellen am Widerrist. Ein paar Tage Ruhe und eine leichte Veränderung am Packsattel hätten hier Abhilfe schaffen können, doch unsere Zuneigung zu Kheer war so groß, dass wir den Gedanken, ihn noch länger zu belasten, nicht ertragen konnten. Er war zwar genau die Art von Pferd, mit dem ich gern bis zur Donau geritten wäre, doch die Quarantänegesetze verboten den Export von Pferden aus der Mongolei mit der Begründung, dass sie ein »Nationalheiligtum« seien. Das hieß, dass ich die Pferde verkaufen musste, bevor ich das Land verließ.

Der Gedanke, Bor und Kheer gegen ein neues, frisches Pferd einzutauschen, war uns erst vor wenigen Tagen gekommen, doch die idyllische Umgebung, in der wir uns gerade befanden, überzeugte uns davon, dass wir ihr neues Zuhause gefunden hatten.

Im Lager unserer Gastgeber herrschte große Aufregung, als klar wurde, dass wir zwei Pferde im Austausch gegen eins anboten, und als der Abend hereinbrach, galoppierten Kinder ohne Sattel auf einer Reihe von Pferden ins Lager. Das erste Pferd, das wir unter die Lupe nahmen, war zahm, hatte aber eine frische Wunde am Hinterhuf, das zweite riss sich los und flüchtete sich zu seiner Herde, noch bevor ich es mir genauer ansehen konnte. Das dritte Pferd gefiel uns auf Anhieb. Der kleine kastanienbraune Wallach mit der langen verfilzten Mähne und den dunklen Augen war jünger als der etwa sechsjährige Kheer, aber genauso ruhig wie er. Um uns zu beweisen, dass er *nomkhon* – ruhig und zahm – war, kletterten sechs Kinder auf seinen Rücken, während ein anderes Kind unter ihm herumkroch und seinen Penis packte. Währenddessen stand das Pferd in sein Schicksal ergeben da. Nur das Zittern seiner wulstigen Unterlippe zeugte von einer gewissen Ungeduld.

Am folgenden Tag blieben wir an Ort und Stelle und feierten den Austausch der Pferde. Einer alten Tradition folgend, führte der Hirte sein Pferd zusammen mit seinen Kindern hinaus in die Steppe, wo sie

Haare aus seinem Schweif und seiner Mähne rupften. Wir nahmen unsere Pferde beiseite, rupften ihnen, während wir sie streichelten, auch ein paar Haare aus und flüsterten ihnen unseren tief empfundenen Dank ins Ohr.

Die Mongolen glauben, dass der Geist eines Pferdes in seinen Haaren weiterleben kann, selbst lange nach dem Tod. In der Vergangenheit sammelten Nomadenkrieger deshalb Haare ihrer besten Hengste, um daraus eine Sülde, ein »Geisterbanner«, zu weben, das Glück bringen sollte und dazu diente, sich den Geist der Natur nutzbar zu machen. Dschingis Khan hatte bekanntermaßen in Friedenszeiten ein weißes Banner und in Kriegszeiten ein schwarzes Banner verwendet, und man glaubte, dass die Seele des Kriegers nach dessen Tod in diesen Hengsthaarbüscheln bewahrt bleiben würde.

Der Hirte, der uns sein Pferd verkaufte, hängte das Haarbüschel in der Jurte auf, damit der Geist des Pferdes für immer bei seiner Familie blieb.

»Ihr solltet die Haare von euren Pferden auch immer nah bei euch tragen, vor allem wenn ihr in Gefahr seid, denn sie werden euch vor bösen Menschen schützen. Und gebt mit den Pferden, die ihr verkauft, auch nicht die Halfter oder sonst irgendetwas weg, denn das würde bedeuten, dass ihr sie vollständig losgelassen habt«, erklärte er uns, wobei Gansukh uns via Satellitentelefon seine Worte übersetzte. Ich versprach, Haare von allen Pferden aufzubewahren, die mich bis zur Donau begleiten würden.

Nach der Pferdetausch-Zeremonie zogen wir uns in die Jurte des älteren Elternpaars zurück, wo wir uns ein Mahl aus Nudeln und Hammelfleisch schmecken ließen und uns in ihrem Schwarz-Weiß-Fernseher von der Größe eines Schuhkartons eine koreanische Seifenoper ansahen. Wie bei den meisten gut situierten mongolischen Nomaden gab es draußen eine Satellitenschüssel und auf dem Dach ein Solarpanel, das eine Zwölf-Volt-Autobatterie auflud, die wiederum den Fernseher mit Strom versorgte. Diese Verbindung der nomadischen Lebensweise mit Elementen der modernen sesshaften Welt war mir zunächst ein wenig seltsam vorgekommen, doch nach und nach akzeptierte ich sie als festen Bestandteil des modernen Nomadenlebens.

Die Notwendigkeit, immer wieder die Zelte abbrechen und weiterziehen zu müssen, schloss zwar den Besitz von Technologien aus, die nicht auf Kamelen oder Yaks transportiert werden konnten, doch wann immer sich etwas fand, was das Leben der Nomaden verbessern konnte, machten sie es sich mit ihrem einzigartigen Einfallsreichtum zunutze. So werden die Jurten seit dem 20. Jahrhundert in der Regel mit einem dicht gewebten weißen Segeltuch abgedeckt, das die Decken und Filzwände schützt. Ein solches Material hatte es in den Jahrtausenden zuvor nicht gegeben. Während der Sowjetherrschaft hatten auch Metallherde und Ofenrohre die offenen Feuerstellen in den Jurten ersetzt. Das führte zu einem starken Rückgang der Lungenkrebsrate und einem Anstieg der durchschnittlichen Lebenserwartung der Nomaden. Das Fernsehen stellte möglicherweise einen größeren Einschnitt dar als die anderen Neuerungen, veränderte die nomadische Lebensweise jedoch nicht grundlegend. Zudem waren einige dieser Neuerungen für mich von unschätzbarem Wert. Mithilfe eines Zwölf-Volt-Adapters konnte ich meine Videokamera, mein Satellitentelefon und meinen Laptop aufladen. Die Sache hatte jedoch einen Haken. Wie schon bei früheren Gelegenheiten seufzte und stöhnte die Familie, als der Fernseher ausfiel. Das Aufladen meiner Geräte hatte die Batterie entleert.

Jetzt, wo der Fernseher nicht mehr funktionierte, wurde das Abendessen mit *arkhi*, einem leichten Schnaps aus gegorener Milch heruntergespült, und schon bald richtete sich die Aufmerksamkeit der Familie auf eine Form der Unterhaltung, die so alt war wie das Nomadenleben.

Die Matriarchin der Familie, eine magere Frau in den Siebzigern, deren Haut so zerknittert war wie ein altes Betttuch, griff nach einem Saiteninstrument namens *morin khuur*, was so viel wie Pferdekopfgeige bedeutet. Dieses hatte einen leicht trapezförmigen Resonanzkörper, einen langen, mit einem Pferdekopf verzierten Hals und zwei Saiten – eine aus 135 Schweifhaaren eines Hengstes, die andere aus 105 Schweifhaaren einer Stute. Das Instrument war handgefertigt, eine Kunst mit einer wahrscheinlich jahrtausendealten ungebrochenen Tradition.

Während die alte Frau den Bogen über die Saiten führte, drückte sie mit den knochigen Fingern der linken Hand oben am Hals, direkt unterhalb des geschnitzten grünen Pferdekopfs, auf die beiden Saiten. Die Töne, die aus dem zwischen den Beinen gehaltenen Resonanzkörper drangen, klangen wie ein langgezogenes Krächzen. Dennoch begann ihr krummbeiniger Ehemann, beflügelt vom Wodka und dem besonderen Anlass, sich rhythmisch hin und her zu wiegen. Die Musik und der

Wodka zeigten auch bei mir Wirkung, und ich merkte, wie mein Blick sich von der Geige löste und in der Jurte umherschweifte: zu den Pferdehaarseilen, die die Jurte zusammenhielten, der in der Ecke stehenden Airag und einem Stück Pferdedung, das von der Decke baumelte und Glück bringen sollte. Laut einer mongolischen Legende geht die Pferdekopfgeige auf einen Jungen zurück, dem sein getötetes Pferd im Traum erschien und befahl, aus seinem Körper eine Geige zu bauen, damit sie für immer zusammen sein könnten. Mit der *morin khuur* feiert man bis heute diese wichtige Einheit von Pferd und Mensch, eine Beziehung, die das Leben in der Steppe überhaupt erst ermöglicht hat.

Als wir am nächsten Morgen unsere Pferde gesattelt hatten, tauchte der ehemalige Besitzer unseres neuen Pferdes mit seinem zehnjährigen Sohn auf. Wenn es uns schon schwerfiel, unsere Pferde zurückzulassen, wie schmerzlich musste es dann für Vater und Sohn sein? Unser neues Pferd, Boku, war der Liebling des Jungen und seit seiner Geburt von der Familie großgezogen worden. Im Lauf der Jahre hatte der Junge zweifellos gelernt, die Welt von Bokus Rücken aus zu erleben und zu interpretieren. Und jetzt ging Boku für immer weg. Als der Kleine von seinem Vater ein letztes Mal aufs Pferd gehoben wurde, sah er ganz blass und verwirrt aus.

Bevor wir wegritten, drückte der Vater des Jungen mir ein Geschenk in die Hand, einen an einem Halsband befestigen Fußknöchel eines Wolfes. »Der soll dir Glück bringen«, flüsterte er.

Zuerst weinte der Junge, doch als wir den Bach durchquert hatten, drehte ich mich um und sah, dass alles wieder seinen normalen Lauf nahm. Die Kamele waren zum Grasen freigelassen worden, und der Junge trieb sie von einem anderen Pferd aus an. Eine Frau wanderte hinab zum Fluss, um Wasser zu holen, und ein Schaf wurde in der Morgenkühle geschlachtet. Bor und Kheer hatten sich unter die Herde der Familie gemischt und hielten die Köpfe gesenkt, als wir davonritten.

Nachdem wir das oasenhafte Lager der Familie verlassen und einen Tag lang Richtung Westen geritten waren, öffnete sich der Korridor zwischen der Wüste Böörög Deliyn Els und dem Khan-Khokhii-Gebirge zu einer trockenen Ebene, die sich nach Westen hin erstreckte, wo die nördlichen Sanddünen den Untiefen des riesigen Salzsees Uws Nuur wichen und das Khan-Khokii-Gebirge im Süden zum Vorgebirge des größeren Altaigebirges wurde. Nicht weit entfernt vom Südwestende des Sees lag die Provinzhauptstadt Ulaangom.

Noch bevor ich Australien verließ, hatte mir ein Blick auf die Karten gezeigt, dass das größte Hindernis bei meinem Ritt durch die Mongolei die Durchquerung dieser weiten, trockenen Wüsten und Ebenen sein würde, die die Zentralmongolei von den westlichen Provinzen trennen. Ich hatte darauf vertraut, dass sich unterwegs eine Lösung finden würde, wie wir das trockenste Teilstück bewältigen könnten, doch die Nomaden, denen wir in letzter Zeit begegnet waren, hatten uns gewarnt, dass es auf einer Strecke von mindestens 100 Kilometern keine Jurten und kein frisches Wasser geben würde. Uns blieb also keine andere Möglichkeit, als in der Kühle der Nacht zu reiten und so lange wie möglich durchzuhalten.

Theoretisch reizte mich die Aussicht, zum ersten Mal nachts zu reiten – etwas, das ein Jahr später in Kasachstan zum Normalfall werden sollte. In der Praxis wurde das Ganze zu einer Farce.

Wir starteten im Dunkeln, verloren nicht weit von unserem Lager entfernt die Orientierung und ritten in einen Sumpf. Rusty versank brusttief im Morast, und er brauchte eine geschlagene halbe Stunde, um sich wieder daraus zu befreien. Danach kamen wir ein paar Stunden lang gut voran, bis die Abwesenheit des Monds und eine dicke Wolkendecke die Welt in eine Suppe aus Schwarz und Grau verwandelten und Schwindelgefühle hervorriefen. Die Taschenlampenbatterien liefen leer, und frustriert verbrachten wir eine ganze Stunde mit der Suche nach meinen Kompass, den ich versehentlich hatte fallen lassen. Auch die Kälte machte uns zu schaffen – wir hatten in Erwartung eines brütend heißen Tages mit einer schwülen Nacht gerechnet, doch stattdessen wehte eine feuchte Brise. Die einzige Möglichkeit, warm, wach und frei von Übelkeit zu bleiben, war, zu Fuß zu gehen.

Während ich darum kämpfte, die Augen offen zu halten, kam Stück für Stück die Welt wieder zum Vorschein. Zuerst nahm eine endlose schwarze, verlassene Ebene Gestalt an, über der tiefliegende graue Wolken waberten. Ein paar Stunden später wuchs im Süden die Silhouette von Bergen, die im Westen mit dem Horizont verschmolzen. Im Norden deutete ein silbrig-graues Flimmern auf das Wasser des Uws Nuur hin. Die Berge jenseits davon lagen in Russland. Wir waren viel weiter als beabsichtigt an die südlichen Berge herangekommen, befanden uns aber noch immer einen halben Tagesritt von ihrem Fuß entfernt. Der See lag sogar noch weiter weg.

Am Vormittag spürten wir plötzlich die Sonne, was uns unter anderen Umständen vielleicht Angst gemacht hätte, was wir aber jetzt, da die Luft noch kühl war, genossen. Der Nebel hob sich und brachte eine Schicht frischen Schnees auf den Bergspitzen und einen Blauschimmer aus der Richtung des Uws Nuur zutage. Der Wind schlief ein und das blasse, nackte Land, durch das wir ritten, wurde stumm, wodurch das Gefühl, dass wir weit von irgendeinem Ufer entfernt waren, noch verstärkt wurde. Erst als am frühen Nachmittag die lähmende Hitze einsetzte und die Pferde sich nur noch dahinschleppten, sank unsere Stimmung.

Auf der Suche nach Wasser ließ ich den Blick über die Berge im Süden wandern. Als ich an den Hängen ein Netz aus Ritzen und Spalten entdeckte, keimte die Hoffnung auf, dass sich an deren Fuß ein Bach oder Fluss befand. Tatsächlich war dieses Netz jedoch wohl im Lauf von Millionen von Jahren durch Steinschlag und Erdrutsche entstanden. Durch die Spalten erreichten zwar ein paar Rinnsale die Ebenen, doch sie hatten nicht genug Schwung, um aus den Schatten heraus in die glühend heiße Sonne zu sickern.

Wenn ich den Kopf gesenkt hielt und mich auf das Endziel des Tages konzentrierte, konnte ich normalerweise die Gedanken an mein großes Vorhaben, nach Ungarn zu reiten, in Schach halten, doch heute wollte mir das nicht gelingen. Aus dieser Ebene, die sich unter einem Hitzeschleier vor uns ausbreitete, gab es kein Entkommen. Sie war unvorstellbar groß und doch nur ein winziger Fleck in der unendlichen Steppe. Es wäre leichter gewesen, in einen betäubenden Halbschlaf zu fallen und mich von den Pferden tragen zu lassen, doch Gedanken an die weiten Entfernungen, die die Mongolen einst bei ihren vielen Durchquerungen Eurasien überwanden, hielten mich hellwach.

Allein um in die Nähe des Feindes zu gelangen, war eine mongolische Kavallerie normalerweise wochen-, wenn nicht gar monatelang unterwegs. Während dieser Feldzüge legten die Heere routinemäßig zwischen 50 und 80 Kilometer pro Tag zurück. Auf dem Zenit des Mongolischen Reiches galoppierten berittene Boten in wenigen Wochen von Karakorum nach Ungarn, wobei sie laut dem großen venezianischen Reisenden Marco Polo Entfernungen von 400 oder sogar 480 Kilometer am Tag bewältigten.

Bei der Lektüre historischer Erzählungen über derlei Heldentaten konnte es leicht passieren, dass man sich die Steppe als eine durchgehende flache Graslandebene vorstellte, über die sich die Reiter mit einem Gefühl von Freiheit und Leichtigkeit bewegten. Die Realität sah jedoch anders aus: Die Kavallerie musste sich, noch *bevor* sie die Mongolei verließ, bei Hitze und Frost durch Wüsten, Flüsse, Sümpfe und über Berge kämpfen und dabei irgendwie dafür sorgen, dass ihre Pferde Futter bekamen und gesund blieben.

Der Fähigkeit der Mongolen, solch gewaltige Strecken zurückzulegen, verdankte sich einem System, dessen Genialität mir in meiner jetzigen Situation nur noch deutlicher wurde. Dieses viel gepriesene *yam* genannte Kuriersystem, ein großes Symbol für die Effektivität und die Disziplin, mit der das Mongolische Reich regiert wurde, stützte sich auf ein Netzwerk von *ortoo* genannten Poststationen im Abstand von 30 bis 50 Kilometern, wo die Pferde gewechselt und mit Futter und Wasser versorgt wurden. Die bevorstehende Ankunft eines Reiters wurde dem *ortoo*-Meister mit einer speziellen Glocke angekündigt. War die Botschaft dringend, sprang der Reiter von einem Pferd aufs nächste und ritt eilends weiter. Im Unterschied zum Pony-Express in den Vereinigten Staaten Mitte des 19. Jahrhunderts, der darauf basierte, dass die Reiter etwa alle 160 Kilometer ausgewechselt wurden, musste der mongolische Bote die ihm anvertraute Botschaft selbst überbringen. Um seinen Körper bei diesen langen, strapaziösen Ritten zu schützen und dafür zu sorgen, dass er aufrecht sitzen blieb, selbst wenn er schlief, wurde er mit speziellen Stoffstreifen festgebunden und trug einen dicken Ledergürtel um die Taille. Heute dient die Seidenschärpe, die die Mongolen tragen, einem ähnlichen Zweck: Sie stützt den Unterbauch. Berichten zufolge hielt sich das *yam*-System in der Mongolei bis weit ins 20. Jahrhundert hinein und wurde erst ersetzt, als die Sowjets Straßen bauten und einen mechanisierten Postdienst einführten.

Zweifellos war die große Anzahl der Pferde, die den Mongolen zur Verfügung standen, einer der Schlüssel zum Erfolg bei ihren großen Feldzügen. Historischen Berichten zufolge ritt jeder mongolische Soldat mit mindestens einem Reservepferd, manchmal auch mit bis zu drei oder vier Pferden.

Im Gegensatz dazu kämpfte damals die Mehrzahl der Soldaten der europäischen Heere zu Fuß, und die Kavallerie verwendete schwere

Kriegspferde, die auf Heu und Getreide angewiesen waren. In Europa mit seinen Wäldern, Bergen und dem fruchtbaren kultivierten Land waren große, frei grasende Herden, die seit jeher ein Merkmal der Steppen gewesen waren, undenkbar. Die Europäer hätten nie hoffen können, im offenen Terrain der Steppe die Herrschaft über die Mongolen zu erringen, aber sie waren auch im Nachteil, wenn die Mongolen sie auf heimischem Boden angriffen.

Wir ritten bis in den späten Abend hinein und hatten dann zwar mehr als dreißig Stunden ununterbrochen im Sattel gesessen, aber nur knapp 50 Kilometer Luftlinie zurückgelegt. Da uns die Energie fehlte, weiterzureiten, schlugen wir unser Lager auf und fielen sofort in einen Tiefschlaf.

Am nächsten Morgen rüttelte Kathrin mich lachend und voller Begeisterung wach. Sie war früh aufgestanden, um nach den Pferden zu sehen, und hatte mit unserem Feldstecher das entfernte Seeufer abgesucht. »Tim! Ich glaube, ich habe Jurten entdeckt!«

Ich stolperte aus dem Zelt, wischte mir die getrocknete Zahnpasta von den Lippen und setzte die Brille auf. Kathrin hatte recht: Am Seeufer schien es Nomadenfamilien zu geben.

Mehrere Stunden später erreichten wir ein Lager und wurden zu einem Brunnen geführt. Wir waren natürlich erleichtert, dass unsere Pferde reichlich mit Wasser versorgt wurden, fragten uns jedoch, als wir am Seeufer entlang durch weitere Lager ritten, warum die Nomaden, bei denen wir nur 60 Kilometer von hier zu Gast gewesen waren, beteuert hatten, dass an den Ufern des Uws weder Menschen noch Trinkwasser zu finden seien. Man hatte uns geraten, dem Hauptweg – einer Reihe von Reifenspuren –, der mitten zwischen den Bergen und dem See durch eine weitgehend wasserlose Wüste führte, bis nach Ulaangom, der Hauptstadt des Uws-*aimag*, zu folgen. Hatten die Nomaden uns absichtlich falsch informiert oder kannten sie sich einfach zu wenig in dieser Region aus?

Die Sache blieb ein Rätsel, bis mir zu einem späteren Zeitpunkt meiner Reise bewusst wurde, dass die heutigen Nomaden einen fahrbaren Untersatz benutzen, wenn sie sich weiter als 25 Kilometer von ihrem Lager entfernen. Die Erfahrung, ein Pferd zu reiten, war eine völlig andere, als sich mit einem Fahrzeug fortzubewegen, was sich zweifellos auf die traditionelle Kenntnis des Landes auswirkte. Als Reiter hielt man ständig Ausschau nach Weideland, achtete auf die Beschaffenheit des Geländes und suchte nach Pfaden, die das Pferd weniger ermüdeten. Die langsamere Reisegeschwindigkeit ermöglichte es dem Reiter, die Einzelheiten jedes neuen Kapitels der Landschaft in sich aufzunehmen. Früher hatten die Nomaden somit zwangsläufig eine viel genauere Kenntnis größerer Landstriche.

Sicherlich könnte man argumentieren, dass die Vorzüge eines Motorrads oder Autos schwerer wiegen als das traditionelle Wissen, das man vom Rücken eines Pferdes aus gewinnt. Meines Erachtens tun die Nomaden hier in der Steppe, in der sich das Wetter nie wirklich geändert hat, jedoch gut daran, den Verlust des Wissens nicht auf die leichte Schulter zu nehmen. Im Fall einer Dürre oder eines harten Winters müssen sie regelmäßig ihre normalen Weidegebiete verlassen. Da kann die Kenntnis bestimmter Details – zu wissen, wozu man eine Pflanze verwenden oder wohin man die Tiere mitten in einem Schneesturm führen kann – einer Herde das Überleben sichern.

Als wir die Wüstenebene früher als erwartet hinter uns gelassen hatten, lag die letzte Etappe dieses Abschnitts unserer Reise vor uns, die uns am Uws Nuur entlang und dann nach Ulaangom bringen würde.

Das Uws-Nuur-Becken gehört zu den nördlichsten Senken in der Zentralmongolei und soll früher einmal den Grund eines alten Inlandmeeres gebildet haben. Der rund 70 Kilometer lange, sich nach Norden erstreckende Uws Nuur ist zwar heute eher ein Tümpel, aber flächenmäßig noch immer der größte See der Mongolei, und er veränderte das Gesicht der Landschaft. In seiner makellosen Oberfläche spiegelte sich das Blassblau des Himmels, was das schwindelerregende Gefühl erzeugte, dass ich vom Sattel in die Tiefen des Himmels fallen würde, wenn ich stolperte. Diese Illusion wurde allein von den Pferdeherden zunichtegemacht, die sich von Zeit zu Zeit in die Untiefen des Wassers drängten, und von Möwenschwärmen, die sich träge auf dem Wasser treiben ließen. Im Süden war die große, trockene Ebene, durch die wir geritten waren, zu einer feinen gelben Linie geschrumpft. Auf der Gebirgskette jenseits davon lag noch immer Schnee.

Am Südwestende des Sees verließen wir das Ufer und erreichten den Rand eines ausgedehnten Deltas mit Salzmarschen und zeitweilig trockenen Flussbetten. Als wir bei einer wohlhabenden Nomadenfamilie übernachteten, bescherte uns der Versuch eines betrunkenen Reiters, unsere Pferde zu stehlen, eine weitere schlaflose Nacht. Doch der Vorfall bestätigte uns auch, dass wir den Trockengürtel des Landes hinter uns gelassen und es nun wieder mit vom Menschen verursachten Problemen zu tun hatten – ein tröstlicher Gedanke.

Müde, aber auch stolz, dass wir mit dem versuchten Pferdediebstahl spielend fertiggeworden waren, ritten wir weiter durch Ebenen mit saftigem hohem Gras, das auf den Salzmarschen wuchs. Wir trafen auf Bohrlöcher aus der Sowjetzeit, wo die Pferde trinken konnten, und auf Nomaden, die ihre berühmten *tavan tolgoi mal*, Herden mit fünf Tierarten, grasen ließen und ein idyllisches Bild boten. Jetzt, wo wir die Unwägbarkeit der Wüste hinter uns gelassen und nur noch rund 90 Kilometer bis Ulaangom vor uns hatten, hofften wir auf ein paar Tage ohne große Aufregung. Doch vor allem eine Begegnung war von weitreichender Bedeutung, auch wenn mir dies erst nach über einem Jahr und weiteren 4000 Kilometern bewusst wurde.

Aus der Ferne war dem Reiter, der mit wehendem Deel und schwingender Peitsche auf uns zukam, nichts Ungewöhnliches anzusehen. Aber aus der Nähe betrachtet hatte er sehr ausgefallene Züge, die mich sofort faszinierten. Seine typisch mongolischen, langgezogenen, schmalen Augen waren nicht braun, sondern blau – ein klares, durchscheinendes Blau. Während er dasaß und uns musterte, strich er über seinen langen grauen Kinnbart und entblößte seine ziemlich krummen gelben Zähne. Es war nicht das erste Mal, dass ich einen Mongolen mit ausgeprägten turkischen und kaukasischen Zügen sah. Doch dieser hatte, noch verstärkt durch seinen offensichtlichen Dialekt, etwas so Exotisches, dass ich den Blick nicht von ihm wenden konnte. Es dauerte nicht lange, bis wir in der Jurte des Mannes saßen, wo er uns bei einem Becher Tee seine Herkunft erklärte.

»Wir sind Oiraten, und unsere Vorfahren sind zum Kaspischen Meer gewandert und wieder hierhin zurück. Diejenigen unserer Brüder, die nicht zurückkehrt sind, leben noch dort. Bitte grüßt sie von uns, wenn ihr dort hinkommt.«

Das Wort *Mongole* ist zwar im Grunde ein Sammelbegriff, der die vielen verschiedenen Stämme auf dem Mongolischen Plateau beschreibt, die unter Dschingis Khan vereint wurden, doch die Oiraten haben sich hinsichtlich ihrer Geschichte und Identität in gewisser Weise immer von den anderen Stämmen unterschieden. Die Stammeskonföderation aus Chorosen, Dürbeten, Torguten und Choschuten glaubte, ihren Ursprung in den Wäldern Südsibiriens zu haben und kämpfte bis zur Niederlage der mit ihr verbündeten Naimanen im Jahr 1204 erbittert gegen Dschingis Khan.

Im Lauf des 13. Jahrhunderts erwiesen sich die Oiraten dann als treuer Verbündeter der Mongolen. Sie taten sich in der Schlacht von Homs und als persönliche Leibwächter Dschingis Khans hervor, wurden trotz ihrer Loyalität jedoch nie als vollwertige Mitglieder der mongolischen Gesellschaft akzeptiert. Da sie eindeutig nicht zur Abstammungslinie von Dschingis gehörten, konnte, den ungeschriebenen Gesetzen des Reiches zufolge, auch keiner von ihnen die Machtposition eines Khans innehaben.

Nach dem Zusammenbruch des Mongolischen Reiches errangen die Oiraten dennoch eine Vormachtstellung in der Steppe und gründeten ein als Dsungarien bekanntes großes Reich. Doch erst nach dem Niedergang dieses Reiches im 17. Jahrhundert entfaltete sich eine faszinierende Geschichte von Triumphen und Tragödien. Die Oiraten flohen nach Westen in die Steppen nördlich des Kaspischen Meers, wo sie das sogenannte Kalmücken-Khanat gründeten. Kaum 200 Jahre später kehrten sie unter dem Druck des russischen Zaren 1771 wieder zurück zu ihren Wurzeln in Asien. Während dieses Massenexodus kam über die Hälfte von ihnen in den Steppen Kasachstans um. Die Überlebenden ließen sich in der Westmongolei nieder, der heutigen chinesischen Provinz Xinjiang, und formierten sich als die vier Oiraten-Stämme neu. Diejenigen, die in Russland blieben, waren weiterhin als Kalmücken bekannt.

Der Mann, der jetzt vor mir saß, gehörte zu den Dürbeten, jener Untergruppe der Oiraten, die heute die Mehrheit in der Provinz Uws bildet und deren Name sich von dem Wort »flüchten« ableitet. Es ist zwar fast unmöglich, die dürbetischen Mongolen allein aufgrund physischer Merkmale von anderen Ethnien zu unterscheiden, doch mir gefällt der Gedanke, dass die blauen Augen unseres Gastgebers – dessen Gesichtszüge möglicherweise auch ein russisches Erbe aus der Sowjetära sind – vielleicht ein Überbleibsel seiner Vorfahren aus der Kaspischen Steppe sein könnten.

Einen Moment lang stellte ich mir vor, wie es wäre, seinen Landsleuten in der Steppe Russlands seine Grüße zu übermitteln. Es war schließlich eine Reise, die ich in meinem Leben viel eher unternehmen würde als dieser Mann oder irgendeins seiner Familienmitglieder.

Doch dann bestiegen wir wieder unsere Pferde, winkten unserem Gastgeber zum Abschied und ritten weiter in Richtung Ulaangom.

Charchiraa – Gebirge und Fluss

Einen Tagesritt entfernt vom Lager des Dürbeten, dessen Namen ich nie erfuhr, erklommen wir bei Sonnenuntergang eine Anhöhe und erblickten eine glitzernde Siedlung aus Lehmhütten, von Zäunen umgebenen Jurten und einer Handvoll Wohnblocks aus der Sowjetära. Es war Ende August, und nachdem wir von Karakorum aus mehr als 960 Kilometer zurückgelegt hatten, waren wir nun in Ulaangom, der entlegenen Hauptstadt der Provinz Uws, angekommen.

Wir verbrachten drei Tage bei einer Familie in einem der Außenbezirke der Stadt und genossen die Möglichkeit, auszuschlafen und abwechselnd ins Stadtzentrum zu fahren. Wie isoliert Ulaangom von den besiedelteren Zentralregionen der Mongolei war – und wie weit wir gereist waren –, zeigte die Tatsache, dass die Stadt ihren Strom ausschließlich von einem Stromnetz in der näher gelegenen russischen Republik Altai bezog. Aufgrund ausstehender Staatsschulden gegenüber den Russen hatte es den ganzen Sommer über keinen Strom gegeben. Auf den Straßen war es daher besonders ruhig. Einzig einige private Generatoren waren in Betrieb, und wir genossen den Luxus, Eis, Kekse und Tafelwasser bekommen zu können.

Unsere Feierlaune wurde nur dadurch getrübt, dass Kathrin schon in einer Woche in Deutschland ihre Stelle als Lehrerin antreten musste. Sie würde von Ulaangom aus zurückfliegen, sodass diese entlegene Stadt nicht nur ein weiteres Etappenziel auf meiner Reise nach Ungarn darstellte, sondern auch das Ende unseres gemeinsamen Abenteuers.

Mit dem Näherrücken von Kathrins Abschied machte sich in mir ein Gefühl des Unbehagens breit. Ich bedauerte, dass wir in den vergangenen zwei Monaten so stark damit beschäftigt gewesen waren, die täglichen Anforderungen zu meistern, und uns nur wenig Zeit füreinander genommen hatten. Genauer gesagt, wir hatten kaum über unsere unsichere Situation als Paar gesprochen: Schon bald würde Kathrin ans andere Ende der Welt verschwinden, ich hingegen noch mindestens sechzehn Monate lang unterwegs sein – oder noch wesentlich länger, wenn nicht alles nach Plan verlief.

»Wie geht es jetzt weiter mit uns?«, fragte Kathrin eines Abends, als es in Ulaangom dunkel und ruhig geworden war.

Wir waren jetzt seit fast einem Jahr zusammen, doch Kathrin wusste genau, dass ich meinen Traum, durch die Steppen zu reiten, nicht aufgeben würde, ja, dass er in den letzten zwei Monaten nur noch unumstößlicher geworden war. Es gab kein Zurück mehr, und wir würden nur Zeit miteinander verbringen können, wenn sie mich während der Schulferien wieder begleitete. Ein weiteres Problem war, dass Kathrin sich eine noch ernsthaftere Beziehung wünschte, während ich zu diesem Zeitpunkt weder bereit noch fähig zu der Art von Verbindlichkeit war, die meiner Meinung nach mit einer echten Liebesbeziehung einherging.

Vielleicht irrte ich mich, doch ich hatte das Gefühl, dass sie so wie ich eine Trennung für das Realistischste hielt. Dennoch konnte ich mir nicht vorstellen, derjenige zu sein, der die Beziehung beendete. Da Kathrin sich bald in einen neuen Job und ein neues Leben in Deutschland stürzen würde, belastete sie die Unsicherheit wahrscheinlich noch wesentlich mehr als mich.

Nachdem wir ihr Flugticket nach Ulan-Bator gekauft hatten, ritten wir an unserem letzten Tag in Richtung Süden über eine weite Ebene, die zum Fuß eines dunklen als Turgen-Charchiraa-Massiv bekannten Gebirgszugs führte. Seit über einer Woche waren die Berge vor unseren Augen gewachsen. Immer wieder waren fast 4000 Meter hohe Spitzen des gletscherbedeckten Gebirges in Sicht gekommen.

Wie so oft wurde in der Weite der Westmongolei aus einem vermeintlich kurzen Ritt eine achtstündige Tagestour. Wir redeten wenig, äußerten aber den Wunsch, unsere Beziehung weiterzuführen und zu sehen, was passieren würde, wenn ich in Ungarn ankam oder Kathrin mich irgendwann wieder begleiten konnte.

Am nächsten Morgen ritten wir ins Dorf Tarialan, wo wir eine Mitfahrgelegenheit zurück zum Flughafen von Ulaangom arrangiert hatten. Dann ging alles ganz schnell. Der Fahrer startete den Motor, Kathrin sprang in den Wagen und ich winkte ihr zum Abschied. Die Schweißabdrücke ihres Sattels auf dem Rücken ihres geliebten Saartai Zeerd – dem einzigen unserer Pferde, das mich von Anfang an begleitet hatte – waren jetzt alles, was noch davon zeugte, dass Kathrin je bei mir gewesen war.

Als die Staubspur des Wagens, in dem sie saß, verblasste, wendete ich meine Gedanken den anstehenden Plänen zu. Das Verarbeiten dessen, was gerade passiert war, würde seine Zeit brauchen.

Das Dorf Tarialan, ein Ort am Rande zweier sehr unterschiedlicher Welten, lag am Ufer des von Gletschern gespeisten Flusses Charchiraa – der Name *Charchiraa* beschreibt lautmalerisch das Tosen der Stromschnellen eines Flusses –, und zwar genau dort, wo dessen Wasser sich von einer Schlucht in die ausgedörrten Ebenen ergoss. Es bildete den Endpunkt für motorisierte Fahrzeuge und das Tor zu den Bergen.

Von hier aus wollte ich zum ersten Teil meiner Reise ohne Kathrin aufbrechen und westlich über die Turgen-Charchiraa-Kette zum sandigen Becken auf der anderen Seite reiten. Die Berge zu überqueren war nicht allein eine pragmatische Entscheidung – die Alternative wäre ein langer Umweg um das Massiv im Norden gewesen. Ein weiterer wichtiger Grund hatte mich nach Tarialan geführt. Das ärmliche kleine Dorf war die einzige Siedlung einer als Chotonen bekannten Minderheit, die noch immer inmitten der unzugänglichen Hänge und Täler des Turgen-Charchiraa-Gebirges ein traditionelles Nomadenleben führte. Ihre 2000 bis 3000 Mitglieder galten als Nachfahren eines turkischen Stamms, der seinen Ursprung in Zentralasien hatte. Im Lauf der Zeit hatten sie zwar die Sprache der Oiraten übernommen, unterschieden sich aber weiterhin von anderen mongolischen Gruppen. Ihre Bräuche und Glaubensvorstellungen waren eine Mischung aus Islam, Buddhismus und Tengrismus, einem schamanischen Glauben.

Tseren Enebish, meine langjährige Freundin aus Ulan-Bator, hatte mir von den Chotonen erzählt und mir vorgeschlagen, mich an Dashnyam, einen Freund aus Tarialan, zu wenden. Ich hoffte, dass Dashnyam mich über die hohen Pässe führen würde, die ich allein unmöglich bewältigen konnte.

Nachdem man mich in verschiedenste Richtungen geschickt hatte, fand ich Dashnyams Jurte nahe der Mündung der Schlucht. Kaum war ich vom Pferd abgesessen, führten seine Kinder mich zur hinteren Wand der Jurte und hielten mir eine Schüssel mit getrocknetem Quark und *boortsog*, einem frittierten Buttergebäck, unter die Nase. Kinder aus anderen Jurten versammelten sich am Eingang, und Dashnyams Frau goss heißen Tee in eine Tasse und reichte ihn mir, der Tradition gemäß, indem sie mit der linken Hand den rechten Ellbogen stützte.

Dashnyam kniete sich hin, umfasste eine beschädigte Teetasse, stützte den Ellbogen aufs Knie, neigte dann den Kopf und führte den Mund an die Tasse. »*Drink tea, eat boortsog*«, sagte er freundlich.

Schon auf den ersten Blick unterschied Dashnyam sich von anderen Mongolen. Er hatte nicht jene stark ausgeprägten Wangenknochen, die bei den meisten Mongolen dafür sorgen, dass die Haut bis ins hohe Alter hinein straff bleibt. Seine Wangen waren vielmehr faltig und hingen schlaff herunter. Er hatte große, mandelförmige, tief liegende Augen und sehr buschige Augenbrauen. Das deutliche Zeichen für seine turkische Herkunft war jedoch die markante, hakenförmige Nase, die aus seinem ansonsten eher flachen Gesicht hervorragte.

Dashnyams sanfte, freundliche Art war ungewöhnlich für einen Chotonen. Selbst als er mich musterte, hatte sein Blick etwas Fürsorgliches und verriet Neugier ohne ein Anzeichen von Argwohn.

Als die belebende Wirkung des Tees einsetzte, zog ich die Karte hervor und fragte Dashnyam, ob er mich führen könne. Er betrachtete sie mit zusammengekniffenen Augen, und sein gequälter Blick verriet seine Verwirrung. Als ich ihm mein Vorhaben genauer erklärte, legte er die Karte beiseite.

»Wann möchtest du aufbrechen? Heute? Morgen? Ich muss ein Kamel auftreiben!«

Er erklärte sich einverstanden, acht Tage lang mit mir zu reisen – genügend Zeit, um die höchsten Pässe zu überqueren.

Ein Kamel, erklärte er mir, sei unerlässlich, weil meine Pferde müde und unbeschlagen seien und der Weg sehr steinig wäre. Und wir mussten so schnell wie möglich aufbrechen, weil die Pässe schon bald mit Schnee bedeckt sein könnten.

Dashnyam, der Ende vierzig war, aber den steifen, sehnigen Körper eines zehn Jahre älteren Menschen hatte, machte sich sofort an die

Arbeit und ritt mit mir ins Dorf. Nachdem wir Vorräte gekauft hatten, schickte er mich nach Hause. »Bring meiner Frau den Sack Mehl, und sag ihr, dass sie Boortsog machen soll. Ich mache mich auf die Suche nach einem Kamel.«

Ich verbrachte den Tag mit Vorbereitungen im Lager und lernte Dashnyams Familie kennen, die, wie bald deutlich wurde, bettelarm war.

Dashnyam, der Vater von fünf Kindern unter vierzehn, besaß lediglich ein altes Pferd und siebzehn Ziegen. Wenn die anderen Familien abends Hunderte von Schafen und Ziegen eintrieben, ging Tsagana, Dashnyams ältester Sohn, einen nicht weit vom Lager entfernten Hang hoch und scheuchte seine kleine Herde nach Hause. Nach zwanzig Minuten war man mit dem Melken fertig, und der kleine Eimer enthielt kaum genug Milch, um einen Tag lang für den Milchtee zu reichen. In der Jurte hingen keine Streifen trocknenden Fleischs. Es wurde kein Joghurt gerührt, und auf dem Dach fehlten die allgegenwärtigen Tabletts mit Quark. Mit so wenigen Tieren hatte Dashnyam weder die Mittel noch einen Grund, mit seiner Familie von Weideland zu Weideland zu ziehen. Und so lagen sein Winter- und sein Sommerlager nur rund dreieinhalb Kilometer auseinander. Er war nicht wirklich sesshaft, führte aber auch kein echtes Nomadenleben und hatte weder die Sicherheit einer »Fünf-Tier«-Herde noch die Einkommensmöglichkeiten der Stadt.

Als Dashnyam in der Abenddämmerung mit einer kleinen Kamelstute zurückkehrte, stand mein Entschluss fest: Ich wollte eins meiner Pferde bei ihm lassen. Jetzt, wo Kathrin nicht mehr da war, brauchte ich kein drittes Tier, und Saartai Zeerd, der sich auf steinigem Untergrund nicht wohlfühlte, war für die Berge nicht geeignet.

Als ich Dashnyam den Führstrick in die Hand gab, sahen er und Saartai Zeerd mich zunächst verständnislos an. Doch als Dashnyam begriff, was ich vorhatte, breitete sich auf seinem Gesicht ein nervöses Lächeln aus, das einen nicht ganz vollständigen Satz krummer gelber Zähne zum Vorschein brachte. Statt ihm das Pferd einfach zu schenken, schlug ich ihm vor, mich zwei der acht Tage umsonst zu führen. Normalerweise kostete ein Tag 27 Dollar. Für die anderen Tage bezahlte ich in bar. Dieser Deal, der Dashnyams Würde nicht verletzte, machte uns beide glücklich.

Bei Tagesanbruch vertraute er Saartai Zeerd seinem Sohn an und befahl ihm, das Tier aufs Weideland zu bringen. Dann beluden wir das Kamel, Dashnyams Frau schleuderte einen Löffel voll Milch in die Luft, und wir ritten davon.

Nicht weit flussabwärts gelangten wir zum Eingang der Schlucht, durch die der Charchiraa floss. Der Fluss, der weiter unten nur aus ein paar Rinnen bestanden hatte, die in die durstige Steppe gesickert waren, stürzte mit dem Schwung von 1000 durch Eisschmelze entstandenen Zuflüssen die Schlucht hinab und höhlte eine Spalte in der ansonsten geschlossenen Felswand aus.

Anfangs wichen wir auf unserem Weg durch die Schlucht dem Fluss aus und ritten im Schatten hoher, eleganter Pappeln, die noch nach Sommer dufteten, an seinem Ufer entlang. Nach der Monotonie der baumlosen Steppe begeisterte mich der Anblick der Pappelblätter, die noch voller Saft waren, sich aber bereits hellgelb verfärbten und mit dem tiefblauen Fluss, den von der Sonne gebleichten Flusssteinen und dem roten Gestein der Felswände ein kontrastreiches Farbenspiel lieferten.

Als wir die Bäume hinter uns gelassen hatten, verengte sich die Schlucht zunehmend. Dashnyam durchquerte immer wieder den Fluss, wobei er, das Kamel im Schlepptau, lässig auf seinem Pferd saß und es mit sanften Peitschenhieben vorantrieb. Ich packte mit einer Hand Rustys Mähne und zog mit der anderen Bokus.

Schließlich wurde der Fluss so tief, dass wir gezwungen waren, ein gefährliches Felsband entlangzureiten. Ich verlor bereits das Zutrauen zu Rusty, dessen Hufe auf dem losen Gestein rutschten, doch dann öffnete sich die Schlucht plötzlich wieder.

Hinter uns war von den Ebenen jetzt nichts mehr zu sehen, und vor uns lag ein von Gletschern ausgehöhltes Tal, in dem der Fluss im Vergleich zu der weiten, steinigen Flussniederung ganz klein erschien. Wenige Minuten später wurde die Schlucht durch große Felsvorsprünge verdunkelt, und schon bald gelangten wir durch dieses enge Tor in eine völlig andere Welt.

Durch ein Labyrinth von Flussgestein kam uns eine Kamelherde entgegen. Aus der Ferne betrachtet, schienen die eleganten Tiere sich im Zeitlupentempo zu bewegen, wobei sie rhythmisch ihre langen, geschwungenen Hälse vorreckten und wieder einzogen. Ihre mit Gepäck beladenen Höcker wippten hin und her. Die Geschwindigkeit, mit der sie größer wurden, ließ jedoch auf ein enormes Tempo schließen. Kaum hatte ich den Blick auf die drei oder vier Männer und Frauen gerichtet, die die Karawane anführten, da waren sie auch schon direkt vor uns.

»Gute Reise!«, rief Dashnyam, lächelte breit und reckte zu ihrer Begrüßung das spitze Kinn vor, bevor er abstieg und sich hinsetzte.

»Auch euch eine gute Reise!«, erwiderten sie, stiegen von ihren Kamelen und setzten sich im Schneidersitz zu Dashnyam auf den Boden.

Ich war zu aufgeregt, um abzusteigen, und ritt zu der Frau, die das Führungskamel kontrollierte. Für Nomaden ist die Wanderung eine wichtige Gelegenheit, um voller Stolz den Reichtum der Familie zur Schau zu stellen. Und diese Frau hier verkörperte diese Tradition. Sie saß in einem mit Silbermünzen und Yakhorn verzierten und mit rotem Samt überzogenen Sattel und trug einen goldgrünen Seidendeel, dazu passende Ohrringe und eine eng um die schmale Taille gebundene leuchtend grüne Schärpe. Traditionell sind Schärpen und Gürtel wichtige Symbole des Status und Reichtums. Männer tragen sie lose, Frauen fest um die Taille. Unverheiratete Mongolen tragen nichts von beidem.

Ich streckte ihr zur Begrüßung die Hand entgegen, eine für sie ungewöhnliche Geste, auf die sie mit einem Kichern einging. Ihre Hände waren stark, faltig und abgearbeitet, doch das Funkeln in ihren Augen und die blendend weißen Zähne verrieten, dass sie jünger war als ich, vielleicht Anfang zwanzig. Ihre Augen und ihr Lächeln strahlten zugleich Naivität und Weisheit aus, etwas, das mir bei jungen Nomadenmüttern, die die Last einer großen Verantwortung mit der Fröhlichkeit der Jugend tragen, schon häufiger aufgefallen war.

In diesem Moment war sie jedoch vor allem von einem Gefühl des Stolzes erfüllt. Sie deutete auf die fünf hinter ihr stehenden Kamele, auf denen sich – abgesehen von der Herde der Familie, die man einen Tag zuvor ins Tal getrieben hatte – ihr gesamter irdischer Besitz befand. Die Kamele, von denen jedes bis zu 300 Kilo schleppte, war mit Teilen und Zubehör zweier Familienjurten beladen: ihre Flanken mit den Gittern für die Jurtenwand, mit Schränken, Milcheimern und Kannen, ihre Höcker mit den radähnlichen Deckenkonstruktionen. Dem letzten Kamel auf den Fersen folgte ein riesiger Wachhund der *bankhar*-Rasse – der großen mongolischen Dogge der nomadischen Hirten –, dem ein neues Winterfell wuchs. Das des letzten Jahres hing in mit Dung überkrusteten Zotteln an ihm herab.

Die Kamele waren mit Holzkörben beladen, in denen normalerweise Dung gesammelt wurde; jetzt aber waren sie mit Krimskrams vollgestopft. Erst als die Frau abstieg und das Kamel auf die Knie zog, erkannte ich, dass die Körbe mehr als nur Besitztümer enthielten. Aus dem Korb am hinteren Ende lugte der Kopf eines kleinen, vielleicht drei Jahre alten schüchternen Mädchens hervor. Ihr langes Haar war ungebändigt, die Wangen tiefrot von Sonne und Luft.

Dann hob die Frau das Tuch hoch, mit dem der Korb direkt vor uns bedeckt war, und zum Vorschein kam ein in ein Schaffell eingewickeltes Neugeborenes. Das Baby lag so friedlich da wie das Kamel und schaute hoch in eine von dem wolligen Schaffell eingerahmte Welt.

Der Gedanke, dass mich einen Großteil des Morgens die Angst geplagt hatte, mein Pferd könne einen Fehltritt auf einem der schmalen Felsbänder machen oder von der Strömung des Flusses umgeworfen werden, beschämte mich. Diese Frau vertraute ihren Tieren das kostbare Leben ihrer Kinder an – hatte also mehr Vertrauen in die Kamele als viele Menschen in meiner eigenen Gesellschaft in andere menschliche Wesen.

Am Morgen erreichten wir den Zusammenfluss von Turgen und Charchiraa und ritten weiter durch das Haupttal des Charchiraa, das jetzt in einem Bogen nach Süden verlief. Die Berge wurden höher und das Tal wurde so tief und eng, dass es eine Ewigkeit zu dauern schien, bis die Schatten der Nacht sich am Westende des Tals und dann hoch oben über den Stromschnellen auf der Ostseite, auf der wir jetzt ritten, verzogen. Dann brach die Sonne durch. Es wurde ein wenig wärmer, und meine verspannten, kalten Muskeln lockerten sich wieder. Statt neben Dashnyam zu reiten, ließ ich mich, zu müde zum Sprechen, hinter das Kamel zurückfallen.

Am Abend zuvor hatten wir bei einer Hirtenfamilie eine schlaflose Nacht verbracht. Kaum hatten wir in unserem Nachtlager bei den Hirten unser müdes Haupt gebettet, da erwachten die Berge mit heulenden Wölfen und dem Krachen und Echo von Gewehrschüssen zum Leben. Männer kamen und gingen, um nach ihren Tieren zu sehen, und jedes

Mal, wenn ich gerade wieder eingeschlafen war, öffnete sich knarrend die Jurtentür und wurde dann mit einem Knall wieder zugeschlagen.

Jetzt, wo die Sonne mich wärmte, konnte ich mich nicht länger gegen meine Müdigkeit wehren. Ich gab mich geschlagen, lehnte mich im Sattel zurück und ließ mich von meinem Pferd führen. Die Sterne waren verschwunden, und Milane und Adler kreisten am hell leuchtenden, von Wolkenstreifen durchzogenen Himmel. Statt herumstreifender Wölfe waren nun die Hirten der Familie, bei der wir übernachtet hatten, unterwegs und trieben ihre Herden hoch zu weniger abgegrasten Weiden. Während meine Hände locker die Zügel umfassten und meine Augenlider immer schwerer wurden, nahm ich die Landschaft, die an mir vorbeizog, nur noch bruchstückhaft wahr.

Mehrere Stunden später riss der Hunger mich aus meinem Dämmerzustand. Der Fluss schlängelte sich jetzt nur noch knietief dahin, und wir ritten hinunter zum Ufer und weiter durch weiches Seegras. Wir begegneten an diesem Tag nur noch einem alten Mann, der seine Yaks hütete. Als er uns sah, stieg er vom Pferd, setzte sich auf den Boden und wartete. Ich gesellte mich gemeinsam mit Dashnyam zu ihm auf das Gras und beobachtete, wie sein Pferd mit zitternder Unterlippe die Nase über die Stirn seines Herrn schob. Das Pferd stöhnte auf und hob den Kopf, und Pferdeäpfel schlugen dumpf auf dem Boden auf. Der Geruch frischen Dungs vermischte sich mit dem süßen Aroma von Pferdeschweiß. So wie der Mann den kalten Wind nicht zu spüren schien, nahm er auch nicht sein Pferd, den Geruch und die Speichelspur auf seinem Schädel zur Kenntnis.

Am Nachmittag kam am Ende des Tals die schneebestäubte Schulter des Charchiraa in Sicht. Ich wollte unbedingt noch ein Stück vorankommen und war enttäuscht, als Dashnyam vor einer einsamen Jurte anhielt und zuerst behauptete, dort nur eine Tasse Tee trinken zu wollen, später jedoch meinte, es sei zu spät, um noch weiterzureiten. Meine Enttäuschung hielt jedoch nicht lange an.

Im dämmrigen Inneren der Jurte summte ein mit Dung befeuerter Herd, und der Wasserdampf, der aus einem Kessel mit salzigem Tee entwich, füllte die Luft mit Feuchtigkeit. An den Wänden und von der Decke herab hingen alte Gewehre, ein frisches Wolfsfell, zum Trocknen aufgehängtes Ziegenfleisch und verziertes Sattel- und Zaumzeug. Dashnyam zog seine Schnupftabakflasche hervor und reichte sie mit beiden

Händen Davaa, dem älteren Mann der Familie. Im Gegenzug holte Davaa, der ein langes, schmales, von der Sonne dunkel gefärbtes Gesicht und einen weißen Kinnbart hatte, seinerseits eine Schnupftabakflasche hervor. Die beiden Männer schnupften an der Flasche des jeweils anderen, eine Geste des Respekts, und lehnten sich dann zurück, um Tee zu trinken und Pfeife zu rauchen. Fern von hier in den Ebenen jenseits der Schlucht war Dashnyam ein armer Mann, doch hier konnte er als Gleichgestellter an den Traditionen des Nomadenlebens teilhaben. Ich war gerührt zu sehen, mit welch großem Respekt man ihn behandelte.

Das Abendessen bestand aus frisch gekochtem Ziegenkopf und einer Tasse Bouillon, um ihn herunterzuspülen. Als unsere Bäuche zum Platzen voll waren, wurde eine Schüssel mit Milchschnaps herumgereicht. Dann breiteten wir unser Bettzeug aus – ich meinen Schlafsack, Dashnyam einen alten Winterdeel – und schliefen über den gedämpften Geräuschen von Schafen, Ziegen und Yaks ein.

Ich schlief tief und fest und fühlte mich wie neugeboren, als wir am nächsten Morgen wegritten. Der Himmel war klar, und die Pferde, die über Nacht gegrast und sich ausgeruht hatten, waren richtig munter. Ihre Ohren zuckten und lenkten meine Aufmerksamkeit auf Murmeltiere und Füchse, die über den Weg huschten, und einen Milan, der auf der Jagd nach einem Erdhörnchen einen Sturzflug zur Erde machte. Im Unterschied zu früheren Reisen, auf denen ich mich allein auf meine eigene Körperkraft hatte verlassen müssen, ging es diesmal um die Körperkraft der Pferde, und ich nahm die Landschaft vermittelt durch ihre Bedürfnisse, Gefühle und Mühen wahr. Sie waren meine Verbindung zum Land, und vielleicht wäre es präziser zu sagen, dass ich auf meinem Weg nach Ungarn die Welt durch ihre Augen statt durch die Augen eines Nomaden zu sehen lernte.

Nach einer Stunde erreichten wir eine Stelle im Tal, an der der Fluss in einem rechten Winkel nach Nordwesten abbog und sich zweiteilte. Der rund 4000 Meter hohe Charchiraa kam in Sicht. Sanfte Bergrücken führten himmelwärts zu einem zerklüfteten, unbezwingbaren Gipfel, der in einem Sarkophag von Gletschern begraben war. Von dort oben stieg eine vom Wind getriebene Schneewolke zum Himmel hoch und fiel dann an der nördlichen Gebirgswand herab, vorbei an riesigen Brocken Gletschereis, die sich auf halber Höhe an die Felswand klammerten. Dort, wo die Wolke sich niederließ, schlängelte sich der Hauptgletscher zwischen schwarzen Felsspornen hindurch, verschwand im Inneren des Berges und tauchte dann wieder als schmaler Bach auf, der den Oberlauf des Charchiraa bildete.

Ein Stück weiter kam der Turgen in Sicht. Er trug einen Helm aus Eis, und seine senkrecht abfallende, aus dunklem Gestein gebildete Nordwand glich eher dem Aufriss eines Berges.

Nach unserer Mittagspause stiegen wir oberhalb der beiden Täler zum rund 3000 Meter hoch gelegenen Pass hinauf. Ich beugte mich vor, packte erneut Rustys Mähne und folgte Dashnyam entlang im Zickzack verlaufender schmaler Felsbänder. Die Kamelstute schrie jedes Mal auf, wenn ihre weichen, breiten Füße zwischen Felsbrocken eingeklemmt wurden. Doch der Schmerz, den die Nasenklammer verursachte, an der Dashnyam zog, trieb sie weiter.

Der Anstieg hörte abrupt auf, als wir einen Obo erreichten und auf den breiten, grasbedeckten Pass gelangten. Direkt vor uns erhoben sich eine Reihe blassblauer Berge, auf denen Eis glitzerte. Es waren Gipfel des Sajangebirges an der entfernten Grenze zu den sibirischen Republiken Altai und Tuwa im Süden Russlands.

Wir waren gut vorangekommen und beschlossen, nachdem wir den höchsten Punkt erreicht hatten, unser Lager direkt unterhalb des Passes aufzuschlagen. Es war noch früh am Tag, und das klare, beständige Wetter bot mir die Gelegenheit, die höheren Berge zu Fuß zu erkunden. Ich ließ Dashnyam bei den Tieren zurück und wanderte zu einer Kammlinie in rund 3650 Metern Höhe, wo ich ein paar herrliche Stunden damit verbrachte, hinab auf sich schlängelnde Gletscher und eine Reihe von türkisfarbenen Seen an deren Ende zu starren. Hier oben in der dünneren Luft schienen der Schweiß und die Schwierigkeiten der letzten Monate vergessen.

Am Morgen schneite es heftig. Dashnyam machte sich Sorgen. »Das Kamel wird auf dem Schnee ausrutschen, und wir werden einen schweren Unfall haben, wenn wir weiterreiten. Es ist besser, bis morgen zu warten. Vielleicht ist der Schnee dann geschmolzen«, erklärte er.

Ich war sehr froh, den Tag im Zelt verbringen zu können, und nutzte die Zeit, meine Tagebucheinträge zu vervollständigen. Doch schon bald zeigte sich, dass wir nicht so allein waren, wie wir angenommen hatten.

Nach dem Frühstück war das übliche mongolische »Klopfen« an der Zeltwand zu hören – ein Räuspern und lautes Spucken –, bevor drei

Männer mit Gewehren und eiskalten, rissigen Wangen in Dashnyams Zelt kletterten.

»Wie verläuft eure Reise? Gut?«, fragten sie.

»Und eure?« Dashnyam bot ihnen Tee an.

Ich saß eng an die Zeltwand gelehnt da und beobachtete, wie der Tee die Lebensgeister der Männer weckte. Wie die Schneeflocken in ihrem Haar und ihren Wimpern, die schon bald schmolzen, sodass kleine Wasserrinnsale ihre Gesichter hinabliefen, löste sich auch der starre Gesichtsausdruck der Männer, die sich nun angeregt mit Dashnyam unterhielten.

Die Männer – einer im mittleren Alter, die anderen in den Zwanzigern – waren Murmeltierjäger, die eine Woche lang in einer nicht weit von unserem Lager entfernten Felsnische gehaust hatten. Sie wollten so viele Murmeltierfelle wie möglich sammeln und sie dann an Händler in den Ebenen verkaufen. Ihre Jagd verlief gut, sodass sie vorhatten, noch eine Woche zu bleiben.

Als das Wetter am späten Nachmittag aufklarte, kontrollierten die Jäger ihre Murmeltierfallen. Dashnyam und ich begleiteten sie. Emotionslos holten sie ihre Opfer aus den Fallen und brachen den Tieren das Genick. Dann gingen wir zu ihrer Felsnische, wo sie die Tiere häuteten und in einen Topf mit kochendem Wasser warfen. Schließlich wurde Wodka herumgereicht. Bevor die Männer tranken, schnipsten sie einen Tropfen zum Himmel und einen zur Erde und rieben sich dann ein wenig Wodka auf die Stirn. Dashnyam teilte mit ihnen seine Schnupftabakflasche und seinen Tabak und unterhielt sich mit ihnen in dem gemessenen Tonfall, der mir inzwischen so vertraut war.

Als der Wodka seine Wirkung zeigte, lehnte ich mich gegen die Felswand und musterte meine Gastgeber. Ihre Deels waren zerfetzt und rochen nach Öl, Dung und Erde. Sie hatten nichts, worauf sie schlafen konnten, und kein Essen außer den Murmeltieren, die sie fingen, sowie ein paar Bissen altbackenen Boortsogs. Das Gesicht des älteren Mannes faszinierte mich. Es wurde beherrscht von einer auffallend breiten Nase und einem wild wuchernden Schnurrbart. Er hatte fraglos ein schweres Leben, klagte jedoch nicht, und wenn er lachte, erhellte sich sein Gesicht. Das Gesicht eines glücklichen Menschen.

Als das Fleisch gekocht war, holte einer der Männer ein Messer hervor, mit dem reihum fettige Fleischstücke abgeschnitten und in den Mund gesteckt wurden. Der ältere zahnlose Jäger schlang sie schmatzend herunter, bevor er sich das Murmeltieröl von den Fingern und Händen leckte.

Mit Murmeltieröl rieben Krieger früher ihre Haut ein, um sie während ihrer Wintermärsche vor Frostbeulen zu schützen. Heute verwendet man das Öl noch gern zur Behandlung von Wunden und Rheuma. Murmeltiere zu essen, so wie diese Männer es taten, ist jedoch verpönt. Das Murmeltier, ein Nager, gehörte zu den ersten bekannten Überträgern der Pest, die zum Fall des Mongolischen Reiches beitrug und ganze Zivilisationen von China bis hin nach Afrika bedrohte. Murmeltiere sind noch immer Überträger dieser Krankheit, die in der Mongolei alljährlich ausbricht.

»Was ist mit der Pest? Habt ihr keine Angst davor?«, fragte ich die Männer mit Dashnyams Hilfe.

Sie beantworteten meine Frage mit einem Lachen, das auch mich das Tabu, Murmeltierfleisch zu essen, ignorieren ließ. Ich beugte mich vor und nahm ein Stück des fettigen Fleischs entgegen. Als es durch meine Kehle rutschte, hatte ich keine Zweifel daran, dass dies die hartgesottensten Männer waren, denen ich je begegnet war – nicht hartgesotten auf die aggressive, machohafte Art, sondern weil sie Schwierigkeiten und Entbehrungen einfach als Teil des Lebens akzeptierten. Wenn das Gras auf der Steppe üppig wuchs, gediehen die Herden, und die Menschen waren glücklich und dankten Tengri. Gab es eine Dürre oder einen bitteren Winter, schrumpften die Herden, und die Menschen erduldeten es. Leben und Tod hingen von den Launen von Himmel und Erde ab, etwas, das es einfach hinzunehmen galt.

Ihre Welt förderte eine klaglose Haltung, die ich mir gern angeeignet und bis Ungarn und darüber hinaus bewahrt hätte. Doch ich ahnte, dass mir dies wohl kaum gelingen würde.

Zwei Tagesritte von der Felsnische der Jäger entfernt hielten wir bei einem Obo an, von dem aus die Berge zu einem großen kraterförmigen Tal hin abfielen. Mitten durch dieses Tal bahnte sich ein winziger Bach den Weg nach Westen hin zu einer wüstenartigen Ebene und floss dann in einen breiten flachen See. Wir würden gleich hinabsteigen in eine wilde Landschaft aus Sand und Gestein, in der die Alpengräser robusten Wüstenbüschen wichen.

Am fernen Horizont gab es unzählige Bergschichten mit Tausenden von geheimnisvollen Spalten, Schluchten und Gipfeln, deren Erforschung ein Leben lang in Anspruch nehmen würde. Für den Moment jedoch war mein Geist erfüllt von der gerade hinter uns liegenden Etappe meiner Reise.

Ich ritt hinter Dashnyam und bewunderte, wie er mit einer Hand den Führstrick des Kamels hielt, in der anderen Hand eine Zigarette, und es dennoch schaffte, wenn nötig, sanft auf das Hinterteil seines Pferdes zu klopfen. »Aha aha«, rief er jedes Mal aus, wenn das Kamel langsamer zu werden drohte oder in Panik zu geraten schien. Ich brachte es nicht übers Herz, ihm zu sagen, dass er meinen Rucksack schon seit Tagen verkehrt herum trug.

Am Abend erreichten wir die verlassene Sommergemeinde Chowd Brigad, wo ein paar alte Schuhe und zahlreiche runde Kreise gelben Grases darauf hinwiesen, dass die Gemeinde vor Kurzem ihre Zelte abgebrochen hatte und weiter gewandert war. Wir waren noch einen guten Tagesritt von dem Ort entfernt, an dem ich wieder auf Menschen zu treffen hoffte, doch dies war die Endstation unserer gemeinsamen Reise. Dashnyam musste zurückkehren, bevor der Winter den Pass versperrte, und da von unseren Vorräten nur noch eine einzige Portion Haferbrei, eine Handvoll Nudeln und ein paar getrocknete Streifen Fleisch übrig waren, wären sie nach einem weiteren gemeinsamen Tag völlig aufgebraucht gewesen.

Angesichts der Tatsache, dass unser Abendessen ohnehin schon bescheiden ausfallen würde, wurde mir bang ums Herz, als in der Abenddämmerung zwei Männer auf Motorrädern bei uns auftauchten. Sie waren Jäger, die den ganzen Tag gefahren waren und weder etwas zu essen noch eine Unterkunft hatten. Dashnyam bot ihnen die Hälfte unseres Mahls an, und wir gingen mit knurrendem Magen schlafen. Die Jäger legten sich auf den Boden und zogen sich ihren Deel über den Kopf. Am nächsten Morgen standen sie auf, klopften sich den Raureif von den Kleidern und bestiegen wieder ihre Motorräder.

Beim Frühstück erfreute ich mich ein letztes Mal an Dashnyams Eigenarten. Wie immer aß er seinen Anteil Haferbrei, indem er den Kopf in den alten zerbeulten Topf steckte und diesen dann leer leckte, bis er völlig sauber war. Anschließend musste er sich die hakenförmige Nase abwischen. Mir war noch immer nicht klar, ob er vergessen hatte, einen

Löffel mitzubringen, und zu stolz war, sich meinen zu leihen, oder ob er einen Löffel einfach für überflüssig hielt. Nach dem Essen rollte er sich am Rand seiner abgetragenen Soldatenstiefel eine Zigarette und packte dann, während er sie rauchte, mit größter Sorgfalt sein ramponiertes, aber für ihn wertvolles Zelt zusammen. Dann schlenderte er krummbeinig zu seiner Kamelstute, führte sie zu seinem Gepäck und zog sanft am Führstrick, damit sie sich setzte.

Ohne meine sperrige Ausrüstung dauerte das Packen, für das wir immer über eine Stunde benötigt hatten, jetzt nur zehn Minuten. Voller Neid sah ich zu, wie Dashnyam sein Zelt, seinen Topf, den Ziegeltee und den Tabak zwischen den Höckern des Kamels verstaute. Für die Strecke, die wir zusammen in sieben Tagen zurückgelegt hatten, würde er, wie er sagte, auf dem Rückweg nur zweieinhalb Tage brauchen – was mir angesichts seines wenigen Gepäcks nicht ganz unmöglich erschien. Doch ich stammte aus dem Westen und würde nie die Kunst beherrschen, mit so leichtem Gepäck zu reisen wie er.

Als er zum Aufbruch bereit war, gab ich ihm eine Packung russische Zigaretten und bezahlte ihn noch für ein paar zusätzliche Tage. Er wiederum schenkte mir eine Packung Streichhölzer, die ich mit beiden Händen entgegennahm und, dem Brauch entsprechend, an die Stirn führte. Als ich mit dem Päckchen an die Stirnlampe stieß, die ich noch immer um den Kopf geschnallt hatte, fiel es zu Boden. Das beschämte mich sehr, denn in der mongolischen Kultur war das Fallenlassen eines Geschenks ein Zeichen von Respektlosigkeit.

Schließlich teilte ich unsere mageren Rationen – ein paar Stücke Quark und eine Handvoll alte, mit Sand überkrustete Geleebohnen, die sich auf dem Grund der Packkisten befanden. Dashnyam zog seinen Deel hoch und schob ihn über den Kopf, damit er die Schärpe eng um die Taille binden konnte. Dann bestieg er sein Pferd und deutete mit einer ausholenden Geste nach Nordwesten, die Richtung, in die ich reiten musste.

Ich sah ihm hinterher, beobachtete, wie er immer kleiner wurde und jenseits eines Gebirgskamms verschwand. Der melancholische Schrei seiner Kamelstute klang noch ein paar Augenblicke lang nach, doch dann war ich allein.

Von der Turgen-Charchiraa-Kette waren es noch rund 240 Kilometer bis zu dem Punkt, wo die Grenzen der Mongolei, Chinas, Kasachstans und Russlands im Herzen des Altai-Gebirges zusammenlaufen – eine zweiwöchige Reise. Nur zwei Tage nach dem Abschied von Dashnyam durchquerte ich den Chowd, und meine Reise durch die Mongolei neigte sich nun endgültig dem Ende zu. Ich hatte den Bajan-Olgii-Aimag am Westende der Mongolei erreicht, wo kasachische Nomaden seit ihrer Wanderung in diese Region Mitte des 19. Jahrhunderts die Mehrheit bilden. Dem Namen nach Muslime, die eine Turksprache sprechen, fühlten sich viele von denen, die ich kennenlernte, kulturell eher zu meinem nächsten Ziel, Kasachstan, hingezogen, das auch geografisch näher lag, als zu Ulan-Bator.

Im Nachhinein begriff ich, dass die Kasachen aus dem Bajan-Olgii-Aimag, die während der Oktoberrevolution und der anschließenden Herrschaft Stalins isoliert gewesen waren, eine traditionellere und authentischere Kultur bewahrt hatten als ihre Brüder und Schwestern in Kasachstan. Damals jedoch repräsentierte Bajan-Olgii einfach nur das Ende meines mongolischen Abenteuers und den Aufbruch in ein Land, das die nächsten zwölf Monate meines Lebens beherrschen sollte.

Kurz vor der Grenze machte ich jenseits des Dorfes Tsengel Station und verkaufte meine Pferde einem tuwinischen Lehrer, der versprach, Rusty und Boku als Arbeitstiere zu verwenden und nicht als Winterfleisch zu schlachten. Da weder die Grenze zu Russland noch zu China im Westen der Mongolei für Ausländer offen war, konnte ich nicht zu Pferd durch eins dieser Länder nach Kasachstan gelangen. Deswegen beschloss ich, über die Berge nach Kasachstan zu fliegen und so nah wie möglich an Kasachstans Ostgrenze Pferde zu kaufen. Dies war die einzige Strecke – rund 240 Kilometer Luftlinie –, die ich auf meinem Weg zur Donau nicht zu Pferd zurücklegen konnte.

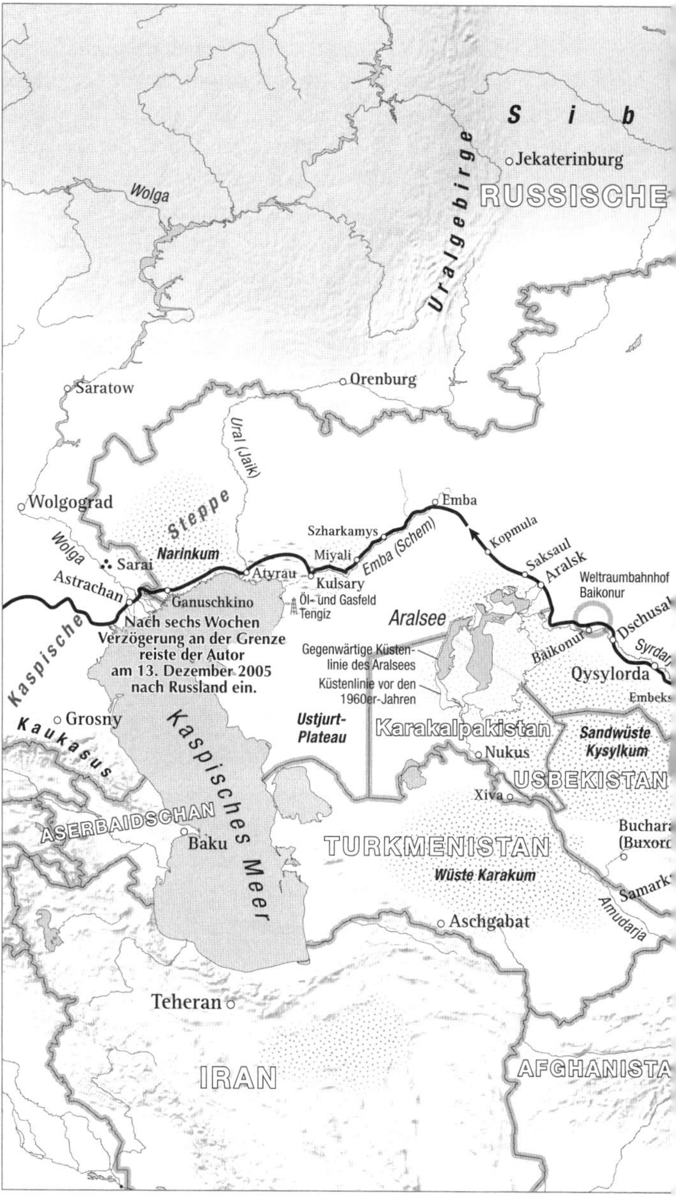

S i b
Jekaterinburg
RUSSISCHE
Uralgebirge
Wolga
Saratow
Orenburg
Ural (Jaik)
Wolgograd
Steppe
Emba
Szharkamys
Emba (Schem)
Kopmula
Saksaul
Aralsk
Wolga
Sarai
Narinkum
Miyali
Atyrau
Kulsary
Astrachan
Ganuschkino
Öl- und Gasfeld Tengiz
Weltraumbahnhof Baikonur
Dschusal
Aralsee
Baikonur
Syrdar
Nach sechs Wochen Verzögerung an der Grenze reiste der Autor am 13. Dezember 2005 nach Russland ein.
Gegenwärtige Küstenlinie des Aralsees
Küstenlinie vor den 1960er-Jahren
Qysylorda
Embeks
Kaspische
Grosny
Kaukasus
Kaspisches Meer
Ustjurt-Plateau
Karakalpakistan
Sandwüste Kysylkum
Nukus
USBEKISTAN
Xiva
ASERBAIDSCHAN
Baku
TURKMENISTAN
Buchara (Buxoro
Wüste Karakum
Samark
Amudarja
Aschgabat
Teheran
IRAN
AFGHANISTA

Kasachstan
Route des Autors zu Pferd
ab 2004 über den Winter 2005/2006
Taiga
Wüste
Salzsee
0 100 200 300 Meilen
0 200 400 600 Kilometer
ÖDERATION
Omsk
Botai-Kultur
(3700-3100 v. Chr.)
annte Domestizierung
des Pferdes
Irtysh
Astana
Semipalatinsk
(Semei)
Öskemen
Karaganda
MONGOLEI
Altai-Gebirge
Belucha
4506m
Zhana Zhol
Azunbulak
Kindikti
Ajagus
KASACHSTAN
Saissansee
Terektbulak
Pugatschewo
Markakol-See
Tsengel
Kopa
Tarbagatai-Gebirge
Im Oktober 2004
kauft der Autor Pferde
und startet nahe dem
Markakol-See.
Ortaderisin
Balchasch
Tasaral
Balchasch-See
Ili
Akbakai
Ulanbel
Moinkum-Wüste
Schu
Almaty
Ürümqi
Bischkek
Schymkent
KIRGISISTAN
Tienschan-Gebirge
Dschengisch Tschokusu
(Victory Peak), 7439 m
Taschkent
CHINA
Provinz
Xinjiang
Pamir (Gebirge)
Taklamakan-Wüste
Karakorum (Gebirge)
Kabul
Islamabad
PAKISTAN
INDIEN

KASACHSTAN

Stalins Shambala

In der Mongolei war ich 1400 Kilometer weit geritten – in mehr als 70 Tagen vom Osten der alten Reichshauptstadt Charchorin bis zur westlichen Provinz Bajan-Ölgii-Aimag. Zu den zahlreichen Prüfungen, die ich bestehen musste, gehörten Reiten lernen, mich mit der nomadischen Lebensweise vertraut machen und täglich Wasser und Gras finden. Auf meiner Reise bis an die Donau war dies allerdings kaum mehr als ein Vorspiel für die noch vor mir liegenden Herausforderungen. Immerhin war ich unter den günstigen Bedingungen des Sommers durch ein Land gereist, in dem häufig Nomaden in der Nähe gewesen waren, die mich unterstützt hatten.

Mit bangen Erwartungen und aufgeregt sah ich dem nächsten großen Kapitel meiner Reise entgegen: Kasachstan sollte zur alles entscheidenden Etappe werden, nicht nur wegen der schieren Weite der Wegstrecke, den topografischen Gegebenheiten und dem Winter, der sich an meine Fersen heftete, sondern auch, weil ich dort mit dem gesellschaftlichen Erbe des russischen Zarenreichs und der Sowjetunion konfrontiert werden sollte.

Aber Kasachstan bildete zugleich das Herzstück meiner Reiseroute, das ferne Zentrum Eurasiens, das für die Steppennomaden zu einem Dreh- und Angelpunkt in ihrer Geschichte geworden war. Draußen in den uferlosen, spärlich besiedelten Wüsten, Steppen und Bergen winkten mir auf einer Wegstrecke, auf der ich mehr als doppelt so weit reiten würde wie in der Mongolei, die Freiheit und die fremde Kultur, die ich mir erträumt hatte.

Über Kasachstan hatte ich schon während meiner Fahrradtour im Jahr 2000 einiges erfahren. Chris und ich wohnten in Sibirien ein paar Tage bei einer deutschstämmigen Familie, die vor Kurzem aus der kasachischen Steppe zugereist war – aus ihrem einstigen Verbannungsort, in den Stalin die Wolga-Deutschen im Zweiten Weltkrieg hatte deportieren lassen. Die Leute schilderten ein Land, in dem sich die kasachischen Nomaden im Sommer mit dicken Mänteln und Hüten aus Schaffell vor der glühenden Sonne schützten. Die Winter mit eisigem Wind und klirrender Kälte waren noch strenger als die in Sibirien. Zudem fehlten hier Zufluchtsmöglichkeiten und Brennholz, wie sie der dichte Nadelwald der Taiga bot. Seit dieser Begegnung hatte ich mich auf Landkarten Kasachstans fixiert, das mich immer stärker in seinen Bann geschlagen hatte.

Fast so groß wie Westeuropa, erstreckt sich diese zweitgrößte ehemalige Sowjetrepublik nach Russland über ein Gebiet, das für viele im Westen als tote Zone galt – von der Region nördlich des Kaspischen Meeres (das theoretisch zu Europa gehört) weiter nach Osten bis zum Altaigebirge und nach China. Im Süden verläuft die Grenzlinie entlang der sagenumwobenen zentralasiatischen Wüsten Kysylkum und Karakum sowie der Kammlinien des Tienschan, Chinas »himmlischen Bergen«. Im Norden geht das ausufernde kasachische Grasland in die Ausläufer der sibirischen Taiga über.

Wichtig war mir, dass Kasachstan im Herzen der Eurasischen Steppe lag, in der die Nomaden unter den schwierigsten geografischen und klimatischen Bedingungen gelebt hatten. Auch war dies die Heimat der ältesten Reiterkultur der Welt. Wie Historiker glauben, domestizierten im Norden des Landes, in der heutigen Provinz Aqmola, in der kupferzeitlichen Botai-Kultur, ca. 3700–3100 vor unserer Zeit, Menschen erstmals Pferde.

Auch wenn unklar ist, zu welcher Zeit genau die Bezeichnung »Qazaq« oder »Kazak« für »Unabhängiger« oder »Steppenreiter« entstand, im 18. Jahrhundert vereinigten sich drei türkische Horden oder *jüz*, die sogenannte Ulı Jüz (Große Horde), die Orta Jüz (Mittlere Horde) und Kişi Jüz (Kleine Horde) zur späteren Nation Kasachstan. Die Durchquerung ihres Landes würde für mich so zu einem Ritt durch das Kernland der nomadischen Welt werden, durch den uranfänglichen Schmelztiegel der Steppe.

Ich musste mich darauf gefasst machen, dass mir auf der Weiterreise nach Westen bis Kasachstan die schwerfällige Bürokratie in die Quere kommen würde. Wie erwähnt, waren in der Westmongolei die Grenzen zu China und Russland für Ausländer kaum passierbar. Ich wollte versuchen, mich zu Pferd durch den schmalen Streifen Russlands zwischen der Mongolei und Kasachstan irgendwie hindurchzumogeln. Dazu legte ich in der russischen Botschaft in Ulan-Bator meine Einladung für das Visum vor. Der Beamte hob sie wütend hoch und knurrte: »Verstehen Sie Russisch? Die Grenze ist dicht! Und wissen Sie was? Diese Einladung taugt nur als Klopapier!«

Da ich kaum eine andere Wahl hatte, kaufte ich ein Ticket für den kurzen Flug von der mongolischen Provinzhauptstadt Ölgii zur Stadt Öskemen (russisch: Ust-Kamenogorsk) in Ostkasachstan. Von dort aus wollte ich nach Osten tief ins Altaigebirge hineinreisen, wo das von Mythen umrankte *Shambala* lag, ein irdisches Paradies, das sich nach buddhistischem Glauben beim Untergang der Menschheit offenbaren wird. Dicht an der mongolischen Grenze wollte mir ich Pferde einer robusten Bergrasse kaufen, dann rasch aus den Bergen hinabreiten und noch vor Wintereinbruch den langen Ritt nach Westen zum Kaspischen Meer antreten. Ich schätzte, dass ich ein halbes bis ein ganzes Jahr brauchen würde, um Kasachstan von Osten nach Westen zu Pferd ganz zu durchqueren. Das waren immerhin 2900 Kilometer Luftlinie.

Als ich in der ersten Oktoberwoche in der Industriestadt Öskemen landete, die die Russen als einen Militärposten gegründet hatten, waren die Berge mit Neuschnee bedeckt. Ein paar Wochen später belud ich vor einem Hotel im Zentrum der Stadt mit einem aufgeregten Taxifahrer namens Meirim dessen Wagen. Als der Kofferraum und der Rücksitz bis unters Dach vollgepackt waren, gab ich ihm 100 US-Dollar. Dafür sollte er mich aus der Stadt fahren und mit mir nach Pferden suchen.

Meirims Augen leuchteten wie die eines kleinen Jungen, der auf ein Abenteuer aus war. »Ich habe meiner Frau gesagt, dass ich nur ein paar Tage weg bin«, sagte er. »In den Bergen rufe ich sie dann an und sage, dass wir aufgehalten wurden.«

Ich hatte Meirim, einen Mann mittleren Alters mit zwei Kindern, nur zögernd als Fahrer engagiert. Ich kannte ihn vom Flughafen, wo ich sein Angebot angenommen hatte, mich in die Stadt zu fahren. Unterwegs überfuhr direkt vor unseren Augen ein Raser einen Fußgänger. Anstatt anzuhalten und zu helfen, stänkerte Meirim wegen der Behinderung, drückte wütend auf die Hupe und holperte über einen Bordstein, um schneller weiterzukommen. Hinter seiner entwaffnenden Nettigkeit steckte ein ganz aufs Durchkommen fixierter Charakter, der mich unsicher machte, ob ich ihm trauen konnte.

Andererseits hatte ich erfahren, dass Meirim ein Kasache aus der Provinz Bajan-Ölgii in der Westmongolei war. Zu Sowjetzeiten hatte er in der Wüste Gobi Wassertanks gewartet und anschließend für die russische Armee Mongolisch, Russisch und Kasachisch gedolmetscht. Nach dem Zusammenbruch der Sowjetunion handelte er mehrere Jahre grenzüberschreitend zwischen Sibirien und der Mongolei mit Murmeltierfellen. Dann wanderte er auf der Suche nach einem besseren Leben von der Mongolei aus ins »Mutterland« der Kasachen ein.

Ich konnte mich auf Russisch mit ihm verständigen und hoffte, dass seine Kenntnisse wieder etwas Kontinuität in meine Reise bringen würden, die durch den Flug aus der Mongolei nach Kasachstan und den Grenzübertritt unterbrochen worden war. Zudem gab es zwischen beiden Ländern große gesellschaftliche und politische Unterschiede, Ergebnisse eines Wandels über zwei Jahrhunderte hinweg. Waren sich beide als Hirten- und Nomadengebiete einst sehr ähnlich gewesen, so änderte sich dies ab der zweiten Hälfte des 18. Jahrhunderts, als das russische Zarenreich auf der kasachischen Steppe Fuß fasste. In den 1880er-Jahren war der Löwenanteil des kasachischen Bodens fest in russischer Hand. Russlands weitere Pläne sahen damals so aus, dass der russische Oberkommandeur im Hauptquartier in Almaty dreist verkündete: »Wir müssen aufrichtig einräumen, dass wir hier vor allem ein russisches Anliegen haben. Das kasachisch besiedelte Land gehört nicht den Kasachen, sondern dem Staat. Die russischen Elemente müssen sie verdrängen oder vergessen machen.«

Im 20. Jahrhundert betrieb Stalin in Kasachstan eine intensive Industrialisierung. Die Nomaden wurden in Kollektiven zwangsangesiedelt, um die Steppe für den Getreideanbau zu erschließen. Die Kultur wurde russifiziert. Wegen seiner Ferne avancierte Kasachstan für Stalin zu der Region, in die er vorzugsweise seine Feinde verbannte. Zu den bekanntesten Häftlingen der zahlreichen dortigen Gulags zählten Trotzki und Alexander Solschenizyn. Bis 1989 waren die Kasachen unter den Russen zur Minderheit im eigenen Land geworden. Schätzungen zufolge beherrschten 40 Prozent der Kasachen, die meisten in städtischen Ballungsräumen, ihre angestammte Sprache nicht mehr.

Ich war in ein Land eingereist, das sich nach dem Zerfall der Sowjetunion noch immer im Umbruch befand, in einem schwierigen Übergang zu einem unabhängigen Staat, in dem zudem die freie Marktwirtschaft eingezogen war. In diesen schwierigen Zeiten speiste sich Kasachstans neu entstehende Identität naheliegenderweise weniger aus seiner glanzvollen Vergangenheit als Wiege der Reiterei als vielmehr aus seinem Status als Lieferant für Bodenschätze. Am Kaspischen Meer waren nach Ende der Sowjetherrschaft gewaltige Ölreserven entdeckt worden. Sie hatten Milliarden Dollar ausländischer Investitionen ins Land gelockt. Manche Analysten sahen den Staat gar bis 2015 unter den fünf wichtigsten Erdölproduzenten der Welt.

Sollte irgendeine Chance bestehen, um unter den zahlreichen Schichten des Wandels in Kasachstan wieder mit dem Geist der Reiternomaden in Berührung zu kommen, so dachte ich mir, wäre Meirim sicher ein guter Anfang.

Am Stadtrand wich eine Datschen-Siedlung der offenen Steppe – einer Hügellandschaft aus steinigem Boden, auf dem hier und da Büschel aus verdorrtem Gras standen. Der bleierne Himmel warf ein trübsinniges Licht auf eine Erde, die sich wohl mit dem herannahenden Winter abgefunden hatte. Ich kurbelte die Scheibe herunter, damit die kalte Luft die mentalen Spinnweben fortblies, die meine Sinne in der Stadt angesetzt hatten.

Meirim erzählte Geschichten, die sich um die Umgebung rankten, etwa um den Berg Ayultai, dessen Name auf Mongolisch »gefährlich« bedeutet. »Wenn du die Leute hier fragst, ob sie wissen, was die Namen bedeuten, sagen sie einfach: ›Ach, da gab es wohl mal irgend so einen Ayultai.‹ Die wissen gar nicht, dass viele Orte hier mongolische Namen tragen.« Und wie zum Beweis bogen wir in ein Tal, verhangen mit dem Rauch von Holzfeuern, ein und fuhren in ein Dorf, das sich an die Schlinge eines schmalen Flusses schmiegte. Er hieß Targyn – laut Meirim eine Verballhornung des mongolischen Wortes *targan*, mit dem oft »dicke« Pferde bezeichnet werden.

Die Straßen, die an den dunklen grauen Holzhütten vorbeiführten, waren weitgehend verlassen. Wir sahen weit und breit keinen Russen. Und überhaupt bemerkte kaum eine Seele, wie wir durch das Dorf brausten.

Claire Burges Watson, eine Weitgereiste zu Pferd, die mit der Region vertraut war, hatte mir Name und Adresse eines Mannes gegeben, von dem ich mir Unterstützung in Kasachstan erhoffte: Ruslan, ein Hirte und Fischer Mitte zwanzig, war mit ihr einst durch Kirgisistan geritten. Spät am Abend erreichten wir sein Haus im Dorf Slawjanka.

In einer Wolke aus Fischgeruch empfingen uns Ruslan und sein Bruder mit offenen Armen. Der athletisch wirkende Ruslan hatte zupackende Hände, buschige Augenbrauen und einen markanten Unterkiefer. Sein Charisma und seine Körperkräfte machten ihn sicher zu einem Liebling der Mädchen im Dorf. Und wie ich mir vorstellte, eroberte er mit seiner ritterlichen Art sicher auch die Herzen der älteren Damen. Dagegen versuchte der kleine, drahtige Meirim mit seinen zierlichen Händen durch lautstarkes Auftreten und mit ausladenden Gesten seine Präsenz zu vergrößern.

Nach einer Nacht bei Ruslans Familie suchten wir im benachbarten Dorf Terektbulak einen ganzen Tag vergeblich nach Pferden. Die Tiere waren entweder zu alt und scheu oder zu gefährlich, weil sie nicht richtig zugeritten worden waren. Und mit durchschnittlich 500 Dollar kosteten alle zu viel. Angesichts des Tagessatzes von zehn Dollar, den ich für mich angesetzt hatte, ließen mir die Preise das Blut in den Adern gefrieren. Und Ruslan tat alles andere, als mir die Sorgen zu nehmen.

»Für ein richtig gutes Pferd brauchst du 1000 Dollar, Tim. Für den geforderten Preis bekommst du höchstens Metzgerfleisch.« Häufig, so erklärte er, kämen Laster von Schlachthöfen aus der Stadt in die Dörfer. Wer Geld brauche, verkaufe seine Pferde.

Ich dachte gar nicht daran, mich mit den hohen Preisen abzufinden. Früh am nächsten Morgen fuhren wir nach Osten am Fluss Kurtschum entlang in ein entlegenes Tal nahe dem Bergsee Markakol. Auf der Fahrt an Felshängen entlang wurde Meirim immer fröhlicher. Das Gebiet hatte außerhalb der Reichweite von Stalins planerischen Ambitionen für Nordkasachstan gelegen und erinnerte deswegen an die wilden Landschaften der Mongolei. Dagegen wirkte Ruslan zusehends besorgt, vermutlich weil wir sein Netzwerk aus treuen Freunden und Angehörigen weit hinter uns gelassen hatten.

Die sanft abfallenden Hänge wichen schroffen Berggraten, die die tiefstehende Sonne weitgehend abschirmten. Derweil löste sich die Straße schrittweise immer mehr auf. Im Dorf Maraldy stellte Meirim fest, dass für sein Stadttaxi nun kein Weiterkommen mehr sei. Mit einem Dorfbewohner, der einen allradgetriebenen russischen Niwa besaß, handelten wir aus, dass er uns bis ans Ende der Straße zum Dorf Pugatschewo fahren würde, zum wohl letzten Ort im Tal, in dem ich vielleicht doch noch Pferde finden würde.

Der Niwa schaukelte durch Pfützen aus Schnee und Schlamm oft knapp am Rand eines Abhangs entlang, der fast senkrecht zum Fluss hin abstürzte. Schließlich holperten wir eine Anhöhe hinauf, worauf sich vor uns das Tal zu einem breiten Streifen Land weitete, den Berggipfel säumten, die nahtlos ins düstere Grau der Wolken übergingen. Unten schmiegte sich Pugatschewo, ein Dorf mit ungefähr 160 Häusern, an die sanft zum Flussufer abfallenden Hänge.

In Pugatschewo wuchs unsere Viererbande – Meirim, Ruslan, unser Fahrer und ich – rasch zu einer Achtergruppe heran. Der Gedanke war, jemanden zu finden, der wiederum jemanden kannte, der etwas wusste. An jedem zweiten Haus anhaltend, stellten wir Fragen und rollten weiter. Alle, die an den Wagen herantraten, mussten jedem Fahrgast die Hand geschüttelt haben, ein schwieriges Unterfangen, weil sich dazu jeder aus dem Fenster an der Fahrerseite lehnen musste. Auf den üblichen Gruß der muslimischen Kasachen »*As-salam aleikum*« folgte die Antwort »*Wa aleikum as-salam*«, manchmal ersetzt durch das russische »*Sdrastwujtje*« für »Hallo«, wenn jemand entdeckt hatte, dass im Wagen ein europäisch aussehender Mann saß.

Nurchan, ein vierschrötiger Mann mit adrettem Bürstenschnitt, im Tarnanzug und mit russischen Armeestiefeln, betrachtete uns als seine persönlichen Gäste. Er ließ die Kunde verbreiten, dass ein Pferdekäufer im Ort sei. Er strahlte Härte und einen ausgeprägten Gerechtigkeitssinn aus. Mit seinen langgezogenen, schmalen mongolischen Augen im breiten glatten Gesicht wirkte er wie ein Patriarch. Mit Ruslan wurde er rasch warm. Obwohl beide Kasachisch miteinander redeten, bekam ich vieles mit, weil sie immer wieder mitten im Satz auf Russisch fluchten.

Nurchan brüllte jedem, der unseren Weg kreuzte, die Frage nach Pferden entgegen, worauf bald vor uns in eine Reihe Gäule aufmarschierten. Ein alter Klepper, »der beste des Dorfs«, hatte einen Senkrücken, der an ein durchgesessenes Sofa erinnerte. Eine Mähre mit offenen Wunden im Kreuz und einem Fohlen an der Seite wurde als »das perfekte Pferd für die Aufgabe« angepriesen. Als ich darauf hinwies, dass ich doch kein wundes Pferd reiten könne, erhielt ich zur Antwort: »Aber Tim, verkauf es einfach unten in der Steppe zum doppelten Preis und kaufe ein neues!«

Nurchan versprach bessere Tiere. Nach dem Mittagessen brachte er mich zu einem Mann, der für Arbeitspferde bekannt war, die regelmäßig Ladungen von knapp 70 Kilo Fisch aus dem Markakol-See zum Markt schleppten. Zunächst widerstrebend ließ er sich von Nurchan und den anderen überreden, einen Verkauf ins Auge zu fassen. Mit der Hälfte der Männer des Dorfs im Schlepp führten sie mich in einen Hof, in dem ein weißer Wallach stand. Er war mit einem muskelbepackten Widerrist, einem kräftigen Rückgrat und robusten Beinen so untersetzt und stämmig wie ein mongolisches Ross. Gespielt selbstbewusst blickte ich ihm ins Maul – mein Crashkurs zur Beurteilung von Pferdezähnen hatte mir so gut wie keine praktische Erfahrung vermittelt – und unternahm einen Proberitt. Die Beine des Wallachs erschienen mir ziemlich steif. Vielleicht war er von der Arbeit erschöpft, aber wahrscheinlich war er schon ziemlich betagt. Ich war sicher, dass er mindestens 15 Jahre alt war.

»Er ist zehn«, behauptete der Besitzer.

»Wie das?«, antwortete ich. »Ich sehe doch, dass er deutlich älter ist.«

Ein Mann in der Menge verbürgte sich für den Besitzer.

»Ich weiß noch, als das Pferd zur Welt kam. Es ist nicht älter als zehn Jahre.«

Ich schaute erneut ins Gebiss des Pferdes und blickte Ruslan und Meirim an. Sie schwiegen. Nach langer Überlegung überzeugten mich Nurchan und andere, dass ich wohl falsch läge. Der Besitzer bot das Pferd für 65 000 Tenge, rund 550 Dollar, an. Aber ich wartete erst einmal ab.

Bei Einbruch der Dunkelheit kam ein Mann auf einem jungen Fuchs angeritten, den er aus einer Herde in den Bergen geholt hatte. Dieser Ogonjok – russisch für »Flämmchen«, was aber auch eine lokale Wildblume bezeichnete – hatte kurze, gedrungene Vorderbeine und eine kräftige Brust. Trotz seines kapriziösen Verhaltens gefiel er mir. Der Besitzer lud uns zum Abendessen zu sich ein.

Botschaften an nahe und ferne Verwandte wurden ausgesandt, und am Ende wurde beschlossen, dass der Fuchs tatsächlich verkauft werden sollte. Dann floss Wodka. Wir erhoben zunächst nur dreimal ein

Glas, doch kaum ging eine Flasche zur Neige, machte die nächste die Runde. Am Ende zählte ich nicht mehr mit. In den folgenden Verhandlungen, an die ich mich nur noch bruchstückhaft erinnere, sagte ich zu, dass ich den Fuchs kaufen und mit dem Geld am nächsten Tag wiederkommen würde.

Vor der Abfahrt aus Pugatschewo führte uns Nurchan diskret in sein Haus, zog einen Teppich beiseite, öffnete eine Falltür und holte eine Glasflasche mit einer roten Flüssigkeit herauf. »Das ist ein Geheimnis, mein Freund, und ein Vermögen wert, Blut aus Hirschgeweihen. Gut für … du weißt schon.« Seine Gesten verrieten, dass es ein Aphrodisiakum war. Zu dritt erhoben wir unser Glas, stürzten es hinunter, spülten mit Wodka nach und stiegen in den Niwa. Auf dem Wagensitz fragte ich mich, wozu wir das Zeug gerade jetzt hatten einnehmen müssen.

Bockend und schlingernd rollte unser Niwa durch die Nacht. Mir schwirrte der Kopf, ohne dass ich wusste, ob es von der Fahrt oder dem Wodka kam. Als wir in Maraldy aus dem Wagen stiegen, wurde mir in der eisigen Luft schlecht. Meirim setzte sich ans Steuer seines Taxis. Ruslan machte es sich auf den Rücksitz bequem und schlief ein.

Lange nach Mitternacht näherten wir uns Slawjanka. Unsere Nacht sollte allerdings noch viel länger dauern. Elf Kilometer vor dem Ziel bog Ruslan zur Anlegestelle einer Fähre über den Irtysch ab, wo seine Verlobte 24-Stunden-Schichten in einem Café ableistete. Drinnen begrüßte Ruslan mit Handschlag die Stammgäste – hauptsächlich übernächtigte Fernfahrer und Trunkenbolde aus dem Dorf – und verkündete Meirim und mir, dass wir jetzt seine Gäste seien. Irritiert sagte ich ihm, dass wir gegen Mittag wieder in Pugatschewo sein müssten, aber das bestärkte ihn nur in seinem Entschluss. Eine Flasche Wodka landete auf unserem Tisch, worauf er und Meirim sie rasch leerten. Dann kam die nächste.

Als Meirim einen aggressiv wirkenden Soldaten in Uniform eiskalt anstarrte, wurde mir klar, dass die Dinge außer Kontrolle geraten würden. Der Soldat stand auf und setzte sich, stark nach Alkohol riechend, neben mich. Ruslan zögerte die Konfrontation mit einer weiteren Flasche Wodka hinaus. Ich zog Meirim nach draußen.

»Weißt du, Tim, ich fühle mich wieder jung! Diese Scheißrussen, die russischen Kasachen, die haben doch keine Ahnung! Ich will mich einfach prügeln! Kennst du das Gefühl, wenn man jemandem die Fresse polieren will?« Obwohl ich ihn draußen zu halten versuchte, ging er gleich wieder ins Café zurück. Es sollte noch öfter vorkommen, dass ich eine Schlägerei gerade noch verhüten konnte. Derweil war Ruslan mit seiner Freundin in Streit geraten und schob sie diskret in Meirims Wagen.

Erst gegen acht Uhr morgens waren wir wieder auf der Straße. Als wir Ruslans Haus erreichten, war ich zum Umfallen müde und legte mich gleich schlafen. Als ich erwachte, waren Meirim und Ruslan spurlos verschwunden.

Es dauerte einen ganzen Tag, bis Meirim, etwas betreten, wieder auftauchte. Die Leuten in Pugatschewo hatten mein Wort, dass ich innerhalb eines Tages mit dem Geld für das Pferd zurück sein würde. Wahrscheinlich hatten sie das Geschäft schon ad acta gelegt. Ich hatte Meirim einen großzügigen Tagessatz sowie Benzin und Verpflegung bezahlt und war jetzt kurz davor, ihn wüst zu beschimpfen. Ohne mir in die Augen zu schauen, sagte er immer wieder, alles sei ganz anders gewesen.

»Meine Frau braucht mich. Ich kann deinetwegen doch nicht alles stehen und liegen lassen! Ich muss zwei Kinder ernähren.« Als ich ihm 50 Dollar in die Hand gedrückt hatte, brauste er davon.

Ruslan war komplett von der Bildfläche verschwunden. Sein Vater und sein Bruder versuchten mich zu beschwichtigen: Er werde früher oder später schon wieder auftauchen. Aber mich packte allmählich die Panik. Ich zog mich auf ein Plumpsklo im Dorf zurück, hockte mich zwischen gefrorene Scheiße und Zigarettenstummeln hin und kämpfte um Beherrschung. Während aus dem grauen Betonhimmel erste Schneeflocken herabrieselten, hörte ich einen Streit zwischen Betrunkenen in der Nähe mit. Vielleicht musste ich mich mit meiner Entscheidung, alleine loszuziehen, erst noch arrangieren, aber so, wie die letzten Tage gelaufen waren, hatte ich mir die Reise nicht vorgestellt. Ich wurde das Gefühl nicht los, dass Kasachstan für mich zu einer einzigen langen Prüfung würde.

Erst zwei Tage später tauchte Ruslan wieder auf. Um kein Risiko einzugehen, bugsierte ich ihn auf den Rücksitz seines Moskwitschs aus den 1960er-Jahren, wo er gleich in einen verkaterten Tiefschlaf sank. Der Gestank nach Bier und Zigaretten, den er verströmte, setzte mir mehr zu als die Kälte. Mit weit geöffneten Fenstern holperte ich mit ihm auf derselben Straße, auf der meine Reise zuvor im Nichts geendet hatte, Steigungen hinauf und Gefälle hinab. Ruslan schlief bis lange nach Einbruch der Nacht, aber als wir über die letzten vereisten Tümpel und Schlaglöcher nach Pugatschewo rumpelten, wachte er erstaunlich nüchtern wieder auf.

Die Ortsansässigen beklagten sich, dass ich sie hatte warten lassen. Ihre Pferde hätten teures Heu fressen müssen. Mit Erzählungen von Ruslans Eskapaden konnte ich sie allerdings zum Lachen bringen. Als ein alter Mann auf mich zutrat, verflog mein schlechtes Gewissen: Der weiße Wallach, so flüsterte er mir zu, sei tatsächlich 15 Jahre alt. Er hatte mir die Wahrheit sagen wollen, aber es gehöre sich nicht, den Worten eines Mannes aus demselben Dorf zu widersprechen.

Ich hatte mich zum Kauf von Ogonjok, dem Fuchs, bereit erklärt, gab aber bekannt, dass ich erst abreisen würde, wenn ich *zwei* weitere passable Pferde gefunden hätte, mit denen ich bis nach Ungarn käme. Das Palaver begann vorn. Und bei jedem angebotenen Pferd hieß es, ich könne kein besseres finden.

Am Ende trottete ein älterer Mann auf dem Rücken eines großen rotbraunen Pferdes an. Nurchan, der mich wieder unter seine Fittiche genommen hatte, wirkte erstaunt.

»Schauen Sie es sich bitte an«, sagte der Mann barsch. »Wenn Sie es wollen, kaufen Sie es jetzt. Andernfalls bringe ich es sofort zur Herde zurück.«

Das Pferd hieß Taskonir, was so viel wie »brauner Stein« bedeutet. Es hatte einen geraden Rücken, ein abgeschrägtes Hinterteil und eine grobe widerspenstige Mähne. In seinen feurigen Augen spiegelten sich der Eigensinn und der starke Wille eines Wildpferdes. Und dass Taskonir auch in Gegenwart so vieler Leute gelassen und ruhig blieb, deutete darauf hin, dass er ein altgedientes Nutzpferd war.

Für einen Proberitt verzichtete ich auf Zaumzeug. Ich warf ihm nur ein altes Ziegenfell über und schnallte meinen australischen Ranchersattel darauf. So instinktiv, wie er sich auf kleinste Kommandos hin bewegte, fühlte ich mich als Reiter geschickter, als ich tatsächlich war. Ich fragte Altai – so hieß sein Besitzer –, wie viel er für das Pferd verlange.

»70 000 Tenge!«, antwortete er – ungefähr 520 Dollar – und fügte hinzu: »Aber für den Preis behalte ich die Hufeisen!«

»Wie wär's mit 65 000 Tenge *mit* Eisen?«, konterte ich.

»Zum Teufel mit dir!«, schrie er. »Was bist du für ein Typ. Nimm deinen Scheißsattel von meinem Pferd.« Er warf meinen Sattel in den Dreck, stieg aufs Pferd und galoppierte davon. Die umstehende Menge verstummte.

Nurchan kam mir zur Hilfe.

»Das ist ein angesehener alter Mann. Wohl deshalb will er nicht handeln.« Mit der ganzen Menge im Schlepp ging ich zu Altais Haus. Altai wollte selbst nicht nach draußen kommen. Stattdessen erschien sein Sohn, den ich mit dem Angebot von 70 000 Tenge, allerdings mit Hufeisen, ins Haus zurückschickte. Erst nach einiger Zeit zeigte sich der Sohn wieder und winkte uns herein.

Ich setzte mich an einen kleinen Holztisch zu Altai. Er saß still in dem Licht, das durch eine schiefe Glasscheibe einfiel. Sein funkelnder Blick wanderte zwischen dem Fenster und der Teetasse, die er in seiner wettergegerbten Hand hielt, hin und wieder zurück. Ohne seine Pelzmütze und den Mantel fiel er als ein drahtiger alter Mann mit Glatze und eingefallenen Zügen auf. Die Wut, die in seinen Augen gefunkelt hatte, war inzwischen der Traurigkeit gewichen. Wie ich später erfahren sollte, verkaufte er sein Pferd, um ärztliche Behandlungen und die Schulausbildung seiner Tochter zu bezahlen. Wahrscheinlich war er innerlich zerrissen zwischen der Liebe zu seinem Pferd und dem Pflichtgefühl gegenüber seiner Familie. Ich war der unliebsame Anlass für eine Entscheidung. Dabei hing er nicht nur aus Sentimentalität an Taskonir. Pferde sind in der Region als Nutztiere überlebenswichtig, vor allem so zuverlässige wie Taskonir.

Ich zählte das Geld auf den Tisch, das von Altais Frau und nochmals von seinem Sohn nachgezählt wurde.

»Dieses Pferd«, prahlte er, »bringt dich bis nach Ungarn.«

»Tatsächlich?«, fragte ich. »Ich werde mich an dein Versprechen erinnern.«

Ich schüttelte ihm die Hand, erhob mein Glas Wodka und ermahnte Altai: »In meiner Kultur ist es ein Zeichen für mangelnden Respekt, wenn man den Sattel eines anderen in den Dreck wirft.« Nach einer Entschuldigung gab er lächelnd zu, dass das Pferd, anders als er behauptet hatte, nicht zehn, sondern wahrscheinlich zwölf Jahre alt war.

Die Verhandlungen für Ogonjok, mein zweites Pferd, verliefen reibungsloser. Bei Tageslicht erschien dieser große Fuchs allerdings feuriger, als ich ihn in Erinnerung gehabt hatte. Er blickte mich aus misstrauischen Augen an, und als ich die Hand nach ihm ausstreckte, um seinen Rücken zu streicheln, bäumte er sich nervös auf. Sicher war er die Art Pferd, die vor dem eigenen Furz im Galopp Reißaus nimmt. Minuten nachdem ich den Kaufpreis überreicht hatte, hörte ich eine Geschichte, die meine Befürchtungen bestätigte. Ogonjok war schon seit Monaten nicht mehr geritten worden. Sein Besitzer verkaufte ihn nur deshalb, weil das Pferd im letzten Winter gestürzt war und ihm dabei ein Bein gebrochen hatte.

Ogonjok stellte ein Risiko dar. Um ihm auf Eis und Schnee einen besseren Halt zu geben, ließ ich ihn auf Nurchans Rat hin mit speziellen Wintereisen beschlagen. Allerdings wusste ich nicht, dass er noch nie beschlagen worden war. Kaum war er in dem Schuppen für Schmiedearbeiten angebunden worden, schlug er wie wild aus. Nurchan und die anderen sprangen in Deckung. Als sie sich wieder aus dem Schlamm erhoben, hatte Ogonjok das Gerüst im Schuppen auseinandergerissen und schüttelte wild den Kopf.

Beim zweiten Versuch banden sie Ogonjok am Schwanz an einem Balken oben am Schuppen fest und zurrten ihn so fest hinauf, dass seine Hinterbeine kaum noch den Boden berührten. Mit zusätzlichen Gurten banden sie ihn am Bauch fest. Sobald er eine Bewegung wagte, verpasste ihm ein Mann mit einem Stahlrohr ein Hieb in die Flanke. Trotzdem war er immer noch nicht ruhigzustellen. Irgendwie entwand sich den Gurten und schlug vorn und hinten aus, bevor er an seinem aufgerichteten Schwanz hängenblieb. Erst beim dritten Versuch gelang es, eines seiner Beine an einem Pfosten festzubinden und ihm mit Gewalt die Eisen an die Hufe zu hämmern.

Während des Fiaskos hielt ich Ogonjok an den Zügeln fest und blickte in seine schreckensgeweiteten Augen. Seine eigene unbändige Kraft vergessend, hielt er endlich still. Als »ehrliches« Pferd fehlte ihm die Gerissenheit älterer, erfahrener Rösser. Aber bis dahin war jedes Mitgefühl meiner Angst gewichen: Wie sollte ich mit diesem Pferd allein in der Wildnis zurechtkommen?

Ruslan, Nurchan, Orolchan – ein weiterer Dörfler mit dem Spitznamen »der Tschetschene« – und ich beschlossen, abseits des Dorfs, in den luftigeren Höhen der umliegenden Berge, nach einem Ausgangspunkt für meine Weiterreise zu suchen. Mit diesem Ausflug hoffte ich meine Stimmung mit etwas anderem als mit Wodka aufzuhellen und Ruslan Züge abzugewinnen, die mich etwas versöhnen konnten. Seit seinen ärgerlichen Eskapaden mit Meirim hatte ich ihm kaum noch in die Augen schauen können und war frustriert, dass er mich in den Verhandlungen zum Kauf der Pferde so wenig unterstützt hatte. In den Sommermonaten verdingte er sich auf einer genossenschaftlich geführten Hirschfarm an einer entlegenen Bergstation. Der Ausflug gab ihm so auch Gelegenheit, an seiner Hütte Haustiere und ein paar Sachen zu holen, die er zurückgelassen hatte.

Unter uns schrumpfte Pugatschewo zu einem verschwommenen Fleck aus herbstlichem Braun und Grau zusammen, während wir in die Bergwelt hinausritten. Wir übernachteten in Nurchans Hütte und suchten uns nach einem tiefen Schlaf einen Berggipfel aus, den wir so weit wie möglich hinaufreiten wollten.

Ich atmete tief durch, als Taskonir die Steigung in Angriff nahm. Bequem im Sattel sitzend und mit Tagesgepäck auf dem Rücken, ließ ich den Blick über die Landschaft schweifen. Fern am Horizont ragte weit über allen anderen Gipfeln wie ein Wächter der pyramidenförmige Belucha auf, mit 4506 Metern der höchste Berg des Altaigebirges.

Wieder vom Pferderücken auf die Welt hinabzublicken kam einer Befreiung gleich. Mit jedem Schritt rückten die Selbstzweifel und die Gedanken an die zurückliegenden Missgeschicke wie Bäume in der Landschaft in immer weitere Ferne.

Als die Steigung zu steil wurde, banden wir die Pferde an Baumstämmen an, erklommen zu Fuß einen felsigen Bergsporn und stampften ein paar Stunden mühselig durch knietiefen Schnee. Schließlich traten wir aus einem Wäldchen aus sibirischen Lärchen und Pinien heraus und blieben auf einer Felsklippe stehen. Durch eine Vielfalt an geistigen Filtern blickte ich über das umliegende Land hinweg. Vor uns erstreckten sich unsichtbar die Pfade der einstigen Jäger und Sammler. Ich sah vor mir ihre Nachfahren, die einst zu Pferd die Steppe eroberten, mongolische Heere, die zu Tausenden diese natürlichen Festungswälle überwanden, Entdeckungsreisende auf den Spuren versunkener Welten und

Russen und Chinesen auf imperialistischen Feldzügen, die in jüngerer Zeit künstliche Grenzen gezogen hatten. Ich stellte mir die Begeisterung von Forschungsreisenden vor, die es auf der Suche nach dem sagenumwobenen *Shambala* vielleicht bis hierher, bis über den Himalaja und nach Tibet geschafft hatten.

Manche sehen diese buddhistische Vorstellung von einem Himmelreich, das Menschen nur auf höchst entwickelten spirituellen Pfaden zugänglich sei, als ein rein geistiges Gefilde an. Andere beschreiben eine materielle Welt, verborgen im Altaigebirge, in Tibet, Indien oder irgendwo dazwischen, in der alle Bewohner erleuchtet seien. Ob Wahrheit oder Legende, wenn tatsächlich so eine geheimnisvolle Welt existierte, die sich selbst vor den modernen Kartografen hatte verstecken können, dann war das Altaigebirge, diese Mischung aus Taiga, Tundra, vergletscherten Gipfeln und Wüsten, für diesen Traum sicher eine würdige Heimat.

Mich beflügelte allerdings am meisten die Aussicht über die Steppe nach Westen. Ich ließ meinen Blick hinab über die Pfade und weiter bis dorthin schweifen, wo sie nahtlos in ein Meer aus Brauntönen übergingen. Dort endete jeder Wald und jedes geschützte Tal, das dick mit Gras bewachsen war. Am Rand dieses freiliegenden Abgrunds nach Westen bogen sogar die Flüsse nach Norden ab. Wie viele Menschen hatten hier an meiner Stelle gestanden und sich gefragt, wie weit diese Landschaft reichte und was sich hinter dem Horizont verbarg? Das offene Gelände erstreckte sich von hier aus ohne Unterbrechung bis an die Karpaten am Rand Zentraleuropas. Unabhängig von der modernen postsowjetischen Realität in Kasachstan war ich zuversichtlich, dass mir die Pferde, mit denen ich reiste, mit ihren Grundbedürfnissen – Gras und Wasser – die Verbindung zu einer Vergangenheit schaffen würden, die sich seit Jahrtausenden nicht verändert hatte.

Als wir nach Einbruch der Dunkelheit zu Nurchans Hütte zurückkamen, kochten Nurchan und Orolchan dort die Köpfe zweier frisch geschossener Wildschweine.

»Heute waren zwei Wildschweine zu Gast. Sie haben ihre Köpfe dagelassen und sind davongerannt«, sagte Orolchan und setzte die gekochten Köpfe mit einem Plumps auf dem Tisch ab.

Lachend schnitten wir Fleisch aus den Wangen, Augen und Ohren. Obwohl Schweinefleisch für Muslime verboten ist, aßen die drei ihr Mahl mit sichtlichem Genuss.

»Mr. Cope«, ermahnte mich Nurchan, »behalt es für dich! Wir sind zwar Kasachen, dürfen aber Schweinefleisch essen, wenn es rein ist. Und dieses hier kommt ja direkt aus der Natur!«

Unser Abstieg am nächsten Morgen zurück ins Tal begann vielversprechend. Nurchan steckte ein paar Gänse und eine Katze in Kartoffelsäcke, lud sie auf einen alten Karren und spannte sein Pferd vor. Mit einem geplatzten Reifen schlitterte das Gefährt mit dem schreienden Federvieh und der maunzenden Katze gefährlich den vereisten Steilpfad hinab. Nurchan brüllte fluchend auf die Tiere ein, sie sollten endlich ihr Maul halten. Ich ritt nahe an ihn heran und zückte meine Kamera.

»Bloß nicht!«, sagte er ärgerlich. »Wenn mich Leute mit den Gänsen auf dem Karren sehen, halten sie mich für einen verdammten Russen!«

Gegen Nachmittag hatten wir Pugatschewo hinter uns gelassen. Weiter am Kurtschum entlang, der sich eine tiefe Schlucht gegraben hatte, ritt mir Ruslan voran durch ein Gewirr aus zerklüfteten kahlen Gipfeln. Die Nacht verbachten wir in einer abgelegenen Hütte für Viehhirten. In den frühen Morgenstunden rüttelte uns ein alter Mann wach, ging hinaus und gab draußen heulende Laute von sich. Auf die Art vertrieb er den Wolf, der ihn aus dem Schlaf gerissen hatte. Bevor wir gingen, bot er uns für die restliche Zeit, die wir noch zusammen waren, ein Gewehr an. Ruslan lehnte ab mit der Begründung, dass er keinen Waffenschein habe. Auf meiner Weiterreise sollte ich die Frage des Alten noch öfter hören: »Warum haben Sie keine Waffe dabei. Was ist mit Wölfen? Mit Banditen?«

Nach einem langen Tag, an dem wir knapp 50 Kilometer zurückgelegt hatten, gelangten wir zum Dorf Terektulak. Hier kaufte ich mein drittes Pferd Zhamba, einen alten schrundigen Hengst von der Art, die ich am ersten Tag unserer Suche begutachtet hatte. Die Entscheidung sollte ich während der restlichen Reise bereuen. Ich hatte ihn ausgesucht, weil er sehr günstig war und auf kurze Sicht wenig Schwierigkeiten zu machen schien. Für ihn verzichtete ich auf einen kapriziösen jungen schwarzen Wallach, der zwar teurer war, auf lange Sicht aber geeigneter gewesen wäre.

Ab hier fühlte sich Ruslan wieder auf heimischem Boden. Und da wir noch gut 72 Kilometer vor uns hatten, ritten wir im Trott über kahle zerklüftete Hügel und durch überfrorene, mit Gras bewachsene Rinnen. Hier und da kamen Wildziegen und Rehe in Sicht, kleine Flecken auf dem Pfad, die dann in einem Wirbelwind über die Hänge jagten. Von Ogonjok beeindruckt, verpasste Ruslan Ogonjok den Spitznamen »der Panzer«.

»Ein großartiges Pferd. Gefällt mir. Erinnert mich an meines. Er ist zwar wild, so sind alle Füchse und Rothaarigen, wird sich nach ein paar Tagen unterwegs aber schon beruhigen. Wenn du ihn immer auf Trab hältst, kannst du mit ihm jeden Tag weite Etappen zurücklegen«, sagte er.

Taskonir erwies sich als beweglich und entschlossen. Zum Erstaunen Ruslans und anderer hatte ich ihn ohne Zaumzeug geritten. Er ließ sich nur mit einem Halfterstrick und der gebundenen Führleine als Zügel lenken. Auf ein Gebiss verzichtete ich, weil ich mir beim herannahenden Winter vorstellte, wie unangenehm sich eisiges Metall in einem Pferdemaul anfühlte.

In Gegensatz zu Taskonir und Ogonjok machte das dritte Pferd Zhamba schon jetzt Probleme, obwohl es noch nicht einmal beladen war. Wir benannten Zhamba in Maral um, was so viel wie »Reh« bedeutet, weil er in Bewegung eher an eine Mischung aus Reh und Esel erinnerte.

Wir hatten kaum Zeit, im Schritt zu bleiben, und redeten wenig. Während einer kurzen Rast schien Ruslan allerdings begierig auf ein Gespräch. Weil er sich für die Tage seiner Alkoholexzesse mit Meirim nie entschuldigt hatte, dachte ich, er wolle sich jetzt vielleicht aussprechen. Mit aufrichtigem Blick nahm er einen tiefen Zug an seiner Zigarette:

»Tim, wie viel kosten Mädchen in Australien?«

Ich versuchte meine Überraschung zu verbergen.

»Wie meinst du das?«

»Na ja, ich habe hier schon viele Russinnen ausprobiert. Als ich bei einem Onkel in Astana wohnte, habe ich den ganzen Tag ferngesehen und bekam eine Russin für 1000 Tenge pro Stunde, wenn ich das brauchte. Auch eine Koreanerin habe ich ausprobiert – das sind mit 3000 Tenge die teuersten. Deutsche kosten auch ziemlich viel.«

Er sagte es so feierlich, dass ich nicht wusste, wie ich reagieren sollte. Ich wollte ihn weder beleidigen noch den Eindruck erwecken, dass ich schwul sei.

»Also, ehrlich gesagt, ich weiß es nicht.«

»Aber wie vögelst du dann Mädchen?«, fiel er mir ins Wort.

»Nun … man könnte sagen, es ist umsonst.«

Ruslans Augen hellten sich auf. Lächelnd entblößte er seine Goldzähne. »Das dachte ich mir! Weißt du, kasachische Mädchen lassen einen nur dann ran, wenn man sie geheiratet hat.«

Das glaubte ich ihm nicht. Allerdings hatte ich auf früheren Reisen durch die Ex-Sowjetunion viele getroffen, die von westlichen Frauen widersprüchliche Vorstellungen hatten, ohne eine je persönlich fragen zu können. In ländlichen Gebieten hieß es, sie hätten entweder die »Hosen an« und seien frauenbewegt sexualfeindlich oder würden wie in amerikanischen Filmen gleich mit jedem ins Bett steigen. Solche offenherzigen Unterhaltungen sollten mich auf meinem Weg durch die Steppe, vor allem bei der Begegnung mit Hirten zu Pferd, hundertfach begleiten. Eine schillernde Figur erklärte mir später, seine Lieblingsstadt sei Schymkent, weil »Wassermelonen dort 25 und usbekische Frauen 200 Kopeken« kosteten.

Ich versuchte Ruslan zu erklären, dass die Dinge komplizierter seien als er sie sich ausmalte. Dann tauchte ein noch dringenderes Problem auf: Die Zigaretten gingen ihm aus. Er musste an die Heimreise denken.

Die Aufbruchsstimmung und die Kameradschaft, die meine Zeit mit Ruslan bestimmt hatten, verflüchtigten sich rasch in Slawjanka. Ruslan hatte jetzt anderes im Sinn. Er wollte heiraten. Noch wichtiger war, dass ihm zum Angeln nur noch wenige Wochen blieben. Der Irtysch würde bald zufrieren.

Ruslan eröffnete mir, dass er mir nur noch zwei Tage als Führer dienen könnte, für uns beide eine bequeme Lösung, um freundschaftlich auseinanderzugehen. Ich bekam es langsam über, die Welt so zu verstehen, wie er sie durch den Filter seiner Anschauungen wahrnahm, und freute mich auf ein neues Kapitel meiner Reise.

Wir waren gerade noch lange genug zusammen, um den Irtysch zu überqueren und weiter nach Westen zur offenen Steppe zu reiten. Dort hoffte ich einen neuen Reisegefährten zu gewinnen, einen Mann, den ich während einer Taxifahrt in Öskemen kurz kennengelernt hatte. Seine Adresse hatte ich mir auf die Rückseite einer alten Zigarettenschachtel gekritzelt. Aset, wie er hieß, wohnte in dem kleinen Dorf Zhana Zhol, das zufällig auf meiner Route lag.

Zud

»Die so litten wie wir, weinten bitterlich um das, was sie verloren, und verfluchten diejenigen, welche so unmenschliche Gesetze erlassen hatten: Für Menschen, deren Leben sich um ihre Tiere drehte, war dies furchtbarer als eine Invasion durch Dschingis Khans Horden. Von ihren Leiden waren auch ihre Verwandten im Aul betroffen. In diesen Dörfern flossen noch wochenlang Tränen.«

– MUKHAMET SHAYAKHMETOV,
The Silent Steppe: The Memoir of A Kazakh Nomad Under Stalin

Gegenüber am Küchentisch, ohne Heugabel in der Hand und ohne den schweren Mantel, den er draußen getragen hatte, sah Aset wieder wie der sanftmütige Mann aus, den ich bei unserer kurzen Begegnung in Öskemen kennengelernt hatte. Sein breites, volles Gesicht wurde oben von einem Schopf silbergrauer Haare und unten am Kinn von melierten Bartstoppeln eingerahmt.

Seine sanfte heisere Stimme klang so, als würde er gleich loslachen.

»Ach Tim! Nicht so schüchtern: Trink! Iss! Das sind kasachische Kartoffeln, die besten der Welt!«

Ich musste mir den Bauch vollschlagen, ehe ich zu meinem Anliegen kommen konnte: Ich suchte einen Führer, der mich für mehrere Wochen zu Pferd durch die Steppe begleiten würde. Aufgeregt und stolz erzählte mir Aset, dass er in seiner Jugend auf einer Kolchose als berittener Hirte gearbeitet hatte.

»Ich habe regelmäßig rund um die Uhr gearbeitet, bin mit Schafen herumgezogen und hielt Wölfe und Räuber fern. Wenn ich im Freien übernachtete, hielt ich die Leine des Leithengstes fest.«

Während er wehmütig in Erinnerungen schwelgte, ließ er durchblicken, dass er seit Jahren kaum noch im Sattel gesessen und sich als Abbrucharbeiter in der Stadt verdingt hatte. Dennoch sei er bestens qualifiziert, um mich auf dem Ritt zu begleiten.

Mehr als seine Referenzen als Reiter beeindruckten mich Asets Qualitäten als Vater. Guanz, sein einziges Kind, litt an einer infantilen Zerebralparese. Als er in die Küche humpelte, hob Aset seinen verkrümmten und verkümmerten Körper mit einer allmächtigen Geste in die Luft. Auf das Kichern des kleinen Buben hin verengten sich seine Mandelaugen zu schmalen Halbmonden und spiegelten die ganze Lebensfreude des Kleinen wider. Beim Abendessen hängte sich Guanz an Asets Arm. Wenn ich ihn nicht anschaute, blickte er mich verstohlen an, und sobald ich ihn anlächelte, vergrub er sein Gesicht unter Asets Achsel. Später, etwas mutiger, machte er auf sich aufmerksam, indem er die Hauskatze hochhob und mit geschlossenen Augen lachend seine Bäckchen an ihr rieb. Im trostlosen postsowjetischen Kasachstan erschien eine aussichtsreiche Zukunft für den kleinen Buben unvorstellbar. Aber Asets sichtbare Liebe und Zuneigung überstrahlte das alles.

Am Abend kam Feststimmung auf, als sich Asets Haus mit Dorfbewohnern füllte. Stundenlang zeigte ich mein Fotoalbum aus Australien herum und erzählte Geschichten. Als es spät wurde, traten wir zusammen auf die Straße hinaus. Guanz und zahlreiche andere Kinder kicherten. In der Dunkelheit strichen Hunde von überall aus dem Dorf um mich herum. Als die meisten Besucher gegangen waren, spürte ich zwei warme Pfoten an der Brust. Ein feuchter Atem blies meine Wangen an. Einen langen Augenblick hielt der Hund noch still, dann sah ich gerade noch zwei weiße Pfoten in der Dunkelheit entschwinden.

»Er mag dich«, murmelte Aset.

Als die Kinder müde wurden, ließen Aset, seine Frau und ich uns am Küchentisch nieder. Draußen hatte mir Aset gesagt, dass ich seine Frau fragen müsse, ob er mich begleiten dürfe. Als es so weit war, setzte sie eine ernste Miene auf und antwortete mit Überzeugung: »Wenn Sie wollen, können ihn bis nach Ungarn mitnehmen!«

Die zwei Tage in Zhana Zhol hatte ich für Vorbereitungen vorgesehen. Stattdessen trank ich jetzt gemächlich mit Dorfbewohnern Tee, besuchte die örtliche Schule und schwatzte mit den Schülern. Begleitet von Aset, einem Antialkoholiker, der bessere Manieren hatte und reifer war als

Ruslan, konnte ich die Abreise gelassener angehen und mich von der aggressiven Stimmung und dem feuchtfröhlichen Chaos der letzten paar Wochen erholen. Nach ein paar Nächten mit gutem Schlaf sah die Welt ganz anders aus: Ich nahm sie weniger durch die Brille kommender Herausforderungen als vielmehr im Licht des geschichtlichen Wandels wahr, den die kasachische Gesellschaft durchlaufen hatte.

Zhana Zhol, »die neue Straße«, war ein Sammelsurium aus ungefähr 50 eintönigen Holzhäusern, die man in das Meer der öden grauen Steppe hineingewürfelt hatte. Die einzige Lehmstraße säumten Pappeln, die sich wie Skelette von der blickdichten Wolkendecke abhoben. Während in der Mongolei jetzt, zu Ende des Herbstes, die Nomadenfamilien ihren Aufbruch zu den Winterweiden vorbereiteten, deckten sich die hiesigen Kasachen für die langen kalten Monaten mit Kohle, Brennholz und Heu ein. Auch wenn die meisten Familien eine Milchkuh, Hühner und sogar ein oder zwei Pferde hielten, hatte keine die Art Herde vorzuweisen, wie ich sie in der Mongolei regelmäßig bestaunt hatte. Das Leben hier ähnelte dem in den Hunderten russischer Dörfer, die ich von früheren Reisen kannte.

Das 20. Jahrhundert hatte den Kasachen in jedweder Hinsicht gewaltige Umbrüche und Tragödien beschert. Nach über einem Jahrhundert der russischer Kolonisierung kam es 1916 zu einer breiten Erhebung gegen die Zarenherrschaft, die blutig niedergeschlagen wurde. 150 000 Kasachen – zumeist nomadische Viehhirten – kamen ums Leben. Ausgelöst hatten den Aufstand Steuererhöhungen, Enteignungen von Vieh und die Zwangsrekrutierung von Männern zwischen 18 und 43 Jahren für die russische Armee.

Schon ein Jahr später nährte die bolschewistische Revolution – sie führte 1922 zur Gründung der Sowjetunion – Hoffnungen auf einen Kommunismus, der den Kasachen gleiche Rechte und Unabhängigkeit bringen könnte. Allerdings betrachteten die nachfolgenden Sowjetführer die Steppe als unzivilisiertes Hinterland, das wirtschaftlich ausgebeutet werden konnte. Nomaden galten als eine Art Landstreicher. Die nachfolgenden 70 Jahre Sowjetherrschaft sollten sich in fast jeder Hinsicht als Angriffe auf die Nomadenkultur, die Landschaft und letztlich auf die Lebensart der Kasachen erweisen.

Für viele wurden die Atombombenversuche, die am Testgelände von Semipalatinsk, gut 400 Kilometer nordwestlich von Zhana Zhol, durchgeführt wurden, zu einem Zeichen für die offene Missachtung der Rechte ihres Volkes. 1947 erklärte die sowjetische Atombehörde ein Stück Land, das sie als Versuchsgelände ausgewählt hatte, zur »unbesiedelten« Zone, obwohl dort Nomaden lebten. Zum ersten Atombombentest 1949 erhielten die Lehrer der örtlichen Schulen die Aufforderung, mit den Kindern nach draußen zu gehen, um sich die Explosion anzuschauen: So ließ sich beobachten und untersuchen, wie sich die Folgen körperlich auf die Menschen auswirkten. 116 Bomben wurden in Semipalatinsk in der Atmosphäre gezündet. Nach einem Verbot überirdischer Tests folgten 340 unterirdische Versuche, bis das Gelände 1991 geschlossen wurde. Nach Schätzungen der Vereinten Nationen setzten die Sowjets zwischen 1947 und 1989 so eine Million Menschen hohen Dosen an Strahlung aus – mit erhöhten Raten an Krebs, Unfruchtbarkeit, Missbildungen und Selbstmorden als Folge. Aset, der erst vor Kurzem nach Zhana Zhol gezogen war, war in einem Dorf in der Nähe des Testgeländes aufgewachsen. Er glaubte, dass sein behinderter Sohn Guanz nur eines der nie erfassten Tausenden von Kindern sei, die in den Städten und Dörfern der Region mit Erbschäden zur Welt kamen – und heute noch kommen.

All diese Kalamitäten führten auf die eine oder andere Art dazu, dass die traditionelle Lebensweise der Nomaden langsam verschwand. Aber keine hatte so weitreichende Folgen wie die Politik in der frühen Stalin-Ära. Vor allem die Kollektivierung zwischen 1928 und 1931 bereitete dem Nomadenleben ein jähes Ende – eine nationale Tragödie, von der sich die Kasachen bis heute nicht erholt hatten. Während ich an dem Punkt meiner Reise das ganze Ausmaß des Umbruchs noch nicht überblickte, sollte mir in den kommenden Wochen und Monaten immer klarer werden, dass man die moderne kasachische Gesellschaft nur dann versteht, wenn man sich die Ereignisse jener Jahre vor Augen hält.

Die Ära der Kollektivierung, der sämtliche Völker der Sowjetunion unterworfen wurden, begann Mitte der 1920er-Jahre damit, dass Josef Stalin aus Ehrgeiz, das Land zu industrialisieren, die Wohlhabenden enteignen ließ. Um ausländische Werkzeuge und Maschinen zu kaufen, benötigte der Staat Getreide, Gold und andere Bodenschätze. Als 1927 die Getreideproduktion zurückging, machte dafür Stalin die wohlhabenden Bauern – die Kulaken – verantwortlich, weil sie angeblich Güter horteten, und verlangte ihnen höhere Liefermengen ab – der Auftakt zu einer grauenvollen Ära. Wer bei Durchsuchungen mit kleinsten Mengen Brot erwischt wurde, landete im Gefängnis. In der Ukraine betrieben die Sowjets Anfang der 1930er-Jahre dabei eine gezielte Politik des Aushungerns – den Holdomor –, der geschätzte 3,5 Millionen Menschen zum Opfer fielen.

Während in Russland und der Ukraine die Enteignung des Bodens und Zwangsabgaben anfangs tatsächlich zu einer erhöhten Produktion führten, blieben in Kasachstan ähnliche Ergebnisse aus – hauptsächlich deshalb, weil Nomaden gar kein Land besaßen. Um Abhilfe zu schaffen, wurde Fillip Isajewitsch Goloschtschekin, ein russischer Zahnarzt, der in die Politik gegangen war, zum Parteisekretär für die kasachische Republik ernannt. Goloschtschekin versuchte das Problem dadurch zu lösen, dass er verkündete, das Vieh der Nomaden entspreche Landbesitz. 1928 ordnete er die Beschlagnahme der Tiere der Reichen, *bai* auf Kasachisch, an. Allerdings waren die wirklich reichen Bai bereits Jahre zuvor, während der Kollektivierung, zwangsenteignet oder inhaftiert worden. Die Verordnung traf folglich die mittelständischen oder armen Nomaden, die unter dem Vorwurf des Hortens gezwungen wurden, ihr Vieh den Behörden zu überstellen.

Die chaotischen Szenen, die sich damals abspielten, sind heute kaum noch vorstellbar. In ganz Kasachstan verwandelten sich die Bahnhöfe in Schlachthöfe und Umschlagplätze, an denen massenhaft Vieh in Eisenbahnwaggons gepfercht wurde, um es nach Moskau, Leningrad und in andere Ballungszentren abzutransportieren. Da eine Veterinärüberwachung fehlte, brachen Seuchen wie Brucellose und Tuberkulose aus. Mancherorts wurden Tiere, die im Winter geschlachtet worden waren, erst im Frühjahr abtransportiert, als die Kadaver bereits verwesten. Als ein Hinweis darauf, wie wenig Goloschtschekin und seine Regierung von den Verhältnissen in der Steppe verstanden, verlangten sie, die Abgabequote für Wolle zu Beginn des Winters zu erfüllen, worauf ganze Herden erfroren. Zahlreiche Nomaden zogen es vor, ihre Tiere zu töten, als sie an die Behörden abzuliefern. Und auf den Kolchosen verendete massenhaft Vieh durch Misswirtschaft.

In der Folge von Goloschtschekins Politik gingen zwischen 1928 und 1932 die Bestände an Rindern und Schafen um ungefähr 90 Prozent zurück. 1930 brach eine Hungersnot aus, der laut Schätzungen bis 1933 zwischen 1,7 und 2,2 Millionen Nomaden – ungefähr ein Drittel der damaligen kasachischen Bevölkerung – zum Opfer fielen. Weitere geschätzte 653 000 Menschen flohen nach China. Gleichzeitig stellten die meisten Nomaden ihre jährlichen Wanderungen ein. Bis 1933 hatten die Sowjets 95 Prozent der Kasachen auf Kollektivhöfen zwangsangesiedelt. Der Begriff *aul,* der einst für eine Gemeinschaft von Nomaden gestanden hatte, die zusammen von Weide zu Weide zogen, bezeichnete jetzt fast nur noch eine feste kasachische Siedlung.

Dauerhaft sesshaft gemacht worden waren auch die Bewohner des Auls Zhana Zhol, deren Vorfahren einst durch die Steppe gezogen waren. Obwohl die Grundlagen ihres Alltagslebens durch die Kollektivierung gelegt worden waren, wurde diese Zeit weitgehend totgeschwiegen. Asets Schwiegermutter und andere hatten die Enteignungen und die Hungersnot in so schmerzhafter Erinnerung, dass sie nicht über sie reden wollten. Und auch für Aset und seine Generation waren sie kaum ein Thema – teils aus Respekt gegenüber den Alten, aber wohl auch wegen der jüngeren Ereignisse, des Zusammenbruchs der Sowjetunion und der Folgen, die deren Schrecken in den Hintergrund gedrängt hatten.

Drei Tage nach meiner Ankunft in Zhana Zhol führten Aset und ich die Pferde auf die Lehmstraße hinaus, um öffentlich Abschied zu nehmen. Dem Plan nach würden wir beide gut 240 Kilometer südwestwärts durch die steinige Steppe und Hügellandschaft bis zur Stadt Ajagus reiten. Ab da würde ich alleine weiterziehen.

Viele der Dorfbewohner, die sich zum Abschied versammelt hatten, sahen unser Vorhaben als eine Art Todesurteil an. »Der Frost! Die Kälte! Bald sind sie da! Ihr werdet bis zum Hals eingeschneit!«, sagte ein Mann und fuhr sich mit der Handkante über die Kehle.

»Ja, aber am allergefährlichsten sind die Säufer «, schnatterte, eingewickelt in ein Tuch, eine Alte. »Wir haben so viele davon. Haltet euch bloß von denen fern!«

Asets Frau brach in Tränen aus. Obwohl sie zuvor scherzhaft gesagt hatte, ich könne ihren Mann ruhig bis Ungarn mitnehmen, hatte sie ihm in den beiden letzten Tagen ständig gegrollt. Den Morgen über hatte sie mitgeholfen, ihn anzukleiden und auszurüsten. Nach meinem Eindruck lief der arme Mann jetzt eher Gefahr, durch Ersticken als durch

Kälte umzukommen. Er trug einen Halswärmer und eine Jeansjacke, die über zwei dicken Pullovern so eng saß, dass er sie nicht mehr zuknöpfen konnte. Für Notfälle warteten in seinen vollgestopften Taschen Sonnenblumenkerne, Schweinefett und Knoblauch. Am Gürtel, der seinen dicken russischen Winteroverall auf der Hüfte hielt, steckte ein riesiges Messer, mit dem man einen Baum hätte fällen können. Ohne Bewegungsfreiheit an den Knien und Ellenbogen watschelte er schwerfällig zu Ogonjok und hievte sich plump auf seinen Rücken.

Als wir aufbrachen, winkten uns die Dorfalten und die Kinder lachend und weinend nach. Das letzte Bild, das ich vom Dorf in mir aufnahm, war Guanz, der mit einem steif angewinkelten Arm ekstatisch lachte. Er machte sich keine Sorgen wegen der Gefahren, die in der weiten Welt lauerten, sondern war stolz darauf, seinen Vater in so ein spannendes Abenteuer reiten zu sehen. Als wir uns von der Menge entfernten, hob er seinen funktionstüchtigeren Arm an, versuchte zu winken und rief uns in gestelztem Russisch nach: »Schreibt an uns!«

Von Zhana Zhol ritten wir in die offene Steppe hinaus. Nach einer halben Stunde waren die tristen Holzhäuser in der Senke des Landes hinter uns versunken. Während die Pferde voller Energie voranstürmten und sich die Welt um uns zum weiten leeren Horizont hin ausdehnte, schrumpfte meine eigene Welt auf die Gesellschaft meiner Tiere und Asets zusammen. Nach dieser Art Reise hatte ich mich gesehnt. An einer Steigung spornte ich, brennend vor Ungeduld, mein Pferd zu einem geschwinden Trab an.

»Traben können wir in der Ebene«, rief Aset, »aber nicht bergan! Der Weg ist weit. Wir müssen die Pferde schonen!«

»Aber bevor der Winter einzieht, müssen wir auch möglichst das milde Wetter nutzten«, rief ich zurück.

In dem Augenblick bemerkte ich einen kleinen schwarzen Hund, der mit sockengleichen weißen Pfoten hinter uns her rannte. Es war der aus meiner ersten Nacht in Zhana Zhol. Wie ich erfuhr, war es Guanz' Welpe. Mit sichtbaren Rippen auf langen Streichholzbeinchen wirkte er wie ein Skelett, an dem eine dürre Schnauze saß und wild ein Schwanz wedelte. Über allem erhoben sich zwei große Ohren, die an einen Hasen erinnerten.

»Aset! Was ist das für ein Hund?«, fragte ich.

»Ein Pferderitt ohne Hund ist kein echter Ritt«, antwortete er.

»Bloß nicht! Wie willst du ihn wieder nach Hause bekommen, wenn wir uns trennen?«

Statt zu antworten, spuckte er nur ein paar Schalen von Sonnenblumenkernen aus.

Der unschuldige liebevolle Blick, den mir der Hund von unten zuwarf, machte mich ganz verrückt. Ich wusste nicht, wer vermessener auftrat, er oder Aset.

Am Abend klarte der Himmel auf. Der Wind flaute vollständig ab, als das letzte Licht verglomm. Wie eine schwere Decke senkte sich Kälte auf uns herab. In der Stille des Lagers kam ich wieder zur Ruhe und genoss das Gefühl, so nahe bei den Sternen zu sein. Dagegen wurde Aset wegen der sinkenden Temperaturen nervös und zog sich innerlich zurück.

Nach dem Abendessen blickte er besorgt in den Kochtopf. »Und der Hund?«, sagte er, worauf ich widerstrebend eine Dose Fleisch herausholte. »Das Fressen muss er sich aber verdienen«, sagte ich, »als Wachhund.«

Die Forderung war unsinnig. Der kaum sechs Monate alte Welpe war die Kurzhaarvarietät eines Windhunds, ein sogenannter *tazi*. So wie er aussah, würde er sich bei starkem Wind kaum auf den Beinen halten, geschweige denn bei klirrendet Kälte draußen schlafen können. Als ich mich hingelegt hatte und so tat, als schliefe ich schon, holte Aset den armen zitternden Hund ins Zelt und bettete ihn zu unseren Füßen zur Nacht.

Meine Hoffnung, noch vor Wintereinbruch eine längere Strecke zurückzulegen, zerstoben am Morgen. Das schwache Sonnenlicht über dem Horizont gab schon jetzt, am 3. November, keinerlei Wärme mehr ab und spielte in einem Wald aus Raureif, der am Zelteingang über Nacht herangewachsen war. Geweckt worden war ich von einem schweren Keuchen, das von draußen ins Zelt drang. Als ich den Reißverschluss des Einstiegs aufzog, traf ich Asets Blick, der, in seine Kleidung geschnürt, um das Zelt herumjoggte.

»Drinnen ist es eiskalt! Draußen ist es deutlich wärmer!«, rief er.

Über Nacht war die Temperatur auf minus 15 Grad Celsuis abgesunken. Wir hatten leider nur einen Schlafsack und eine Matte dabei. Die Nacht hindurch hatte Aset unter meiner Pferdedecke geschlottert und gab später zu, dass er erstmals in einem Zelt übernachtet hatte.

Mit steigender Sonne ließ die Kälte leicht nach, als wir in ein honiggelbes Meer aus Wildgras und Heidekraut hinausritten. Im Nordwesten zog sich eine schneebedeckte Erhebung wie eine Monsterwelle am Horizont entlang. Als einziger Mensch, der uns den ganzen Tag über begegnete, schien ein Schafhirte wie in einer Meeresströmung an uns vorüberzudriften.

So einen herbstlichen Ritt hatte ich mir erträumt: Die Pferde überhitzten nicht. Weidegrund gab es in Hülle und Fülle. Und die Luft war so klar, dass einem nur die Wölbung des Bodens die Sicht in weiteste Fernen versperrte. Doch kaum war die Sonne im Sinken begriffen, war nicht mehr zu leugnen, dass der Winter schon Einzug gehalten hatte. In steif gefrorenen Lederstiefeln wurden mir die Füße taub. Ich packte meine kniehohen kanadischen Winterstiefel aus und machte meine breiten mongolischen Wintersteigbügel fest, um mich unten besser vor der Kälte und dem Wind zu schützen.

Gegen 16 Uhr entzog uns das Wetter seine Gnade. Blindwütende Windstöße fegten pfeifend durchs Gras. Der Himmel verschwand hinter einem dichten Vorhang aus Schwarz und Grau.

Entsetzt von der Aussicht, noch eine Nacht in der Kälte zu verbringen, setzte Aset alles daran, nach einem festen Unterschlupf zu suchen. Nachdem ich widerwillig die Karte entfaltet hatte, steuerten wir rasch den nächsten Aul an.

In den letzten Minuten der Abenddämmerung gelangten wir im Schritt an den Rand von Azunbulak. Mit der abgelegenen Ortschaft nicht vertraut, äußerte Aset die Befürchtung, dass wir keinen Übernachtungsplatz finden würden. Als wir die verstreuten Reste der hiesigen ehemaligen Kolchose erreichten, kam uns zu Fuß ein junger Mann entgegen, der uns mit einem ganz eigenen Charme begrüßte.

»Verfickte Scheiße! Ja, wir haben hier ein echtes Scheißwetter, aber auch verschissen viel Gras!«, rief er aus. Wir verstanden es notgedrungen als einen herzlichen Willkommensgruß.

Noch bevor er uns zu den Stallungen der alten Kolchose führte, meinte ich unseren künftigen Gastgeber schon zu kennen: Baltabek, ein stählerner kleiner Mann, lächelte mit Goldzähnen, die über seine jugendlichen 21 Jahre hinwegtäuschten. Nicht überrascht erfuhren wir, dass er vor Kurzem aus dem Gefängnis entlassen worden war.

»Ich war blöd! Jung und doof! Habe im Dorf ein paar Pferde geklaut! Aber im Knast habe ich viel gelernt, sogar Russisch. Davor konnte ich bloß Kasachisch!«, sagte er uns.

Ich vermutete, dass Baltabek seine ehemalige Haft weniger kriminellen Antrieben als vielmehr der jugendlichen Unerfahrenheit verdankte. Glaubte man diesem Pferdenarren, hatte er die Tiere nicht geraubt, um sie zu verkaufen. Ihm habe einfach das Geld gefehlt, sagte er, um sich seinen glühenden Wunsch zu erfüllen und gute Pferde zu erstehen. Irgendwie erschien so ein Diebstahl fast schon gerecht in einem Land, in dem die Kasachen die Welt fast nur vom Sattel aus gesehen hatten, bis sie von Stalin enteignet worden waren.

Inzwischen hatte Baltabek sein Leben in geordnetere Bahnen gelenkt. Er arbeitete für seinen Vater, der sich inmitten der Trümmer der ehemaligen Kolchose einen kleinen Hof aufgebaut hatte. Er besaß jetzt einen schwarzen Hengst, den er uns unbedingt sofort zeigen wollte. Zudem baute er gerade seine öde Junggesellenbude, das ehemalige Verwaltungsbüro der Kolchose, zum Wohnsitz für eine Familie aus.

»Meine Frau hat gerade entbunden. Wenn ihr zwei Tage bleibt, könnt ihr mitfeiern, wenn sie mit dem Baby aus dem Krankenhaus zurückkommt!«, sagte er aufgeregt. Ich hätte Glück, so meinte er, dass ich hier gelandet sei. Im Winter weiterzureisen, sei doch »verrückt«. Er hätte eine bessere Idee: Ich könne doch auf dem Hof bei seiner Familie bleiben und mitarbeiten.

Wir redeten mit Baltabek bis tief in die Nacht. Am nächsten Morgen erschien sein Vorschlag, bei ihm zu überwintern, nicht mehr abwegig. Der Sturm hatte über Nacht die Landschaft mit gut 20 Zentimetern Schnee zugedeckt, ohne ein Anzeichen dafür, dass er nachlassen würde. Die fast horizontal vorüberfliegenden Flocken aus dem unsichtbaren Himmel kleisterten alles zu, was sich ihnen in den Weg stellte.

Uns blieb keine Wahl, als zu bleiben. Auf meine Enttäuschung über die Verzögerung folgte im Tagesverlauf eine morbide Neugierde. Hatte ich mich in Zhana Zhol mit den Folgen der Kollektivierung auseinandergesetzt, so erhielt ich hier nun einen kurzen Einblick in die Tragödie, die auf den Zusammenbruch des Sowjetsystems gefolgt war.

Der kleinbäuerliche Hof, den Baltabeks Vater betrieb, erschien mit seinen wenigen Pferden, Schafen und Rindern geradezu wie ein Zwerg im Vergleich zu der einstigen Kolchose. Von ihr war nur noch ein Friedhof übrig. Zwischen verfallenden und entkernten Gebäuden rosteten verbeulte Wracks ausgeschlachteter Mähdrescher, Traktoren und Lastwagen. Der gewaltsame Tod hatte die Sowjetunion so geschwind ereilt, dass nicht einmal Zeit gewesen war, ihre Überreste würdig zu bestatten.

»Ja, verfickte Scheiße!«, sagte uns Baltabek, als wir den Bauernhof besichtigten. »Alles ist im Arsch.«

Von welchem Standpunkt man es auch betrachtete, von dem der Städte oder dem der Landbevölkerung, das Chaos der 1990er-Jahre, aus dem Kasachstan als unabhängiger Staat hervorgegangen war, hatte als eine finstere Zeit Härten und Anarchie gebracht. Für die Massen bedeutete die Perestroika, dass die Industrie drastisch schrumpfte, die ländlichen Genossenschaften zusammenbrachen, die öffentlichen Dienstleistungen, auch das Rentensystem, kollabierten und die Fachkräfte abwanderten, überwiegend nach Russland, Deutschland und Korea. Immer wieder brach die Stromversorgung zusammen. Verschärft wurde die Lage dadurch, dass ein Handel mit Schrottmetall erblühte, für den organisierte Banden im großen Stil Überlandleitungen abmontierten. Zwischen 1999 und 2000 schrumpfte Kasachstans Bevölkerung um fast zwei Millionen Einwohner.

Kein Wunder, bereuten die meisten Kasachen wie Baltabeks Familie Gorbatschows Politik und sehnten sich in die Sowjetzeit zurück, ungeachtet ihrer Schrecken, die ihnen durchaus bewusst waren. Aber später relativierte Baltabeks Vater die Sehnsucht mit zweifelnder Miene: »Ehrlich gesagt, ist das Leben, so weit ich zurückdenken kann, immer schwierig gewesen, egal wer die Zügel in der Hand hielt, ob Moskau oder Astana.«

Am Abend ritten wir in den Aul Azunbulak, um dort mit Baltabeks Familie ein opulentes Mahl zu genießen. Die erschreckende Realität um uns herum löste sich auf. Wir blätterten in Fotoalben, ließen unsere Leben voreinander Revue passieren und feierten bis tief in die Nacht. Baltabeks Vater sah mein Auftauchen als gutes Omen und wünschte mir Glück.

Der Sturm war abgeflaut, als wir uns am nächsten Tag auf den Weiterweg machten. Steingraue Wolken jagten hoch über der Steppe über uns hinweg und versperrten die Sicht auf eine Sonne, die schon zu sinken schien, kaum dass der Tag begonnen hatte. Der arme Hund, der den ersten Winter seines kurzen Daseins erlebte, litt an erfrorenen Pfoten. Immer wenn wir rasteten, starrte er winselnd und mit verstörtem Blick zu mir auf.

Ein paar Stunden lang ritt Aset ununterbrochen vor mir her, sang traurige kasachische Lieder und seufzte laut zwischen den Strophen: »Ach Tim, wer Wodka hat, hat eine Stimme. Ohne Wodka keine Stimme!« Ich fragte mich, ob das sanfte Schaukeln seines Pferdes, die wilde Landschaft vor ihm und die Gegenwart eines treuen Hundes in seinem Kopf den Geist seiner nomadischen Vorfahren erweckten.

Am Spätnachmittag zogen wir über eine Ebene und erklommen durch ein Labyrinth aus schneebedeckten Felsnasen eine Hochebene. Mit schmerzenden Beinen malte ich mir nur noch den Rückzug in ein geschütztes Lager aus, in dem ein Abendessen köcheln würde. Als wir oben am Ende einer Rinne angelangt waren, wurde es plötzlich düster, worauf uns eine Bö Eis- und Schneekristalle ins Gesicht fegte. Eine Wolke zog direkt über unsere Köpfe hinweg und entließ in einer Lawine alles, was in ihr steckte. Aset verstummte mitten in der Strophe, als binnen Sekunden aus der Welt um uns jede Form und Gestalt entwich. In dem herumwirbelnden und nebelnden Meer aus Weiß waren weder Himmel noch Erde sichtbar, nur die schwach durchschimmernde Sonne, die den Schnee in ein diffuses graublaues Licht tauchte, gab uns einen Anhaltspunkt. Nach vorn gebeugt, klammerte ich mich an Taskonirs Mähne fest, drehte den Kopf nach hinten und hielt Ausschau nach Aset. Seine undeutliche Silhouette kam immer wieder kurz in Sicht. Als er zu mir aufgeschlossen hatte, stapfte Taskonir, nach festem Untergrund suchend, vorsichtig weiter voran. Während ich ihn zum Weitergehen antrieb, verengte sich unser Gesichtskreis mit jedem Schritt weiter.

Für die nächste Stunde blieb unabsehbar, wo wir uns befanden und bis wann sich die dahineilende Wolke verziehen würde. Mehrmals verlor ich Aset aus den Augen, schrie nach ihm und entdeckte ihn wieder. Alle zehn Minuten blickte ich auf mein GPS-Gerät und meine Kompasspeilung. Die Pferde tasteten sich Hänge empor, Kerbtäler hinab und Steigungen hinauf.

Hinter einem letzten Hügel wich das Gelände schließlich einer Hochebene. Schlagartig änderte sich die Luft, als hole die ganze Welt Atem. Ich hielt an und blickte bei abflauendem Wind durch den sich auflösenden Dunst nach Westen. Dunkle zerklüftete Wolken segelten am

Himmel dahin. Ein violett-blaues Licht flutete über die wellenförmigen Mulden und Bergkämme der erfrorenen Landschaft. Es glomm auf, wich aber einem aufreißenden Streifen kobaltblauen Himmels. In einer Spur aus verblassenden Aquarellfarben – blau in den Wolken, purpurn auf dem Boden, hier und da schwaches Orange – tauchte die Sonne unter den Horizont ab.

Die Atempause währte nur kurz. Als die Dunkelheit hereinbrach, frischte der Wind wieder auf. Bald hatte uns wieder die Kälte im Griff.

»Je näher wir bei Leuten sind, desto besser!«, schimpfte Aset. Während mir die raue Witterung eine Spur Ehrfurcht einflößte, geriet er fast in Panik.

Ich hielt zum hundertsten Mal an, breitete im Sattel die Karte vor mir aus und studierte sie im Schein meiner Stirnlampe. Wir bewegten uns auf den Aul Kindikti zu, der zwei Tagesritte weiter südwestlich lag, und befanden uns irgendwo in einem Strich menschenleerer hügeliger Steppe. Bei einem Maßstab von 1:1.000 000 konnte ich unseren genauen Standort nur erahnen.

»Wir haben Proviant und ein Zelt«, versuchte ich Aset zu beruhigen. »Wir können jetzt halten, uns aufwärmen, Abendessen kochen, schlafen und die Dinge dann im Morgenlicht betrachten.«

»Zum Teufel mit deinem Zelt!«, antwortete er. »Was ist, wenn ein richtiger Schneesturm losbricht? Und was ist mit Wölfen? Wir müssen ein *kstau* suchen!«, erwiderte er und meinte ein Winterquartier für Nomaden. Um ein solches zu finden, würden wir selbst mit meinem GPS-Gerät und der Grobrichtung, die Baltabek uns angegeben hatte, sehr lange brauchen. Aber Aset war bereit, dafür sein Leben aufs Spiel zu setzen.

Nach einer Grundregel meiner Reisen mussten wir unser Lager aufschlagen, bevor es dunkel wurde und vor allem, bevor die Pferde ermüdeten und sich eine Unterkühlung holten. Auf früheren Reisen hatte ich gelernt, dass ich mich über Wasser halten konnte, solange ich ausreichend Proviant, meine Sinne beisammen und ein Zeltdach über dem Kopf hatte. Trotzdem erklärte ich mich zum Weiterritt bereit.

Meine Hände wurden eiskalt und steif. Taskonir war schon so erschöpft, dass er auf den Druck meiner Hacken kaum noch reagierte. Auch wenn der Himmel aufklarte, fegte uns der heftige Wind Schwärme von Eispartikeln ins Gesicht, die uns wie feinste Glassplitter trafen.

Gegen halb elf Uhr erreichten wir die Koordinaten, auf denen das Kstau eigentlich hätte liegen müssen, fanden aber nichts. Ich hatte es aufgegeben, auf der Suche nach ihm in die Landschaft zu spähen.

»Irgendwo hier muss es sein! Wir müssen es schaffen«, schrie Aset mühselig mit halb erfrorenem Gesicht. Ich war kurz davor, ihn für verrückt zu erklären. Er hatte ein so großes Verlangen nach Zivilisation, dass ihn der kleinste auftauchende Hinweis auf menschliches Leben, sogar ein alten Haufen Pferdemist, beruhigte.

Als letztes Mittel ordnete er an, die Zügel schleifen zu lassen, damit uns die Pferde leiteten – eine in der Steppe verbreitete Methode, wenn man sich verirrt hat oder nach Wasser sucht. Zu meiner Überraschung wussten die Pferde anscheinend tatsächlich, wohin sie gehen mussten. Eine halbe Stunde später stolperten wir in den finsteren Schatten eines Baus, der von Menschenhand stammte. Auch wenn keiner da war, um uns zu begrüßen, schien Aset etwas getröstet. Er stieg gequält vom Pferd, schlüpfte unterkühlt in den Kokon meines Schlafsacks und fiel sofort in einen tiefen Schlaf.

Am Morgen erwachte ich mit dem nachhallenden Pfeifen des Windes im Ohr. Stille breitete sich in den neuen Tag aus. Als die Schatten von gestern reale Form und Gestalt annahmen, wurde klar, dass wir in einer aufgegebenen Pumpstation aus Beton neben eingefrorenem Dünger übernachtet hatten.

Draußen hatte der wütende Sturm ganze Arbeit geleistet. Das Gestrüpp der Steppe glich einem über Wasser liegenden ausgebleichten Korallenriff. Fingerdickes Eis überzog jeden noch so filigranen Zweig. Erstarrte Grashalme reckten sich millionenfach wie Stalagmiten in die Höhe. Die Pferde waren im Halbschlaf wie erstarrt. Als mir Taskonir den Kopf zuwandte, bröckelte klirrendes Eis aus seiner Mähne. Ogonjok erwachte, senkte wie ein Automat den Kopf und biss auf einen Eiszapfen, der in seinem Maul herangewachsen war.

Als Aset schlitzäugig und verquollen erwachte, kehrten seine Sorgen augenblicklich zurück. Auch wenn sich der Sturm vorübergehend gelegt hatte, deutete er auf einen herannahenden *zhut* – oder *zud*, so der bekanntere mongolische Begriff – hin, auf einen der harten Winter, die alle paar Jahre über die Steppe hereinbrechen und seit Menschengedenken dafür sorgen, dass nur die härtesten Tiere und Menschen überleben.

Zuds treten in verschiedener Form auf: Manche überziehen die Landschaft mit undurchdringlichen Schichten aus Eis, andere erdrücken sie unter tiefem Schnee, und wieder andere bringen gar keine Niederschläge. Allen gemein ist diesen Wintern, dass sie bei einem vorangegangenen oder darauffolgenden trockenen Sommer für weite Teile des Viehs das Todesurteil besiegeln. Als ich mit dem Fahrrad die Mongolei durchquerte, wurde die Region zum Beispiel von einer Serie aus drei Zuds mit Dürren heimgesucht. Bis zum Ende des Winters 2002 waren elf Millionen Tiere umgekommen. Von den 300 Pferden eines Kasachen in der Westmongolei, von dem ich erfuhr, war bis zum Frühjahr nur ein einziges übriggeblieben.

Wir fütterten die Pferde mit dem zerstampften Getreide aus dem letzten der Säckchen, mit denen wir uns in Azunbulak eingedeckt hatten, luden auf und rissen uns von unserem Unterschlupf los. Die Pferde schritten wie barfüßige Kinder, die auf scharfen Kieseln gehen, zögerlich über den vereisten Boden. Knirschend und krachend zerbarsten unter ihren Hufen spitze kristalline Eisklumpen. Der arme Hund blieb zusammengerollt in der Pumpstation zurück, bis ihm dämmerte, dass wir nicht wiederkommen würden. Winselnd, mit eingezogenem Schwanz und Eiskristallen an den Schnurrhaaren holte er uns schließlich ein.

Eine Stunde ritten wir über die ausladende Flanke eines Hügels, deren Leere von einem weiteren armseligen Stück Zivilisation durchbrochen wurde: Schüchtern rankten Rauchsäulen in den Himmel empor. Klein wie Flöhe schoben sich die Schafe und Ziegen einer Herde durch die tote Landschaft. Wir hatten unser gesuchtes Kstau gefunden. Als wir uns näherten, ließ ein Hirte zu Pferd seine Tiere im Stich und ritt uns entgegen.

»*As-salam aleikum*«, sagte er mit ausgestreckter Hand und geschwollenen aufgesprungenen Wangen. Mühselig ein heftiges Zittern unterdrückend, sah er so aus, wie ich mich fühlte. Meine gekrümmte Haltung und meine tief ins Gesicht gezogene Kapuze schützen mich nicht vor dem eisigen Wind, der wie Rasierklingen in die Haut schnitt.

Zum Glück übernahm es Aset, uns einander vorzustellen. Beim weiteren Ritt erfuhr ich, dass der Hirte aus der Westmongolei stammte. Er und seine Frau hatten sich dafür entschieden, weiterhin halbnomadisch zu leben. Im Sommer siedelten sie auf höher gelegenen Weiden in einer

Jurte – einem *jalau,* wie so ein Lager auf Kasachisch heißt – und zogen sich zum Winter in das Kstau zurück.

Im Kstau sah ich zu, wie unser Gastgeber im heftigen Wind mit einer Gabel den Dachboden des Stalls erklomm und für meine hungrigen Pferde Heu herauszog. Dieser Mann verkörperte den *chaban,* den typischen Hirten der kasachischen Steppe, der in moderner Zeit immer weiter ins Reich des Mythos entschwand. Mit dem Wissen, das ihm zahllose Generationen von Vorfahren vermacht hatten, verbarrikadierte er sich mit dem festen Vorsatz, den Winter mit oder ohne Zud zu überleben, in seinem Unterschlupf. Während ich reglos, mit erstarrten angewinkelten Armen und erfrierenden Füßen im Sattel saß, geriet mein Selbstvertrauen ins Wanken. Ich konnte mich kaum als echter Steppenreiter betrachten, wusste ich doch nicht einmal, wie ich unter diesen Bedingungen meine Pferde versorgen sollte, und ich bezweifelte, dass ich mit allen dreien alleine zurechtkäme.

Wir machten bei der Familie des Hirten kurz halt, um kasachische *baursak* – frittierte Teigkugeln – und heißen Milchtee zu genießen. Im Stillen hoffte ich, dass wir hier übernachten könnten, aber allzu bald ritten wir unter einem welken Himmel, der ins Dunkelgraue schlug, wieder in die Kälte hinaus. Der Sturm sammelte neue Kraft. Als die erstarrte Erde in den Himmel überzugehen schien, spornten wir die Pferde zum Trab an. Diesmal hatte ich nichts gegen Asets Eile: Wir würden so lange suchen, bis wir einen Unterschlupf fänden.

Als im rasch abnehmenden Licht der Schnee fast horizontal dahinstob, stießen wir auf den Pfad nach Kindikti. Wir hörten das Brüllen von Rindern und den Ruf von Hirten. In der fahlen Helligkeit tauchten zwei Gestalten auf, die gekrümmt und mit Peitschen in der Hand im Sattel saßen und von beiden Seiten eine große Herde aus Pferden und Rindern vor sich hertrieben. Näher bei ihnen, sah ich, dass sie *walenki* trugen, kniehohe traditionelle russische Filzstiefel. Sie saßen in dick bepolsterten Satteln von der Art, die mir Aset vor Kurzem ans Herz gelegt hatte, um Hämorrhoiden vorzubeugen.

Die Männer blinzelten aus eng zusammengezogenen Kapuzen ins Schneetreiben. Trotz der Kälte zogen sie einen Fausthandschuh aus und streckten uns die Hand zur Begrüßung entgegen. Wie das Glück wollte, hatten wir sie gerade erwischt, als sie ihre Tiere zu Nacht in den Stall zurücktrieben.

Als wir durch das Leichentuch des Schnees den Schein von Häusern durchschimmern sahen, drehten die Rinder zu ihren jeweiligen Besitzern ab. Wir folgten einem Hirten zu einem Lehmziegelhaus. Aschat, wie er hieß, stürmte hinein und kam mit seinem Vater, einem großen Mann namens Bachetbek, wieder heraus. Wir schüttelten allen die Hände und entluden rasch die Pferde. Aschat wurde zum Heuholen aufs Dach geschickt. Ein kleiner Junge musste eine Scheune vorbereiten und Bachetbeks Frau für uns Dinge im Haus erledigen.

Daran gewohnt, mich erst um die Tiere zu kümmern, bevor ich ans Entspannen dachte, blieb ich draußen stehen. Ruslan hatte mich gelehrt, dass die Pferde unbedingt zwei bis drei Stunden ruhen und ihr Rücken unter den Decken warm und trocken werden mussten. Erst dann durfte man sie absatteln und ihnen Futter und Wasser geben. Wie ich später begriff, hatte dieses universelle Gesetz in der Steppe wahrscheinlich schon vor Dschingis Khans Zeiten gegolten.

Als ich Bachetbek erklärte, wie wichtig dieses System für meine Pferde sei, unterbrach er mich.

»Tim!«, ermahnte er mich, »sag so was nicht, das ist beleidigend. Das wird alles erledigt. Um deine Pferde brauchst du dich nicht zu sorgen. Du bist unser Gast.«

Aset zog mich beiseite. »Vertrau ihm und schau genau hin: Ein kasachischer Gastgeber, der seinen Gast achtet, füttert dessen Hund vor dem eigenen.«

Getreu Asets Wort stellte Bachetbek unserem vierbeinigen Gerippe einen Napf mit Schaf-Innereien und altbackenem Brot hin. Als seine Hunde an den Napf drängten, schob er sie mit dem Stiefel beiseite.

So müde, wie ich war, schaffte ich gerade noch das Abendessen mit ein paar Gläschen Wodka, bevor ich in den Schlaf sackte. Irgendwann in der Nacht schreckte ich in Panik aus einem Traum auf: Wir fuhren auf einem knarrenden Schiff, aber wo war der Ausgang? Ich erinnerte mich wieder, wo ich war, und überließ mich im Vertrauen darauf, dass nicht nur für uns, sondern auch für die Pferde gesorgt war, wieder meinem Schlaf.

Ich wachte erst spät auf. Wo Aset geschlafen hatte, stapelten sich nur noch Decken. Aus der Küche hörte ich die heimeligen Laute schlurfender Füße, gedämpfte Stimmen und blechernes Topfgeklapper. Nachdem ich die Augen geöffnet hatte, setzte ich mich langsam auf. Hatte ich gemeint, dass durch das schmale Fenster Sonne hereinschien, so erwies sich das helle Licht als der Glanz einer Schneewehe, die von außen die Fensterscheibe emporkroch. Von den dicken Mauern des Hauses gedämpft, pfiff weiter der Sturm ums Haus. Im Schneegestöber mit heftigen Böen erkannte ich gerade noch die Umrisse eines Unterstands für Tiere, dessen Holzwände mit Schnee zugekleistert waren. Auf der windgepeitschten Seite türmte sich Schnee bis zum Dach hinauf. An der Leeseite drängten sich in einem Pferch Schafe aneinander, deren Wolle unter einer hochwachsenden weißen Schicht verschwand.

Ich ging zu Aset und Aschat, die am leise knisternden Kohleofen gemütlich beieinandersaßen und meinen australischen Sattel begutachteten. Als Aschat mich bemerkte, deutete er zum Fenster hinaus: »Meinst du, das ist Winter?«, scherzte er. »Den Winter hier solltest du sehen! Hier sind *zwei Meter* Schnee normal!«

Mit Tee aus dem Kessel, der ständig vor sich hin köchelte, ließ ich mich bei der Familie nieder. Um mich herum hingen nur einige Teppiche und eine Pferdepeitsche an den getünchten Wänden. Als der Schneesturm am Nachmittag leicht nachließ, sah ich eine Gestalt vor dem Fenster vorüberhuschen: Ein Junge ritt auf einem ungesattelten Pferd vorüber, das ein unterkühltes Schaf um den Hals hängen hatte.

Bachetbek war ein stattlicher Mann in den Fünfzigern mit einer ledrigen dunklen Haut, grünen Augen und einer kräftigen Kinnpartie. Er strahlte unglaublich viel Anmut und Kraft aus. Der Vater von vier Kindern arbeitete wie seine Frau als Lehrer und begeisterte sich für Geografie.

»Tim, wenn ich richtigliege, hat es schon vor dir einen Reisenden hierher verschlagen, einen Engländer, der nach Gold und Bodenschätzen suchte. Vor ungefähr 80 Jahren. Aber du bist hier ziemlich sicher der erste Australier«, sagte er augenzwinkernd und schob sanft seine breiten kräftigen Hände vor, die seine Teetasse umfassten.

Bachetbeks Frau unter dem Kopftuch, das ihr rundes Gesicht betonte, lächelte: »Ja, stimmt. Aber mein Bachetbek ist auch Reisender, sogar irgendwie Ausländer.«

Bachetbek war nahe Ürümqi in Chinas Provinz Xinjian zur Welt gekommen. Als in den 1960er-Jahren seine Brüder ermordet wurden, war er nach Kasachstan geflohen. Seine zurückgelassenen Neffen wurden später ebenfalls ermordet. Auf einen Stups seiner Frau hin begann er zögernd selbst zu erzählen, wurde aber von Gefühlen überwältigt.

»Sie brachten uns einfach um, weil wir Kasachen sind«, sagte er. »Die chinesischen Behörden haben Kasachen nicht geschützt und tun es immer noch nicht. Womöglich haben Polizisten die Morde begangen.«

Dass seine Rückkehr nach Kasachstan eine bittere Paradoxie der Geschichte darstellte, war Bachetbek durchaus bewusst. Als Russlands zaristische Armee 1916 den Aufstand der Kasachen blutig niedergeschlagen hatte, waren seine Großeltern mit 200 000 anderen nach China geflohen. Bekannt war ihm auch, dass die Kasachen das Schicksal seiner Familie über Jahrhunderte hinweg regelmäßig erlitten hatten. Immer wieder waren sie vor Unterdrückung oder Angriffen geflohen: ins chinesische Turkestan, nach Sibirien oder in andere Teile Zentralasiens, wo sie dann von einem anderen Regime unterdrückt wurden.

Bachetbek wirkte nach seiner Schilderung erschöpft, aber seine Frau sagte mit einem Glitzern in den Augen: »Tatsächlich« – sie blickte kurz ihren Mann an – »haben wir noch eine lebende Verwandte in China, Bachetbeks Nichte. Sie studiert in Ürümqi. Vor einem Jahr hat sie uns geschrieben, aber wir haben sie noch nie gesehen. Sie hat uns eine Telefonnummer geschickt. Erreicht haben wir sie nie.«

Bei Dunkelheit versammelten wir uns alle in Wintermänteln und mit Pelzmützen vor dem Haus. Ich richtete die Antenne meines Satellitentelefons aus, probierte die Telefonnummer aus und kam schließlich durch. Eine Frau antwortete. Nach kurzem Schweigen redeten alle aus Bachetbeks Familie, Tränen unterdrückend, aber lächelnd, der Reihe nach in mein Gerät.

Wir saßen bis spät in die Nacht beisammen, aßen Fleisch und tranken Wodka. Eine *dombra,* die traditionelle zweisaitige Mandoline der Kasachen, wurde herumgereicht. Mit einem Feuer in den Augen spielte Bachetbek auf. Er saß noch aufrechter und stolzer als sonst auf seinem Sitz, während seine kräftige Finger den Hals des Instruments hinauf und hinab liefen. Ein guter Spieler, so heißt es auf Kasachisch, bringe die Dombra zum Singen. Fast meinte ich, die Hufe der Pferde im Stall den Takt schlagen zu hören, gerade so, als könne dieser stoische unbeugsame Rhythmus über jede Härte im Leben dieses Volkes triumphieren. Ich schaute zu Aset hinüber, der vor Stolz geradezu aufblühte.

Als der letzte Takt verklungen war, blickte mich Bachetbek an. Aus seinen halbmondförmigen Augen liefen Tränen sein wettergegerbtes Gesicht hinab.

Als wir unsere Abreise aus Kindikti vorbereiteten, rief Aset wütend nach dem Hund, von dem jede Spur fehlte. Ich hatte ein schlechtes Gewissen, weil ich zum Aufbruch drängte, trug es Aset aber noch nach, dass er ihn mitgenommen hatte. Wir konnten nicht länger warten. Wenn wir heute nicht aus Kindikti herauskommen und nach Süden ziehen würden, säßen wir vielleicht bis zum Frühjahr fest.

»Wenn er nicht kommt, dann liegt eben hier sein Schicksal«, sagte Aset und spielte so seine Verzweiflung herunter. Plötzlich zischte ein zäher Packen Knochen mit elastischen Sehnen über den Zaun eines Geheges und schoss winselnd auf uns zu. Der Hund war berüchtigt dafür, dass er den Hühnern frühmorgens die frisch gelegten Eier aus dem Nest stahl. Als wir aus dem Dorf ritten, dachte ich kopfschüttend daran, dass ihn diese Gewohnheit in einem Dorf wie Kindikti vermutlich rasch das Leben kosten würde.

Die ersten paar Stunden ritten wir nach Kompass südwestwärts durch eine Einöde aus kahlen Hügeln und Schluchten. Zerklüftete Felsen zogen sich wie offene Knochenbrüche durch uferloses Weiß. Am Südhorizont ragten, den Zähnen eines Gebisses gleich, 1500 Meter hohe Gipfel auf – die Ausläufer des Tarbagatai-Gebirges, das sich vor dem deutlich höheren Tienschan von Osten nach Westen hinzieht.

Der Wind hatte die Wolken vertrieben. Trotz der weißglänzenden Sonne hielt uns der Frost noch fester im Griff. Wir spürten die leiseste Brise wie Schnitte auf der Haut. An meinen Wimpern und Nasenhaaren sprossen Eiskristalle. Den Pferden wuchsen an den Nüstern und am Kinn Eisbärte. In der staubtrockenen Luft warfen ihre Hufe den Schnee in die Höhe, der hinter ihnen glitzernd wieder herabrieselte. Die Melodie, die Bachetbek gespielt hatte, klimperte noch immer in meinem Kopf.

Als das Sonnenlicht schwächer wurde, schlugen wir unser Lager auf. Die Erde erstarrte bis zum Stillstand. Die Temperatur sank auf fast minus 16 Grad ab. Mit zweifelnden Blicken, ob wir die Nacht überleben würden, drängten Aset und der Hund an meinen Campingkocher.

»Bei der Witterung«, sagte Aset, »solltest du nicht nur die Sättel drei Stunden nach dem Ritt auf den Pferden lassen, sondern auch überlegen, ob die Satteldecken überhaupt abgenommen werden müssen. Wir Kasachen würden die Pferde zur Nacht gar nicht absatteln … Und ohne Wodka überlebt man ohnehin nicht. Wenn dir die Hände kalt werden, reib sie mit Wodka ein und trink, bevor du dich schlafen legst.« Nach dem Abendessen deckte ich die Pferde vom Widerrist bis zum Hinterteil mit Baumwolldecken zu, die ich mit Gurten und Seilen befestigte.

Mit Nahrung und heißem Tee im Magen kletterten wir ins Zelt. Unter den restlichen Pferdedecken zog sich der arme Aset die Vliesfutter meiner Stiefel über und mummte sich in meine Daunendecke. Der Hund rollte sich an seinen Füßen zusammen.

Am Morgen überzog Raureif die Innenseite des Zeltes. Bei der leisesten Bewegung rieselte ein Eisschauer auf uns herab. Draußen hatte der Wind wieder stark aufgefrischt. Blutrote Wolkenfetzen zogen über den Himmel. Über Nacht war das Vordach des Zeltes fast 50 Zentimeter weit eingerissen. Die kleinen Fenster an den Eingängen waren spröde geworden und geborsten. Aset ging zum Pinkeln nach draußen und kam mit besorgniserregenden Neuigkeiten zurück. In knapp 50 Metern Entfernung war er auf frische Wolfsspuren gestoßen.

Das Aufsatteln erwies sich als ungewohnt schwierig, weil ich mit Handschuhen kein Gefühl in den Fingern hatte. Als ich sie auszog, wurden sie sofort taub. Ogonjok den Schweifriemen anzulegen, war immer ein Glücksspiel gewesen. Als ich an diesem Morgen seinen Schwanz anhob und das Leder über die empfindliche Haut seines Hinterteils schob, scheute er und drohte auszuschlagen.

Als wir die Hufe kontrollierten, stellten wir fest, dass sich eines von Taskonirs Eisen gelockert hatte. Unter den Hufen aller Pferde waren Schneeklumpen festgefroren, die sie beim Gehen behinderten. Wir konnten mit einem improvisierten Axtkopf beide Probleme lösen, brauchten aber insgesamt über drei Stunden, bis wir gepackt, gefrühstückt und die Tiere beladen hatten. Als wir endlich im Sattel saßen, hatte ich taube Füße. An Asets wollte ich gar nicht denken: Er trug nur meine Wanderschuhe.

Immerhin erwiesen sich meine GPS-Peilung und die Karte als richtig, als wir den kleinen Aul Tschubartas passierten, ein Sammelsurium aus 20 eingeschneiten morschen Häusern und Scheunen. Zähnefletschend rannten uns Hunde mit buschigem Fell entgegen. Unser kleiner Begleiter flüchtete sich hoppelnd, mit eingeklemmtem Schwanz und einem Buckel, der an eine abgemagerte Katze erinnerte, zwischen Zhambas Beine. Aset peitschte mit seiner Führleine auf die Angreifer ein. Auf der Straße ließ sich keine Seele blicken.

Wolken zogen auf. Die Temperatur stieg so deutlich an, dass der Reif an unseren Gesichtern auftaute. Und der schneidende Wind verlor an Schärfe. Inzwischen konnten wir Telegrafenleitungen und Spuren folgen und brauchten den Kompass nicht mehr. Zwei Tagesritte entfernt lag Ajagus, wo ich mich von Aset trennen würde.

Kurz vor der Stadt gelangten wir an ein Datschen-Dorf. Der Verwalter ließ uns ein. Aset holte die Stadtkleidung heraus, die er den ganzen Weg mitgeschleppt hatte. Plötzlich war unser gemeinsames Abenteuer vorüber. Ohne seine dicken Reithosen, den Gürtel mit Messer und die Wollpullover gab er ein trauriges Bild ab, umso mehr, als er jetzt anstatt zu Pferd zu Fuß unterwegs war. Er sah wie ein Enteigneter aus. Ich kaufte ihm auf dem Markt ein paar Tragetaschen und eine neue Armbanduhr, weil er seine unterwegs verloren hatte. Und ich löste für ihn ein Busticket zurück nach Zhana Zhol.

Als sich unsere Wege trennten, wirkte Aset besorgt. Er hatte auf den rechten Augenblick gewartet, um mir etwas zu sagen.

»Tim, auf dem langen Weg brauchst du einen Freund, jemand, der dich nachts warmhält und vor Wölfen beschützt. Er heißt Tigon. Das bedeutet ›schneller Wind‹ oder ›Falke‹. Er ist ein Jagdhund. Sein Vater war ein Saluki, eine Rasse, die vor Wölfen keine Angst hat und schneller als der Wind rennt. Und bei uns im Land suchen sich Hunde ihre Besitzer selbst aus. Tigon hat dich gewählt.«

Das hatte mir noch gefehlt. Ich wollte mir doch nicht noch die Verantwortung für einen Hund aufladen. Zudem hatte ich längst beschlossen, wenn überhaupt, mir nur eine große wollhaarige Dogge zuzulegen, so eine Rasse, wie sie Nomaden als Wachhund nutzten.

Aset blickte traurig auf seine Füße und zuckte die Achseln. »Ich weiß nicht. Du kannst ihn ja weiterverschenken.« Er blickte mir direkt in die Augen. »Aber noch eines: In der kasachischen Kultur gibt es Dinge, die man nicht geschenkt bekommt. Man muss sie kaufen oder stehlen: Hunde, Messer, Äxte und Frauen. Das ist nicht mein Hund. Er gehört Guanz. Du musst mir für ihn etwas geben, nicht unbedingt Geld.«

Ich bezahlte Aset für die Begleitung 120 Dollar, reichte ihm einen Koalabären aus Stoff, Fotos aus Australien und zehn Dollar für Guanz. Zudem versprach ich, ihm Abzüge von allen Fotos zu schicken, die wir geschossen hatten. Weil ich einen zweiten Packsattel brauchte, kaufte ich ihm seinen Reitsattel für 50 Dollar ab.

Tigon sperrten wir fürs Erste in die Hütte des Verwalters und hielten an der Straße ein Auto an, das in Richtung Stadt fuhr. Dann war Aset weg. Er war mit den Herausforderungen der Steppe deutlich besser vertraut gewesen als ich. In den nur elf Tagen, die er mit mir gereist war, hatte ich viel von ihm gelernt. Dafür bin ich ihm ewig dankbar.

Tokym Kagu Bastan

Ich trat aus dem Zelt in eine Landschaft hinaus, die der freien hügeligen Tundra in der Arktis ähnelte. Die spärliche Feuchtigkeit in der Luft war über Nacht zu Eispartikeln erstarrt, die glitzernd wie Quarz im Wind trieben. Zarte Kristalle, leicht wie Spinnweben, saßen an dünnen Büscheln Gras, die ins Licht stachen. Unter meinen Füßen knirschte der Schnee, aber als ich nach dem morgendlichen Pinkeln reglos in die Einöde blickte, herrschte vollkommene Stille.

Mir war, als öffne sich vor mir ein Abgrund.

Nach dem Abschied von Aset am Vortag hatte ich meine drei Pferde nervös südlich um Ajagus herummanövriert und dabei die Gleise der »Turksib« überquert, eine 1931 fertiggestellte Eisenbahnlinie, die die Baumwollindustrie Usbekistans – sie war unter der Sowjetherrschaft rasch ausgeweitet worden – mit Sibirien und Moskau verband. Diese einsamen schwarzen Linien, die von Nord nach Süd durch die Steppe schnitten, waren für mich eine Art Grenze, hinter der sich das übrige Kasachstan auftat: Bis ans Kaspische Meer hatte ich noch über 2500 Kilometer Steppe vor mir. Dass nirgendwo Zäune, Grenzen oder Bergketten sichtbar waren, erschien wie eine grenzenlose Verheißung: Ich konnte reiten, wohin immer ich wollte. Aber in Wahrheit wusste ich, in dieser Gegend würde ich irgendwann im tiefen Schnee steckenbleiben. Und wenn ich zu weit nach Süden ritt, geriete ich dort vielleicht in eine eiskalte Wüste, in der ich gar nicht auf Schnee hoffen konnte – im Winter die wichtigste Wasserquelle für mich und meine Tiere. Zudem flossen die wenigen Flüsse, die zwischen mir und dem Kaspischen Meer lagen, zumeist in Nord-Süd-Richtung, versickerten in der Wüste oder ergossen sich in den Aralsee. Auf meinem Ritt nach Westen fehlte mir folglich ein verlässlicher Zugang zu Wasser.

Am Spätnachmittag nach Asets Abfahrt hatte ich über Satellit zu Hause in Australien angerufen und schlechte Nachrichten erhalten: Pepper, unser 16-jähriger Australischer Treibhund oder Blue Heeler war gestorben. Nach Sonnenuntergang lag ich im Schlafsack wach und dachte an diesen rehäugigen schwanzwedelnden Gefährten, der mich während eines großen Teils meiner Kindheit begleitet hatte. Gleichzeitig spürte ich das zusammengerollte Knäuel aus Fell und Knochen, das sich schnarchend an meine Beine schmiegte. Kaum zu glauben, dass ich den Hund ein paar Stunden zuvor fast zurückgelassen hätte.

Jetzt, ohne Aset, mit einem gähnenden Tigon an der Seite und mit der Morgensonne im Rücken, blickte ich gen Westen. Ich hatte am Vortag lange darüber nachgedacht, wie schwierig es werden würde, überall in dieser Einöde Wasser, Weideland und Obdach zu finden. Und an diesem Morgen belastete mich schwer der Gedanke, dass ich alles ganz alleine würde schaffen müssen.

Irgendwie half mir die phantastische Vorstellung, ich sei ein kasachischer Junge, der in das harte Steppenleben hineingeboren wurde. Die Nomaden wurden von Geburt an von Ritualen begleitet, die sie unter Anleitung der Eltern und Verwandten mit dem notwendigen Wissen ausstatteten, um die Herausforderungen ihres Lebens zu meistern.

Wenn ein Knabe durch den Übergangsritus offiziell zum Mann wurde, musste er vor allem ein Pferd reiten, Schafe weiden und beschützen und – in früheren Zeiten – mit einem Bogen umgehen, jagen und seine Familie verteidigen können. Ein wichtiges, früh vollzogenes Ritual war das Aufsteigen auf den *Ashami,* einen besonderen Kindersattel ohne Steigbügel, an den der Knabe an den Beinen festgebunden wurde, damit er nicht herunterfiel. Seinen Vater nachahmend, ritt er mit einem Stock als Reitgerte los, um zu beobachten, wie Vieh geweidet wurde. Dieses

Ritual wurde in der Regel im Alter von sieben Jahren vollzogen, obwohl die Knaben schon früher reiten lernten. Viele Kinder machten erste Erfahrungen im Sattel, noch ehe sie laufen konnten.

Nach dem, was ich bislang gelernt hatte, war ich in meiner Phantasie ungefähr zehn Jahre alt, also in dem Alter, in dem der Brauch des sogenannten *Tokym Kagu Bastan* stattfand: Der Knabe wurde allein auf seine erste lange Reise zu Pferd geschickt. Seine erfolgreiche Rückkehr wurde sehnsüchtig erwartet, *tokym kagu* bedeutet wörtlich »Warten auf die Rückkehr des Jungen«, und mit einem Fest gefeiert, zu dem Kumys, fermentierte Stutenmilch, das heiligste aller Getränke, gereicht wurde. Aset hatte gewusst, dass diese ersten Tage und Wochen, die ich allein unterwegs war, für mich zu einer großen Prüfung, zu meinem Tokym Kagu Bastan, werden würden.

Anstelle von Nomaden, die mich hätten beraten können, hatte mir in Ajagus ein Jagdinspektor wertvolle Hinweise gegeben, welche Route ich am besten nehmen sollte: Um nicht in Tiefschnee zu geraten, wollte ich nach Südwesten in Richtung des östlichen, mit Salzwasser gefüllten Teils des Balchasch-Sees reiten und am Nordufer entlang weiter nach Westen bis nach Zentralkasachstan ziehen. Dort erwartete mich die Betpak-Dala, die »Hungersteppe«, wie man die Bezeichnung ungefähr übersetzen könnte. Meine nächste Anlaufstelle war der Aul Kopa, der in Luftlinie gut 150 Kilometer entfernt lag. Der Jagdinspektor hatte mir genaue Angaben zu einem gewissen Serik mitgegeben, der in Kopa lebte und mich vielleicht aufnehmen würde.

Nachdem ich einen Topf Grieß zu mir genommen hatte, machte ich mich ans Striegeln, Satteln und Bepacken der Pferde mit dem Entschluss, meine Zweifel durch positives Denken zu überwinden. Aber nach vier Stunden mühte ich mich immer noch damit ab, die Ladungen auf den beiden Packpferden irgendwie festzuzurren. Schließlich setzte ich mich in Bewegung. Noch ehe sich das steife Leder meines Sattels aufgewärmt hatte, löste sich Gepäck von Taskonirs Rücken und stürzte auf einer Seite herab. Ich hatte ursprünglich abwechselnd immer nur ein Pferd bepacken wollen, um dem anderen Erholung zu gönnen, aber später hatten mich Ruslan und Aset davon überzeugt, dass ich das Gewicht besser auf zwei Rücken verteilte und immer, wenn sich die Gelegenheit bot, 45 Kilo Getreide zum Mitnehmen kaufte. Asets Reitsattel war als Ersatz für meinen zweiten Packsattel, den ich leider in der

Mongolei zurückgelassenen hatte – er wäre ideal gewesen – für jede Art Ladung denkbar ungeeignet. Noch schwieriger war es, an ihm die Weizensäcke zu befestigen, die ich zu Satteltaschen improvisiert hatte. Er erwies sich, so mein Tagebucheintrag in der folgenden Nacht, als »ein hinterhältiges Schwein«.

Ich brauchte eine weitere halbe Stunde, um alles wieder festzumachen. Bis dahin war allerdings klar geworden, dass die Pferde, die ich erst zum zweiten Mal zu einer Karawane aneinandergebunden hatte, eigene Kämpfe auszufechten hatten. Ich ritt auf Zhamba, gefolgt von Ogonjok, mit Taskonir am Ende. Taskonir hatte sich unter den dreien allerdings die Position des Leithengsts gesichert und biss dem vor ihm her gehenden Ogonjok bei jeder sich bietenden Gelegenheit in den Hintern. Ogonjok machte immer wieder einen Satz nach vorn, schrammte mit seinen klappernden grünen Kisten an Zhambas Flanken entlang und rammte mit ihnen mein rechtes Bein. Zhamba, der in der Rangordnung die mittlere Position besetzte, obwohl er der Älteste war, reagierte nicht eben erfreut: Mit flach angelegten Ohren schlug er, um sich beißend, so lange aus, bis Ogonjok wieder an seinem Platz war. Ich band Ogonjok an Taskonir an, um ihn ans Ende der Karawane zu setzen, aber Taskonir bockte weiterhin und versuchte Ogonjok Tritte an den an den Kopf zu verpassen. Als sich Ogonjok so weit zurückzog, dass sich Taskonir wieder beruhigte, riss er mir die Führleine aus der Hand.

Bei Einbruch der Dunkelheit hatten wir auf diese wenige elegante Art gerade mal elf Kilometer zurückgelegt, schaffen es aber immerhin allesamt heil bis zum Lagerplatz. Erst als ich die Pferde ausgeschirrt, ihnen die Hobbel angelegt, sie gefüttert, den Kocher abgedreht und meinen Magen gefüllt hatte, erschien wieder alles möglich. Ich ließ mich neben dem Zelt auf meinen Seesack aus Leinen fallen und betrachtete die Mondsichel dabei, wie sie ihre Bahn übers Firmament zog.

Die nächsten beiden Tage wurde jeder aufkommende Elan durch das gleiche Hickhack des Beladens unterbrochen, aber immerhin schliff sich so langsam eine Art Routine ein, die ich in den kommenden Wochen und Monaten beibehalten sollte. Morgens bildete Tigon tapfer die Vorhut, fiel aber zurück, wenn er müde wurde, und rannte uns dann als ein kleiner schwarzer Schatten hinterher. Während wir durch eine sanfte Hügellandschaft ritten, zog eine kalte weiße Sonne über uns hinweg. Am Morgen, so fiel mir auf, bildete sich auf der rechten Flanke der

Pferde ein Wald aus gefrorenem Schweiß, während am Nachmittag auf der linken Eisgestrüpp heranwucherte. Zur mittäglichen Rast kniete ich mich nieder. Die Pferde scharrten mit den Hufen Löcher in den Untergrund und knabberten alles an, was sie zutage förderten. Mit eingezogenem Schwanz und knochigem Buckel saß Tigon vor mir, leckte sich die Lefzen und schob die Vorderpfoten vor und zurück. Ich warf ihm Häppchen *Kolbasa*, eine russische Wurst, hin, die, blitzschnell geschnappt, in seinem Schlund verschwanden.

In dieser Nacht wachte ich mehrmals mit stechenden Schmerzen in der Brust und dem schrecklichen Verdacht auf, dass die Pferde verschwunden seien. Bei jedem Mal zog ich den Reißverschluss des Eingangs auf, knipste meine Stirnlampe an und schoss aus dem Zelt. Diese Routine hatte sich eingespielt, seitdem in der Mongolei die Pferde gestohlen worden waren. Um immer bereit zu sein, legte ich mich seit Langem regelmäßig in Hosen mit Gürtel, Messer und Stirnlampe schlafen.

Irgendwann nach drei Uhr nachts wurde meine Paranoia allerdings von einem eindringlichen Traum überlagert, der so klar war, wie ich bislang noch keinen geträumt hatte. Und er sollte in den nächsten sechs bis sieben Monaten fast jede Nacht wiederkehren.

Er begann damit, dass ich instinktiv meine Stirnlampe anschaltete und den Zelteingang öffnen wollte. Kaum hatte ich mich aufgesetzt, erschien Taskonirs Kopf vor mir. Seine Augen glänzten dunkel wie Ahornsirup. Eine Aura umgab sein langes dunkles Winterhaar um die Schnauze und unter dem Kinn. Seine schlaffe Unterlippe zitterte. Instinktiv griff ich nach ihr, um sie zu berühren. Dann aber bemerkte ich, dass Taskonir nicht mich ansah, sondern über mich hinweg in die Nacht hinausblicke. Als ich genauer hinschaute, hatte ich die pelzigen Fesseln meiner drei Pferde direkt vor Augen und ihre drei Führleinen in der Hand. Sie zogen heftig an ihnen!

Eine gefühlte Ewigkeit hielt ich sie fest. Als ich schon glaubte, dass meine Arme und Hände ermüdeten, sah ich aus den Augenwinkeln einen Fremden in der Dunkelheit direkt rechts von mir stehen. Mit schütterem grauen Haar und kräftigen Arbeiterhänden alt wirkend, trat er mit starrer Miene auf mich zu.

Dann glitt mir das Seil aus der Hand. Die Köpfe der Pferde verschwanden aus dem Lichtkegel meiner Lampe. Bevor ich einen weiteren Blick auf den Mann werfen konnte, gaben meine schwer gewordenen Beine und Arme nach. Die Augen schließend, sank ich mit der festen Überzeugung, dass meine Pferde in Sicherheit seien, in einen erlösenden Tiefschlaf.

Am Morgen nach dem Traum fiel mir das Aufstehen schwer. Draußen peitschte Wind mit dickem nassen Schnee auf das Zelt ein. Drinnen hing noch der Traum wie dicker Nebel in der Luft. Mit der Zeit wurde er zu etwas tröstlich Vertrautem: Ich hielt jedes Mal die Leinen fest, bis ein alter Mann erschien, woraufhin ich einschlief. Als ich Kasachen von ihm erzählte, waren sie sicher, dass die Geister der alten Männer aus der Steppe zu mir kämen, um mich zu beschützen. An diesem Morgen hatte ich den Traum allerdings mit beängstigender Eindringlichkeit noch immer im Kopf. Ich spürte noch die Anspannung in meinen Armen.

Die Steppe hatte sich in den letzten Tagen zu einem milchweißen und braunen Meer ausgedehnt. In der Ferne waren Felsen kaum noch von Wolken zu unterscheiden, die sich mit sinnlichen Rundungen ins Nichts hineinbauschten.

Hatte ich das Gefühl gehabt, dass wir in die falsche Richtung geraten waren, so erwies sich mein Kompass am Ende doch als die deutlich zuverlässigere Orientierungshilfe: Gegen Mittag stießen wir auf einen Pfad, der nach Tansyk führte, ein Dorf, das nur 30 Kilometer von Kopa entfernt lag.

Während sich in den nächsten zwei Stunden die gewundenen Pfade im Nebel und Schnee verloren, ließ ich zusehends den Mut sinken. Weil ich bei jedem Stopp den nassen Graupel, der mich vom Hals bis zu den Knöcheln bis auf die Haut durchnässte, noch intensiver spürte, verzichtete ich auf jede weitere Rast.

Ich gab der Verlockung nach, an Frühling und schöne Zeiten mit Kathrin zu denken, hatte Visionen und erinnerte mich an Düfte und Empfindungen, die mir wie ein Hohn vorkamen: heißer Sand unter den Füßen am Strand, Shorts und ein T-Shirt, das leicht wie Luft den Körper umspielte, Kathrins weiche warme Haut – alles ein jäher Kontrast zur Realität um mich herum. Als ich über den Schnee vor mir blickte, meinte ich zu träumen: In kraftlosen Stößen wand sich eine Schlange über unseren Pfad. Ihr Todesurteil schien besiegelt.

Als ich nach einer weiteren Stunde den Kopf hob, waren die Pfade zu Morast aufgeweicht. Es regnete, und Schnee war nirgendwo mehr in

Sicht. Ich hielt an und nahm eine Herde Schafe mit einem Hirten zu Pferd ins Visier – seit meinem Aufbruch in Ajagus der erste Hinweis auf Leben.

Der Hirte hätte mir Tipps geben können, bei wem ich hätte unterkommen können. Aber weil dies die erste Wegstrecke in Kasachstan war, auf der ich ganz allein unterwegs war, wollte ich mir beweisen, dass ich niemanden brauchte. Zur Nacht schlug ich mein Lager in Sichtweite von zwei Kuppelgräbern auf und schlotterte bis zum Morgengrauen in einem nassen Schlafsack. Bis dahin hatte sich der Himmel aufgeheitert. Am fünften vollen Tag, den ich alleine unterwegs war, schüttete ich mit großer Genugtuung den letzten Beutel Getreide vor den Pferden aus. Die Sonne bedeutete eine Erleichterung. In auftauenden Kleidern, aus denen Dampf entwich, bepackte ich meine Tiere zum ersten Mal in drei Wochen ohne Halbhandschuhe.

»Noch einen halben Tag nach Süden bis Kopa«, sagte ich Tigon. »Da unten ist wohl noch Sommer!« Der Hund blickte mit aufgestellten Ohren zu mir auf. Er wollte nichts als sein Frühstück.

Kopa sollte sich im Gesamtprogramm meiner winterlichen Reise als ein flüchtiger, aber intensiver Ort des Lebens und der Umtriebigkeit erweisen. Der Aul kam mit seinen ungefähr 40 Häusern inmitten des wilden braunen und grauen Meeres der Steppe als eine winzige Insel in Sicht.

Weit draußen vor dem Dorf wurde eine Herde Schafe und Ziegen, die aus der Ferne an einen Schwarm auf und ab fliegender Möwen im Wind erinnerten, zur Nacht nach Hause getrieben. Als ich aus der Hügellandschaft hinab vor das Dorf gelangte, traten die Leute gerade vor ihre Häuser, um die heimkehrenden Hirten mit den Tieren zu empfangen. Hatten sie gutes Weideland gefunden? Keinen Wolf gesichtet? Waren alle Tiere vollzählig? Wieder ging alles seinen Gang, wurden die Arbeitspferde auf die Koppeln gestellt und die Schafe eingepfercht.

Früher am Tag waren mir zwei Männer auf ihrem Weg zu Fuß nach Kopa begegnet. Sie führten mich zu einem Hof, wo mir andere beim Entladen der Pferde halfen. Bei meinem Gastgeber Serik war keine Verwechslung möglich. Er rumpelte in einem zerbeulten sowjetischen Jeep mit Kurbelanlasser in den Aul und stieg aus, ein sanftmütiger, aber kräftiger Mann mit russischer Nase und fleischigen Händen, die mich zur Begrüßung an den Schultern packten. Mit blassen kasachischen Augen blickte er mich durchdringend an.

»Wo warst du? Wir haben zwei Tage auf dich gewartet!«

Serik war der *akim* des Auls und des örtlichen Bezirks, also ein gewählter Orts- und Bezirksvorsteher und von Natur aus eine Respektsperson. Seine Funktion erinnerte an Führer der Nomadenzeit, an die *biys*, die mit den *batyrs*, den Kriegern, die damalige Aristokratie gestellt hatten. Diese sogenannten »weißen Knochen«, *ak suyet*, hatten außerhalb des Stammessystems der Nomaden offiziell regiert. In den Weiten der Steppe, in denen Loyalitäten stets der Sippe und nicht der Zentralverwaltung galt, schlichteten sie an entscheidender Stelle Zwistigkeiten, insbesondere Streit um Weiderechte.

Trotz der historischen Parallelen stand Serik einem Aul vor, das sich deutlich von dem unterschied, das einst den Biys unterstanden hatte. Zu Sowjetzeiten war Kopa eine Kolchose zur Erzeugung von Heu gewesen, ein damals typischer Wirtschaftsbetrieb, der auf Monokultur und berufliche Spezialisierung setzte. Die ehemaligen Nomaden arbeiteten fest angestellt als Erntehelfer, Traktorfahrer, Viehhirten oder Schlachter. Nach dem Zusammenbruch der Sowjetunion blieben Kasachen zurück, denen es als Staatsangestellten häufig am Know-how mangelte, um die von den Sowjets aufgebauten bäuerlichen Großbetriebe weiter zu bewirtschaften. Zugleich fehlten ihnen aber auch die Kenntnisse, um zur Weidewirtschaft ihrer nomadischen Vorfahren zurückzukehren. Folglich waren sie auf der Suche nach Arbeit scharenweise in die Städte abgewandert. Kopa, ein Opfer dieser Abwanderung, war inzwischen ein weitgehend entvölkertes Dorf, in dem sich die verbliebenen Bewohner mit Subsistenzwirtschaft und dem Heu über Wasser hielten, das sie immer noch erzeugten, verkauften oder eintauschten.

Trotz der bedrückenden Verhältnisse konnte sich die traditionelle Gastfreundschaft ungebrochen behaupten. Ohne zu zögern ordnete Serik die Öffnung des Futterlagers an, worauf zwei seiner Arbeiter gigantische Ballen Heu herausschleppten und sie vor meinen Pferden abstellten. Tigon warfen sie sogleich Knochen vor. Nach dem Aufwärmen in der *banja*, einem Fleischgericht und mehreren Gläsern Wodka nötigte mich Serik zu einem Aufenthalt von drei Tagen. So lange musste ein Kasache einem Besucher traditionell Gastfreundschaft gewähren, ohne zu fragen, wer er war oder welches Geschäft er betrieb. Aber wohl noch wichtiger war, dass im nahegelegenen Tansyk, dem Aul, an dem ich am Vortag auf dem Weg nach Kopa vorbeigeritten war, eine Hochzeit anstand. Und ich sollte dort unbedingt erscheinen.

Zwei Nächte später drängte sich in Tansyk im alten *Dom Kultura,* dem »Haus der Kultur« aus der Sowjetära, eine pulsierende mehrere Hundert Gäste umfassende Menge. Vor einer sowjetischen Wandmalerei und unter eiligst aufgehängten, roboterhaft aufblitzenden Scheinwerfern drängten sich Männer in tristen, aber makellosen Anzügen und Frauen in Kamelhaarwesten zwischen Teenagern in knallengen Jeans. Im wachsenden Rausch der Vorfreude wiegten sich viele, darunter alte Männer, die sich angestrengt auf längst vergessene Tanzschritte konzentrierten, im Takt der Musik. Egal, ob auf Madonna oder die traditionellen Klänge der Kasachen, führten sie die immer gleichen Bewegungen aus.

Zum Auftakt der Zeremonie trat fulminant ein Musiker auf, der im Glitzeranzug eine Dombra in seinen Armen wiegte. Durch den Saal streifend, heischte er wild klimpernd Aufmerksamkeit. Als er zu singen begann, leerte sich der Tanzboden. Der Mann trat gleichsam als Nachfahr des traditionellen *akyn* auf, eines talentierten Künstlers, der von seiner Sippe oder Familie dazu auserkoren wurde, sie zu repräsentieren. Da es kein Schrifttum gab, hatte auf den Schultern des Akyn die schwere Verantwortung gelastet, das Kulturerbe und das Nationalbewusstsein der Nomaden über Jahrhunderte hinweg weiterzutragen. Im 21. Jahrhundert musste er offensichtlich auf ein erweitertes Repertoire zurückgreifen, das neben traditionellen Liedern nun auch Liebesschnulzen umfasste, zu denen er sich schwerfällig auf einem Synthesizer begleitete – alles ergänzt durch ein Sammelsurium aus Verstärkern, Mikrofonen und Lautsprechern.

Als das Brautpaar einzog, spielte der Musiker ein Ständchen, das zum Hochzeitsritual des *Betashar,* des »Aufdeckens des Gesichts« der Braut, gehörte. Das anschließende Zeremoniell wirkte ähnlich wild zusammengeschustert wie das musikalische Repertoire. Als Braut und Bräutigam – er im Anzug und mit traditionellem Umhang – vor dem Mullah nebst einem Standesbeamten Papiere zu unterzeichnen begannen, verstummte die Dombra, worauf aus den Lautsprechern Mendelssohn Bartholdys »Hochzeitsmarsch« dröhnte.

Während des gesamten Zeremoniells hatten Serik und mehrere alte Männer darüber gewacht, dass ich stets nahe am Geschehen war. Als ein

Fremder, noch dazu mit dreckigen Wanderstiefeln und in einer verschlissenen Reisemontur, war mir zunächst unwohl zumute, aber als ich nach Abschluss des offiziellen Teils im Strom der Menge in den Bankettsaal gespült wurde, blieb ich für einen Augenblick staunend stehen.

Auf drei Reihen langer Tafeln auf Stützböcken türmten sich Servierplatten mit frischem Obst, Pferdewurst, getrocknetem Quark, Süßgebäcken, Konfekt, Salaten und Nüssen. Neben jeder dritten Platte sorgten blanke Flaschen mit Wodka und Sodawasser für zusätzliche Opulenz. Längst an Dosenfleisch, Reis und Grieß als Hauptkost gewohnt, ganz zu schweigen von dem kargen Leben der Menschen, die ich getroffen hatte, war ich schlichtweg überwältigt. Auf mein ehrfürchtiges Staunen hin erklärte Serik, dass dies – mit nur 300 Gästen – eine bescheidene Feier sei. Wie ich erfuhr, steckten Kasachen alle Ersparnisse in Hochzeitsfeste.

Ich war völlig begeistert. Während auf die Frischvermählten 100 verschiedene Toasts ausgebracht wurden, genoss ich ein Kaleidoskop an Gesichtern, das sämtliche Winkel der Steppe widerspiegelte: Manche Männer hatten große Ohren, hohle Wangen und blaue Augen, während andere aus breiten Gesichtern schauten, deren olivfarbene Haut sich straff über hohe Wangenknochen spannte. Zwei Stühle neben mir saß eine Frau mit buschigen dunklen Augenbrauen, einem rötlichen Teint und spitzer Nase einer anderen gegenüber, deren Teint wie Porzellan glänzte und wie Schnee die runden Konturen ihres breiten und glatten Gesichts bedeckte. Mit fast mandelförmigen Augen sah sie, je nach Miene, bald östlich und bald westlich aus.

Nachdem Serik seinen Trinkspruch gesagt und der Akyn über die Beschallungsanlage alle auf den Special Guest aus Australien aufmerksam gemacht hatte, kehrten wir zur Tanzfläche zurück. Die Wände und der Boden vibrierten unter einem tanzenden Pulk aus Alten und Jungen, die zu zeitgenössischer Kasachenmusik die Glieder schwangen. Frauen mittleren Alters wirbelten in wildem Gelächter herum, während alte Herren mit Hemden, die aus der Hose hingen und wie Fahnen im Wind wehten, sich versonnen im Takt der Musik wiegten. Die zahlreichen herumliegenden leeren Wodkaflaschen sprachen dafür, dass es bald noch höher hergehen sollte. Dies ahnend, fasste Serik für mich den weisen Entschluss, dass es Zeit zum Gehen sei.

Die Musik des Hochzeitsfestes hallte noch in meinem Kopf nach, als ich aufsattelte und aus Kopa hinausritt. Beschwingt waren auch meine Pferde, die unter Seriks Aufsicht so viel gefressen hatten, dass ich die Sattelgurte hatte lockern müssen. Aufgedreht trabten sie auf das leiseste Kommando hin bereitwillig los, ließen sich von der überschüssigen Energie aber auch zu Fehlverhalten hinreißen. Wie mir ein kasachischer Hirte später sagen sollte: »Es ist gefährlich, einem Pferd oder Menschen zu viel Ruhe zu gönnen. So lassen sie sich gehen und werden schwach, faul und ungehorsam.«

Nur kurz hinter Kopa zog mir ein ernüchternder Gegenwind die Restwärme aus dem Körper, die ich aus den beheizten Räumen zurückbehalten hatte. Als zudem die Pferde etwas matt wurden und eintönig vor sich hin trotteten, verflogen in mir die Euphorie und das Gemeinschaftsgefühl fast vollends. Mit meiner einsamen Reise wiedervereint, konzentrierte ich mich auf die nächsten Ziele.

Nur knapp 50 Kilometer von Kopa entfernt lag das Ufer des Balchasch-Sees, eines langen schmalen Gewässers, das sich über ungefähr 600 Kilometer von Ost nach West hinzog. Als geografische Kuriosität enthält dieser drittgrößte abflusslose See der Welt in der Osthälfte Salzwasser, während die Westhälfte, die halbmondförmig nach Süden abbiegt, mit Süßwasser gefüllt ist.

Dem Plan nach wollte ich parallel zum Ufer nach Westen reiten. Seine mildernde Wirkung auf das Klima sollte mir einen Aufschub verschaffen, bis die extreme Kälte über mich hereinbrechen würde. Zur Herausforderung wurde die Route, weil sie durch unbewohntes Trockengebiet führte. Dem See fehlte von Norden her ein ganzjähriger Zufluss, und das Wasser der Osthälfte war zu salzig, um Vieh damit zu tränken. Sollte es nicht schneien, konnte ich nur darauf hoffen, mich an der Eisenbahnlinie mit Wasser zu versorgen, die zu Industriezwecken unmittelbar am Nordufer entlangführte. In regelmäßigen Abständen aufgereiht lagen dort Kontrollpunkte und Nebengleise mit Unterkünften für Eisenbahnarbeiter, *raz'ezds*, wie sie auf Russisch hießen.

Als ich von Kopa aus nach Süden und weiter nach Westen zog, verschwanden nach und nach alle Straßen und Pfade. Stattdessen öffneten sich vor mir nun weitläufige Kessel aus rissiger Lehmerde, in denen graues entlaubtes Gestrüpp stand. Weit hinten im Norden war gerade noch ein Steilhang des Hochlands sichtbar. Vor mir sah ich nur einen

Fingerbreit Horizont, der so schmal war, dass Tigon diesen Übergang zwischen Himmel und Erde mit seinen hohen spitzen Ohren gerade so überbrückte.

Die Reiseroutine, mit der ich bis nach Kopa gelangt war, vermittelte in dieser wilden Umgebung eine gewisse Sicherheit. Als ich am Abend des zweiten Tages noch immer weder Wasser noch Weideland gefunden hatte, machte ich mich zur Eisenbahnlinie auf und steuerte den Raz'ezd Zhaksybulak an. Während meines Aufenthalts dort sollte mir erst so richtig klar werden, dass ich in noch dünner besiedeltes Gebiet vorgestoßen war. Hier konnte ich nicht mehr auf Menschen hoffen, deren Überleben wie meines davon abhing, dass sie für ihre Tiere Weideland fanden.

Die eingleisige Bahn, die die Raz'ezds bedienten, transportierte Öl und Gas vom Kaspischen Meer in Westkasachstan weiter nach Osten, hauptsächlich nach Druschba an der Grenze zu China. Zhaksybulak selbst, die größte dauerhafte Siedlung in dieser Gegend und die einzige mit Vieh, zog sich als ein ungeordnetes Häuflein Bruchbuden zwischen Müll, Glasscherben und rostenden Wracks von Lastern an der Bahnlinie entlang. Die meisten Häuser waren entweder halb fertige Bauskelette oder halb verfallene Ruinen. Die Eisenbahnarbeiter hausten in improvisierten Räumen, die sie notdürftig mit Planen abgedichtet hatten. Das Wasser – auch für die spärlichen Schafe und Kühe – kam einmal pro Woche mit der Bahn. Durch einen ständigen Mahlstrom aus windgepeitschtem Sand, Schmutz und Salz hallten rumpelnd und kreischend gigantische stählerne Züge mit Tankwagen, die vom Öl und Schmierfett geschwärzt waren. Ihr beißender Dieselruß lag noch in der Luft, wenn sie längst am Horizont verschwunden waren. Ich tränkte meine Tiere und zog schleunigst weiter.

Die nächsten fünf Tage – an einem legte ich eine Rast ein – gingen nahtlos ineinander über. Feine Abstufungen von Grau bildeten die einzigen Kontraste in der blassen eintönigen Landschaft: Unter dem ständig bewölkten finsteren Himmel breitete sich eine Steppe ohne Gestalt und Farbe aus. Nirgendwo weidete Vieh. Hier und da bedeckten einzelne Büschel Gras oder Kräuter den kargen Boden. Und das Ufer des Sees blieb außer Sichtweite.

Auf meiner Route in sicherem Abstand zur Bahnlinie machte ich einmal täglich einen Abstecher, um an einem Raz'ezd an Wasser zu kommen. Die Stationen, von denen die meisten mit nur einem oder zwei Arbeitern bemannt waren, zogen sich in Abständen von knapp 20 oder knapp 40 Kilometern an den Gleisen entlang. In manchen würde den Männern bald schon das Trinkwasser ausgehen.

In der Nacht kampierte ich weiter im Norden, in kleinen Oasen aus Gras, wo ich mich in die überschaubarere Welt meines Zeltes zurückzog. In Zhaksybulak waren zahlreiche Geschichten von gesichteten und angreifenden Wölfen im Umlauf gewesen. Bevor ich mich schlafen legte, schleuderte ich vorsichtshalber angezündete Feuerwerksknaller aus meinem Zelt. An einem Abend wollte ich mich dabei filmen, hatte aber vergessen, vor dem Anzünden den Eingang zu öffnen, worauf mir der Knaller ein Loch ins Vordach brannte – ein weiterer Posten auf meiner länger werdenden Liste notwendiger Reparaturen.

Ich machte mich von der Eisenbahn nur ungern abhängig, aber sie war die einzige Anlaufstelle, an der ich meinen müden Pferden Ruhe gönnen und Getreide beschaffen konnte. Einen Tagesritt von Sajak entfernt, einem Nest für Minenarbeiter im Kupferabbau, näherte ich mich zögernd einem Raz'ezd mit zwei kleinen Bauten am Gleis.

In einem Raum, in dem Wodkageruch und Tabakrauch waberten, stieß ich auf drei Karten spielende Männer. Sie hielten mich zunächst für einen Russen, der illegal im See fischte. Aber als sie meine Pferde sahen, empfingen sie mich mit fröhlich vulgären Sprüchen und wollten mir helfen. Einen bezahlte ich dafür, dass er mit dem Zug nach Sajak fuhr und mir bis zum Abend einen Sack Getreide und Vorräte holte.

Mir war gar nicht danach, hier im Dieselgestank, auf ölverseuchtem Boden inmitten von Müll einen Tag zu verbringen. Aber man hatte mir dringendst abgeraten, zu Besorgungen selbst nach Sajak zu reiten. Nach allem, was ich gehört hatte, wimmelte es dort von »Banditen«, arbeitslosen *oralman*, kasachischen Rückkehrern aus der Mongolei, China und anderen Ländern, und verfeindeten Mafiabanden. Noch besorgter stimmten mich Berichte, wonach dort korrupte Polizisten willkürlich Leute verhafteten, ihnen die Wertsachen abnahmen, sie irgendwohin in die Steppe verfrachteten und dort ihrem Schicksal überließen. Angeblich warteten sie schon auf meine Ankunft. Obwohl ich in den Gerüchten reine Angstmache vermutete, hatte ich bisher erfolgreich versucht, unter dem behördlichen Radar hindurchzuschlüpfen. Ich hatte Sorge, Beamte könnten mir die Papiere mit meinem Visum abnehmen.

Nach Einbruch der Dunkelheit bekam ich meinen Sack Getreide, etwas Reis und Dosenfleisch. Erleichtert, dass ich die Zeit am Raz'ezd ohne Zwischenfall überstanden hatte, machte ich es mir im Lager am Gleis bequem. Aber kaum hatte ich die Pferde angebunden, rollte ein Zug mit Facharbeitern ein. Ungefähr 20 Männer stiegen aus. Sie waren aus Sajak gekommen und mussten hier eine Woche lang Gleisarbeiten durchführen. Lachend, fluchend und Zigaretten rauchend stolzierten sie zu der Hütte, die ihnen als Schlafsaal diente, und schleppten mich in ihre raucherfüllte Bude ab, wo wir Wodka tranken und rauchten und die Männer von ihren Kojen hemmungslos auf den Boden spuckten.

Einer mit strohigem Haar, Pockennarben im Gesicht und einem stieren Blick goss mir ein Glas voll. »Gib mir eines deiner Pferde! Oder verkauf es mir wenigstens billig! Wozu brauchst du *drei?*« Als ich ablehnte, antwortete er freundlicher: »Wie ich gehört habe, kommen heute Nacht Diebe aus Sajak her, um deine Pferde zu rauben. Sei also auf der Hut!«

Als ich mich aus der Bude losgeeist hatte, lag Tigon zusammengerollt vor der Tür und bewachte meine Stiefel. Er sprang an mir hoch und drückte winselnd seine Pfoten an meine Brust. Ich strich ihm über die Schnauze, kraulte ihn hinter den Ohren und ließ ihn seine nasse Nase in meinen Mantel stecken.

Obwohl klar war, dass ich in die Nacht bei meinen Pferden hätte verbringen müssen, aß ich auf Einladung mit Technikern in der Schaltwarte zu Abend. Fast hätte dieser Leichtsinn meine Reise vorzeitig beendet.

Als ich die Hälfte meiner Mahlzeit aus Dosenfleisch und Bratkartoffeln verdrückt hatte, trat ich nach draußen und hörte aus der Richtung meines Lagers einen Knall und einen gedämpften Schlag. In der Hocke erkannte ich Taskonir und eine Silhouette, die von ihm weghuschte. Als ich zum Pferd lief, stolperte ich über einen Gegenstand, der sich als mein Rucksack herausstellte. Während ich zurückeilte, um Alarm zu schlagen, wurde mir das Geschehene klar. Die mysteriöse Gestalt hatte sich meinen Rucksack – mit der Videokamera, dem Pass und dem Geld – geschnappt und war auf den ungesattelten Taskonir aufgesprungen, um sich dreist aus dem Staub zu machen. Übersehen hatte er dabei, dass ich das Pferd am Vorderfuß an einem 20 Meter langen Seil angebunden hatte, weshalb Ross und Reiter am Ende eines kurzen Ritts zu Boden gestürzt waren.

Kurz darauf wurde der flüchtige Täter in die Hütte geschleppt und stellte sich als der Mann heraus, der mich vor Dieben gewarnt hatte. Nach der ersten Begegnung hatte ich erfahren, dass er aus der Mongolei stammte, als Kind nach Kasachstan eingewandert war und den Spitznamen »der Mongole« trug.

Ich hatte noch nicht so ganz begriffen, wie mir geschehen war, als ein Techniker aus der Stellwarte das Kommando übernahm. »Wissen Sie, was wir bei so einem Problem machen?«, verkündete er. »Da gibt es nur eine Lösung.« Gespannt blickten ihn die Männer um ihn herum an. »Trinken!«

Nachdem sie wieder hineingegangen waren, brachten sie auf alles, was ihnen so einfiel, einen Trinkspruch aus. Als der Wodka zur Neige ging, verlangten sie die Flaschen, die ich doch bestimmt noch in meinem Gepäck hätte.

»Keine Sorge, Tim! Timoocha! Tamerlan! Timurbek! So halten wir's hier – so lösen wir hier Probleme. Sei nicht gekränkt!«, krakeelten sie.

Sogar der gefallene Pferdedieb, der nicht daran dachte, sich zu entschuldigen, gesellte sich auf ein Gläschen zu uns.

Ich zog mich in mein Zelt zurück, packte meine Sachen zusammen und wollte beim ersten Lichtstrahl verschwinden. Aber es sollte anders kommen. Um zwei Uhr morgens verschwand Taskonir, was zu einem Einsatz von Betrunkenen führte, die auf verzweifelter Suche durch die Dunkelheit irrten. Einer stolperte über einen alten Draht, ein anderer landete bäuchlings auf den Gleisen. Gerüchte machten die Runde, wonach das Pferd diesmal tatsächlich gestohlen worden sei. Der Mongole könne es aber nicht gewesen sein, denn der schlafe. Aber als ich wieder zu Atem kam, kehrten die Männer mit Taskonir an der Leine zurück. Für die restliche Nacht band ich die Pferde an kurzen Seilen fest und legte mich zwischen ihnen im Schlafsack auf den Boden.

Um sechs Uhr sattelte ich auf und war bei Sonnenaufgang bereit für den Aufbruch, musste aber ein letztes Problem lösen: Taskonirs Fußfesseln fehlten. Ich scheuchte ein paar Männer aus dem Schlaf und verlangte, dass sie den Mongolen weckten. Als er mürrisch und desinteressiert bei mir auftauchte, blickte ich hoch zu Ross auf ihn herab.

»Mir ist egal, wer mein Pferd gestohlen hat. Ich brauche die Fußfesseln!«, sagte ich ärgerlich. Mit einem Seufzer marschierte er hinter die Hütte und brachte mir die Fesseln zurück.

Weitere Männer traten augenreibend heraus und verabschiedeten mich, worauf ich mich in einem geschwinden Trab davonmachte. Tigon war mir schon weit vorausgeeilt.

»Gute Reise! Wir hoffen, Sie sind nicht gekränkt!«

Ich blickte stundenlang stur geradeaus und hielt erst an, als die Eisenbahnlinie so weit außer Sicht war, dass ich mich außerhalb ihres Dunstkreises fühlte. Mir war, als begäben wir uns wieder in eine Umarmung der Steppe. Jetzt hätte ich sogar einen vollen Monat salziges Wasser getrunken. Die trügerische Sicherheit in der Nähe der Eisenbahn konnte mich nicht mehr täuschen. Was man mir gesagt hatte, stimmte: »Der gefährlichste aller Wölfe ist der auf zwei Beinen.«

Gegen Abend verlangsamte ich das Tempo auf Schritt. Mein Adrenalin versiegte. Fernab aller menschlichen Blicke glaubte ich das Geschehene besser zu übersehen. Erschreckt und wütend dachte ich immer noch an die Folgen, wenn der Pferdediebstahl geglückt wäre. Aber immerhin verblasste die persönliche Kränkung umso mehr, je weiter ich mich von dem Raz'ezd entfernte. Und dem Dieb konnte ich seltsamerweise am Ende etwas Menschliches abgewinnen.

Irgendwie ehrte es den Mongolen, dass er mich vor dem Diebstahl gewarnt hatte – ein unausgesprochenes Eingeständnis, dass ihm meine Pferde gefielen, und ein fragwürdiges Kompliment. Besonders interessant war, dass er es auf Taskonir abgesehen hatte. Mit Ogonjok hätte er deutlich mehr Geld machen können, wenn er es darauf angelegt hätte. Dagegen leiste Taskonir beim Viehtreiben zwar unschätzbare Dienste, war mit seiner vergleichsweise knochigen Gestalt aber erkennbar in die Jahre gekommen. Wenn ihn der Mongole ausgesucht hatte, weil er seine Qualitäten zu schätzen wusste, dann gereichte ihm dies zur Ehre.

Angesichts der Kultur und Geschichte der Nomaden war klar, dass ich mit meiner Neigung, Pferdediebstähle mit dem Milieu der Eisenbahner in Verbindung zu bringen, völlig danebengelegen hatte. Die Kunst, Pferde zu stehlen, war so alt wie die Reiterei. Sie wurde in den mündlich überlieferten Epen der Steppe verherrlicht und gehörte als ein wichtiger Teil zum Alltagsleben der Nomaden. Immer wieder hatten es mir Kasachen erklärt: Wer gewieft Pferde und Rinder stehlen könne, habe diese eher verdient als ihr Besitzer. Der Wagemut und die Großtaten solcher Männer verdienten Respekt.

Wichtiger noch, ich hatte damit, dass ich mir mein Pferd von dem Mongolen zurückgeholt hatte, an den jahrhundertealten Brauch der *barimta* angeknüpft, der »was mir geschuldet ist« bedeutet. Er gab dem Bestohlenen das Recht, seinerseits zu stehlen. Falls er es schaffte, durfte er die gesamte Herde oder die Frau des Missetäters beschlagnahmen, bis der Streit geschlichtet war. Mit der Zeit gelangte ich zu der Überzeugung, dass ich den Mongolen und seinen versuchten Diebstahl auch im Licht dieses uralten Brauchs sehen konnte.

Vor der Kolonisierung des kasachischen Bodens galt die Barimta als ein Mittel, mit dem sich Konflikte – von einem nicht bezahlten Brautpreis bis zu umstrittenen Weiderechten – schlichten ließen. Gedeckt war sie durch das *Adat*, ein Stammesrecht mit strengen Regeln wie der, dass die Beschlagnahme bei Tageslicht zu erfolgen hatte. Sie erlegte es dem Rächer auf, außergewöhnliche Fähigkeiten zu zeigen, die Respekt abnötigten.

Wie das Nomadenleben allgemein erodierte das Barimta-Recht mit Ankunft der Russen, die es schrittweise durch ihr Rechtssystem ersetzten. 1822 verboten sie die Barimta als Pferde- und Rinderdiebstahl. 1868 verstaatlichten sie per Erlass den gesamten bislang als Weideland genutzten Boden. Teils als Auflehnung, aber vor allem, um untereinander die Ordnung aufrechtzuerhalten, erkannten die Kasachen das Barimta-Recht weiterhin an. Der Begriff wurde allerdings eher zum Synonym für die dreisten Pferdediebstähle, die Kasachen an zaristischen Emissären verübten. Besonders gewieft, wurden sie zur Legende und die Täter selten der russischen Justiz überstellt.

Vor dem Hintergrund der Barimta hatte ich das Gefühl, dass der Mongole Taskonir im irgendwie fortlebenden Geist seiner Vorfahren gestohlen hatte, ein Gedanke, der einen schwachen Trost bot, mir es aber ermöglichte, diese persönliche Schmach besser zu verarbeiten. Ich musste akzeptieren: Wenn ich nicht in der Lage war, auf meine Pferde aufzupassen, standen sie eher einem Dieb zu als mir. Letztlich musste ich auch begreifen, dass ich als Ausländer ohne den Schutz der traditionellen Nomadengesellschaft oder des Kolonialrechts ganz auf mich gestellt war.

Brautraub und andere Legenden aus Tasaral

Am 17. Dezember, nach über 600 Kilometern und einem Monat Ritt am Ufer des Balchasch-Sees entlang, war ich bis auf einen Dreitagesritt an dessen westlichste Spitze herangerückt. Soweit sichtbar, war der See inzwischen zugefroren, aber um ihn herum breitete sich dunkles ödes Land aus, das immer noch keinen Schnee gesehen hatte. Aber ohne baldige Schneefälle war nicht daran zu denken, weiter nach Westen in die unbesiedelte »Hungersteppe« hineinzureiten, da ich dort nicht auf Brunnenwasser zählen konnte.

Anhaltende Kälte und Trockenheit, der *harin zud* oder »schwarze Winter«, wie er auf Mongolisch hieß, waren bei den Nomaden noch gefürchteter als Tiefschnee und Eis. Ohne Schnee oder Zugang zu überlebenswichtigem Grundwasser, eine Seltenheit in Eurasiens Trockengebieten, litt das Vieh unter Wassermangel und drohte zu Frühjahrsbeginn zu verhungern, wenn saftiges Weideland fehlte.

Für mich sah die Lage nicht ganz so düster aus: Ich hatte mir mein Trinkwasser in den letzten Tagen aus der dicken Schicht Raureif geschmolzen, die über Nacht auf meinem Zelt heranwuchs. Meine drei Pferde und den Hund hatte ich aus öffentlichen Brunnen in den wenigen Aulen versorgen können, die sich verstreut am Seeufer entlangzogen. Sollte Schnee weiterhin ausbleiben, bedeutete dies schlimmstenfalls, dass ich irgendwo einen Brunnen finden und dort eine Zeitlang ausharren musste. Vor fast unvorstellbaren Schwierigkeiten hatten dagegen die Nomaden gestanden, die gewöhnlich Tausende von Tieren hatten tränken müssen, und dies zumeist ohne den Luxus eines Süßwassersees in der Nähe, oder die mongolischen Reiterheere, die mit Zigtausend Pferden durch die Steppe gezogen waren.

Kurz nach dem Frühstück näherte ich mich dem Aul Tasaral. Zigarrenbraun, blau und weiß saßen seine Lehmziegelhäuser wie Entenmuscheln am steinigen Seeufer. Wo im Sommer wohl stahlblaues Wasser zum Baden einlud, drängten sich jetzt Pressrücken, die wie erstarrte

Wellen den See überzogen. Nahe dem Aul lagen schräg am Strand rostige Fischerboote, in denen jetzt rund um die Uhr bis zum Frühjahr Herdfeuer knisterten.

Zusammengekauert in der Kälte sitzend, sehnte ich mich nach so einer sesshaften Lebensweise, die eine Atempause von den Härten des Herumziehens verhieß. Waren die Nomaden einst ständig den Launen der Natur unterworfen gewesen, so boten die Hinterlassenschaften der Sowjetära den Menschen jetzt ein Leben mit dem Gefühl, gegen die launische und unbeherrschbare Witterung besser gefeit zu sein.

In Tasaral, wo ich die nächsten beiden Nächte verbringen sollte, stieß ich allerdings auf eine Gemeinschaft, die mitten im Umbruch steckte und sich wie ich ungewiss durch schwierige Verhältnisse lavierte. So, wie der Herbst vergangen, aber der Schnee des Winters noch nicht gekommen war, so gehörten die alten Nomadenbräuche und die Sowjetära der Vergangenheit an, ohne dass sich eine neue kulturelle Identität und ein neues Wirtschaftsmodell etabliert hatten, auf die sich die einfachen Menschen hätten einrichten können.

Mein Gastgeber in Tasaral war ein gewisser Schaschibek, ein lediger junger Mann. Er war am Seeufer auf mich zugetreten, um mir Getreide zu verkaufen. Als ich bei ihm zu Hause ankam, bestand er darauf, dass ich über Nacht blieb. Ich hatte kaum brauchbare Weiden gefunden, sodass meine Pferde etwas abgemagert waren, und ergriff die Gelegenheit beim Schopf.

»Ich kann nur bleiben«, sagte ich, »wenn Sie versprechen, meine Pferde gut mit Heu zu versorgen. Sie sind sehr hungrig.« Um nichts dem Zufall zu überlassen, schaute ich mich erst einmal in der Scheune der Familie um, bevor ich mich darauf einließ, das Gepäck von meinen Pferden zu laden. Zum Glück war Schaschibek der Sohn des örtlichen Akim. Die Scheune erwies sich als eine wahre Schatzkammer an Futter mit Bündeln aus Schilf, dem wichtigsten Winterfutter in der Region, das im Sommer am Seeufer geschnitten wurde, ergänzt durch eingetauschte Ballen Heu. Dazu versprach Schaschibek, meinen Pferden täglich drei Mahlzeiten eines Getreides vorzusetzen, das ich mir aussuchen konnte. Noch in der Scheune fasste ich den Plan, hier mehr als eine Nacht zu bleiben.

Gleich bei einer Tasse Tee mit Schaschibek und seinen Eltern bekam ich etwas von der einzigartigen Geografie in Tasaral mit, wo das Leben während einer langen Geschichte einem bestimmten jahreszeitlichen Rhythmus gefolgt war. *Tas* bedeutet »Felsen« und *aral* »Insel«, ein Anklang an die lange große Insel, die mit eindrucksvollen Klippen weit draußen im See aufragte. Über Jahrhunderte hatten die Nomaden und später die sesshaften Kasachen des Auls das Vieh im Frühjahr über das noch tragfähige Eis zum Weiden auf die Insel getrieben und es im Herbst dann über neues Eis zum Winter hin wieder zurückgeholt.

Auch wenn die Einwohner die Tradition fortführten, zeigte ein kurzer Spaziergang um Tasaral, dass Viehhaltung inzwischen aus dem Zentrum des Lebens verschwunden war. An der Rückseite von Häusern hingen ausgespannt Gewirre billiger chinesischer Netze, die auf die illegale Fischerei hinwiesen, von der die meisten jetzt lebten. Sie schloss in der Region ein wenig die Beschäftigungslücke, die nach dem Zusammenbruch der Sowjetunion aufgerissen war. Die Fischereiinspektoren besserten ihr dürftiges Salär regelmäßig mit Schmiergeldern auf, die zwar vielen zu einem Einkommen verhalfen, aber auch zu einer zügellosen Überfischung des Sees führten. Schaschibeks Vater räumte dieses Problem zwar ein, wies aber auch auf die mangelnden Alternativen hin. Zudem sei der Balchasch-See schlimmeren Bedrohungen ausgesetzt. So verseuche das metallverarbeitende Werk in der Stadt Balchasch den See mit seinen berüchtigten Emissionen mit Blei, Zink und Kupfer. Auch hätten die Chinesen jenseits der Grenze, in der Provinz Xinjiang, seinen Hauptzufluss Ili vor Langem aufgestaut und zweigten für ihre Landwirtschaft und Industrie 89 Prozent seines Wassers ab. Die Pegelstände sänken seit Jahrzehnten mit der Gefahr, dass sich das Umland in eine Wüste verwandle, wie es schon beim Aralsee geschehen sei. Für das Leben in Tasaral, so erkannten Schaschibek und seine Familie, würde dies das Ende bedeuten.

An meinem ersten Abend im Aul wurde mit einer großen Feier das neue Wirtshaus im Dorf eingeweiht. Schaschibek und zwei alte Freunde nahmen mich zu einem Lehnziegelhaus mit, das als Kaufladen diente. In einem Hinterzimmer, ausgeschmückt mit bunten Lichterketten, hatten sie eine Bar improvisiert. Aus einem tragbaren CD-Player dudelten immer wieder gleiche kasachische Melodien.

Wurden wir sofort nach dem Eintreten mit Wodka begrüßt, so wechselte meine Gefolgschaft schon kurz darauf zu russischem Brandy über. Der Alkohol färbte Schaschibeks fleischige Wangen rot, ließ seinen gepflegten Schnurrbart zucken und untergrub die Autorität, die er bislang ausgestrahlt hatte. Immer wieder lösten sich Freunde aus dem Haufen heraus und näherten sich mit ziemlich einfältigen Wiegeschritten auf der Tanzfläche den einzig anderen Gästen, vier oder fünf Mädchen, die sie alle kannten. Eines rollte die Augen und schlich davon. Schaschibek schubste mich mehrmals, kindisch kichernd, in ihre Gruppe hinein. Peinlich berührt, fühlte ich mich fehl am Platz und hielt mich meistens abseits.

Im Nebel eines kollektiven Katers machte sich unser Männerbund am nächsten Morgen zu einer Expedition zur Entenjagd auf. Wir quetschten uns alle vier in einen Moskwitsch aus der Sowjetära und fuhren mit einem aus dem Fenster ragenden Gewehr bei dröhnender Stereoanlage in die Steppe. Je einer der drei Kasachen, von denen einer Jagdinspektor war, schoss nacheinander wild in die Landschaft, während wir übrigen uns die Ohren zuhielten. Nachdem wir die Enten in die Flucht geschlagen hatten, ballerten sie auf Scharen spatzengroßer Vögel, um sie an die Hunde zu verfüttern. Als Höhepunkt brach unser Moskwitsch in der Eiskruste der Salzmarsch ein. Eine Stunde schoben und zogen wir an ihm herum, bis wir ihn unter lautem Jubeln endlich wieder flott bekamen.

Auf dem Rückweg zum Aul lehnte ich mich mit blutigen Vogelkadavern im Schoß in meinem Sitz zurück. Im klappernden Wagen blickte ich dem näher rückenden Gewirr aus Fischernetzen und den Booten am Horizont entgegen. Noch vor wenigen Generationen wäre eine Jagd in dieser Saison, wie sie die Kasachen in der Westmongolei noch heute zelebrieren, ein angesehenes und gefeiertes Ereignis gewesen. Im Spätherbst, beim erstem Schnee, versammelten sich die Männer des Dorfs mit Mützen aus Fuchsfell, in Mänteln aus Schaffell und mit verzierten Gürteln und Peitschen hoch zu Ross, um mit einem abgerichteten Adler oder einem Tazi auf die Pirsch zu ziehen. An solchen Jagden nahmen häufig Großvater, Vater und Sohn teil und gaben so ihre Fertigkeiten über Generationen hinweg weiter.

Später offenbarte uns ein Nachbar Schaschibeks stolz ein Relikt aus seiner Vergangenheit – den über 100 Jahre alten Sattel seines Urgroßvaters, den die Familie auf dem Höhepunkt der Säuberungen, Ende der 1920er-Jahre, vor den Bolschewisten versteckt hatte. Mit einer Silberverblendung, in die Hunderte feinster Motive eingraviert waren, war er mit Steigbügeln ausgestattet, die aus dem Gehörn eines Argali-Widders geschnitzt waren. An den Sattelriemen prangten silberne Beschläge.

So wie der ungehobelte Jagdstil deutete auch der Umgang mit diesem Kleinod darauf hin, wie fremd den Kasachen ihre traditionelle Lebensweise inzwischen geworden war. Schaschibeks Nachbar warf ihn lieblos auf den Boden, staubte ihn kurz ab und hob ihn mit ungeschickten Händen hoch. War der Sattel einst ein Symbol für die tiefe Verbundenheit des Reiters mit seinem Pferd gewesen, so hatte er diese Bedeutung, sein Band zur Vergangenheit, längst verloren.

Als Schaschibek bei Grabarbeiten vor dem Aul schuftete, war ein Teil von mir immer noch betroffen über dieses ganze Auftreten, insbesondere beim Sohn eines Akim, von dem sich die Gemeinschaft Führung versprach. Andererseits war der Einfluss der historischen Ereignisse, die Schaschibek geprägt hatten, als er als junger Kasache nach seinem Weg suchte und sich eine Identität schuf, nicht zu unterschätzen.

In Tasaral waren für ein Leben als Reiternomaden alle Perspektiven verschwunden – und mit ihnen endgültig zahlreiche Bräuche. In einer Gesellschaft, die bei ihrer kulturellen Wiederbelebung scheinbar unüberwindbare Hürden zu überwinden versuchte, waren Aule wie Tasaral für die angestammte Sprache, das alte Wissen und die Kultur allerdings noch immer eine Hochburg, in der sich inmitten des Neuem auch manch Altes behauptete. So gesehen, standen für mich Schaschibek und Tasaral nicht nur für den Niedergang der kasachischen Kultur, sondern auch für die Widerstandsfähigkeit von Menschen, die sich trotz aller Widrigkeiten den Stolz auf ihre Traditionen bewahrten.

Den ganzen Tag während der Jagd hatten Schaschibeks Freunde über Brautraub geredet. »Höchste Zeit, dass Schaschibek heiratet! Seine Mutter braucht jemanden am Abend zum Reden! Wer soll für seine Eltern kochen, wenn sie alt werden?«, hatten sie ihn geneckt.

Als jüngster Sohn galt Schaschibek dem Brauch nach als Erbe des väterlichen Hauses, der sich auch um die Eltern zu kümmern hatte. Und der Frau des jüngsten Sohnes oblagen traditionell sämtliche Hausarbeiten. Ein 31-jähriger jüngster Sohn, der noch nicht verheiratet war, insbesondere der eines Akim, weckte so manches Mitleid für seine Eltern.

Anfangs sah ich das Gerede, eine Braut für ihn zu rauben, natürlich als Unfug an, aber gegen Abend nahmen solche Pläne konkretere Gestalt an: Ein Mädchen aus Tasaral, dem Schaschibek den Hof machte, sollte eingeladen werden, damit es mich kennenlernen konnte. Als Australier sollte ich als »Köder« herhalten. Jemand würde die Auserwählte mit dem Auto abholen und sie in Schaschibeks Haus in eine Falle locken. Dort versammelten sich Verwandte und Freunde, um Zeuge zu werden, wie er um ihre Hand anhielt. Bei diesem Brauch konnten Männer eine Auserwählte mit oder ohne deren Zustimmung, ja ohne ihr Wissen, schlichtweg entführen. Scherzhaft redeten Schaschibek und seine Freunde von einer Frau, die aus Amerika entführt worden sei, angeblich eine Schwester des Boxers Mike Tyson, was ihre Lebhaftigkeit erkläre. Eine weitere geraubte Braut stamme aus der Mongolei: »Wir haben ein echtes Mongolenmädchen hier!«, sagten sie und deuteten auf eine junge Frau. »Schau sie an: Die ist richtig wild!«

Früher war es unter Nomaden üblich gewesen, Mädchen aus anderen Dorfgemeinschaften in den Aul zu locken oder sie einfach auf einem Pferd zu entführen. Wenn die Betreffende im Haus der Entführer festsaß, entsandte die Familie einen Boten zu ihren Eltern, die daraufhin ihren ältesten Sohn und dessen Frau oder die älteste Tochter und deren Mann zu ihr schickten. In den nomadischen Gemeinschaften überall in der Steppe war dabei stets wichtig gewesen, dass zwischen den künftigen Brautleuten in väterlicher Linie über sieben Generationen hinweg keinerlei Verwandtschaft bestand. War dies festgestellt worden und hatte das Mädchen seine Einwilligung gegeben, begannen erbitterte Verhandlungen um den *kalym,* den Brautpreis, den die Familie des Bräutigams, gewöhnlich in Form von Vieh, an die Familie der Braut zu entrichten hatte. Der Kalym löste mitunter Streitigkeiten aus. Wurde er nicht beglichen, führte dies, auch in Form der Barimta, zu einer Racheaktion. Erst wenn eine Anzahlung geleistet war, durfte der Bräutigam der Braut Anstandsbesuche abstatten. Später wurde dann noch eine Mitgift ausgehandelt, die die Brauteltern in der Regel in Form einer Jurte bezahlten.

Obwohl diese Rituale eine Säule der Nomadenkultur waren, wurde die Zahlung von Brautpreisen in den 1920er- und 1930er-Jahren im Zug der Zwangskollektivierung verboten. Sie lieferten sogar den Vorwand dafür, Familien als *kulaken* oder *Bai* zu brandmarken, als reiche Bauern, die Wohlstand anhäuften, anstatt ihre Zwangsabgaben zu leisten. Ob ein Brautpreis ausgehandelt worden war oder nicht – mitunter galt allein schon eine verheiratete Tochter als hinreichender Beweis dafür, dass eine Familie »staatsfeindlich« gesinnt war. Die Männer landeten im Gefängnis, den Kindern wurde der Schulbesuch versagt, und das Vieh wurde beschlagnahmt. Als Ergebnis fanden Verlöbnisse oder Hochzeiten im Aul, falls überhaupt, nur noch im Untergrund statt.

Es braucht nicht erwähnt zu werden, dass sich dies in Tasaral geändert hatte.

Spät am Abend, gegen 23 Uhr, wurde der Plan zur Tat. Ich musste mich mit 20 oder 30 Verwandten und Freunden Schaschibeks in einem Raum verstecken, als das Mädchen ins Haus gebracht wurde. Kaum hatte sie mit Schaschibek eine kurze Unterhaltung geführt, platzen wir herein und drängten um die beiden künftigen Brautleute herum. Als verkündet wurde, dass sie Schaschibeks Werben nachgegeben hatte, trat eine Frau hervor und legte der Entführten ein weißes Tuch auf den Kopf – ein Symbol, dass sie in die Familie aufgenommen war. Das Brautpaar wurde aus vollen Händen mit Konfekt beworfen, während alle herandrängten, um beiden die Hände zu schütteln. Lachend und weinend erkämpften sich vor allem die alten Frauen verzweifelt einen Weg nach vorn. Derweil sausten Kinder auf dem Boden herum, um sich mit der niedergeprasselten Schokolade und den anderen Süßigkeiten die Taschen vollzustopfen.

Ich wäre im Gedränge beinahe zu Boden gegangen. Als ich mich wieder gefasst hatte, waren die Gäste in einen anderen Raum gezogen. Dort saß die künftige Braut, ein hübsches Mädchen und höchstens wohl 18 oder 19 Jahre alt, mit den Schaschibeks auf einem *Shumudrak*, einem ausziehbaren Sofa, das mit Vorhängen geschmückt war. Verlegen schob sie sich abwechselnd das Haar hinter die Ohren und fuhr sich mit der Hand über den Mund. War sie auf die Ereignisse gefasst gewesen? Liebte sie Schaschibek? Schwer zu sagen. Und fragen konnte ich nicht. Später auf meiner Reise, in Südkasachstan, sollte ich zwei junge Frauen kennenlernen, die sich ebenfalls bei einer Entführung verlobt hatten. Beide hatten den Zukünftigen nur flüchtig gekannt. Eine war im Auto über eine Strecke von knapp 300 Kilometern zur Hirtenstation des Bräutigams verschleppt worden, bis ihre Eltern informiert wurden. Beide erklärten, sie hätten freiwillig zugestimmt und seien glücklich verheiratet. Wenn sie sich trennen wollten, könnten sie auf ein Scheidungsrecht, das sogenannte *kizdi alip kashu,* zurückgreifen.

In Tasaral intensivierte sich mit jedem weiteren Schritt des Rituals die Feierlaune. Auf ein Zeichen hin führte die zukünftige Braut die Menge zum Eingang des Hauses, wo eine bestimmte Zusammensetzung von Zweigen, die *Baiyalish,* entzündet wurde. Unter Applaus schüttete sie Öl in die hochzüngelnden Flammen – ein Brauch, der dem Haus Wärme und Glück spenden sollte. Wieder drinnen, knackten in einer ganzen Symphonie die Verschlüsse von Wodkaflaschen.

Etwas Ruhe kehrte ein, als die ältere Schwester des Mädchens mit ihrem Mann eintraf, um die Verhandlungen mit Schaschibeks Verwandten zu beginnen. Während die meisten, auch Schaschibek und seine Verlobte, aus dem Raum gebeten wurden, durfte ich bleiben.

Im modernen Kasachstan gilt der – theoretisch verbotene – Brautraub natürlich vor allem als ein symbolträchtiges zeremonielles Schauspiel. Als ich später in Almaty Einwohnern erzählte, was ich in Tasaral und anderen Dörfern erlebt hatte, blickten sie mich böse an: »Da irren Sie sich. Wir leben heute in einem zivilisierten Kasachstan! So etwas gibt es bei uns nicht!«

Nach dem finsteren Blick des Schwagers der Braut und dem hemmungslosen Schluchzen der Schwester zu urteilen, erschien der Brautdiebstahl allerdings keineswegs als inszeniertes Theater. Jeder Anwesende trug ernsthaft vor, was er zu der Verbindung zu sagen hatte, und erhob sein Glas. Aber entgegen dem ersten Anschein waren die Gefühle der Schwester und des Schwagers als Trauer einer Familie zu deuten, die sich auf einen Abschied vorbereitete. Ohne dass ich Einzelheiten mitbekam, handelten sie auf Kasachisch einen Brautpreis aus. Zudem begannen Planungen für die Hochzeitsfeier. Wenn diese nur entfernt an die heranreichte, die ich in Tansyk miterlebt hatte, war ein volle drei Tage dauerndes rauschendes Fest zu erwarten.

Als ich aufgefordert wurde, auch einen Toast auszubringen, dämmerte mir, dass ich längst als Ehrengast eingeplant war. Vielleicht war das Theater des Brautraubs so real wie die Rollen, die ich auf meiner Reise spielte. Ab einem gewissen Punkt empfand ich sie als weitaus mehr als nur eine Hommage an alte Sitten oder nostalgische Sehnsüchte.

Als an diesem Abend der Wodka zu wirken begann, verschmolzen Echtes und Gespieltes, Geschichte und Gegenwart zu einer neuen Einheit. Mochte das Nomadenleben auch untergegangen sei, so gab es doch

Gelegenheit, sich eine neue kulturelle Identität zu erschaffen. Auch wenn das altüberlieferte Brauchtum dem Chaos der Moderne entgegengestellt wurde, war es nicht weniger authentisch.

Die Hungersteppe

Schaschibek, seine Zukünftige und die anderen Gäste feierten bis in die frühen Morgenstunden weiter. Derweil legte sich draußen in der Dunkelheit verstohlen der Frost über die Landschaft. Als ich bei Tagesanbruch den Ort verließ, ritt ich über einen strahlharten Untergrund. Leichter Schnee, fein wie Staub, tauchte die Steppe in einen matten Glanz – ein vielversprechender Anfang angesichts meiner Pläne, die Betpak-Dala, die Hungersteppe, zu durchqueren, die knapp 100 Kilometer weiter westlich begann. Schnee war dort die einzige Wasserquelle.

Am ersten Tag nach dem Aufbruch in Tasaral erreichten die Temperaturen minus 25 Grad. Der Wind peitschte mir wie ein Sandstrahlgebläse Schnee entgegen. Ich passte meine Ausstattung und Reiseroutine an die veränderten Bedingungen an. Außer meiner dicksten Daunenjacke zog ich jetzt alles über, was ich dabeihatte, setzte mir eine Sturmhaube auf und legte die klobige Skibrille an, die ich auf einem Markt gekauft hatte. Trotz dicker Fäustlinge wurden meine Finger rasch taub. Deshalb hielt ich die Zügel immer nur mit einer Hand und wechselte im Minutentakt ab. Inzwischen war ich dazu übergegangen, die Führleine der Packpferde an einem Karabinerhaken an meinem Sattel zu befestigen, sie um mein rechtes Bein zu schlingen und mich auf sie zu setzen, damit ich stets eine Hand frei hatte. Tigon jagte mit Begeisterung Füchsen und Hasen hinterher, aber kaum setzte er sich für kurze Zeit hin, schmerzten ihm vor Kälte die Pfoten.

Von Tasaral aus zogen wir weiter nach Südwesten und richteten uns in unserer neuen winterlichen Routine ein. So wie ich ständig Hügel hinauf und in Salzpfannen hinab ritt, durchlief auch meine Stimmung Höhen und Tiefen. Solange ich im Sattel saß und vorankam, trieb ich wie in einem Traum dem Horizont entgegen. Doch kaum lockerte sich ein Sattel, den ich dann wieder zeitaufwendig festzurren musste, machte sich Frustration in mir breit. Asets Sattel blieb ein ständiges Ärgernis. Weil die Kammweite zu gering war, hatte er auf Taskonirs Widerrist entzündliche Druckstellen verursacht.

Nachts spendete das Zelt kaum Wärme. Morgens fühlte ich mich wie im Überlebenstraining. Um das Tageslicht ganz zum Reiten zu nutzen, verrichtete ich mein frühes Tagwerk zwei bis drei Stunden lang im Licht meiner Stirnlampe. Das Innenzelt war mit Raureif überzogen. Für ganz einfache Aufgaben, zum Beispiel die Pflöcke und Heringe aus dem gefrorenen Boden ziehen, brauchte ich eine Ewigkeit.

An einem Morgen rief ich noch im wärmenden Schlafsack Kathrin in Deutschland an. Sie arbeitete für ihren Unterricht 18 Stunden täglich und wohnte in einem Kellergeschoss bei Karlsruhe. Sie komme gerade aus der Dusche, sagte sie mir. Im Geist sah ich sie mit nassen Haaren und einem Handtuch bedeckt im Bad stehen und erinnerte mich wieder an dieses angenehme Ritual, sich trockenzureiben und in frische Kleider zu steigen. Kathrin erschien mir unendlich fern.

Obwohl das Satellitentelefon ein Luxus, ja ein Geschenk der Götter war, mit dem ich mit ihr und anderen Kontakt halten konnte, verstärkte es paradoxerweise auch drastisch das Gefühl der Einsamkeit und Abgeschiedenheit. Aber zugleich war es auch eine seelische Stütze: Ich konnte über Probleme reden oder einem Ärger Luft machen, während ich ohne das Gerät mit allem alleine hätte fertigwerden müssen.

Am dritten Tag nach meinem Aufbruch in Tasaral stand ich vor einem Dilemma. Ich hatte die Westspitze des Balchasch-Sees erreicht und wollte weiter nach Westen in die Hungersteppe reiten, aber in meinem Zelt klaffte ein fast 50 Zentimeter langer Riss.

Der Stoff war inzwischen so mürbe geworden, dass das Zelt bei Sturm auseinanderzureißen drohte. Es war verrückt, weiterzuziehen, ohne es vorher zu flicken. Zum Nähen musste ich zuvor Gafferband aufbringen, aber das klebte bei Extremkälte nicht.

Vorsichtshalber steuerte ich den Raz'ezd Kaskhan-teniz an. Seit dem verunglückten Pferdediebstahl wagte ich mich erstmals wieder in die Nähe der Eisenbahner. Obwohl es diesmal eine andere Linie, die zwischen Almaty und Atana war, bestätigten sich meine negativen Eindrücke. Als ich auf der Suche nach einem Dach über dem Kopf von Haus zu Haus zog, erntete ich immer nur bitterböse Blicke. Die meisten Arbeiter horteten große Mengen an Schilfgras und Heu, wollten mir aber nichts verkaufen, obwohl ich einen hohen Preis bot.

»Keiner weiß, wie lange der Winter dauert«, brüllte eine Frau. »Wo kriege ich einen neuen Ballen her, wenn ich Ihnen einen abtrete?«

Bei Einbruch der Dunkelheit war es schon zu spät, um wieder in die Steppe hinauszureiten. Zudem war ich unterkühlt. Ein junger Eisenbahnarbeiter ließ mich einen Steinwurf von den Gleisen entfernt in seine Baracke ein. Er überredete eine Familie, für 30 Dollar meine Pferde aufzunehmen. Bis spät in der Nacht flickte ich mein Zelt, lag dann aber wegen eines Asthmaanfalls, den Zigarettenrauch ausgelöst hatte, die ganze Nacht über wach. Die Züge, die ich vorüberrattern hörte, ließen das gesamte Lehmziegelhaus erbeben. Der unwillkommene Tigon musste sich alleine durchschlagen. Ich hoffte, dass er irgendwo einen warmen Heuboden gefunden hatte.

Am nächsten Morgen, ich bereitete gerade im Dunkeln die Pferde zum Aufbruch vor, biss mir Taskonir in die Hand. Als ich den Halbhandschuh zurückschob, hing zwischen dem ersten und dem zweiten Fingerglied ein Fetzen Haut, unter dem blutendes Fleisch hervorschien. Ich starrte ihn fassungslos an und musste mich beherrschen, um nicht in Tränen auszubrechen.

Bei minus 28 Grad warf ich einen letzten Blick auf den Balchasch-See und ritt von dem Raz'ezd weg. Wo im Sommer blaues Wasser geglitzert hatte, dehnte sich jetzt, im Dunkel und im Würgegriff der Kälte, finsteres Eis aus. Eine Woche zuvor hätte ich mich von diesem Freund und launischen Begleiter, an dem ich über einen Monat entlanggeritten war, wohl noch traurig verabschiedet, fühlte nun aber keinerlei Wehmut mehr.

Vor mir erstreckte sich weiter nach Westen die Betpak-Dala, ein riesiges Steppengebiet, das vom Balchasch-See zur sandigen Region um den Aralsee und an den Fluss Schu reichte. Mit ihrer extremen Wasserknappheit, die selbst für kasachische Maßstäbe berüchtigt war, machte sie ihrem Namen Hungersteppe alle Ehre. Mein nächstes Ziel war das Dorf Ulanbel, das 217 Kilometer Luftlinie entfernt an ihrem Südostrand am Schu lag: Ich hatte einen Ritt von mindestens 300 Kilometer vor mir.

Als ich mit westwärts ausgerichtetem Kompass über verharschten Schnee einen Hang erklomm, wurde mir erst so richtig bewusst, wie sehr die Eiseskälte und Abgeschiedenheit die Risiken meines Unternehmens erhöhten. Als hätte es der Erde den Atem verschlagen, flaute plötzlich der Wind ab. In der uferlosen Stille sanken wie Schmetterlinge, die im Flug erstarrt waren, glitzernde Eiskristalle zu Boden. Um die Nüstern der Pferde herum bildeten sich Ringe aus Eis, während die vorbeiziehenden Wölkchen ihres Atems ihre Hälse und Flanken mit Weiß besprühten. Die wenigen Haarsträhnen, die aus meiner Balaclava-Mütze hervorlugten, verwandelten sich in Eiszapfen. Die Atemluft ließ die Härchen in meiner Nase zu Nadeln erstarren. Meine Augenwimpern verklebten mit Eis, das ich immer wieder abstreifen musste, bis ich mir schließlich die Skibrille überzog.

Bald war kein Laut mehr zu hören. Nirgendwo ein Pfad oder eine Menschenseele. Über dem mit Mulden und Gipfeln übersäten Schneemeer stieg, einem blassen Eidotter gleich, langsam die Sonne in den wolkenlosen Himmel. Mir war, als wäre dies gar nicht unser Tagesgestirn, sondern die Erde, Australien vielleicht, während ich über einen eisigen Planeten ritt, der aus seiner Umlaufbahn geraten war und in die Fernen des Alls hinaustrieb.

Als das Sonnenlicht nahezu verglomm, schlug ich schleunigst mein Lager auf. Eisige Kälte sank auf mich nieder. Nachdem ich die Pferde entladen hatte, kümmerte ich mich als Erstes um den jämmerlich winselnden Tigon. Ich wickelte ihn in eine Pferdedecke ein, stopfte ihn in meinen Seesack aus Leinen und zog den Reißverschluss zu. Als ich mein Zelt errichtet hatte, öffnete ich den Sack wieder ein Stück und ließ ein Häppchen gepökeltes Schweinefett über Tigon baumeln. Er schnappte kurz zu und rührte sich nicht mehr. Erst als das Abendessen köchelte, ruckelte der Sack in Richtung des Kochers.

Während ich mein Lager aufschlug, Heringe in den Boden trieb, Spannseile befestigte und die Seitenwände des Zeltes mit Plastikkisten verbarrikadierte, musste dafür gesorgt sein, dass die Pferde keinen Unfug trieben: Sie durften erst dann Schnee fressen, wenn sie etwas abgekühlt waren, und sollten natürlich nicht entlaufen. In einem ausgeklügelten System band ich ihre Führleinen wie Zügel so am Sattel fest, dass sie die Köpfe nicht neigen konnten, und knotete die Pferde, nebeneinander, aber in Gegenrichtung zueinander stehend, zusammen. Wenn sie weglaufen wollten, hielten sie sich so gegenseitig zurück. Wie ich in den letzten Wochen bemerkt hatte, wich nach zwei Stunden in dieser Position ihre mürrische Ungeduld allmählich der Ruhe und Gelassenheit. Sie hatten sich daran gewöhnt, in dieser Zeit zu entspannen, und wussten, dass ihre Geduld mit einer Ration Getreide belohnt werden würde.

Wenn das Abendessen fast fertig war, band ich sie los und nahm ihnen die Sättel ab. Ihre Körper waren noch immer mit einer Eiskruste bedeckt, aber unter den Decken waren ihre Rücken trocken und warm. Wenn meine Hände taub geworden waren, schob ich sie erst einmal unter den Sattel, bis ich sie wieder spürte. Für diese Nacht breitete ich die Satteldecke – dem Rat Asets folgend – so über den Pferden aus, dass sie vom Widerrist bis zum Hinterteil geschützt waren. Das diente weniger dazu, sie warmzuhalten, sondern verhinderte vielmehr, dass ihre erhitzten und schweißnassen Rücken abrupt der Kälte ausgesetzt wurden.

Als ich mit dem Füttern fast fertig war, hatte ich in den Füßen keinerlei Empfindung mehr. Ich sprang ins Zelt, wo Tigon weiter meinen Schlafsack aufwärmte, und zog die Stiefel aus. Damit sie keine Feuchtigkeit zogen, die gefrieren konnte, hatte ich über meine äußeren Socken große Plastiktüten und über meine Thermosocken eine kleinere Tüte gezogen. Als ich die Tüten ausschüttelte, erstarrte das angesammelte Wasser sofort zu Eis. Es dauerte eine Stunde, bis meine Füße im Schlafsack endlich wieder warm wurden. Der Reif auf Tigons Fell taute auch im Zelt nicht ab. Als ich seinen knochigen Rücken streicheln wollte, knurrte er mich an. Ich hatte ein schlechtes Gewissen, weil ich ihm gegenüber bisher kaum Zuneigung gezeigt hatte. Dabei hatte er doch in den letzten acht Wochen trotz aller Widrigkeiten so treu zu mir gehalten.

Bevor ich meinen Schlafsack an den Kordeln zusammenzog, benetzte ich seine Pfoten mit Wodka, um Frostbeulen vorzubeugen, und legte ihm meine Daunenjacke hin, damit er sich hineinkuscheln konnte. Als er in den Schlaf glitt, dachte er sicher: *Gott sei Dank beschützt mich Tim vor den Wölfen.* Und auch ich fühlte mich in Tigons Pfoten geborgen. So konnten wir beide wenigstens etwas schlummern.

Trotzdem erwachte ich ziemlich unausgeschlafen um sechs Uhr morgens: Drei Stunden vor Sonnenaufgang war die Temperatur auf eine neue Rekordtiefe gesunken. Ich fühlte mich noch völlig verspannt. Ich spürte im Schlafsack Eisklümpchen um mich herum, die sich in den Daunen gebildet hatten – eine schlechte Neuigkeit. In feuchtem Zustand isolierte der Schlafsack schlechter. Ich schälte mich heraus, schlüpfte schlotternd in meine Jacke und trat ins Freie, um nach den Pferden zu sehen. Fast sofort erstarrten meine Füße. Die nächsten 20 Minuten joggte ich um das Zelt herum.

Dass es den Pferden vergleichsweise gut zu gehen schien, hatte seinen Grund. Als Nachfahren von Tieren, die über Jahrtausende die natürliche Auslese durchlaufen hatten, waren sie an die Wetterextreme der Steppen bestens angepasst. So drosselten sie bei klirrender Kälte die Blutzufuhr in ihre Hufe und stellten zudem die Fellhaare auf, zwei hervorragende Methoden, um Wärmeverluste zu verringern. In der Ukraine und Russland hörte ich später empörte Kritik, wonach die Nomaden ihre Pferde unmenschlich behandelten, wenn sie sie ohne eine Decke bei Kälte im Freien stehen ließen. Diese Sichtweise, die auch viele im Westen teilen, spiegelte meiner Ansicht nach allerdings nur eines von zahlreichen Missverständnissen wider, mit denen Naturpferde und damit die Reiterkultur der Steppe im Westen wahrgenommen werden.

Wie jeden Morgen musste ich die Decken zusammenlegen, die Pferde striegeln, aufsatteln, kochen und packen. Für diese mühseligen Aufgaben brauchte ich in der Regel mindestens drei Stunden. Es machte mir nicht eben Spaß, in dicken steifen Handschuhen den Pferden mit dem Striegel gefrorenen Schweiß, Staub und Schmutz aus dem Fell zu bürsten, aber es nicht zu tun, wäre eine Todsünde gewesen: Sonst konnten sich unter den Satteln wunde Druckstellen bilden.

Das ganze Geschäft war ein Wettlauf gegen die bald aufgehende Sonne und erforderte volle Konzentration. Als ich an diesem Morgen den letzten Knoten an Ogonjoks Ladung knüpfte, hatte ich immer noch taube Füße. Meine Sturmhaube war zu einer Eismaske erstarrt. Mein Thermometer hatte den Geist aufgegeben, aber wie ich später erfuhr, war die Temperatur ein paar Tagesreisen weiter im Norden auf minus 40 Grad gefallen.

Bevor ich in den Sattel stieg, entfaltete ich meine Karte und zog mein GPS-Gerät heraus, um den Kurs nach Ulanbel zu überprüfen. Das Gerät streikte zunächst. Als das Display endlich aufflackerte, fehlten sämtliche eingespeicherten Koordinaten. Dann flackerte es nochmals auf und wurde wieder schwarz. Bislang hatte mir das Gerät kaum genützt, aber in dieser gesichtslosen Umgebung, in der Schneestürme drohten, und mit einer Karte im Maßstab 1:500 000, die für Flugzeugpiloten gemacht war, stimmte mich die Aussicht, mich ganz auf den Kompass zu verlassen, ziemlich besorgt.

Ich versuchte Ruhe zu bewahren, konnte meine Zwangslage aber nicht leugnen. Es war der 23. Dezember, nur einige Tage nach der Sonnenwende, die gewöhnlich den Beginn der kältesten Winterperiode markierte. Vor mir lag der bislang einsamste Streckenabschnitt meiner Reise. Und den musste ich mit einem eingerissenen Zelt, einem vereisten Schlafsack, einem untauglichen Packsattel, tauben Füßen und einem kaputten GPS-Gerät zurücklegen.

Sosehr ich mich um Zuversicht bemühte, die Aussichten, mein Unternehmen zum Erfolg zu führen, hatten sich deutlich verschlechtert. In dieser Lage dachte ich auch an einen andere – zeitliche – Wegmarke, die ich bislang als unwichtig abgetan hatte: an Weihnachten. Ich hatte die Feiertage seit meinem 18. Lebensjahr meistens im Ausland verbracht und ihnen nie große Bedeutung beigemessen. Tatsächlich war Weihnachten für mich eine reine Kommerzveranstaltung gewesen, an der man sich besser nicht beteiligte. Aber jetzt wurde mir eindringlich bewusst, dass ich in meiner jugendlichen Sicht das Wesentliche übersehen hatte: Weihnachten war ein Fest, das man mit seinen Liebsten verbrachte. Der Gedanke, allein in der Hungersteppe zu frieren, während meine Familie zusammen feierte, war unerträglich.

Ich entfaltete sämtliche Karten, um nachzuschauen, ob irgendein Nest nur etwas weniger weit von mir entfernt lag als Ulanbel. Auf der großen Kasachstankarte war in der Hungersteppe ein Punkt eingezeichnet, neben dem »Akbakei« stand. Auch wenn er auf der genaueren Karte fehlte, liefen an ungefähr derselben Position, die gut 70 Kilometer entfernt lag, den Markierungen nach einige Straßen zusammen, auch wenn solche Linien in der Realität meist kaum mehr als halb ausgelöschte Wagenspuren waren. Da kein Aul ausgewiesen war, vermutete ich, es könne sich um eine aufgegebene Militärbasis handeln. Aber Akbakai blieb meine einzige Hoffnung. Wenn ich mich beeilte, konnte ich den Ort in zwei Tagen – an Weihnachten – erreichen.

Etwas erleichtert machte ich mich wieder auf den Weg. Die Hufe knirschten durch einen fesseltiefen Schnee. Bei klarem Himmel herrschte gespenstische Stille. Wir zogen durch ein mit Salzpfannen durchsetztes Tal, das sich auf dem Weg ins Hochland zusehends verengte. Ich wollte ihm auf die Hochebene hinauf und weiter zu einer Gruppe von Hügeln folgen, wo ich Akbakai zu finden hoffte.

Weiter oben zerteilte sich das Tal in ein Labyrinth aus flachen Hohlwegen, die mit Büscheln von Ak-shi bestanden waren. Hier und da stand ein Gestrüpp aus Saxaul-Bäumchen, typischen Gewächsen der Steppe. Der Gedanke an Wölfe ließ mir keine Ruhe mehr. Die Räuber paarten sich in der Zeit um die Wintersonnenwende. Sie waren jetzt besonders ausgehungert. Und die Männchen jagten in Rudeln. Kasachische Reiterhirten hatten mich dringend davor gewarnt, dass sie mir wahrscheinlich tagelang unbemerkt folgen und im richtigen Augenblick angreifen würden. Ein Rudel, so hieß es allgemein, könne ein ausgewachsenes Pferd oder Kamel zur Strecke bringen. Und Geschichten, wonach Wölfe auch Menschen angegriffen hätten, waren allenthalben im Umlauf. »Letztes Jahr kam im Nachbaraul eine Frau um«, so hieß es, oder: »Der Junge ging zu seiner Herde und kam nie wieder.«

Später sollte mir ein kasachischer Journalist begegnen, der den Geschichten monatelang nachrecherchiert hatte. Er verfolgte Hunderte von Spuren, fand aber nie einen Beleg dafür, dass tatsächlich jemand von Wölfen angegriffen worden war. Die Erzählungen bezogen sich immer auf »einen anderen Aul« oder auf »irgendwann einmal«. Es fehlte auch jede behördliche Registrierung eines Todesfalls im Zusammenhang mit Wölfen. Aber wie dem auch sei, meine Skepsis gegenüber solchen Schauermärchen zeigt in dieser eisigen Einöde deutliche Risse.

Nach dem Mittagessen, als die blasse Sonne schon wieder im Sinken begriffen war, fand ich mich in einer schattigen Schlucht wieder. Ogonjoks Ladung hatte sich gelöst. Als ich vom Pferd sprang, um sie wieder zu befestigen, überfiel mich eine paranoide Angst, dass im Hinterhalt Wölfe lauern könnten. Ich empfand es als eine Herausforderung des Schicksals, alleine durch diese Einöde zu reiten. Warum musste ich auch mitten im Winter die Hungersteppe durchqueren? Im Frühjahr oder Sommer hätte ich hier vielleicht noch Nomaden begegnen können, aber jetzt waren sicher alle längst in wärmere tiefergelegene Gebiete abgewandert.

Wenn ich bis Weihnachten Akbakai erreichen wollte, musste ich an diesem Tag mindestens die halbe Strecke nach dort bewältigen. In meiner Eile verirrte ich mich mehrmals in enge verschlungene Hohlwege und musste kehrtmachen. Als es dunkel geworden war, ritt ich bei Mondlicht weiter und trieb die Pferde zum Trab an.

Tigon war bald erschöpft. Als ich irgendwann anhielt, um auf die Karte zu schauen, rollte er sich wahrscheinlich unter einem Grasbüschel im Schnee zusammen, weil er dachte, ich würde unser Lager aufschlagen. Ohne zu bemerken, dass er zurückgeblieben war, ritt ich weiter – bis ich durch die eisige Luft ein verzweifeltes Winseln nahen hörte. Mit einem Sprint holte uns Tigon schließlich ein.

Als ich unser Lager vorbereitete, war es noch eisiger geworden. Der Schnee schien überirdisch dunkelblau zu glühen. Mühselig hämmerte ich die Zeltpflöcke ein. Als ich die Zeltstangen in die Gestängekanäle schob, riss der Stoff aus. Mein Campingkocher wollte nicht mehr brennen. Um ihn auseinanderzunehmen und zu reinigen, brauchte ich eine halbe Stunde – und alles zwangsläufig mit bloßen Fingern.

Eine innere Stimme mahnte mich, Ruhe zu bewahren, nichts zu überstürzen und meine Hoffnungen nicht zu sehr auf Akbakai zu fixieren. Dann werde sich schon alles fügen. Fehlentscheidungen wie die, blind über verschneites Terrain zu trotten oder das Lager erst lange nach Einbruch der Dunkelheit aufzuschlagen, konnten sich als verhängnisvoll erweisen. Aber die Obsession, Weihnachten in Gesellschaft zu verbringen, beherrschte mich immer mehr. Ich malte mir Akbakai als ein Aul mit einem Akim aus, der mich willkommen heißen und im Schoß seiner Familie aufnehmen würde. In der Sicherheit einer Stube, in der ein goldenes Feuerchen loderte, würde ich am Tisch sitzen und von Reisen erzählen.

Aus Angst, jeden Moment könne ein Sturm aus den Bergen mein beschädigtes Zelt niederreißen oder, schlimmer noch, Wölfe könnten meine Pferde angreifen, schlief ich sehr unruhig.

Im Morgengrauen erklommen wir im Trott eine Hochebene, auf der nur das Pfeifen von Böen die Stille durchbrach. Von allen Seiten umgab mich nichts als eine diesige weiße Leere. Nirgendwo waren Umrisse, Schatten oder Gestalten zu erkennen, die der Welt einen verlässlichen Maßstab hätten geben können – nichts als ein Destillat aus blassblauem Weiß und dem Rumoren des Windes. Ohne Orientierungshilfen und Wegmarken erschien das Gelände eher wie eine Landschaft aus Launen. Hatte mir diese Einsamkeit bislang ein Gefühl von Freiheit eingeflößt, so packte mich nun ein Grauen. Vorsichtig plante ich für den Fall, dass sich Akbakai als reine Schimäre oder als ein verlassenes Nest erweisen würde. Selbst wenn es ein Akbakai da draußen irgendwo gab, genügte eine kleine Abweichung von meiner Kompasspeilung, damit ich, ohne es zu merken, an ihm vorbeiritt.

Als die Sonne höher stieg, spendete mir ein Objekt in meinem Fernglas Hoffnung: ein Turm. Die ermüdeten Pferde stapften mühselig durch den Schnee. Mit dem Versprechen von Heu und Obdach trieb ich sie weiter voran.

In den nächsten zwei Stunden kam ich immer wieder zu der Überzeugung, dass Akbakai nur eine verfallene Geisterstadt sei, und meinte dann doch wieder Rauchfahnen zu erkennen. Die seltsamen Gebäude, die ich ausmachte, sahen so ganz anders aus als die Häuser, die ich in ländlichen Aulen gesehen hatte. Mein anfänglicher Verdacht, dass Akbakai eine verlassene sowjetische Militärbasis sei, schien sich zu erhärten.

Als sich nach Einbruch der Dunkelheit einmal mehr Ogonjoks Ladung löste, stieß ich eine Kanonade an Flüchen aus. Die innere Stimme der Vernunft mahnte noch immer zur Ruhe, während ich besessen war von der berückenden Vision, in Gesellschaft heißen Tee zu trinken.

Ich erwachte aus meinem Stumpfsinn, als wir zwischen Gewirren von Schrott unserem Ziel entgegenlahmten. Ich war stocksteif gefroren. Die Pferde ließen müde die Köpfe hängen. Im Pfeifen des Windes hörte ich Tigon immer schriller winseln. Wir hatten es bis nach Akbakai geschafft. Aber ich hatte ganz verdrängt, dass uns dort ja keiner erwartete.

Der Ort, den Gott vergaß

Das einzige Anzeichen von Leben, das ich im schwindenden Licht des Weihnachtsabends am Rand von Akbakai entdecken konnte, war die schemenhafte, über einen Stapel Feuerholz gebeugte Gestalt eines Mannes. Maksim, wie er genannt wurde, argwöhnte, dass ich im besten Fall ein russischer Geologe sei, der sich verirrt hatte, im schlechtesten ein Sträfling auf der Flucht. Es bedurfte einiger Überredungskünste, ihn dazu zu bewegen, mir zu helfen und mich zu einer halb fertigen Lehmziegelbaracke zu führen. Ich band die Pferde an deren fensterloser Seite an und kletterte zusammen mit Tigon in einen kleinen angrenzenden Raum. Drinnen waren im flackernden Licht eines Kohleofens zwei alte Sprungfederbetten, Matratzen und ein mit Pappe ausgelegter Fußboden zu erkennen. Witka und Grischa, die russischen Arbeiter, die hier lebten, waren zu betrunken, um sprechen zu können, doch das spielte auch keine Rolle. Ich war vor dem Wind geschützt, hatte es warm und war nicht allein.

Am Weihnachtsmorgen wurde ich von einer ziemlich ernüchternden Realität eingeholt. Ich wachte davon auf, dass ein paar Welpen mir das Gesicht leckten, und als ich die Augen öffnete, bot sich mir ein Panorama aus Hundescheiße, Bergen von leeren Wodkaflaschen und einer mit steinharten Kartoffelresten und geronnenem Fett gefüllten Pfanne. Witka und Grischa, die auf dem anderen Bett unter einem Haufen Lumpen lagen, schliefen noch fest und stanken nach Schweiß, Tabak und Alkohol. Sie waren Lastwagenfahrer aus dem Süden Kasachstans, die in Akbakai festsaßen, seit man sie vor zwei Jahren betrunken am Steuer erwischt und ihnen den Führerschein abgenommen hatte.

Schließlich wachten sie von ihrem eigenen Geschnarche auf. Als sie erfuhren, wer ich war, brüllten sie: »Australier! Soweit wir wissen, ist bei euch jetzt Weihnachten. Das werden wir heute Abend groß feiern!«

Als es draußen hell geworden war, zog ich los, um Heu und Getreide aufzutreiben. Doch entgegen meinen Hoffnungen war Akbakai keine Hirtengemeinde. Die Straßen waren übersät mit gefrorenen Klumpen

Müll und wurden gesäumt von Schutt und Maschinenschrott. Hohe Zäune umgaben die aus Lehmziegeln gebauten Häuser. Einige schienen sich halb unter der Erde zu befinden. Es gab kaum Anzeichen dafür, dass irgendwo Tiere untergebracht waren, und als ich am Stadtrand angelangt war, verstand ich, warum.

Im Westen und Süden kämpften sich schwere Lastwagen durch schmutzigen, schwarz gefärbten Schnee. Weiter weg ragten trapezförmige Fördertürme gespenstisch in den Himmel. Akbakai war eine Goldgräberstadt, und dass die Arbeiter dort auch leben mussten, war den Verantwortlichen erst im Nachhinein aufgefallen. In der auf einer Reihe von felsigen Hügeln erbauten Stadt gab es keine natürlichen Wasserquellen, und auch die Regierung versorgte die Stadt nicht mit Wasser. Die wenigen Menschen, die eine Milchkuh hielten, gaben von ihrem Futter und Wasser nichts her – beides waren kostbare Ressourcen, die von weither angeliefert wurden.

Nach Stunden vergeblichen Suchens überredete ich den ortsansässigen Jagdaufseher, mich seinen eisverkrusteten Wassertank hochsteigen zu lassen, um Eimer für meine Pferde zu füllen. Er erklärte sich auch einverstanden, mir genügend Heu für 24 Stunden – aber keine Minute länger – zu verkaufen.

Am Abend kehrte ich hungrig und steifgefroren in die Lehmhütte zurück. Grischa und Witka waren sturzbetrunken. Sie hatten am Nachmittag ein paar Straßentauben gefangen und sie zum Abendessen gekocht.

»Alles wird gut! Setz dich, lehn dich zurück, trink einen Wodka, eine Tasse Tee, wir werden dir eine Frau suchen … und du kannst deine Pferde als Brautpreis verwenden!«

Ich kapitulierte – wegen des Wodkas, natürlich – und beobachtete dann, wie Grischa und Witka bis in die Morgenstunden hinein durchs Zimmer torkelten, sich stritten und prügelten. Beide hatten eine sehr fleckige Haut, verfaulte gelbe Zähne und wilde Schnurrbärte, die im Kerzenlicht der Hütte lebendig wurden. Als sie müde waren, fielen sie zusammen auf ein Bett und erzählten ihre tragischen Geschichten. Grischas Frau war »grundehrlich« – was die Tatsache bewies, dass sie bei ihrem Opfer geblieben war und die Polizei gerufen hatte, nachdem sie einen Mann mit einem Tranchiermesser »abgeschlachtet« hatte. In fünf Jahren würde sie aus dem Gefängnis entlassen werden. Witka wiederum litt sehr unter dem Tod seines einzigen Sohns, der im Alter von zwölf Jahren von einem Auto überfahren worden war. Seine Tochter war nach Russland davongelaufen und hatte alle Verbindungen abgebrochen.

Um in Akbakai überleben zu können – einer Stadt, die sie mir als »den Ort, den Gott vergaß«, beschrieben –, nahmen Witka und Grischa Gelegenheitsjobs wie das Fällen von Saxaulbäumen an, die in der Steppe wuchsen und als Feuerholz verkauft wurden. Das Geld, das sie verdienten, gaben sie für Wodka aus.

Nachdem die beiden eingeschlafen waren, lag ich da und lauschte dem Wind. Meine Pferde, die hinter mir am anderen Ende der Wand standen, hatten ihr Heu aufgefressen und waren hungrig. Als der Wodka seine Wirkung zeigte und mich der Schlaf übermannte, träumte ich davon, zu Hause bei meinen Geschwistern, meiner Mutter und meinem Vater zu sein.

Ich hatte die Pferde vorwärtsgetrieben, um möglichst schnell Akbakai zu erreichen, wo ich erwartete, Zuflucht bei einer Familie und eine Scheune voller Heu zu finden – eine Vorstellung, die sich als Illusion erwies. Doch es sollte noch schlimmer kommen.

Eigentlich hatte ich vorgehabt, nur zwei oder drei Tage in Akbakai zu bleiben, doch als ich am zweiten Weihnachtstag aufwachte und packen wollte, sah ich, dass Taskonir das linke Hinterbein in die Luft hielt. Er hatte einen Abszess am Huf, wahrscheinlich die Folge einer Hufprellung, die er sich während unseres übereilten Ritts nach Akbakai zugezogen hatte. Er konnte kaum gehen, und die australische Tierärztin Sheila erklärte mir via Satellitentelefon, dass es mehrere Tage dauern könne, bevor mit einer Heilung zu rechnen sei. Ulanbel, das nächste Dorf westlich von Akbakai, lag fünf Tagesritte durch unbewohnte Steppe von hier entfernt. Weiterzureiten kam nicht infrage, doch ohne Futter für die Pferde und einen sichereren Zufluchtsort als den bei Witka und Grischa konnte ich mir kaum vorstellen, wie ich einen weiteren Aufenthalt in dieser Stadt überstehen sollte.

Ich wusste, die nächsten Tage würden schwierig werden, doch nicht im Traum hätte ich gedacht, dass der Abszess nur das erste von unzähligen Problemen sein würde, die mich immer wieder darin hinderten, Akbakai zu verlassen. Tatsächlich konnte ich dieser Stadt erst nach dreieinhalb Monaten den Rücken kehren. Und während zu Beginn meines Aufenthalts mein ganz persönlicher Kampf im Vordergrund stand – und zu einem Tiefpunkt meiner Reise nach Ungarn wurde –, stellte sich im Lauf der Zeit heraus, dass meine Schwierigkeiten aus den weitaus größeren Probleme resultierten, mit denen die Bewohner dieser Stadt zu kämpfen hatten. Die vielen Menschen, die ich kennenlernte – sowohl die, die mir halfen, als auch die, die mir Steine in den Weg legten –, führten mir ein trostloses Bild von sozialer Entwurzelung, Überlebenskampf und Korruption in dieser inmitten einer »darbenden Steppe« gelegenen Goldgräber-Gesellschaft vor Augen.

Zwei Tage lang bettelte ich vergeblich um Futter und Wasser. Weder der Stadtverwalter noch sonst jemand lud mich zu einer Tasse Tee ein. Als ich Maksim – dem die Lehmhütte gehörte, in der Witka und Grischa hausten – um Hilfe bat, erwiderte er wütend: »Wieso glaubst du eigentlich, dass irgendjemand dir helfen sollte? Du tätest gut daran, deine Pferde zu verkaufen, bevor sie zu dünn sind und überhaupt kein Fleisch mehr hergeben!« An die Traditionen nomadischer Gastfreundlichkeit, die ich in den Aulen kennengelernt hatte, hielt sich in Akbakai kaum einer. Den meisten Leute fehlten einfach die Mittel dazu.

Wie viele andere auch war Maksim mit dem Versprechen, hier Arbeit finden zu können, nach Akbakai gelockt worden, an einen Ort weit entfernt von zu Hause, wo ihn nur Arbeitslosigkeit erwartete. Er wohnte in einem heruntergekommenen Wohnblock, wo er in einem Zimmer im dritten Stock einen Holzofen aufgestellt hatte. Um seine Frau und seine beiden Kinder ernähren zu können, hatte er das Erdgeschoss des Gebäudes in eine behelfsmäßige Werkstatt verwandelt, in der er auf Bestellung aus Abfallholz Möbel fertigte. Nicht auszudenken, was ohne ein soziales Netzwerk von Freunden und Verwandten aus ihm werden würde, wenn dieses Unternehmen scheiterte.

Drei Tage nach Weihnachten ging es Taskonirs Bein noch schlechter. Der Wind hatte Sturmstärke erreicht, und von Norden und Osten her zogen Wolken auf. Doch ich wollte unter keinen Umständen in Akbakai bleiben. Als ich mich nach dem Aufsatteln von Witka und Grischa verabschieden wollte – sie waren traurig, dass ich weiterzog, und machten sich Sorgen, wie es mir ergehen würde –, wendete sich mein Schicksal.

Ein kleiner, untersetzter Mann, auf der roten Nase eine verbogene Brille, deren dicke Gläser seine Augen stark vergrößerten, stolperte plötzlich in unsere armselige Hütte. Ich zog mich in die Dunkelheit zurück und musterte ihn. Seinem wettergegerbten Gesicht nach zu urteilen, hätte er über 60 sein können, doch ich wusste, dass die Menschen in dieser unwirtlichen Umgebung schneller alterten und er wahrscheinlich gut zehn Jahre jünger war. Er hatte eine tiefe, rauchige Stimme, und beim Sprechen wippte sein Schnurrbart auf und ab.

Schließlich gewann seine Neugier die Oberhand. »Wer ist denn der da?«, fragte er und deutete auf mich.

»Wir haben einen Gast aus Australien«, erzählte Grischa. »Er ist mit dem Pferd hierhergekommen … aus der Mongolei.«

Der Mann, dessen Name Baitak war, trat einen Schritt zurück, rückte seine Brille zurecht und beugte sich dann vor in den schmalen Lichtstrahl vor dem Fenster. »Komm mit zu mir nach Hause!«, forderte er mich auf. »Warum hier erfrieren? Ich gebe dir einen Sack Weizen für unterwegs!«

Als ich losziehen wollte, um meine Pferde zu Baitak zu bringen, erzählten Grischa und Witka mir ganz aufgeregt, er sei ein »Millionär« und ein »König«. Bei ihm wäre ich bestimmt in Sicherheit. Später – als ich einen vollen Magen und Getreide für die Pferde hatte – kam mir ihre Beschreibung doch ziemlich übertrieben vor. Baitaks Zuhause war eine in die Erde gebaute Ein-Zimmer-Hütte, umgeben von einem Zaun aus flachgedrückten Fässern, die einst Natriumcyanid enthalten hatten. Er besaß kein Auto, hatte keine Waschgelegenheit, und die Toilette war ein tiefes, bis zum Rand mit gefrorenen Fäkalien gefülltes Erdloch, wo nur eine Plane Schutz vor den Elementen bot. Seine Wasservorräte wurden wie die aller anderen per Lastwagen angeliefert, und sein viel gepriesenes Café mit Bar war eine mit Kohle beheizte Hütte, die sich in Rufweite von seinem Haus befand und an einen Berg von Schutt grenzte.

In meiner damaligen Situation fühlte ich mich in Baitaks Reich jedoch wie im Paradies. Meine erste Mahlzeit mit ihm war beispielhaft dafür: Er tischte Spiegeleier auf, und jedes Mal, wenn ich eins verputzt hatte, landete schon das nächste auf meinen Teller. Tigon verschlang Eimer voll mit altem Brot und Milch, bis sein kleiner Bauch doppelt so dick war wie sonst. Dann breitete er sich genüsslich auf dem Fußboden aus.

Was es mit Baitaks Reichtum tatsächlich auf sich hatte, erfuhr ich in den nächsten Wochen und Monaten, in denen mein Wohlergehen und das meiner Tiere ganz von ihm abhingen. Als einer der am längsten ansässigen Bewohner der Stadt – er war 1976 nach Akbakai gekommen, als der Bergbaubetrieb noch in den Kinderschuhen steckte –, besaß er große Autorität und großes Wissen. Sein Status als »König« verdankte sich meiner Meinung nach vor allem jedoch seiner Großzügigkeit, denn die war es, die mir, Tigon und meinen Pferden letztlich das Leben rettete.

Nach unserer Mahlzeit sah Baitak sich Taskonir an und schüttelte den Kopf. Ihm war klar, dass ich in Schwierigkeiten steckte, aber er wusste auch, was zu tun war. Er war der Miteigentümer eines neuen sechseinhalb Kilometer außerhalb der Stadt errichteten Kstau für Nomaden – dem einzigen dieser Art in der Nähe von Akbakai –, wo Vieh gehalten wurde. »Du kannst dorthin reiten und bleiben, bis dein Pferd wieder gesund und das Wetter besser ist. Sag Madagol, dem Hirten, dass er deine Pferde mit meinem Heu füttern soll.«

Während meiner Reise gab es Zeiten, in denen ich das Gefühl hatte, die Zügel fest in der Hand zu haben und meine Karawane in eine von mir gewählte Richtung zu führen. Doch es gab auch Zeiten, in denen ich einfach die Zügel aus der Hand geben und akzeptieren musste, dass das Schicksal, oder in diesem Fall Baitak, mich leiten würde.

Ich brauchte zwei Stunden, um das Winterquartier zu erreichen, das in einem Tal zwischen zwei Bergzügen lag. Inzwischen sträubte Taskonir sich, noch einen Schritt zu tun. Mitten in einem Sturm wurde ich von Madagol begrüßt, einem barschen, drahtigen alten Mann mit dicht gewelltem, grau meliertem Haar und kräftigen schwieligen Händen. Mit einer Salve von Flüchen auf das Wetter lud er mich zu sich ein.

Madagol stammte aus Moinkum, einem 240 Kilometer südlich von Akbakai gelegenen Regionalzentrum, und war mit seiner Frau hierhergekommen, um als Viehhirte zu arbeiten. Das neue Zuhause des Paares war eine schäbige Hütte mit so dünnen Backsteinmauern, dass es in ihrem Inneren trotz eines Kohleofens, der Tag und Nacht brannte, eisig kalt war. Als ich die Hütte betrat, legte ich Mantel und Mütze ab, nur um sie anschließend schnell wieder anzuziehen. Madagols Fau, die sich auf einem Bett unter einem Berg von Decken zusammenkauerte, sah angegriffen und zutiefst unglücklich aus.

Später verstand ich, wie einsam sie sich fühlen musste. Die Stadt war zwar nicht weit entfernt, doch im Winter hielt das Wetter die Menschen davon ab, zu Besuch zu kommen. Ihr Kontakt mit der Außenwelt beschränkte sich weitgehend darauf, jeden zweiten oder dritten Tag mit Madagol in die Stadt zu reiten, um Milch zu verkaufen und Brot zu kaufen. Wenn die Schneestürme begannen, waren die beiden zeitweise völlig von der Außenwelt abgeschnitten.

Für mich war die Isolation jedoch ein Glücksfall und der Zustand der Hütte nebensächlich. Sheila, die Tierärztin, hatte gemeint, der Abszess würde innerhalb einer Woche ausheilen. Ich müsse nur Geduld haben und abwarten.

Es war natürlich Wunschdenken, zu glauben, dass ich meine Reise bald fortsetzen könnte.

Nach meiner ersten Nacht in Madagols Hütte fuhr ein Mann namens Abdrakhman – ein Freund von Baitak, der Anteile am Kstau besaß – in seinem alten russischen Geländewagen vor und beförderte mich zurück nach Akbakai. »Morgen Abend feiern wir den Geburtstag meiner Tochter«, verkündete er. »Du wirst ein Ehrengast sein! Wir ketten dich bis Neujahr in unserem Haus an!«

Abdrakhman war noch nicht sehr lange in Akbakai und betrachtete meine Anwesenheit als Chance, seinen Freundeskreis zu vergrößern. Als Ehrengast erwartete man von mir, einen Toast auf jeden Gast auszusprechen, der sein Haus besuchte. In den nächsten Tagen reihte sich ein Fest und Trinkgelage an das andere, wobei den Höhepunkt der Silvesterabend bildete, an dem wir im Schnee zu kasachischer, russischer und usbekischer Musik tanzten, während Feuerwerkskörper herumflogen und gefährlich von den Mauern des Hauses zurückprallten. Für mich und alle anderen – zu denen Sprengstoffexperten, Händler von Schmuggelgold und Bergarbeiter zählten – war es eine Gelegenheit, für kurze Zeit alle Widrigkeiten um uns herum zu vergessen.

Das Einsetzen strengen Frosts setzte der Feierei ein Ende, und am Neujahrsmorgen bekam ich die Quittung präsentiert. Ich wachte, in kalten Schweiß gebadet, auf und hatte nachmittags immer wieder Fieberschübe. Und Abdrakhman, der erschöpft und bettlägerig war, meinte, dass es für mich höchste Zeit sei, zu verschwinden.

Wieder einmal suchte ich Zuflucht bei Baitak. Er nahm mich ganz selbstverständlich bei sich auf und überließ mir in den nächsten drei Tagen das einzige Bett im Haus, während er, seine Frau und sein Sohn auf dem Boden schliefen.

Ich wollte eigentlich nur eine Nacht bleiben, hatte jedoch eine so schwere Grippe, dass daraus zwei Wochen wurden. Anfangs war mir noch bewusst, dass ich kostbare Zeit verlor, und ich fragte mich, wie Madagol wohl mit meinen Pferden und Tigon zurechtkam. Doch auf Baitaks Zureden hin ergab ich mich in mein Schicksal und lag tagelang orientierungslos da, während seine Frau Rosa sich rührend um mich kümmerte.

Eine Woche nach dem Ausbruch meiner Krankheit wurde auch Baitak krank. Jetzt lagen wir Seite an Seite in unseren Krankenbetten und wurden von Rosa versorgt. Wir redeten stundenlang über Politik, die Gegensätze zwischen der westlichen Welt und Kasachstan, über alles, was mit Nomaden und Pferden zu tun hatte, und natürlich über das Leben in Akbakai. Es war kaum möglich, Baitak und Rosa zu erklären, wie ich in Australien lebte. Da ich drei Pferde besaß und keinen Job zu haben schien, nahmen sie an, dass ich so reich sei, dass Geld keine Rolle spiele.

Als Baitak und ich auf dem Weg der Besserung waren, nahmen wir regelmäßig unser Frühstück, Mittagessen und Abendessen in seinem Café ein. Diese Mahlzeiten boten mir die einzigartige Gelegenheit, mir ein umfassenderes Bild vom Leben in Akbakai zu machen.

Der Kundschaft nach zu urteilen, gehörten die Menschen dieser Stadt zwei unterschiedlichen Gruppen an. Die eine Gruppe bildeten die blassen, erschöpft aussehenden Bergarbeiter, die nach ihrer strapaziösen Arbeit in den Minen hierherkamen, um etwas zu essen und Wodka zu trinken. Einige von ihnen wurden von weither zu 15-tägigen Schichten in die Stadt gekarrt. Ihre Arbeit war gefährlich und nach westlichem Maßstab schlecht bezahlt. In jenem Jahr waren offenbar zwölf Männer in den Minenschächten gestorben – Baitak zufolge eine »sehr geringe« Anzahl. Zur anderen Gruppe gehörten diejenigen, die sich entweder lange vor der russischen Ära in Akbakai niedergelassen hatten oder auf der Suche nach Reichtum dorthin gekommen und geblieben waren.

Im Verlauf meines Aufenthalts erfuhr ich, dass – mit Ausnahme von Madagol, Witka und Grischa – fast jeder, den ich kennenlernte, auf die eine oder andere Weise am Diebstahl von Erz und Abfallerz und dessen Verarbeitung in primitiven Hinterhoflabors beteiligt war. Einmal platzte ich gerade herein, als Abdrakhman in einer Bratpfanne Goldamalgam veredelte, nach einer giftigen Methode, bei der Quecksilber verwendet wird, die aber in den meisten Haushalten der Stadt üblich war. Abdrakhman hoffte, ein Vermögen zu verdienen, bevor er wieder in seine Heimatstadt Moinkum zurückkehrte. Auch in Madagols Viehstall traf ich junge Männer an, die Erz in einem Metallrohr pulverisierten und mit Natriumcyanid mischten. Es war Teil dessen, was sie als »Geheimunternehmen« bezeichneten. Am Ende der Versorgungskette standen Händler, die das Schmuggelgold für 1000 Tenge (rund acht US-Dollar) pro Gramm kauften, um es anschließend in Kirgisistan auf dem Schwarzmarkt zu verkaufen.

Baitak schätzte, dass 50 Prozent der Einwohner – höchstwahrscheinlich er selbst eingeschlossen – aktiv an der Schmuggelökonomie beteiligt waren. Doch die Aktivitäten wurden aus gutem Grund geheim gehalten. Wurde man von der Polizei erwischt, waren große Schmiergeldsummen fällig, um einer Gefängnisstrafe zu entgehen. Die 28 Bergarbeiter, die man in jenem Winter festgenommen hatte, zahlten zusammen angeblich 20 000 US-Dollar, um wieder zur Arbeit zurückkehren zu können. Das machte den Posten des Polizeichefs von Akbakai sehr profitabel. Um den Job zu bekommen, musste man Gerüchten zufolge für eine Dienstzeit von zwei bis drei Jahren 10 000 US-Dollar an regionale Vorgesetzte zahlen.

Als mir das Ausmaß der Operation und die Korruption auf allen Ebenen dämmerte, wusste, ich, dass es nicht möglich war, in Akbakai auf ehrliche Weise zu Wohlstand zu gelangen. Die Politik und das Bestechungssystem in Kasachstan waren mir unbegreiflich, und mich eingehender damit zu beschäftigen hätte den Rahmen meiner Reise gesprengt. Baitak mahnte mich, gar nicht erst den Versuch zu unternehmen. Er wollte, dass ich mich auf meine Genesung und den Schutz meiner Pferde konzentrierte. »Zu dieser Jahreszeit beginnt der Hunger, und ein Pferd kann eine ganze Familie monatelang mit Essen versorgen. Jedes Jahr werden zwei oder drei Tiere meiner Herde gestohlen. Das ist normal. Ich fürchte jedoch, dass auch deine Tiere gestohlen und gegessen werden könnten.«

Während meiner Krankheit war Madagol das Heu für meine Pferde ausgegangen, sodass er sie in die Steppe freiließ. Eine andere Möglichkeit, zu grasen und den Winter zu überleben, gab es für sie nicht.

Bei meinem Aufenthalt in Akbakai kam ich nur selten mit dem traditionellen Steppenleben in Berührung. Dank Baitak lernte ich dennoch einige interessante Bräuche kennen.

Als wir uns von der Grippe erholt hatten, sagte er mir, dass ich vor meiner Abreise unbedingt noch die *sogym* genannte Winterschlachtung der Tiere miterleben müsse – und nicht nur irgendeine *sogym*, sondern die heiligste von allen, die eines Pferdes.

An einem relativ milden Morgen Mitte Januar versammelten sich Abdrakhman, Rosa, Baitak und andere, mit Messern und Äxten bewaffnet, in Madagols Hütte. Das fragliche Pferd war ein elfjähriger Wallach, den man mit Weizen, Gerste und Heu gemästet hatte. »Je dicker das Pferd, desto besser die *kazy*«, erklärte Baitak. Ich hatte mir schon bei vielen Gelegenheiten die berühmte kasachische Pferdewurst schmecken lassen, die aus dem Fleisch und dem gelblichen Fett hergestellt wird, das an der Wirbelsäule und den Rippen sitzt. Fleisch und Fett werden in Streifen geschnitten, mit einer Mischung aus Knoblauch und Salz in Därme gesteckt und dann gekocht.

Nachdem man das Pferd aus dem Gehege geholt hatte, ging alles ganz schnell. Zuerst wurden ihm die Beine zusammengebunden. Als der Wallach das Gleichgewicht verlor und auf die Seite fiel, rollten die Männer ihn schnell auf den Rücken.

Baitak, der meine Beklemmung spürte, erklärte mir, was vor sich ging. »Wir haben fürs Reiten, für Rennen, für Milch und Fleisch unterschiedliche Pferde. Doch welchem Zweck sie auch dienen, du wirst in Kasachstan kein Pferd finden, das an Altersschwäche stirbt. Es ist ein Sakrileg, so kostbares Fleisch verkommen zu lassen. Mit dem Fleisch eines einzigen Pferdes kann eine Familie den Winter überleben. Außerdem würde es die Würde des Pferdes verletzen, es verrotten zu lassen – das wäre so, als würde man sein Tier im Stich lassen, es verleugnen. Andererseits schlachtet ein Reiter sein Lieblingspferd nie selbst – er ›schenkt‹ oder ›verkauft‹ es jemandem, der dann die Aufgabe übernimmt. Ich könnte mir nie vorstellen, mein Messer an meinem eigenen Pferd anzusetzen.«

Ich beobachtete, wie die Männer den Kopf des Pferdes auf einen Hackblock hoben. Madagol faltete die Hände zum Gebet. Ich konzentrierte mich auf das Pferd. Es hatte die Augen weit aufgerissen und kämpfte darum, zurück zu den Männern zu schauen, die es festhielten.

Aus seinen geblähten Nüstern entwich gefrorener Atem. Schließlich gab es den Kampf auf und richtete den Blick himmelwärts.

Madagol fuhr mit einem langen Messer hin und her. Ich wollte wegschauen, doch das wäre mir feige vorgekommen. Man hörte ein Keuchen und dann ein Gurgeln, als Blut herausschoss und in ein speziell dafür vorgesehenes Gefäß floss. Dann war alles vorbei. Der leblose Kopf wurde nach hinten gekippt und hing nur noch an Hautfetzen und ein paar Knochen. Das Blut strömte mir wieder in den Kopf, und mein Herzschlag verlangsamte sich. Das Pferd war tot. Auch die anderen Männer entspannten sich und machten sich dann mit ihren Messern und Äxten an die Arbeit.

Schon bald brachte Madagols Frau den Männern eine Flasche Wodka. Madagol trank als Erster, dann Baitak und die anderen. Nach wenigen Stunden hatte man die verschiedenen Fleischstücke in Kartoffelsäcke sortiert. Wir setzten uns um einen Tisch und aßen *kurdak*, ein traditionelles Gericht aus gebratenen Innereien, einschließlich Herz, Leber und Nieren.

Es ließ sich nicht leugnen, dass ich die Pferdeschlachtung emotional abgelehnt hatte. Ich hatte meine Pferde lieb gewonnen und konnte mir beim besten Willen nicht vorstellen, sie zu schlachten. Doch als ich dort saß, auf frisch gebratener Leber herumkaute und das Strahlen in den Augen von Baitak, Madagol und den anderen sah, fühlte ich mich von dem Wunder des Lebens in der Steppe überwältigt – davon, dass das Gras, das das Land bietet, in Leben spendendes Fett und Muskeln umgewandelt werden kann. Pferdefleisch zu verzehren war ein wichtiger Teil der Pferdeverehrung der Nomaden. In dem Wissen, dass ihre Tiere traditionell ihre einzige Überlebenschance darstellten, schätzten sie den Wert des Fleisches mehr, als die meisten von uns es sich vorstellen können.

Nach dem zweitägigen Schlachtfest bereitete ich meine Abreise vor. Inzwischen war ich so in die Familie integriert, dass mich der Gedanke, weiterzuziehen, traurig machte. Selbst Madagol, der Vorbehalte gegen mich zu haben schien, war ein wenig freundlicher geworden. Das lag unter anderem daran, dass ich erzählt hatte, im australischen Outback würden etwa eine halbe Million wilde Pferde umherstreifen. Er träumte davon, eine Herde zusammenzutreiben und nach Hause zu bringen, um sie als Fleisch zu verkaufen.

»Ist der Indische Ozean ein flacher oder ein tiefer See?«, fragte er eines Abends.

Als ich aufbrechen wollte, protestierte Baitak heftig gegen meine Entscheidung. Madagol wiederum war wütend, dass ich mich weigerte, seinen Wünschen nachzukommen: »Wozu brauchst du einen Hund? Lass ihn hier!«, verlangte er. Auch meine Pferde, Seile und Sattel wollte er haben.

Baitaks Aufregung rührte daher, dass ich als nächsten Halt Ulanbel, ein fünf Tagesritte entferntes Dorf, gewählt hatte, das für seine Kriminellen bekannt war. Außerdem jagten die Wölfe genau in dieser Jahreszeit in Rudeln. Er hatte Angst um meine Sicherheit und fand, dass ich die Sache überstürzte und leichtsinnig war.

Trotz allem empfand ich Erleichterung, als ich Madagols Kstau verließ und endlich wieder alleine war. Ich kam durch kleine Schluchten und Täler gut voran, und als ich am Abend mein Lager aufschlug, waren die Berge, die Akbakai umgaben, nur noch ein Leuchtfleck am Horizont. Doch dann erwartete mich ein weiterer Tiefschlag. Die Dichtung meiner Brennstoffflasche platzte, und das ganze Gas lief aus, noch bevor ich mir mein Abendessen kochen konnte. Außerdem entdeckte ich beim Absatteln, dass die wunde Stelle an Taskonirs Widerrist wieder so geschwollen war wie vor drei Wochen. Morgens wurde ich dann von einem Schneesturm überrascht, und auch der Abszess an Taskonirs Huf war mit aller Macht zurückgekehrt.

Ich packte zusammen und ritt zurück nach Osten, denn ich wusste, dass ich meine Tour erst wieder fortsetzen konnte, wenn der Winter vorbei war.

Nach meiner Rückkehr nach Akbakai beschoss ich, noch einmal nach Öskemen im Osten Kasachstans zu reisen. Dort wollte ich meinen zweiten kanadischen Packsattel abholen – der von der Mongolei aus per Post dorthin geschickt worden war – und Visaprobleme klären, um besser vorbereitet wieder in Akbakai einzutreffen. Madagol war überglücklich, dass ich ihn im Voraus dafür bezahlte, sich um meine Tiere zu kümmern, und Baitak war erleichtert, als er von meinem neuen Plan erfuhr. Wenige Tage später saß ich im Taxi, im Gepäck 100 Pfund rohes Pferdefleisch, das ich Baitaks Verwandten in Almaty bringen sollte, bevor ich weiter nach Öskemen fuhr.

Ich hatte vor, zwei Wochen später wieder in Akbakai zu sein, doch dieser Plan ging nicht auf. In Öskemen, wo ich bei Jewgeni Jurchenkow und seiner Familie wohnte (die mir bei meiner Ankunft in Kasachstan wertvolle Unterstützung geboten hatten), wurde ich von der Einwanderungsbehörde einbestellt, weil ich mein Visum nicht hatte registrieren lassen. Die Beamten waren fassungslos, durch welche Gebiete ich geritten war – oft nahe sensiblen Grenz- und Militärgebieten –, und entschieden, dass ich entweder eine Geldstrafe bezahlen müsse oder ausgewiesen werden würde (was dank der Hilfe eines einheimischen Fernsehkorrespondenten, der eine Geschichte über mich brachte, verhindert werden konnte).

Als ich Ende Februar wieder nach Akbakai kam, musste ich feststellen, dass der Winter einen hohen Tribut gefordert hatte. Die Temperaturen hatten dort einen Monat lang in einem Bereich von minus 28 bis minus 32 Grad gelegen. Es war einer der kältesten Winter seit Menschengedenken gewesen, mit einem nahe dem weit im Nordosten gelegenen Öskemen verzeichneten Tiefstwert von minus 52 Grad. Im Süden Kasachstans war ungewöhnlich viel Schnee gefallen, und wie Aset es in Erwartung eines Zud vorhergesagt hatte, waren einige Pferde nach dem Winter praktisch nackt, weil sie ihr eigenes Haar gefressen hatten.

Obwohl ich dafür gesorgt hatte, dass Weizen nach Akbakai geliefert wurde, hatten meine Tiere sich die meiste Zeit allein in der Steppe ohne Futter und Unterstand durchschlagen müssen. Baitak und Madagol hatten sie irgendwann aus dem Auge verloren und erst nach einer Woche in einer Schlucht wiederentdeckt, in der sie Schutz vor dem Wind suchten.

Bereits in Öskemen hatte ich gespürt, dass der Winter es nicht gut mit Tigon gemeint hatte. Als Madagol ihn einmal mit in die Stadt genommen hatte, war Tigon plötzlich verschwunden. Madagol und Baitak fürchteten schon, dass jemand ihn verspeist habe. Eine der Minen war pleitegegangen und ein paar der hungrigen, arbeitslosen Arbeiter waren bekannt dafür, Hunde zu jagen. Baitak hatte das Gerücht gehört, dass ein russischer Hundefresser namens Petrowitsch Tigon gefangen halte.

»Wenn dieser australische Hund nicht zurückkommt, dann weiß ich, dass du es gewesen bist. Wage es nicht, ihn zu essen!«, hatte Baitak ihn gewarnt. Sieben Tage später fand man Tigon mit Prügelmalen und von Schmierfett und Schmutz bedeckt in einer alten Bergbaubaracke. »Keiner hat geglaubt, dass er überleben würde. Ich habe ihn dann sofort für mehrere Stunden in eine Sauna gebracht, ihm Wodka eingeflößt und ihn mit rohen Eiern gefüttert«, erzählte mir Baitak. Tigon war nur noch Haut und Knochen und konnte sich kaum bewegen, als wir beide wieder vereint waren.

Es dauerte drei Wochen, bis Tigon wieder laufen konnte. Während dieser Zeit wurde ich von CuChullaine O'Reilly von der Long Riders' Guild zur ersten internationalen Versammlung von Forschungsreisenden zu Pferd nach London eingeladen. Dort sollte ich zum Mitglied der Royal Geographic Society ernannt werden. Anfangs widerstrebte mir der Gedanke, nach London zu fliegen, doch solange Tigon krank war, konnte ich nicht wieder hinaus in die Steppe reiten, und mein Großonkel und meine Großtante, John und Alison Kearney, boten mir ihre finanzielle Unterstützung beim Kauf der Tickets an. Ich kam zu dem Schluss, dass ich mir die Gelegenheit nicht entgehen lassen sollte, vor allem weil ich auf diese Weise ein paar Tage mit Kathrin verbringen könnte.

Als ich Ende März zurück nach Akbakai kam, waren aus dem geplanten zweitägigen Aufenthalt zu Weihnachten drei Monate geworden, und da ich das Elend des harten Winters noch frisch in Erinnerung hatte, bezweifelte ich, dass ich bis Ungarn durchhalten würde. Und ich fragte mich, ob ich, selbst wenn es mir gelang, je auch nur ansatzweise den Geist des Nomadentums wiederfinden würde.

Baitak jedoch – dem ich rückblickend mein Leben oder zumindest das Leben von Tigon und meinen Pferden verdanke – sagt, dass er nie auch nur einen Augenblick daran gezweifelt habe, dass ich es bis Ungarn schaffen würde.

Otamal

Ende März, als die Tage länger wurden, gab es die ersten Anzeichen, dass der Winter kapituliert hatte. Überall im Nordosten Kasachstans wurde der Frost von Regen und Schneeregen durchbrochen, und im Süden zog sich der Schnee auf die hoch gelegenen Hänge des Tienschan zurück. In Almaty liefen einige unerschrockene Mädchen sogar schon wieder mit nackten Beinen umher. Ein Russe hatte mir einmal erklärt, dies führe im Frühling jedes Jahr vermehrt zu Auffahrunfällen, die von männlichen Fahrern in der Nähe von Bushaltestellen verursacht wurden.

Auch die lähmende Wirkung des Winters auf das politische Leben ließ langsam nach. Im benachbarten Kirgisistan nahm eine Protestbewegung ihren Anfang, die später als Tulpenrevolution weltweit für Schlagzeilen sorgen sollte. Der abgesetzte Präsident Askar Akajew, den man der Korruption und des Wahlbetrugs beschuldigte, war nach Moskau ins Exil geflohen. Für viele Russen, und insbesondere für russlandfreundliche Kasachen, schien dies jedoch Teil einer großangelegten Verschwörung, den sogenannten Farbenrevolutionen, zu sein. Sie waren überzeugt davon, dass die Aufstände in Kirgisistan ebenso von den Amerikanern finanziert wurden, wie die Orange Revolution, die im Herbst und Winter die Ukraine überrollt hatte und die Rosenrevolution ein Jahr zuvor in Georgien. Es war *das* Gesprächsthema auf den Straßen, Märkten und in den Bussen in der Stadt. Vor allem die Rentner stürzten sich auf jede kleine Neuigkeit, die sie von der Plackerei des Winters ablenkte. Die Frühlingsluft schien voll von neuen Möglichkeiten.

Als ich nach Akbakai zurückkehrte, tauchten die Menschen bleich und ausgemergelt aus ihren Häusern auf. Sie wirkten niedergeschlagen und zählten die Verluste des harten Winters. Infolge der Schneeschmelze war die Steppe ringsum zu unüberwindlichem Sumpfland geworden. Man sagte mir aber, bald würde sie sich in ein Meer aus roten und gelben Tulpen verwandeln.

Ich verbrachte mehrere Tage damit, meine Ausrüstung zurechtzulegen, meine Tiere bei Madagol abzuholen und sie dann auf die Reise vorzubereiten. Während dieser Zeit trocknete auch die Steppe so weit ab, dass sie wieder begehbar war, und mit einem neuen Packsattel, einem gesund aussehenden Tigon und ein bisschen Extragewicht auf meinen eigenen Knochen, dachte ich, nun wäre der geeignete Zeitpunkt zum Aufbruch gekommen.

Als ich am 4. April – dem Tag meines vierten Versuchs, Akbkai zu verlassen – aus Baitaks Hütte direkt in einen heraufziehenden Schneesturm stolperte, konnte ich es nicht fassen. Das Thermometer zeigte minus 20 Grad, und bis ich die Pferde getränkt hatte, war ich bis auf die Knochen durchgefroren. Und dabei war ich so sicher gewesen, die Kälte hätte sich endgültig verabschiedet, dass ich meine Winterkleidung in der Stadt gelassen hatte.

Ich machte mir nicht mehr die Mühe, die Pferde zu satteln, und beschloss stattdessen, zurück ins Bett zu gehen. Baitak sah mich wieder hereinkommen. »Akbakai lässt dich also noch immer nicht gehen? Wir glauben, du bist schuld an diesem Wetter. Nur der Mann im Himmel weiß, was das Beste für dich ist, und es hat einen Grund, weshalb er dich hier festhält. Du hast die richtige Entscheidung getroffen.«

Baitak hatte mich vor diesem jahreszeitlichen Phänomen, das die Nomaden *otamal* nennen, gewarnt.

Es handelte sich um einen plötzlichen Kälteeinbruch, der normalerweise Mitte März und immer genau dann kam, wenn man glaubte, das Wetter hätte sich endlich gedreht. Tiere, die über den Winter mager geworden waren, raffte es leicht dahin, und jeder wusste, auch Menschen konnten ihr Leben lassen, wenn sie vom Otamal überrascht wurden. Der Frühling, erklärte mir Baitak, war die Jahreszeit, in der alles Lebendige am schwächsten und verwundbarsten war.

Für mich hatte das alles aber eine noch weitreichendere Bedeutung, die sich in einem Sprichwort zusammenfassen ließ, welches ich von Baitak und anderen schon oft gehört hatte: »Wann immer du dich im Leben beeilen musst, beeile dich langsam.« In der Steppe maß man die Zeit an den Jahreszeiten, dem Wetter, der Verfügbarkeit von Gras und, am allerwichtigsten, der Verfassung der Tiere. Zu glauben, ich könnte den Lauf der Jahreszeiten beschleunigen, war genauso dumm, wie mit Pferden zu hetzen.

Zwei Tage nach meinem misslungenen Versuch, aufzubrechen, war der Himmel wieder wie leer gefegt, und in den gefrorenen Straßen von Akbakai glitzerte die Sonne. Nachdem wir gemeinsam Pferdekopf gegessen hatten, begleiteten mich Baitak, Rosa und Abdrakhman aus der Stadt zu einer Abschiedszeremonie. Baitaks letzte Worte waren einfach: »Du solltest dich von jungen Leuten fernhalten und die Nähe der Älteren suchen.«

Eingemummelt in eine alte Wollweste und einen Mantel ohne Knöpfe, den Baitak mir gegen die noch spürbare Kälte gegeben hatte, schwang ich mich in den Sattel, pfiff nach Tigon und machte mich, gegen den Wind gelehnt, auf den Weg. Als ich einige Zeit später über die Schulter einen Blick zurück warf, war die Steppe wie leer gefegt.

Bis in den Aul Ulanbel lagen fast 160 Kilometer durch die Betpak-Dala vor mir. Jetzt, wo der Winter vorüber war, hatte sich diese gefrorene Wildnis in eine trockene Wüste verwandelt, und ich hoffte, ein paar übrig gebliebene Pfützen geschmolzenen Schnees zu finden, um überhaupt durchzukommen.

Die ersten drei Tage ritten wir entlang brauner schlammiger Salzebenen unter den wechselnden Schatten der Wolken, die über die Wellen der Landschaft wogten. Hügel, nicht viel höher als Bodenwellen, wirkten in der ausgesetzten flachen Landschaft wie Berge. Sie erhoben sich vor uns aus dem Boden, zogen seitlich vorbei und schrumpften hinter uns wieder in sich zusammen.

Trotz der Kälte und der vom Eis zerfetzten und ausgemergelten Erde – mit all ihren vom Schnee platt gedrückten Pflanzen – zeigten sich erste Anzeichen des Frühlings: gelbe Zaunkönige näherten sich hüpfend meinem Zelteingang und Gänse in V-Formation durchpflügten den Himmel. Was mich jedoch am meisten faszinierte, waren die zarten Grasbüschel, die zwischen den robusten Wüstenpflanzen auftauchten. Widerstandsfähig genug, um den Härten des Winters zu trotzen, waren sie das kleine Wunder, das für den Erhalt des Lebens sorgte. Die Pferde versetzte dieser Anblick in helle Aufregung, und in ihrer freien Zeit versuchten sie, an die neu gesprossenen Gräser heranzukommen. Allerdings zerkratzten sie sich an den harten und trockenen Pflanzen, unter denen sich das Gras versteckte, meist nur ihre Mäuler.

Tigon war vor Begeisterung ganz aus dem Häuschen. Da der Schnee beinahe verschwunden war, fror es ihn nicht mehr an den Pfoten. Es war aber auch noch nicht zu warm, so dass er ewig umherrennen konnte und dabei kaum die Zunge heraushängen musste, um sich wieder abzukühlen. Er flitzte herum, buddelte, jagte und schnüffelte und lief dabei oft parallel zu uns auf den Kämmen entfernter Hügel. In regelmäßigen Abständen meldete er sich bei meiner Karawane zurück und leckte dabei den Pferden über die Schnauze. Zhamba und Ogonjok schien das nicht zu stören, aber Taskonir, der hartgesottene alte Griesgram, schnappte meist zurück und drohte Tigon mit stampfenden Hufen. Tigon, der diese unfreundliche Reaktion nicht verstand, kniff den Schwanz ein und warf mir mit seinen leuchtenden bernsteinfarbenen Augen einen besorgten Blick zu.

Am vierten Tag waren die Temperaturen deutlich gestiegen und der restliche Schnee des Otamal geschmolzen. Staubteufel wirbelten über die Ebene, und ab und zu wurden wir von einer dieser Wolke aus Staub und Sand eingehüllt. Mehrmals blieb ich in Salzsümpfen stecken und war gezwungen, wieder umzukehren. Die Pferde waren durstig, und da wir keinen stabilen Boden unter den Füßen hatten, kamen wir nur schleppend voran.

Spätabends steckte ich meinen Kompass dann endgültig weg und folgte stattdessen einem großen Raubvogel, der mich auf rote felsige Bergkämme führte. Von dort aus konnte ich auf die endlosen Salzebenen im Süden und auf die sich im Norden ausbreitende Steppe blicken, deren zackige kleine Bergspitzen den Horizont durchbrachen. Ein wohliger Gedanken stieg in mir auf: Je weiter der Horizont wurde, desto mehr schrumpfte meine eigene Welt wieder auf den kleinen vertrauten Kreis meiner Tiere zusammen.

Als ich die Spitze des Kamms erreichte, flog der Vogel noch ein kleines Stück weiter und führte mich zu Wagenspuren, die in Richtung Westen zeigten. Aber das war noch nicht alles: Er hatte sich auf einer von zwei runden Anhäufungen aus Steinen und Erde niedergelassen, bei denen es sich mit Sicherheit um alte Nomadengräber handelte.

Bevor ich weiterzog, stieg ich vom Pferd und hielt eine Weile inne. Ich konnte mich des Gedankens nicht erwehren, wie es wohl gewesen wäre, diese Reise 100 Jahre früher zu machen. Zweifellos wäre ich von Aul zu Aul durch die Steppe gezogen und hätte mich dabei von Menschen leiten lassen, die auf den Rücken ihrer Pferde schon jeden Winkel dieses Landes erkundet hatten. In gewisser Weise hatte ich diese Erfahrung schon in der Mongolei gemacht. Selbst in den lebensfeindlichsten Landstrichen kam es dort kaum vor, dass keine Jurte oder kein Reiter am Horizont zu entdecken waren, auf die man hätte zureiten können, um nach dem Weg zu fragen. Ich hatte das Gefühl, hier vor mir lagen nicht nur ein paar einzelne Menschen begraben, sondern ein ganzes Volk und seine Lebensweise.

Am Rand des Plateaus – in der Ferne die Wassertürme und Häuser von Ulanbel – schlugen wir unser Lager auf. Beim Abendessen versammelten sich die Pferde um mich und versuchten, etwas aus meinem Topf zu stibitzen. Tigon kläffte sie entrüstet an. Er wollte nicht, dass sie sich etwas holten, von dem er glaubte, es stünde eigentlich ihm zu. Ich war stolz und erleichtert. Wenn ich bis Ulanbel kommen würde, konnte ich es auch bis Ungarn schaffen.

Jeder, mit dem ich in Akbakai gesprochen hatte, hatte mich davor gewarnt, dass man mir in Ulanbel nicht nur die Pferde stehlen, sondern mir auch »sämtliche Kleider vom Leib klauen« und mich dann nackt zurücklassen würde.

Abdrakhman hatte am Tag meiner Abreise sorgenvoll den Kopf geschüttelt: »Timburek! Sei bloß vorsichtig! In Ulanbel wirst du keine Baitaks treffen.« Mir schien es eher unwahrscheinlich, dass ein so kleiner und isolierter Aul von Banditen bewohnt sein sollte, aber irgendeinen Grund musste es für seinen schlechten Ruf ja geben. Noch im Jahr 2000 war die Betpak-Dala die Heimat einer einzigartigen Spezies von Wanderantilopen, die man Saiga nennt. Man geht davon aus, dass die Saigas mit Tierarten aus der Zeit des Mammuts verwandt sind und ein lebendes genetisches Zwischenglied zwischen Antilope und Schaf bilden. Auch für ihre Schnelligkeit von bis zu 100 km/h sind sie bekannt. In Akbakai hatte man mir beschrieben, wie Ulanbel bis in die 1960er-Jahre von Tausenden Tieren überschwemmt wurde, wenn diese sich auf ihrer jährlichen Wanderschaft befanden. Angeblich waren es so viele, dass man sie in den Straßen fast berühren konnte.

Jetzt war hier schon seit Jahren kaum mehr ein Saiga gesichtet worden, obwohl wir uns in einer Region befanden, die einmal als die »Serengeti Zentralasiens« bekannt war. Die traurige Wahrheit war, der Zusammenbruch von Wirtschaft und Gesetz in den 1990er-Jahren hatte zu einem enormen Anstieg der Wilderei geführt. Vor allem die männlichen Saigas wurden gejagt, da ihre Hörner in China zur Herstellung von Erkältungsmedizin verwendet werden. Die geschätzten 800 000 Tiere, die in den 90er-Jahren in den Steppen Kasachstans und Russlands lebten, sind angeblich auf 40 000 geschrumpft – und fast keines davon lebt mehr in der Betpak-Dala.

Die Ausrottung der Saigas in der Betpak-Dala ging teilweise von Ulanbel aus. Abgeschnitten von den Zentralbehörden, wurde der Aul zu einem geeigneten Tummelplatz für Händler, Wilderer und Schmuggler. Da es inzwischen aber gar keine Saigas mehr gab, auf die die Wilderer hätten schießen können, hatte sich die Situation ein bisschen beruhigt – so hatte es Baitak zumindest gehört. Aber gerade deshalb seien meine Pferde auch in noch größerer Gefahr und könnten von »gelangweilten«, »arbeitslosen« Kriminellen gestohlen werden.

Mit dieser beängstigenden Aussicht im Hinterkopf überquerte ich nervös den Fluss Schu, an dessen südlichem Ufer sich der Aul befand. Die Brücke verhieß nichts Gutes – in der Mitte musste ich absteigen und die Pferde um Löcher herumführen, die so groß waren, dass ein Auto hätte durchfallen können. Als ich, noch immer zu Fuß, sicher auf der anderen Seite angelangt war, fand ich mich in einer völlig anderen Welt wieder. Es gab Steinhütten und Zäune, die breiten, sandigen Straßen säumten Häuser aus Lehmziegeln, Kühe trotteten gemächlich umher, und irgendwo konnte man ein Motorrad starten hören. Ein alter Mann mit ein paar vereinzelten Zähnen war zu sehen, der seinen Eselskarren zum Fluss führte. Ich konnte mich an kaum einen Ort erinnern, der ein positiveres Lebensgefühl ausstrahlte.

Mir blieb allerdings wenig Zeit, mich in Träumereien zu verlieren. Sobald ich die Hauptstraße erreicht hatte, kam ein Mann in grauem Umhang und mit Fellmütze aus seinem Haus gestürzt. Die Hände in die Hüften gestemmt blieb er in einiger Entfernung stehen:

»*As-salam aleikum!* Verkaufe mir dein schwarzes Pferd! Es gefällt mir!«

»Nein! Ich brauche mein Pferd! Ich werde es nicht verkaufen!«, rief ich zurück und kletterte wieder in meinen Sattel.

Als der Mann näher kam, schnupperte Tigon an seinem Schritt, und der Mann hob verängstigt die Hände. Ich beruhigte mich wieder, und mir wurde bewusst, dass die Begrüßung des Mannes eine Höflichkeitsbezeugung war. Zudem wirkte er mit seinem rundlichen Bauch, den rosigen Wangen und dem einschlägigen kasachischen Schnurrbart nicht gerade bedrohlich. Fünf Minuten später war ich bei ihm zu Hause, und wir tranken Tee.

Temir, so hatte er sich mir vorgestellt, bestand darauf, dass ich über Nacht blieb und begann dann zu erklären, dass der Name *Ulanbel* auf Mongolisch »roter Berghang« bedeutete und sich auf den langen, sandigen Kamm der im Süden gelegenen Moinkum-Wüste bezog. Früher beheimatete der Aul ein Schafzuchtkollektiv, das in Spitzenzeiten bis zu 60 000 Tiere hatte, inzwischen aber aufgelöst war. Ungefähr 10 000 Schafe waren noch übrig und in privatem Besitz. Die Hirten, die früher für das Kollektiv gearbeitet hatten, brachten ihre Fähigkeiten jetzt bei der Saigajagd und beim Fischen zum Einsatz, oder sie gruben nach Steinen, die sie zum Bau von Zäunen, Häusern und Viehgehegen verkauften.

Die Gerüchte, die ich in Akbakai über die Saigas gehört hatte, schienen wahr zu sein. Temir fragte mich mit hoffnungsvollem Blick, ob ich unterwegs welche gesehen hätte, und als ich ihm sagte, dass mir keine begegnet seien, schüttelte er traurig den Kopf. Sogar jetzt, wo die Saigas kurz vor dem Aussterben waren, gab es scheinbar immer noch vereinzelt Fälle, in denen sie getötet wurden, und die Einheimischen handelten nach wie vor mit den Hörnern, die sie verstreut in der Steppe fanden.

Nach allem, was ich über die Plünderung von Kasachstans Rohstoffen in Tasaral und Akbakai schon gehört hatte, war dies nichts Neues mehr für mich. Aber als Temir anfing von Nomaden in der nahegelegenen Wüste zu erzählen, horchte ich auf.

»Du hast Glück, Tim. Man sagt, sie seien gerade auf Wanderschaft und kommen morgen auf ihrem Weg in die Betpak-Dala durch Ulanbel.«

Gleich nach dem Mittagessen am nächsten Tag wurde das träge Leben im Aul von wildem Gebell jäh unterbrochen. Wie das Hauptsegel eines riesigen Schiffs blähte sich eine Wolke aus Sand und Staub am südlichen Horizont. Tigon, der sich einer streunenden Meute lokaler Hunde angeschlossen hatte, machte sich mit hoch aufgestelltem Schwanz panisch davon.

Als ich bei der Brücke ankam, umwehte mich der penetrante Geruch des Viehs. Die sonst so trostlose Straße, die aus der Wüste in den Aul abbog, war von einem Gewimmel aus 500 Schafen und Ziegen, 50 Pferden, 20 struppigen Kamelen und ein paar Eseln bevölkert. An der vordersten Spitze des Trupps brach ächzend ein russischer Lastwagen durch die Bugwelle aus Staub, beladen bis oben hin mit Habseligkeiten. Gleich dahinter folgte ein Motorrad, dessen Seitenwagen vollgestopft war mit kleinen Kindern mit weit aufgerissenen Augen, und am hinteren Ende bildeten mehrere Männer das Ende der Gruppe. Einer von ihnen, ein alter Mann mit grauem Bart und lila Fuchsfellmütze, saß absolut aufrecht auf seinem grauen Pferd.

Als sie an die Brücke kamen, deckten die Männer, die vorne im Lastwagen gesessen hatten, die Löcher mit Planken und Brettern ab, und nach einer kurzen Trinkpause für die Tiere rumpelte die gesamte Karawane hinüber ans nördliche Ufer. Innerhalb einer halben Stunde waren die Nomaden aufgetaucht und wieder verschwunden, und selbst der Staub hatte sich wieder gelegt, als ob es sie nie gegeben hätte.

Da ich unbedingt mehr herausfinden wollte, bezahlte ich Temirs Sohn, damit er der Karawane mit dem Motorrad bis zu ihrem geplanten Lagerplatz folgte. Tigon begleitete uns. Er sprintete hinterher und hinterließ seine eigenen Wölkchen aus Staub und Sand.

Was am Tag zuvor noch stille Steppe war, brodelte jetzt vor Aktivität. Auf der Ladefläche des Lastwagens spielten die Kinder mit kleinen Ziegen, während große braune Felllappen ausgerollt wurden und man gemeinsam begann, eine Jurte aufzustellen. Es waren ungefähr 15 Mitglieder einer Großfamilie, die in der Jurte und einem rostigen alten Wagen, den der Laster hinter sich hergezogen hatte, untergebracht werden sollten.

Als die Jurte stand, machten sich die Frauen daran, das Innere mit Fellteppichen und Wandbehängen auszukleiden. Außen wurden Zäune für ein Gehege aufgebaut und eine Drainage um die Jurte gegraben. Als Beweis, dass das Gehege tatsächlich notwendig war, zeigte man mir die vernarbten Flanken zweier Pferde, die Opfer eines Wolfangriffs geworden waren.

Nach Einbruch der Dunkelheit war die Jurte möbliert, die Schafe machten es sich schnaubend, schnüffelnd und furzend in ihrem Gehege bequem, und auf einem offenen Feuer brutzelte ein frisch geschlachtetes Lamm. Inmitten dieser Lagerszenerie, die überall in der Steppe früher einmal ein gewohntes Bild gewesen sein musste, ließen sich die Männer mit einem erleichterten Seufzen nieder. Ich setzte mich zu ihnen und genoss jedes Detail.

Einer der ältesten Männer drehte sich zu mir um und grinste:

»Du hast schon bemerkt, dass die ›Hungersteppe‹ nicht wirklich hungert, oder? Es gibt hier draußen gutes Gras, und unsere Tiere kehren immer fett zurück. Man muss einfach nur wissen, wann und wie man es findet.« Seine Augen leuchteten, als würde er von einem Festmahl berichten.

Ich bat ihn weiterzuerzählen. Er fragte nach einem Blatt Papier und einem Stift, also gab ich ihm mein Tagebuch. Im Licht der glühenden Kohlen zeichnete er eine einfache Karte.

»Das ist mein Land«, sagte er, »und das meiner Vorfahren, des Stamms der Naimanen. Seit Generationen lagern wir immer an denselben Plätzen.« Die Karte hatte eine ovale Form, die sich von Norden nach Süden erstreckte und dabei an Landstriche grenzte, die der Tradition nach anderen Stämmen mit anderen Wanderrouten gehörten. Am nördlichen und südlichen Ende überschnitten sich die Winter- und Sommerlagerplätze mit denen ihrer Nachbarn. Hier hatten die Familien Gelegenheit, mit anderen Stämmen und Klans zusammenzukommen, und insbesondere im Sommer fanden an diesen Treffpunkten viele Feierlichkeiten statt. Man organisierte Pferderennen, feierte wichtige Anlässe und hielt Brautschau.

Ein Stück Saxaulholz rollte vom Feuer, und wie ein Schwarm aufgescheuchter Bienen stoben die Funken gen Himmel.

»Das hier ist Baganali-Land. Wir sind der ehrenwerteste Klan von allen. Siehst du die Frau dort drüben?«, fragte mich der Mann und deutete auf eine Frau, die gerade das Lamm auf dem Grill umdrehte. »Ihr kannst du nicht trauen, sie ist eine Tama!« Es gab ein großes Gelächter.

»Und wenn du in ein Aul kommst, Timurbek, dann finde immer zuerst heraus, welcher Klan dort lebt. Wenn du dann hingehst, und sie fragen dich, wer du bist, solltest du immer sagen, dass du einer von ihnen bist. Dann werden sie dich aufnehmen wie einen Bruder … Aber wenn du bis runter ins Karatau-Gebirge kommst, dann sag nicht, du wärst ein Buzhban, denn das ist ein wirklich wildes Volk!« Es gab noch mehr Gelächter.

Die Erzählungen des Mannes hatten mich völlig in ihren Bann gezogen, aber als ich langsam hungrig wurde und meinen Blick über die Glut des Feuers hinaus zu den fernen Lichter von Ulanbel schweifen ließ, erinnerte mich das daran, dass sich diese Familie innerhalb einer

Nation, in der das Nomadenleben Jahrtausende lang die Norm war, heute am Rande der Gesellschaft wiederfand.

Einer der Männer, der auch zugehört hatte, beugte sich nach vorn und sagte: »Das Leben hier war viel besser, bevor dieser Kapitalismus kam! Damals waren wir alle draußen bei den Herden. Ich hatte die Verantwortung für mehr als 10 000 Tiere! Wir hatten zuverlässige Wasserquellen, und jeder hatte Arbeit, nicht wie heute. Es gab ganze Aule aus Jurten in der Betpak-Dala, bis dieser Idiot Gorbatschow aufgetaucht ist.«

Bis zu diesem Zeitpunkt hatte ich kaum darüber nachgedacht, dass dieses Land, das so trocken war, dass es sich für konventionelle Tierzucht und Ackerbau nicht eignete, auch von den Tieren sowjetischer Viehzuchtkollektive abgegrast worden war, die denselben Wanderrouten folgten wie ihre Vorgänger. Alle 20 Kilometer gab es Brunnen und Futtertröge aus Beton, sogar in der ›Hungersteppe‹. In gewisser Weise hatten traditionelles Wissen und sowjetische Ideologie hier erfolgreich zueinandergefunden.

Der Zusammenbruch der Sowjetunion bedeutete für die Lebensweise der Nomaden, die bis dahin überdauert hatte, das abrupte Ende, und mir war jetzt auch klarer geworden, wie es so weit kommen konnte. Die ausschlaggebende Ursache für die jetzige Krise war, dass das Weideland in direkter Umgebung der Auls und Städte für das verbleibende Vieh völlig ausreichte. Man konnte die Tiere das ganze Jahr über grasen lassen, und es gab keinen Grund mehr, entsprechend der Jahreszeiten zu den traditionellen Weideplätzen zu ziehen. Diese Einsicht wurde mir am darauffolgenden Tag in Ulanbel noch bestätigt, als ich hörte, wie die Leute voller Verbitterung und Neid über die Nomadenfamilie sprachen, die ich getroffen hatte.

In Ulanbel traf man auf zahlreiche frustrierte Männer, die Dombra spielten und dazu wehmütige Lieder sangen. Krank vor Sehnsucht nach alten Zeiten schienen sie zu glauben, das moderne Leben sei nur eine vorübergehende Erscheinung und am Ende würden sie wieder zur Lebensweise ihrer Vorfahren zurückkehren. Ich begann, diese sesshaften Kasachen als ruhende Nomaden zu begreifen, die nur darauf warteten, bis sie wieder genügend Tiere hätten, um eine Rückkehr in die Steppe zu rechtfertigen.

Es muss schon fast Mitternacht gewesen sein, als Temirs Sohn nervös auf seine Uhr zeigte. Der Mann, mit dem ich mich unterhalten hatte, versuchte, mich zum Bleiben zu überreden: »Timurbek! Vielleicht willst du ja mit uns durch die ›Hungersteppe‹ ziehen. Wir könnten eine kasachische Frau für dich finden!«

Ja, wenn ich nur könnte. Aber meine Tiere warteten auf mich, und das milde Frühlingswetter lud zur Weiterreise in den kommenden Wochen ein. Ich kletterte hinten auf das Motorrad, und als wir durch die Dunkelheit rasten, fürchtete ich um mein Leben.

Einen Tagesritt westlich von Ulanbel schlug ich mein Lager an einem See auf, der überflutet war vom Überlauf des Schu. Hoch oben an einem orangefarbenen Himmel flatterten Enten. Durch das Schilf schossen in akrobatischen Schwüngen kleinere Vögel, und in sicherer Entfernung zum Ufer glitt ein Paar Schwäne durchs Wasser. Während mein Brei aus Reis und Dosenfleisch vor sich hin köchelte, schaute ich den Pferden zu, die ihre verschwitzten Rücken im Sand wälzten. Taskonir hatte als Erster mit seinen Hufen die Erde gelockert, sich auf die Knie sinken lassen und versucht, sich auf den Rücken zu drehen. Er brauchte mehrere Versuche, aber als es ihm dann endlich gelungen war, warf er sich wild hin und her und fegte mit seiner struppigen Mähne durch den Sand. Sobald die anderen Taskonir auf dem Boden sahen, taten sie es ihm gleich, und nachdem dann alle wieder auf den Beinen waren und sich geschüttelt hatten, standen sie – genau wie ich – einfach nur da und starrten Richtung Westen.

Die nächsten 200 Kilometer wollte ich so weit wie möglich dem Lauf des Schu zwischen Moinkum- und Betpak-Dala-Wüste Richtung Westen folgen. Wie viele Flüsse Zentralasiens entsprang der Schu groß auftrumpfend im kirgisischen Tienschan-Gebirge, wurde dann, je weiter er ins Landesinnere vordrang, immer seichter und versickerte schließlich kläglich in einigen Salzseen und trockenen Ebenen. Aber jedes Jahr im Frühling schoss das Wasser der Schneeschmelze durch sein Bett und brachte einen flüchtigen Überfluss an neuem Leben mit sich. Zum ersten Mal seit Beginn meiner Reise schien dieser grüne Streifen eine Atempause zu versprechen, von der ich bislang nur geträumt hatte: tagelang Zugang zu frischem Wasser und üppigen Weideflächen.

In dieser ersten Nacht, nachdem ich Ulanbel verlassen hatte, schlief ich im Zelt ohne wärmende Mütze – das ersten Mal seit sechs Monaten – und erwachte am nächsten Morgen mit klarem Kopf und einem Gefühl der Leichtigkeit. Schon bei Sonnenaufgang saß ich im Sattel und wusste, dass ein guter Tag vor mir lag. Ein leichter Druck in Zhambas Flanken setzte uns in Bewegung, und wir ritten über die sandige Erde. Ich hielt die Zügel locker in einer Hand und ließ die andere entspannt baumeln. Immer wieder drehte ich meinen Oberkörper in alle Richtungen, um das Panorama in mich aufzunehmen. Auf einer Reihe von Reitpfaden durchquerten wir leere Ebenen und schlängelten uns durch hohe Wüstenbüsche. Rechts von uns gab es stets Wasser, und links war Weideland. Um die Mittagszeit hatten wir 20 Kilometer zurückgelegt und bis zum Abendessen schon mehr als 40.

Als ich an diesem Abend dasaß, noch immer überwältigt von den Eindrücken unseres Ritts, spürte ich plötzlich, dass der Frühling nicht nur die Schildkröten und die Wildblumen wieder zu neuem Leben erweckt hatte. Tigon spitze aufmerksam die Ohren, und die Pferde wurden steif und reckten die Hälse.

Als ich aufstand und mich umdrehte, blickte ich direkt in die Augen eines Fuchshengstes. Er bot einen prächtigen Anblick, wie er so dastand mit seinem glänzenden Frühlingsfell, den Schweif hochgestellt wie ein Banner und die Ohren spitz nach vorne gerichtet. Zunächst stand ich einfach nur da und beobachtete fasziniert, wie er schnaubte, auf den Boden stampfte und sein Territorium mit Pferdeäpfeln markierte. Dann begann er, vorwärts zu tänzeln, und mein Verstand setzte wieder ein. Es war bekannt, dass es im Frühling unter den Pferden einer Herden immer Aufruhr und Kämpfe gab. Die heranwachsenden Stuten wurden von ihren Familien verstoßen, und die Hengste wollten sich paaren und kämpften um Partner. Ich hatte gehört, dass konkurrierende Hengste sich mitunter bis zum Tod bekämpften.

Dieser Hengst hier begann jetzt, uns zu umkreisen, und seine gesamte Aufmerksamkeit war auf meine Pferde gerichtet, die ihm mit ihren Fesseln an den Beinen völlig ausgeliefert waren. Tigon sprang auf, um sie zu verteidigen, aber der Hengst griff trotzdem an. Mir fiel nichts anderes ein als loszurennen, mich zwischen den Hengst und die Pferde zu stellen und mit Steinen und Stöcken nach ihm zu werfen. Als ein Stein ihn genau zwischen den Augen traf, zog er sich für ein, zwei Minuten zurück, kam dann aber von Neuem auf uns zu geprescht.

So ging das weiter bis Mitternacht, als es mir dann endlich gelang, ihn aus dem Lager zu vertreiben. Bei Morgengrauen war er wieder zurück, und als ich gerade damit beschäftigt war, Haferbrei zu kochen, sah er seine Chance gekommen.

Als ich aufblickte, erkannte ich, wie ein wildes Knäuel aus Mähne, Schweif und Zähnen sich auf Ogonjok stürzte. Der drehte sich um und wollte weglaufen, aber der Hengst sprang ihn von hinten an, schlug die Zähne in seinen Rücken und zog sie entlang der Wirbelsäule vom Kopf bis zum Schwanz. Ogonjok erreichte das Ende der Leine, die um seine Vorderfessel gebunden war, und überschlug sich auf den Boden. Fast im selben Moment stürzte der Hengst über ihn, und der Metallpfosten, an dem Ogonjok festgemacht war, schoss über beide hinweg. Aber das war noch nicht alles. Jetzt hatte sich Tigon in den Kampf eingemischt, und der Hengst schnappte ihn sich in den Büschen, biss sich in seinem Rücken fest und schleuderte ihn durch die Luft. Erst als Tigon in mein Zelt gehumpelt war, zog sich auch der Hengst hinter die Büsche in den Dünen zurück. Nachdem sich der Staub wieder gelegt hatte, bürstete ich Ogonjok ab und entdeckte dabei zwei blutige Bissspuren, die vom Hals bis zum Rumpf reichten. Ich reinigte die Wunden und beschloss, in Zukunft immer Steine in den Taschen zu haben – eine Taktik, die für den Rest meiner Reise noch entscheidend sein sollte.

Der Hengst war nicht die einzige Gefahr, die der Frühling mit sich brachte. Als ich zusammenpackte, um weiterzuziehen, entdeckte ich Dutzende kleiner Insekten, die in meine Stiefel sprangen und an meinen Überhosen hochkrabbelten. Es waren Zecken, und als ich daraufhin die Pferde absuchte, fand ich an ihren Brüsten, Penisschäften und unter ihren Schweifen um den Anus Exemplare, die so dick waren wie Trauben. Sie zu entfernen, war ein ziemlich gefährliches Unterfangen, besonders bei Ogonjok, der mehr als empfindlich war. Viele Zecken platzten, als ich sie abmachte, und als ich endlich fertig war, klebte das sirupdicke Blut, das mit dem ausfallenden Winterfell zu zähen Klumpen geronnen war, an meinen Händen wie Leim.

Es war eine Erleichterung, wieder in den Sattel zu klettern und erneut den Schwung des vorangegangen Tages aufzunehmen. Die kommenden Tage sollten zwar nicht so ereignisreich werden wie die letzten zwölf Stunden, aber mir war bewusst, dass die Begegnungen mit dem

Hengst und den Zecken nur ein kleiner Teil der vielen Eigenheiten des Frühlings gewesen sein konnten, mit denen ich jetzt lernen musste umzugehen.

Westlich von Ulanbel näherten wir uns der Stadt Zhuantobe. In den zwei Tagen, die ich brauchte, um dorthin zu gelangen, hatte ich meinen alten Rhythmus noch nicht wiedergefunden.

Und dann, nur einen Tag vom Aul entfernt, wurde Tigon angefahren, von einem der ersten Autos, das er in seinem kurzen Leben überhaupt je gesehen hatte. Überschwemmungen hatten uns gezwungen, an den Straßenrand auszuweichen, und dort wurde er von einem einsamen Lada erfasst, der aus westlicher Richtung an uns vorbeiraste. Nach dem Zusammenstoß blieb er bewusstlos und blutend liegen. Ich war sicher, dass er das nicht überleben würde. Aber wie es der Zufall wollte, saß auf dem nächsten Motorrad, das vorbeikam, der Tierarzt von Zhuantobe. Tigon kam wieder zu Bewusstsein, und es stellte sich heraus, dass er eine gebrochene Rippe und eine Gehirnerschütterung hatte. Der Tierarzt organisierte eine Fahrt nach Zhuantobe, wo man sich um Tigon kümmern würde, bis auch ich eintraf. Bei meiner Ankunft in der Stadt begrüßte mich eine Horde barfüßiger Kinder, die ganz wild darauf waren, mir den Weg zu Tigon zu zeigen. Wie ein Prinz lag er im Schatten eines Klohäuschens und hatte gerade ein Abendessen aus mehreren Schalen frischer Milch, Fleischbrocken und seiner Lieblingsspeise, Eiern, hinter sich.

Zwei Tage später war Tigon zwar wieder auf den Beinen, aber es wurde auch deutlich, dass der Frühling und damit auch die angenehme Zeit, die uns der Schu beschert hatte, vorüber waren. Die Hitze hatte Einzug gehalten, und ein kleines Stück westlich von Zhuantobe, wo der Fluss sich in Salzseen und Sümpfen verlor, hatten wir das Ende des Schu erreicht. Meine direkte Strecke führte mich von hier 120 Kilometer Richtung Südwesten durch die Moinkum-Wüste bis ins Karatau-Gebirge.

Dieser nächste Abschnitt war ein Vorgeschmack auf die Bedingungen, die mich in den kommenden zwei Monaten in Mittel- und Westkasachstan erwarteten. Wir legten ihn in zwei langen, heißen Tagen zurück. Anfangs wurde ich noch von einem Einheimischen geführt, der mich mit seinem Freund auf dem Motorrad begleitete, aber auf halber Strecke ging den beiden der Sprit aus, und wir mussten feststellen, dass die artesischen Brunnen, die die Nomaden einst benutzt hatten, nicht zugänglich waren. Es ging das Gerücht, das Grundwasser sei erst vor Kurzem durch die Arbeiten in einer kanadisch finanzierten Uranmine verseucht worden.

Die letzten 60 Kilometer der Etappe waren für meine kleine Tierfamilie die bislang schlimmste Durststrecke überhaupt. Unerbittlich trieb ich sie durch die schattenlose Steppen- und Wüstenlandschaft, bis endlich die olivgrünen Kämme des Karatau-Gebirges am staubigen Horizont auftauchten. Dahinter lag der Fluss Syrdarja, der mich, wie ich hoffte, tief ins Innere Kasachstans leiten würde.

Mit Einbruch der Dunkelheit gelangten wir an eine Schlucht, die sich zwischen der Moinkum-Wüste und dem Gebirgszug auftat. In der Schlucht lag eine Ansammlung von Lehmhütten – der Aul Karatau. Ich beeilte mich hinunterzukommen und erwischte gerade noch den letzten Hirten auf seinem Nachhauseweg. Ohne dass ich ein Wort hätte sagen müssen, zeigte er mir den Weg zu einer Tränke und lud mich in seine Hütte ein.

Wüstenschiffe

Im Spätherbst des Jahres 1219 ritt Dschingis Khan an den gefrierenden Ufern des Syrdarja entlang und führte dabei eine berittenes, zwischen 90 000 und 200 000 Mann starkes Heer an. Nach einem langen Ritt von der Mongolei bis dorthin rückte jetzt die bevorstehende Schlacht näher, und man kann sich gut vorstellen, dass sich Energie und Wachsamkeit seines Pferdes durch die kalte Luft noch steigerten.

Dschingis Khan befand sich in Sichtweite der Stadt Otrar im Herzen des mächtigen Choresmischen Reichs. Otrar lag am Nordufer des Flusses, dahinter Samarkand und Buchara. Ein Jahr zuvor hatte Inaltschuk, der Statthalter von Otrar, die Wut des Mongolenführers auf sich gezogen, indem er 450 Kaufleute einer mongolischen Karawane enthaupten ließ. Der Sultan von Choresmien, Muhammad II., fügte dem noch einen weiteren Affront hinzu, als er einen Gesandten Dschingis Khans, der ihm ein Friedensangebot unterbreiten sollte, ebenfalls enthaupten ließ.

Das war mehr als genug, um den Zorn Dschingis Khans zu entfachen, und so stand hier nicht nur ein heißblütiger Racheakt bevor, sondern ein gründlich geplanter Feldzug, mit dem ganz Zentralasien erobert werden sollte. Es ist weithin bekannt, dass Dschingis Khan über ein großes Netz aus Spionen und Diplomaten verfügte, die vor einem Angriff Informationen für ihn sammelten. Außerdem hatte er eine mobile Mannschaft chinesischer Baumeister bei sich, die ausgeklügelte Katapulte, Rammböcke und anderes Belagerungsgerät für ihn herstellten. Als Nomade wusste Dschingis Khan sehr genau, dass jeder Feldzug ebenso sehr von der Wahl des richtigen Zeitpunkts abhing – von der Jahreszeit und dem Zustand der Tiere – wie von Technik und Intelligenz. Seine frühe Jugend, in der er stets ums Überleben kämpfen musste, hatte ihn gelehrt, Tengri, den Gott des ewigen blauen Himmels, der über jeden lebenden Feind wachte, zu fürchten und zu respektieren.

Da er wusste, dass die Reise von der Mongolei bis Otrar besonders für die Pferde sehr hart sein würde, hatte er seinen Männern befohlen, nicht auf eigene Faust zu jagen und die Pferde nur dann zu benutzen, wenn es absolut nötig war. Im Herbst vorzurücken und dann im Winter die Eroberungsfeldzüge durchzuführen war ein entscheidender Bestandteil seiner Strategie. Auf diese Weise vermied er die Hitze des Sommers und das Risiko wundgeriebener Stellen. Außerdem sorgte der Bodentau für mehr Weidegras und einen geringeren Wasserbedarf. Im Spätherbst und Winter gefroren auch die Wasserläufe, und so konnte er mit seinem Heer jeden beliebigen Fluss überqueren.

Als dann im Sommer 1220 die sengende Hitze einsetzte, erwies sich Dschingis Khans Zeitplan als genialer Schachzug, und es war wenig verwunderlich, dass er fortan glaubte, er würde in seinem Bestreben, die Welt zu erobern, von Tengri unterstützt. Otrar war zerstört, und Inaltschuk, den Statthalter, ließ er hinrichten, indem er ihm geschmolzenes Silber in Augen und Ohren gießen ließ. Mit der Wahl einer noch nie berittenen Wegstrecke durch die Kysylkum-Wüste gelang es einem Teil von Dschingis Khans Heer, völlig überraschend in die heilige Stadt Buchara einzufallen und die Garnison dort zu überwältigen. Dschingis Khan ritt in die Stadt und verkündete der dort herrschenden Klasse, Gott habe ihn gesandt, um sie für ihre Sünden zu bestrafen.

Nachdem er auch große Teile Chinas und Turkestans erobert hatte, war Dschingis Khan im Alter von 57 Jahren Herrscher über ein Reich, das sich von Persien bis Peking erstreckte. Und selbst wenn er seine Fähigkeiten mit den bisherigen Erfolgen in China schon unter Beweis gestellt hatte, so war es doch der vernichtende Sieg über das einst mächtige Choresmische Reich, der wegweisend war für die Genialität und die Schrecken zukünftiger mongolischer Eroberungen.

Im Gegensatz zu Dschingis Khans erstem großen Überfall auf Zentralasien verlief mein Versuch, bis an den Syrdarja vorzudringen, nicht ganz so reibungslos. Zwei Tagesritte westlich des Auls Karatau wachte ich um die Mittagszeit zusammengesunken an einer krummen Baumwurzel auf. Das Blut in meinen Ohren pochte, und die Sonne brannte auf meine Augenlider, während sich die Hitze wie ein heißes Bügeleisen auf meine Wangen presste. Ich fühlte mich ungeheuer schlapp, weshalb es eine Weile dauerte, bis ich mich vom Baumstamm hochstemmte und nach der verbeulten Plastikflasche mit meinem Trinkwasser griff. Kurz zuvor hatte ich glücklicherweise neben einer verlassenen Winterhütte einen Brunnen gefunden und es geschafft, meinen zusammenfaltbaren Eimer mit Hilfe von Pferdeleinen 20 Meter tief hinabzulassen. Aber als ich die Leinen wieder nach oben zog, war der Eimer abgerissen. Ich ließ stattdessen diese Plastikflasche hinunter, und so gelang es mir doch noch, Wasser zu holen und die Pferde mit meinen Kochtöpfen zu tränken.

Als das heiße, mit Algen durchsetzte Wasser in meinen ausgedörrten Rachen rann, stieg mir der Gestank von getrocknetem Dung in die Nase. Im Winter und Frühjahr wäre dieser Geruch ein beruhigendes Zeichen für Familie und Gemeinschaft gewesen, für Hunderte von Rindern, Schafen und Pferden, die sich um diesen Baum tummelten – den einzigen, den ich in zwei Tagen gesehen hatte. Jetzt war der Duft nach Vieh nur eine bittere Erinnerung daran, dass die Menschen ins sichere Sommerweideland gezogen waren und ich unter diesem Baum hier alleine war.

Schon seit Längerem plagte mich das ungute Gefühl, entgegen der Zwänge der Jahreszeiten zu reisen. Bislang hatte ich es ignoriert, aber in letzter Zeit konnte ich nicht mehr dagegen ankämpfen. Am Horizont bewegten sich nur die in der Hitze entstandenen Luftspiegelungen und wabernde Wolken aus feinen Dungpartikeln. Begegnet war ich bislang nur einer Familie, die gerade aus der Moinkum-Wüste in die hochgelegenen Weideflächen des Karatau-Gebirges zog. Sie hatten mich eingeladen, beim letzten Frühlingsritual des Jahres, dem Kamelscheren, dabei zu sein, und schauten mich mit ernsten Augen an, als sie begriffen, welchen Weg ich nehmen wollte. »Die Fliegen werden bald da sein«, sagten sie. »Unten am Syrdarja, dort, wo du hin möchtest, wird es noch schlimmer werden. Wenn du dein Pferd dort unten nur eine halbe Stunde festbindest, ist es tot.«

Die Fliegen waren noch nicht da, aber obwohl es erst Ende April war, hatten wir neun Uhr morgens schon Temperaturen um die 30 Grad, und alles Gras, das ich finden konnte, war von der Sonne verbrannt und somit wertlos. Um die Hitze – und das damit verbundene Risiko, sich beim Reiten wund zu scheuern – zu umgehen, hatte ich die Zeit im Sattel in zwei Teile geteilt. Ich brach noch vor Sonnenaufgang auf und ritt bis in den späten Vormittag. Dann sattelte ich ab und suchte Schatten. Sobald die Sonne wieder unterging, setzte ich meinen Weg noch eine Weile fort. Wäre innerhalb einiger Tage oder Wochen Besserung in Sicht gewesen, hätte das Reiten unter diesen Bedingungen etwas erträglicher sein können, die Hitze, die Einsamkeit und der Mangel an Gras und Wasser waren jedoch nur Vorzeichen dessen, was mich in den langen Monaten, die noch vor mir lagen, erwarten würde.

Eigentlich wollte ich auf dieser Reiseetappe ungefähr 2000 Kilometer Richtung Westen durch die ausgedörrte Mitte Kasachstans bis ans Kaspische Meer reiten. Es galt also, eine riesige, dünn besiedelte Landschaft mit offenen Wüsten und Salzebenen zu durchqueren, die auf halber Strecke zwischen der Mongolei und Ungarn lag, im Zentrum der Eurasischen Steppe.

Ursprünglich hatte ich geplant, diese Durchquerung im Winter und Frühling zu machen, wenn das etwas mildere Winterklima und eine dünne Schneeschicht einen gewissen Vorteil gegenüber einer nördlicher gelegenen Strecke gebracht hätten. Die Verzögerungen in Akbakai hatten mich jedoch ausgerechnet in der heißesten Zeit des Jahres in die trockenste Gegend des Landes geschickt. Jeder Nomade, und ganz sicher Dschingis Khan, hätte alles getan, um das, was mir nun bevorstand, zu vermeiden.

Trost – und in den kommenden Monaten auch meine größte Motivation – schöpfte ich nur aus der Tatsache, dass hinter dem glühenden Kern der Eurasischen Steppe das relativ milde Klima des Kaspischen

Meers und geografischen Europas auf mich wartete, wo uns Wasser und Weideflächen in zunehmend großen Mengen zur Verfügung stünden. Bis dahin blieb mir allerdings nichts weiter übrig, als zu akzeptieren, dass von nun an alles nur noch härter werden würde.

Am späten Nachmittag, als die Hitze der Sonne langsam nachließ, erhob ich mich von meiner Rast unter dem Baum und ritt weiter, fest entschlossen, guten Mutes zu bleiben.

Um die Route, die vor mir lag, leichter zu bewältigen, hatte ich die geplante Strecke in drei Etappen unterteilt. Für jede würde ich schätzungsweise einen Monat brauchen. Die erste – und, wie ich dachte, einfachste – führte Richtung Süden an den Syrdarja und folgte diesem etwa 500 Kilometer, bis er in den Aralsee mündete. Von dort wollte ich die Richtung ändern und auf der zweiten Etappe nach Nordwesten ziehen, um die nordöstliche Spitze der alten Küstenlinie des Aralsees herum und weiter bis zum Fluss Schem (auf Russisch auch Emba). Der letzte Abschnitt sollte dann in südwestlicher Richtung entlang dieses schmalen – teils auch nur saisonalen – Wasserlaufs führen, der mich, wie ich hoffte, durch die westlichen Wüsten bis in die Nähe des Kaspischen Meers brachte. Das war nicht gerade der direkte Weg – alles hing davon ab, wo Wasser zu finden war –, aber wenn ich meinen Plan einhielt, würde ich Anfang Herbst über den Ural ins geografische Europa und nach Russland gelangen.

Ich musste noch einige Tage durch verlassenes Weideland reiten, bevor ich den Kamm des Karatau-Gebirges überquert hatte und mit dem Abstieg zum Syrdarja beginnen konnte. Aus der Ferne sah der Fluss genauso aus wie auf meiner Karte: ein unwirklich scheinendes Band aus Wasser und ledrig grüner Vegetation, das sich über 2211 Kilometer vom Tienschan-Gebirge in Richtung Nordwesten durch die senfgelben Wüsten ganz Usbekistans und Kasachstans bis hin zum Aralsee schlängelte. In einer ansonsten unwirtlichen Landschaft war der Fluss eine sagenumwobene Lebensader, gesäumt von Siedlungen und Städten, die schon seit jeher Bühne der großen Eroberer waren, angefangen bei Alexander dem Großen über Dschingis Khan bis hin zu Tamerlan.

Ein kleines Stück westlich der Stadt Schieli, zirka 97 Kilometer westlich der Ruinen von Otrar, erreichte ich das Flussufer und begann meine lange Reise gen Westen.

Anfangs gewährte uns die Nähe des Flusses noch eine Gnadenfrist. Die ersten zwei Tage wateten wir durch eine Ansammlung getreideanbauender Kommunen, deren Bewässerungskanäle – hauptsächlich für Reis, Mais und Kohl – uns mit reichlich Wasser versorgten. Als die Suche nach einem Pfad durch das Kanallabyrinth mein Fortkommen jedoch zu sehr behinderte, überquerte ich mit einer Behelfspontonbrücke den Fluss ans dünner besiedelte Südufer. Die letzten paar Meter konnte ich dabei nur überwinden, indem ich Pferdedecken und Fellstücke auf eine schmale Rampe legte, die aus zu einer Röhre zusammengeschweißten Armierungsgittern bestand.

Am anderen Ufer angelangt, bewegte ich mich in einem Tempo, das schon fast einen Rhythmus erkennen ließ, auf Wüstenpfaden vorwärts. Ein typischer Tag begann um vier Uhr morgens, wenn noch der Hauch einer kühlen Brise zu spüren war. Am frühen Morgen waren die Pferde noch zielstrebig unterwegs, und ihre Hufen schleiften ruhig durch den Sand. Manchmal, wenn die Farbe des Himmels von violetten in purpurne Schattierungen überging, konnte ich die spiegelglatte Oberfläche von Kanälen erkennen oder zwischen Sanddünen eingebettete Aule, mit festen Lehmziegelhütten und davor aufgestellten Jurten. Der Syrdarja bildete sowohl die östliche als auch die nördliche Grenze der Kysylkum-Wüste, und ab und zu erhaschte ich einen Blick auf diese hügelige Landschaft aus erschöpft wirkendem Gestrüpp und Sand, die sich endlos in Richtung Süden bis ins Herz Zentralasiens erstreckte.

Tagsüber war es drückend heiß. Ich zog mich in den Schatten der Büsche zurück und harrte dort aus, bis die Temperaturen erträglicher wurden. Die Abende waren dafür umso angenehmer, vor allem wenn ich sie in einem der staubigen, von der Sonne ausgedörrten Aule verbrachte. In der Dämmerung spielten dort kleine Kinder, die schon ihre dunkle Sommer-Hautfarbe hatten, in den sandigen Straßen, und alte Frauen saßen in ihren langen, farbenprächtigen Umhängen auf Bänken und tratschten. Im Freien wurden mit Dung befeuerte Öfen und Samoware angeworfen, und der bittersüße Geruch des Rauchs mischte sich mit dem der Kamele, die unlängst geschoren worden waren und jetzt mit nackter grauer Haut ungehindert durch die Straßen wanderten. Wenn ich durch einen Aul kam, bot man mir oft vergorenen Trinkjoghurt, *airan*, an, der einen so strengen Geschmack im Mund hinterließ, dass man ihn noch bis zum nächsten Tag genießen konnte.

▲ In einem Land ohne Zäune waren Fußfesseln oft die einzige Möglichkeit, die Pferde im Camp grasen zu lassen, ohne ihre Flucht zu riskieren.

▲ Die ersten zwei Monate reiste ich gemeinsam mit meiner Freundin Kathrin durch die Mongolei.

▼ Ein stolzer mongolischer Reiter in der Nähe von Kharkhorin.

◀ Mit Otschirbat, dem Stammesältesten einer Nomadenfamilie, bei der ich wohnte, als ich mein erstes Pferd kaufte. Ebenfalls auf dem Foto: das neu rekrutierte Packpferd Kheer.

▲ Kathrin reitet mit einem Packpferd im Schlepptau hinaus in die Steppe.

▼ Mit Rusty und Kheer unterwegs nach Bayankhairkhan.

▲ *Ucher Tereg* – von Yaks (oder Rindern) gezogene Karren. Die Nomaden der Inneren Mongolei benutzten sie früher als Transportmittel auf ihren Wanderungen.

◄▲ Szenen im Familienlager Dsawchan-Aimag am Ufer des Telmen Nuur.

▲ Blick Richtung Norden in die Böörög Deliyn Els, eine Sandwüste, die oft als die nördlichste Wüste der Welt bezeichnet wird.

▼ Eine Familie hilft mir in der Nähe des Uws Nuur mein Lager aufzuschlagen. In dieser Nacht versuchte ein Betrunkener, meine Pferde zu stehlen.

▲ Im Innern einer Familienjurte in der Nähe des Dorfs Tes. Das in Streifen geschnittene und zum Trocknen aufgehängte Fleisch nennt man *Borts*.

▼ Beim Umrühren fermentierter Stutenmilch, auf Mongolisch *Airag*.

▼ Die Pferde grasen an einem idyllischen mongolischen Sommerabend beim Lager.

▲ Dashnyam führt unser gemietetes Kamel zum Charchiraa Uul.

▼ Dashnyam mit seiner Frau, einigen seiner Kinder und einem Freund *(links)*.

▼▼ Dashnyams älteste Tochter mit ihrer kleinen Schwester auf dem Arm.

▼ Dashnyam, ein Chotone, der mich durch das Turgen-Charchiraa-Gebirge führte.

▲ Eine Dürbeten-Frau führt ihre Karawane aus dem Turgen-Charchiraa-Massiv in die Ebenen, um dort das Herbstlager aufzuschlagen.

▲ Rusty und ich am Chöch Nuur (Blauen See) nahe dem 3000 Meter hohen Pass zwischen Charchiraa und Turgen Uul.

▼ Ein Dürbete mit seinem kleinen Liebling im Sattel.

▼ Dashnyam führt uns zum Höhenpass, im Hintergrund der Turgen Uul.

▲▼ Den Kasachen des Bayan-Olgii-Aimag in der Westmongolei blieben die Entbehrungen, unter denen ihre Landsleute in Kasachstan während der Stalinära leiden mussten, erspart. In der Mongolei leben sie das traditionelle Nomadentum und erinnern so daran, wie der Alltag kasachischer Lebensgemeinschaften früher wohl überall zwischen dem Altai-Gebirge und dem Kaspischen Meer ausgesehen hat.

▲ Ruslan beim Abstieg von einem Gipfel im Altai-Gebirge in Ostkasachstan. Hier begann meine jahrelange Durchquerung des Landes bis ins Wolgadelta am Kaspischen Meer.

▼ Aset mit seinem Sohn Guanz, der auf Taskonir meinen australischen Sattel ausprobiert (Zhana Zhol, Ostkasachstan).

◀ Asets Schwiegermutter, Zeitzeugin der Kollektivierung der kasachischen Nomaden und Überlebende der darauffolgenden Hungersnot.

Der Aul Kindikti in Ostkasachstan. ▶

▲ Tigons erster Winter. Er ist sichtlich bemüht, seine Pfoten vom Schnee fernzuhalten.

▼ Nurchan *(ganz links)* auf dem gerade gekauften Taskonir, Ruslan *(zweiter von links)* auf Ogonjok und Freunde, in der Nähe von Purgatschewo, Ostkasachstan.

▼ Bachetbek, unser Gastgeber in Kindikti.

▲ Das karge Land entlang des Nordufers des Balchasch-Sees. Kein Schnee, aber Temperaturen unter 0 Grad.

▼ Der Chaban Basibek mit seinem Kamel in der Nähe von Orta-Deresin, Balchasch-See.

▼ Verlassene kasachische Grabstätte am Nordufer des Balchasch-Sees.

▼▼ Porträt eines kasachischen Viehhirten in der Nähe von Ajagus.

▲ Beim Campieren in der Hungersteppe (Betpak-Dala) im Dezember, kurz nachdem ich die Ufer des Balchasch-Sees hinter mir gelassen hatte.

▼ Selbstporträt in der Betpak-Dala, zwei Tage vor Weihnachten, bei Temperaturen unter 30 Grad minus.

▲ Ritt hinaus in die Betpak-Dala, auf Zhamba, mit Ogonjok und Taskonir im Schlepptau.

▼ Beim Zubereiten von Haferbrei in einem Lager in der Betpak-Dala. Tigon liegt zusammengerollt in meinem Schlafsack.

▲ Die trostlose »Goldstadt« Akbakai in der Betpak-Dala, wo ich fast drei Monate lang ausharren musste.

▼ Witka und Grischa, die mich an Heiligabend 2004 in Akbakai bei sich aufnahmen.

▼ Baitak, dem ich Tigons Leben, das meiner Pferde und die ganze Reise verdanke.

▲ Nachdem der Schnee geschmolzen war, öffnete sich für mich ein Fenster, um von Akbakai durch die Betpak-Dala zu reiten.

▲ Der Frühling ist da. Kinder mit frischgepflückten Tulpen neben ihrem zotteligen Kamel in der Nähe von Tasty am Fluss Tschüi, Kasachstan.

▼ In einem meiner ersten Lager am Fluss Syrdarja verlangt es Taskonir nach Haferbrei, obwohl es wunderbar grünes Frühlingsgras gibt.

▲ Tschilikti, ein typischer Lehmhütten-Aul einige Tagesritte nördlich des Aralsees.

▼ In der Nähe von Karatau wird ein Kamel von seinem Winterfell befreit. Das Kamelhaar ist ein wertvoller Rohstoff für die Winterkleidung der Steppenvölker.

▲ In der Zeit meiner Nachtritte hielten Tigon und ich oft ein Mittagsschläfchen. Hier am Ufer des Schem gab es glücklicherweise etwas Schatten.

▼ Interessierter Beobachter im Kopmula-Aul.

▼ Die Frau aus einer kasachischen Familie in Zhuantobe, die Tigon wieder gesundpflegte, nachdem er von einem Auto angefahren wurde.

▲ Hier filme ich, wie Murat Guanschbais riesige Kamelherde über den Schem getrieben wird.

▼ Ein Nomade begrüßt mich bei Kulsary in Westkasachstan.

▼▼ Bulat, ein karalpakischer Zeitarbeiter-Hirte, auf einer Farm bei Kulsary.

▼ Nomadenkind inmitten einer Kamelherde.

Russland, Krim, Ukraine, Ungarn

▲ Der Goldene Tempel in Elista, Kalmückien, größter buddhistischer Tempel im geografischen Europa, gegründet und fertiggestellt im Jahr 2005.

▼ Ein kalmückischer Viehhirte bei Tavan Gaschun, Kalmückien, Russland.

▲ Ein männliches Saiga *(Saiga tatarica)* in der kalmückischen Steppe. Die Hörner sind als chinesische Erkältungsmedizin sehr begehrt und machen seine vom Aussterben bedrohte Art zum Ziel rücksichtsloser Wilderer.

▲ Ogonjok, Taskonir und Utebai grasen zufrieden. Kurz darauf sagte man mir, sie hätten die Gersteernte dieses Winters ruiniert (Region Stawropol).

▼ Dieser Kalmücke überlebte die Deportation seines Volks nach Sibirien während des Zweiten Weltkriegs und kehrte 1957 in seine Heimat zurück.

▼ Ein Ataman vom Stamm der Kubankosaken mit seinem Sohn.

▼▼ Luti *(links)* und sein Fahrer Locha.

▲ Taskonir, Tigon und ich am Rande der Karabi-Jayla mit Blick aufs Schwarze Meer (Krim).

▼ Kubankosaken, einst ein stolzes Reitervolk. Heute bestellen sie die heilige Tschernosem (Schwarzerde).

▲ Kok und ich beim Baden im Schwarzen Meer.

▼ Serjoga, ein Russe aus Staryj Krym, führte mich zwei Wochen lang durch die Wälder und Berge der Krim.

▲ Das Bakhchisarai-Tal, durch das sich die kalkweiße Straße zieht, die mich nach Bakhchisarai geführt hat, Hauptstadt des alten Krim-Khanats.

▼ Am frühen Morgen: Ich führe meine Pferde durch das Innere der Krim auf das ukrainische Festland.

▲ Diese drei Tatarenfrauen von der Krim überlebten 1944 die Deportation ihres Volkes nach Zentralasien und Sibirien und kehrten wieder zurück.

▼ Tigon lässt sich von Ferona streicheln, einer 93-jährigen Frau aus dem Dorf Dumaniw.

▼▼ Der Huzulenpriester von Kriworiwnja, Iwan Ribaruk *(links)*.

▼ Ein Huzule in traditioneller Kleidung am Sankt-Nikolaus-Tag vor der Kirche in Bereschnyzia.

▲ Das Ende des Wegs über das Swidowetz-Massiv. Ich reite auf Taskonir und führe Ogonjok und Kok am Zügel.

▼ Ein Csikó-Reiter in der Hortobágy-Steppe.

▼ Juri Wadislow führt mein Pferd vorsichtig über den Tschornahora-Kamm in den Karpaten, Westukraine.

▼▼ Tigon auf einem Gipfel in den Karpaten.

▲ Peter Kuns kasachische Jurte auf seiner Farm in der Hortobágy-Puszta.

▼ Tamas Petrosko ritt zu Ehren seiner Vorfahren von Baschkirien in Russland bis an die Donau.

▲ Peter Kun, Professor und Ranchbesitzer, wurde für mich zum Vorbild dafür, wie die Werte eines nomadischen Lebens in der westlichen Moderne überleben können.

▲ Am Ufer der Donau: Das Ende der Steppe und das Ziel meiner Reise sind erreicht.

▼ Ein Przewalski-Hengst, auf Mongolisch *t'haki*: Man nimmt an, dass die Wildpferde die letzten Nachkommen der eurasischen Steppenwildpferde sind.

Insgesamt gesehen war diese relativ reibungslose Passage aber nur von kurzer Dauer. Nach etwas mehr als einer Woche wurden die Kanäle spärlicher, und die Vegetation entlang der Ufer wich schattenlosen Ebenen aus Lehm und Sand. Gleichzeitig wurden die Aule seltener, die Tage länger und heißer, und auch die Fliegen – vor denen man mich ja gewarnt hatte – kamen.

Meine erste Begegnung mit ihnen hatte ich an einem stickigen Morgen, als ich versuchte, an das schlammige Ufer des Flusses hinunterzugelangen. Der Schlamm war so zäh, dass die Pferde darin stecken zu bleiben drohten. Also hatte ich mir einen neuen Eimer zusammengebastelt, mit dem ich Wasser hin- und hertragen konnte. Sobald ich abgestiegen war, die Pferde angeleint hatte und mit dem ersten Eimer zurückkam, fiel der erste Schwarm über uns her. Das waren keine kleinen, lästigen Moskitos, sondern fleischige graue Viecher mit großen Flügeln. Innerhalb weniger Minuten hatten alle Pferde Blutspuren, die ihnen an Rücken, Flanken, Rumpf und Hals herunterliefen. Ich rannte hin und her und zerquetschte möglichst viele Fliegen, aber als es dennoch immer mehr wurden, ritt ich, so schnell ich konnte, weg vom Ufer. Der Fluss, der das Leben in die Wüste brachte, stellte für mich von nun an auch einen Fluch dar.

Schon als wir am Syrdarja angelangt waren, wirkte Zhamba, mein 15 Jahre altes Pferd, das ich in den Ausläufern des Altai erworben hatte, untergewichtig und erschöpft. Er hatte fast sein ganzes Leben lang als Zugpferd gearbeitet und war dadurch mutlos geworden. Auch äußerlich hatte die Plackerei viele Narben hinterlassen, und durch seine traurigen, unterwürfigen Augen konnte man tief in seine wehmütige Seele blicken. Früher oder später müsste ich ihm die wohlverdiente Ruhe gönnen.

Als wir am Stadtrand von Qysylorda kampierten, traf ich die nötigen Arrangements, um Zhamba an einen Mann zu verkaufen, der mir versprach, ihn als Reitpferd für seine Enkelkinder zu verwenden. Am nächsten Morgen ging ich schon bei Sonnenaufgang zum örtlichen Viehmarkt, um Ersatz zu suchen. Unter den etwa 100 Reittieren, die die Viehhirten von weither brachten, suchte ich mir einen schlaksigen, aber stark aussehenden braunen Hengst aus. Da es noch Frühling war, war das nicht gerade die optimale Wahl – die Hengste waren noch ziemlich aggressiv –, aber in einer Region, in der man Kastrationen eher selten durchführte, blieb mir nicht viel anderes übrig.

Drei Tagesritte von Qysylorda entfernt ließ ich Zhamba bei den Verwandten des Käufers in einem Aul namens Akkum zurück und ritt beladen mit Schuldgefühlen weiter. Es kam mir wie ein Verrat vor, Zhamba, ein Pferd aus den Bergen und Steppen Ostkasachstans, an einem Ort zurückzulassen, dessen große Hitze er nicht gewohnt war. Ihn jedoch über den Sommer weiterhin mitzunehmen, wäre sein Todesurteil gewesen.

Kurz vor Qasaly verließ ich die Ufer des Syrdarja und begann meine Etappe Richtung Nordwesten um die nördliche Spitze der Überreste des Aralsees.

Es war Ende Mai, und während frisches Wasser nur noch selten und in immer größeren Abständen zu finden war, stiegen die Temperaturen beständig an. Um mich vor Hitze und Dehydrierung zu schützen, sattelte ich die Pferde bei Sonnenuntergang, ritt die Nacht durch und suchte tagsüber Schutz. Doch diese Vorgehensweise, mit der ich die nächsten zwei Monate meiner Reise überstehen wollte, barg ihre eigenen Schwierigkeiten und Risiken.

Ein großes Problem der Nachtritte bestand darin, dass es tagsüber nahezu unmöglich war, sich auszuruhen. Das war mir während meiner letzten Lagerpausen entlang des Syrdarja klar geworden. Ich hatte zwar gelernt, mein Zelt zu isolieren, indem ich Pferdedecken und Matten darüber ausbreitete, im Inneren wurde es aber dennoch so heiß, dass ich stets in ein Halbdelirium fiel und dabei das Gefühl hatte, das Blut koche in meinen Adern. Außerdem war es extrem wichtig, die Pferde im Auge zu behalten, denn gerade zu diesem Lager war uns etwas früher an diesem Morgen wieder ein Hengst gefolgt, der uns noch immer attackierte. Jedes Mal, wenn eine kleine Welle von Schlaf mich übermannen wollte, musste ich nach dem nächsten Stock greifen und den Angreifer vertreiben.

Sobald die Sonne unterging, hob sich meine Laune, und ich zog beherzt weiter. Aber der Schlafmangel forderte seinen Tribut. In den folgenden Stunden hielt mich lediglich die Aufgabe wach, Tigon nicht aus den Augen zu verlieren. Er verbrachte seine Zeit damit, kreuz und quer herumzustreunen und kam nur ungefähr jede halbe Stunde zu mir zurück. In der Dunkelheit war sein schwarzes Fell kaum zu erkennen, und ich musste raten, wo er gerade war.

Wenn dann wieder graublaues Licht in die Landschaft sickerte, war ich trotz allem halb eingeschlafen und nahm meine Umgebung nur noch ansatzweise wahr. Das war ein gefährlicher Zustand, ganz besonders an diesem einen Morgen, an dem ich auf primitiven Brücken, die nur aus zwei schmalen, radbreiten Rampen bestanden, ausgetrocknete Kanäle überqueren musste.

Über ein solches Hindernis hätte ich die Pferde normalerweise einzeln und zu Fuß geführt. Völlig apathisch vor Erschöpfung versuchte ich aber, ohne abzusitzen auf die andere Seite zu gelangen. Auf halber Strecke spürte ich, wie mir Taskonirs Führleine aus der Hand glitt. Als ich mich aus meiner zusammengekauerten Position, in der ich auf dem neuen Hengst saß, aufrichtete und nach hinten schaute, sah ich, wie Ogonjok, der hinter Taskonir festgebunden war, sich aufbäumte und dann die Brücke verweigerte, indem er seine Vorderhufe weit gespreizt in den Boden stemmte. Taskonir verlor das Gleichgewicht. Seine Hufe kratzten über den Stahl, dann fiel er mit lautem Krachen zwischen die beiden Brückenrampen. Glücklicherweise waren die Plastikbehälter auf seinem Rücken so breit, dass er nicht komplett durchfiel. Aber nun hing er da, eingeklemmt zwischen den Rampen, ein Bein auf der Brücke, die anderen drei in der Luft baumelnd. Ogonjok, der immer noch an Taskonirs Packsattel festgebunden war, wurde von der kurzen Leine nach vorne gezogen und stand schwankend am Ufer. Jeden Moment könnte er auf auf Taskonir fallen.

Ich rannte zurück, band Ogonjok los, schnitt Taskonirs Bauchgurt und die Seile durch und hörte mit geschlossenen Augen zu, wie 450 Kilogramm Pferd zu Boden stürzten. Als ich sie wieder öffnete, galoppierte Taskonir schon aus dem Kanal. Das weiche Kanalbett hatte ihn gerettet. Ich konnte kaum glauben, wie unvernünftig ich gewesen war und wie viel Glück ich hatte, dass wir mit ein paar Kratzern und blauen Flecken an Taskonirs linker Hinterhand davongekommen waren.

Als wir die Brücke endlich hinter uns ließen, war meine kleine Karawane zwar wachgerüttelt, aber in genau die missliche Lage geraten, die ich eigentlich vermeiden wollte. Obwohl ich in dieser Nacht auf kürzestem Weg schon 37 Kilometer zurückgelegt hatte – eine ganz ordentliche Strecke – bedeutete die Verspätung, dass wir jetzt in offener Landschaft Temperaturen von über 40 Grad ausgesetzt waren. Bis wir im nächsten Aul wieder Schatten und Wasser finden würden, dauerte es noch zwei bis drei Stunden, und als wir ankamen, waren die Pferde mit schweißigen Salzkrusten überzogen und sahen ausgedörrt und erschöpft aus. Bei Einbruch der Dunkelheit, als der nächste Nachtritt anstand, hatte ich mich wieder einmal kaum ausgeruht und konnte mir nur schwer vorstellen, wie ich es auf diese Weise bis ans Kaspische Meer schaffen sollte, ohne dabei Schaden zu nehmen. Gleichzeitig war es aber auch aussichtslos, eine bessere Strategie zu finden – schlaftrunken durch die Nacht zu reiten war gefährlich, sich tagsüber in der Hitze zu bewegen war glatter Selbstmord.

In drei harten, aber ereignisloseren Nachtritten schaffte ich es bis Aralkum, eine kleine Ansiedlung etwas östlich der alten Uferlinie des Aralsees und einen Tag südlich des früheren Fischerhafens Aralsk gelegen. Als mich Dauletbas, ein ehemaliger Bahnhofsvorsteher, der sein Geld jetzt mit der Aufzucht von Kamelen verdiente, zu sich einlud, nahm ich gerne an. Es war eine gute Gelegenheit, Vorräte für die nächsten Tage zu besorgen und etwas mehr über den Aralsee zu erfahren.

Da die Flüsse Amudarja und Syrdarja umgeleitet wurden, um das Land zu bewässern, war der Aralsee nur noch ein Schatten seiner selbst. Früher der viertgrößte Binnensee der Welt, aus dem ein Sechstel der sowjetischen Fischerträge stammte, besteht er heute nur noch aus Wüste und ein paar unzusammenhängenden Seen: einem See im Norden, der vom Syrdarja gespeist wird, und einer vom Amudarja gespeisten Pfütze im Süden, die sich wiederum in drei kleinere Seen geteilt haben soll, wobei der größte von ihnen ebenfalls mit großer Geschwindigkeit zu einem Salzsumpf verdunstet.

Bei einem meiner Ausflüge nach Aralkum begleitete mich Dauletbas bis an die alte Wasserlinie, wo er als Kind noch mit seinen Freunden vom Pier ins kühle Nass gesprungen war. Heute war der Hafen nur noch ein Friedhof für rostende Schiffe, die im Sand versanken. Die Uferlinie hatte sich fast 100 Kilometer zurückgezogen und dabei einen Großteil der Fischereiflotte im Wüstensand gestrandet zurückgelassen, aber auch 40 000 Menschen, die früher in der Fischindustrie arbeiteten und jetzt keinen Job mehr hatten.

Westlich von Aralkum fuhren wir über den ehemaligen Seegrund, der jetzt nur noch eine von Muscheln verkrustete Fläche war, zu einem Aul, dessen Lehmhütten und Viehgehege von verwehten Sandbänken belagert wurden. In einer Region, in der das Gras ohnehin nur spärlich wuchs und das Leben sehr eingeschränkt war, hatte der Rückzug des Sees zu einer schleichenden Versteppung und zu noch extremeren Sommern und Wintern geführt. Zusätzlich zu diesen Problemen bewirkte der ständig fallende Wasserspiegel einen dramatischen Anstieg des Salzgehalts, weshalb ein Großteil der Ufervegetation und der Lebewesen im See ausgestorben war. Regelmäßige Stürme, die früher im Sommer eine angenehme Meeresbrise brachten, wirbelten jetzt Wolken aus Salz, Sand und giftigen Chemikalien auf – hauptsächlich Pestizide und Düngemittel aus den Baumwollfeldern Usbekistans, die sich auf dem Seegrund angelagert hatten –, und viele Menschen erzählten mir, die Giftwolken hätten zu einer Epidemie an Lungen-, Leber- und Nierenkrankheiten geführt.

Den Aralsee dem Untergang zu weihen war damals eine kalkulierte Entscheidung der sowjetischen Machthaber, und während die Kasachen in den Regionen um den Aralsee hinnehmen mussten, dass ihre Gesundheit immer größeren Schaden nahm, machte man Usbekistan zu einem der größten Baumwollexporteure der Welt. Schon die sowjetische Regierung hatte es wenig gekümmert, dass ungefähr 75 Prozent des umgeleiteten Wassers verdunstete oder in größtenteils unbefestigten Kanälen versickerte, und vom heute unabhängigen Usbekistan kann man wohl noch weniger erwarten, dass die Politik bereitwillig in die Lösung dieses Problems investiert.

Bis Juli führte mich meine Reise einen Monat lang durch eine Landschaft aus Sanddünen, Lehmflächen und kahlen Hügeln, die kaum Schatten bot. Im Gegensatz zum Syrdarja mit seinen Fliegenschwärmen schienen Hitze und Trockenheit diesen Landstrich aus blassem, ausgebleichtem Lehm und weißer sandiger Erde steril und leblos zu machen. Erneut ritt ich ausschließlich nachts und lernte, wie wichtig es war, bis spätestens halb neun Uhr morgens, wenn das große feuerflüssige Gestirn in seiner ganzen Größe wieder erbarmungslos am Horizont prangte, Wasser und Schatten gefunden zu haben. Wenn mich die Hitze dennoch erwischte, wurden mein langärmliges Hemd und mein Sattel so heiß, dass man sich bei jeder Berührung verbrannte, und der Schweiß der Pferde trocknete, sobald er austrat. Tigon eignete sich eine Gewohnheit an, die er für den Rest des Sommers beibehalten sollte: Er spurtete vorneweg und grub blindwütig Löcher, in die er sich dann ein paar Minuten hineinlegte, bis ich ihn wieder eingeholt hatte. Half das auch nicht, winselte er unaufhörlich. Er verbrannte sich die Pfoten im heißen Sand und ließ ständig die Zunge heraushängen, weil er Wasser wollte.

Da ich nur in den Aulen an Wasser kam, schlug ich kein Lager mehr auf, sondern suchte Unterschlupf bei Familien. Dennoch lernte ich die Menschen nicht besonders gut kennen. Im Normalfall stolperte ich völlig erschlagen in eine Siedlung und fragte nach einem Platz zum Ausruhen. Fast immer wurde ich begeistert begrüßt, aber länger als eine Tasse Tee hielt ich fast nie durch, bevor ich erschöpft einschlief. Die Pferde ließ man laufen, damit sie sich mit dem in der Umgebung des Auls verfügbaren Gras selbst versorgten. Manchmal weckten mich die Familien auch, um mir zu sagen, dass meine Pferde vor der Haustür stünden und ihren Besitzer suchten. Die Hitze war so drückend, dass auch den Pferden nichts anderes übrigblieb, als das allerkleinste bisschen Schatten zu suchen.

Wenn dann alle ihre Matratzen auf dem Boden der Lehmhütte ausrollten oder, wie an den meisten Orten üblich, einfach im Freien unter den Sternen, stand ich wieder auf, sattelte die Pferde und ritt weiter. Ich reiste wie im Traum, ein Zustand, den ein Teil von mir sehr genoss. Obwohl ich eigentlich der Eisenbahnstrecke folgte, ritt ich die meiste Zeit in großer Entfernung zu den Gleisen. Ich suchte mir den Weg, indem ich meinen Kompass geduldig mit den Sternbildern abglich und diesen dann folgte, bis die Farbe des Himmels wieder in Blau überging. Im Licht des aufgehenden Mondes ritt ich manchmal auch durch einen Aul und lenkte die Pferde dann diskret durch den Sand, damit ich höchstens ein paar Kamele oder Hunde störte. Es war unmöglich, die ganze Nacht hindurch wach zu bleiben. Regelmäßig nickte ich im Sattel ein und merkte dann beim Aufwachen, dass die Pferde vom Weg abgekommen waren. Manchmal stieg ich auch ab und schlief einfach auf dem Boden. Wenn mich die Erschöpfung übermannte, waren selbst Steine eine bequeme Matratze. Jeden Tag bescherte mir der Sonnenaufgang das überwältigende Gefühl, auf den Wellen der Steppe dahinzugleiten. Sobald die Sonne jedoch hoch oben am Himmel stand, begann die lange Zeit der Flaute.

Obwohl ich tief in die Landschaft eingetaucht war und mit den Herausforderungen des Sommers zu kämpfen hatte, war es mir keineswegs gleichgültig, was fernab meiner Reise geschah. Irgendwann während der letzten Wochen hatte Kathrin erfahren, dass sie am Cushing-Syndrom litt. Monatelang sollte sie unter grässlichen Symptomen wie extremer Gewichtszunahme, Rückenschmerzen und ungewöhnlichen Stimmungsschwankungen leiden. Es hatte einige Zeit gedauert, bis ein Arzt den Tumor entdeckte, und man hatte ihr gesagt, wenn sie nichts dagegen unternähme, wäre er tödlich.

Zur gleichen Zeit, in der ich durch den heißesten Teil der kasachischen Wüste ritt, bereitete sich Kathrin auf eine Gehirnoperation in Deutschland vor. Die Reise abzubrechen und nach Deutschland zu fahren, kam für mich nicht infrage; wenn ich die Pferde und den Hund in dieser Gegend zurückließ, würde ich sie mit ziemlicher Sicherheit nie mehr wiedersehen. Kathrin war sehr verständnisvoll und versuchte nicht, mich zu einem Abbruch der Reise zu überreden, obwohl ich mir vorstellen kann, wie schmerzlich es für sie gewesen sein muss, dass ich nicht einmal angeboten hatte zu kommen.

Während Kathrin am einen Ende der Welt eine Gehirnoperation bevorstand, waren mein alter Freund Cordell Scaife und seine Partnerin Cara Poulton am anderen Ende, im australischen Cairns, gerade im Begriff, nach Kasachstan zu fliegen, um mich auf meiner monatelangen Route entlang des Schem zu begleiten. Ich hatte mit Cordell, den ich mit 19 während meiner sechs Monate an der Uni in Canberra kennengelernt hatte, oft über seinen Plan gesprochen, mich auf einem Reiseabschnitt zu begleiten, und freute mich jetzt wahnsinnig, dass er tatsächlich kam. Während ich mich also in einer Zeit zermürbender Einsamkeit glücklich schätzen konnte, musste Kathrin sich einem sehr viel größeren Kampf alleine stellen.

Zum Glück war Kathrins Operation, der sie sich kurz nach der Ankunft von Cordell und Cara unterzog, erfolgreich, und während ich mich dem Kaspischen Meer näherte, war sie schon auf dem Weg der Besserung.

Cordell und Cara stießen an der Eisenbahnstation von Kopmula zu mir. Dort, etwa eine Wochenreise vom Shem entfernt, kauften wir zwei zusätzliche Pferde und ein Lastkamel, von dem ich hoffte, dass es den Reittieren einen Teil ihres Gepäcks abnahm.

Zwei Wochen später hatten wir oberhalb der Windungen des Schem unser Lager aufgeschlagen. Wie ein flaches Band aus bräunlichem Wasser grub sich der Fluss seinen Weg durch windgepeitschte Hügel, übersät mit staubigen Büschen und Wermut, um sich dann weiter flussabwärts zwischen den Kurven und Wellen der Sanddünen in unzählige Kanäle zu verzweigen.

Wir befanden uns einen Tagesritt entfernt von der Stelle, wo der Fluss und die Eisenbahnstrecke Moskau–Taschkent aufeinandertrafen. Von hier floss der Schem ungefähr 600 Kilometer in südwestlicher Richtung durch Wüstenlandschaften bis ins Kaspische Meer. Flussabwärts versickerte er angeblich, vor allem im Sommer, an verschiedenen Stellen im Boden, und auch vor seinem Wasser hatte man mich gewarnt. Offenbar war es so brackig, dass nur die Tiere es trinken durften. Aber der Frühling war recht nass gewesen, mit einer ergiebigen Schneeschmelze weiter oben im Norden, und ein paar Leute hatten auch behauptet, der Schem würde bis in den August Wasser führen. Ich hatte vor, seinem Lauf einen Monat lang zu folgen, bis in die Ölstadt Kulsary, 100 Kilometer vor dem Kaspischen Meer.

Auch entlang des Schem ritten wir wieder nachts und behielten denselben Tagesrhythmus bei, den ich mir nach Verlassen des Syrdarja angewöhnt hatte. Da uns jetzt immer Wasser zur Verfügung stand, waren wir nicht mehr auf die Aule angewiesen und konnten am kühleren Flussufer lagern. Während der heißesten Stunden, wenn die Temperaturen auf über 40 Grad stiegen, krochen wir aus den Zelten und legten uns an einer seichten Stelle in den Fluss. Während von oben die Sonne brannte, hielt ich meinen Kopf ins Wasser getaucht und ließ mich einlullen von bunten Kieseln, die sich in der Strömung bewegten, und kleinen Fischen, die an meinen Zehen knabberten. Der Schem, der mitten durch die Wüste floss, war wie ein Wunder, das auch das Kamel und die Pferde genossen. Sie standen stundenlang mitten im Fluss und rissen immer wieder Blätter vom frischen grünen Schilf oder von überhängenden Büschen ab. Sogar Tigon machte mit. Er rollte sich im Wasser zusammen, sodass nur seine Nase und zwei lange spitze Ohren durch die Oberfläche Richtung Himmel ragten.

Wir gewöhnten uns daran, bei Einbruch der Dunkelheit den Weg über die Uferböschung nach oben in die offenen Ebenen zu suchen. Die Pferde folgten dort souverän den ausgetretenen Pfaden, die uns auf direktem Weg schnell voranbrachten. Zuweilen wurden wir zwar weit weggeführt von den breiten Bögen des Flusslaufs, letztendlich gelangten wir aber immer wieder zurück ans Wasser. Harvette, so hatte wir unser Kamel getauft, gab den langen Stunden des Reitens einen willkommenen neuen Takt. Sie war eine siebenjährige Stute, und anders als die launischen und ungeduldigen Pferden hatte sie einen bedachten, geradezu stoischen Rhythmus. Jede Bewegung war von schwerfälliger Vorsicht geprägt. Im Lager war sie immer um uns herum, ständig auf der Suche nach etwas Essbarem in meinen Tornistern. Nicht selten erwischte ich sie dabei, wie sie an einem alkoholischen Getränk nuckelte oder ihre Nase in irgendetwas Essbares steckte. Einmal verschlang sie eine ganze Wassermelone. Wenn wir schliefen, entfernte sie sich oft ziemlich weit vom Lager, und es war nicht immer einfach, sie wiederzufinden und zurückzubringen.

In den ersten Tagen entlang des Schem gab es aber auch noch eine andere wichtige Neuerung, die den Charakter unserer Reise veränderte. Zwei Monate lang war ich vollauf damit beschäftigt gewesen, den Sommer zu überleben, und es hatte unbezahlbare Momente gegeben, in denen ich ein Gespür für die Menschen der Region bekommen hatte, insbesondere als ich entlang der Eisenbahnstrecke unterwegs war. Jetzt, weit weg von der Betriebsamkeit irgendwelcher Hauptverkehrsstraßen, auf die Härten der Sommerhitze eingestellt und unterstützt von Cara und Cordell, konnte ich meine Aufmerksamkeit wieder auf das Erbe der Nomaden in dieser Region richten.

In den ersten zweieinhalb Wochen kamen wir durch typische Kollektive der Sowjetära, in denen sich ehemalige Nomaden in sesshaften Gemeinden zusammengeschlossen hatten. Es gab auch feste Sommerlager, in denen einzelne Familien große Herden von Kamelen und Schafen hielten. In einem dieser Lager, gleich hinter dem Aul Szharkamys, stolperte ich zufällig über einen interessanten Hinweis darauf, was aus der Kultur der Nomaden in diesem Landstrich geworden war.

Während ich in der Lehmhütte der Familie lag und an einem gekochten Lammschädel nagte, fiel mein Blick auf ein vertraut wirkendes, gebogenes Stück Holz, das zwischen einer Reihe von Deckenleisten lag. Es war eine Deckenstange aus dem Rahmen einer Jurte – und eine sehr alte noch dazu. Als ich den Hirten, dem das Haus gehörte, darauf ansprach, sah er mich traurig an.

Hier in der Gegend von Aqtöbe, erklärte er mir, glaubten nach dem Zusammenbruch der Sowjetunion viele Hirten, dass die Unabhängigkeit und der Kapitalismus eine neue Ära der Moderne einläuten würden. Sie zerhackten ihre Jurten, meist Familienerbstücke aus der Zeit vor der Kollektivierung, und benutzten sie als Feuerholz, für den Bau von Viehgehegen und was ihnen sonst noch so einfiel. Als ihnen dann klar wurde, dass sie ihre alte Lebensweise in diesem Landstrich nicht so einfach aufgeben konnten, hatten sie keine Jurten mehr, und auch das handwerkliche Wissen, wie man sie baute, war verloren gegangen. Heute behalfen sich viele Hirten auf ihrer Wanderung zwischen den saisonalen Lagern mit rostigen Waggons, die in der Hitze zu fahrenden Pulverfässern wurden.

Es war schwer einzuschätzen, ob die Erzählungen des Hirten der Wahrheit entsprachen, aber nur zwei Tage flussabwärts des Familienlagers, in der Nähe der Grenze zwischen Aqtöbe und Westkasachstan, kamen wir in eine entlegene Gegend, aus der der Alltag des Nomadenlebens ganz sicher noch nicht verschwunden war.

Bei Sonnenaufgang ritten wir auf der Suche nach Wasser hinaus in eine staubtrockene, versteppte Hochebene. Lange bevor wir an den Fluss kamen, sahen wir eine Staubfahne und hörten das unverwechselbare Trampeln von Schafen und Ziegen. Nach einiger Zeit kamen auch die deutlichen Umrisse eines Mannes auf einem Kamel in Sicht. Er trug einen langen Schal unter seinem Hut, saß gebeugt zwischen den beiden Höckern seines Kamels und schaukelte dort bedächtig hin und her, während er mit der Peitsche in der Hand ein Meer aus Schafen und Ziegen zur Weidefläche trieb. Der Abstand zwischen uns wurde sehr schnell kleiner, bis sich der Mann schließlich von seinem riesigen Tier herunterbeugte, um uns die Hand zu schüttelte. Er lud uns herzlich ein, ihm zurück in sein Haus zu folgen.

Das Sommerlager, aus dem der Hirte aufgetaucht war, war ein Anblick, den man nicht so schnell vergisst. Wir wurden durch ein Gewimmel von ungefähr 200 Kamelen geführt, die sich auf ganz unterschiedliche Weise der Muße hingaben. Einige Tiere kauerten schlafend am Boden, die Kleinen tollten auf wackeligen, dürren Beinchen umher, und dazwischen spazierten zwei, drei Kamelhengste gemächlich auf und ab. Ihre Vorderschenkel waren so dick wie Baumstämme, und ihre Höcker, von der Größe kleiner Kühlschränke, schwankten sanft hin und her.

Inmitten dieses wirren Haufens lag das Lager selbst – Viehgehege, ein rostiger alter Wagen und eine unterirdische Hütte, die man oben in die

Uferböschung gegraben hatte. Vom Lager aus konnte man das seichte Wasser des Schem und die verwischten Sanddünen und verkrusteten Ebenen dahinter überblicken. Auf meiner restlichen Reise nach Kulsary stellte ich fest, dass viele Kasachen in dieser Gegend sich im Sommer tagsüber in unterirdischen Räumen aufhielten und nachts, wenn es kühler wurde, in Jurten oder einfach auf Matratzen unter freiem Himmel schliefen. Die Arbeit, hauptsächlich das Melken der Kamele, erledigte man im Morgengrauen oder am Abend.

Wir wurden eingeladen, die Lehmstufen der Hütte hinabzusteigen, wo das grelle Licht und das Gefühl der Ausgesetztheit von Dunkelheit und Intimität abgelöst wurden. Eine ganze Zeit lang saßen wir gegen Kissen gelehnt da und tranken in der Dunkelheit schüsselweise frische, fette Kamelmilch. Dann zündete unser Gastgeber, ein Mann namens Murat Guanschbai, eine Kerze an, und die Welt um uns wurde wieder etwas weiter. Wir befanden uns in einem mit Fellmatten und Wandbehängen ausgekleideten Raum. Aus den Lehmwänden hatte man Regale herausgehauen und Ziergegenstände darin aufgestellt.

Murat und seine Familie waren Kozha und gehörten einem Stamm an, der Teil der Kişi Jüz war. Die Kozha waren Abkömmlinge der Beduinen, die Kasachstan vor einigen Tausend Jahren missionierten.

Seine nomadischen Wurzeln waren für Murat jedoch noch wichtiger als seine Stammesgeschichte. Obwohl er ausgebildeter Tierarzt war, hatte er sich entschlossen, das traditionelle Leben seiner Familie als Kamelzüchter fortzuführen. Und mit ungefähr 500 Tieren – eine nicht zu verachtende Zahl, wenn man bedenkt, dass ein großes Kamel auf dem Markt bis zu 1500 Dollar einbrachte – war die Kamelzucht seines Klans in der Region weithin bekannt. Mit einer so großen Herde war es sehr wichtig, den Jahreszeiten zu folgen, und Murats Familie hatte fünf verschiedene Lager. Schon bald würden sie weiterziehen in ihr Augustlager, das in großer Entfernung vom Flussufer in Richtung Westen lag.

Ich verstand mich sehr gut mit Murat, und er schien seine Tiere ganz besonders gut zu pflegen. Daher bot ich ihm den Hengst an, den ich in Qysylorda gekauft hatte. Er war ein großes, schlankes Pferd, ideal für Pferderennen, weshalb ihn mir unterwegs auch schon viele abkaufen wollten. Aufgrund genau dieser Eigenschaften war er für lange Reisen jedoch nicht sonderlich geeignet. In den letzten Wochen ging es ihm nicht besonders gut. Er hatte Durchfall, und obwohl ich ihn entwurmt hatte und ihm mehr Getreide gab als den anderen, hatte er ziemlich viel Gewicht verloren. Im Tausch versprach mir Murat eines seiner Pferde, ein kleines, fettes Tier mit mongolischen Proportionen, und machte mir noch ein zusätzliches Angebot, das mir damals als ein Gottesgeschenk erschien. Später sollte ich jedoch bereuen, dass ich mich darauf eingelassen hatte.

Ich hatte schon lange geplant, mich in Kulsary von Cordell und Cara zu trennen, um dann alleine nach Russland weiterzuziehen. Die Pferde brauchten jedoch dringend eine Pause, und außerdem war mir eingefallen, dass ich nicht erst an der Grenze in Almaty ein Visum beantragen sollte. Also entschied ich mich, in der Nähe von Kulsary nach einem Platz für die Pferde zu suchen, an dem ich sie im August lassen konnte. Als Murat das hörte, warnte er mich, dass es dort noch heißer sein würde als hier und dass es in dieser Gegend für die Tiere kein Futter gab. Stattdessen schlug er vor, wir könnten in Kulsary bei einem Onkel von ihm wohnen, und er würde dann einen Lastwagen schicken, der meine Pferde hierher zurückbrachte. So konnten sie bis September grasen, und ich musste lediglich für die Kosten aufkommen. Allerdings hatte ich nicht voraussehen können, dass Murats Plan fehlschlagen würde und ich letztendlich nicht nur in einer Gegend ohne Pferdefutter festsaß, sondern auch noch ohne feste Bleibe mitten in einer Ölstadt.

Aber das alles lag noch in der Zukunft. Im Moment war ich einfach nur gefangengenommen von der Erhabenheit, die von Murats Lager ausging, und saugte noch zwei Tage lang jedes Detail gierig in mich auf. Ich genoss es, nachts unter dem Sternenhimmel zu liegen und den Kamelen zu lauschen, die im Mondschein zurückkehrten, oder morgens bei klarem, wolkenlosem Himmel aufzuwachen, ohne einen Tropfen Tau. Es herrschte eine Vollkommenheit, ein perfektes Zusammenspiel von Natur, Tier und Mensch, die in einer von Mauern und Zäunen durchbrochenen Umgebung unmöglich zu erlangen war. Sie gab Cordell, Cara und mir für den Rest unserer gemeinsamen Reise die nötige Kraft.

Von Murats Lager waren es nur noch 145 Kilometer bis Kulsary. Einen Tagesritt südlich des Lagers trafen wir auf Murats Vater Guanschbai und verkauften Harvette, unser kleines Kamel. Von nun an wurde das

Land flacher, das Weidegras wuchs, wie Murat es vorausgesagt hatte, spärlicher, und der Boden verwandelte sich in weiße Lehmplatten, die nur mit Melden bewachsen waren. Die Temperaturen kletterten auf über 50 Grad, und die Qualität des Wassers verschlechterte sich. Es gab Zeiten, da waren wir von der Anstrengung, uns tagsüber kühl zu halten, so erschöpft, dass wir abends zwar die Pferde sattelten, dann aber einschliefen. Oft wurden wir erst nach Mitternacht wieder wach, gaben dann endgültig auf und sattelten wieder ab. Das war aber nicht weiter schlimm. Das Ende der Reise mit meinen australischen Freunden rückte näher, und wir hatten die Intensität des Lebens in der Steppe gemeinsam erleben dürfen. Dafür waren wir hierhergekommen.

Am 27. Juli packten wir für unseren letzten Tagesritt entlang des Schem, und ich war glücklich, dass meine Pferde bald mit dem Lastwagen zurück ins Paradies fahren würden, um dort einen Monat lang zu grasen. Ich freute mich auf den kommenden Monat ohne quälende Routine der Nachtritte. Im kühleren September würde ich zurückkehren, und meine Pferde wären fett und ausgeruht. Nie mehr, so dachte ich, müsste ich gegen die Hitze eines kasachischen Sommers kämpfen.

Die Ölstraße

Nachdem ich Akbakai im April verlassen hatte, führte mich meine Reise vier Monate lang durch die unendliche Steppe Mittel- und Ostkasachstans. In dieser Zeit waren die täglichen Herausforderungen vom Rhythmus des Sommers geprägt, von der unerträglichen Hitze der Tage und den wertvollen kühlen Stunden der Nacht. In den Außenbezirken der Ölstadt Kulsary, knapp 100 Kilometer vor der Küste des Kaspischen Meers, brach die Steppe jedoch plötzlich auf. Die offene Wüstenlandschaft und die Salzflächen rechts und links des Schem, die mir ein Gefühl des inneren Friedens gegeben hatten, wurden abgelöst von geschundenem Erdboden, den man mit Bulldozern zu einem Labyrinth aus Hügeln und Kämmen aufgeschoben hatte. Verbogene, rostige Stahlstücke, zerbrochenes Glas und ausgebrannte Autos säumten meinen Weg. Auf der Asphaltstraße, die ins Zentrum der Stadt führte, rasten schwere Lastwagen und Geländewagen mit unkontrollierter Geschwindigkeit an uns vorbei. Rechts und links spritzten die Kiesel weg, und wir blieben in Staub- und Abgaswolken zurück. Selbst der mutige und unbeugsame Taskonir zitterte.

Ich wusste Bescheid über die Ölgewinnung in Ostkasachstan. In den letzten Wochen hatten Vorboten immer wieder ahnen lassen, dass wir uns einer Industriezone näherten – am Horizont leuchteten die Flammen abfackelnden Gases, und wir begegneten ständig seltsamen Tankwagen. Mit dieser Größenordnung hatte ich nicht gerechnet.

Tanbai, Murats Verwandter, der uns aufnehmen sollte, bis der Laster kam, um die Pferde abzuholen, traf uns an einer Straßenecke. Als wir anhielten, schnippte er seine Zigarette auf den Boden und musterte uns von oben bis unten.

»Wo sind eure Autos?«, fragte er besorgt. Es stellte sich heraus, dass Tanbai nach seinem Telefonat mit Murat irrtümlicherweise davon ausgegangen war, wir seien wohlhabende Touristen und mit Jeeps unterwegs.

Mürrisch führte er uns zu seinem Haus im Stadtzentrum, wo wir die Pferde festmachten und im Inneren Schutz vor der Hitze suchten. Sobald wir uns zu Tee und Brot gesetzt hatten, drückte sich Tanbais 20-jähriger Sohn, der ebenfalls Murat hieß, neben mich und beugte sich mit einem neuen Handy in der Hand zu mir herüber. Obwohl seine Eltern uns direkt gegenübersaßen, zeigte er mir hinter vorgehaltener Hand zuerst einen Porno-Clip und dann ein widerliches Video, in dem Talibankämpfer einem amerikanischen Soldaten den Kopf abschlagen. Ohne dies bemerkt zu haben, sagte sein Vater stolz: »Weißt du, mein Sohn spricht Englisch. Er studiert und will Ingenieur werden. Er arbeitet schon jetzt für einen amerikanischen Ölkonzern.«

In der Welt, in der der junge Murat aufgewachsen war, spielten Pferde und der Wechsel der Jahreszeiten keine große Rolle. Tanbai hatte ein bescheidenes Einkommen als Busfahrer und Mechaniker, und das schlichte Lehmziegelhaus der Familie stand eingekeilt zwischen neuen, zweistöckigen Stadthäusern. Tanbai zeigte auf das Haus gegenüber, hinter dessen Tor ein nagelneuer schwarzer Toyota Land Cruiser parkte.

Von seinem Nachbarn erzählte er mir, dass er Ölfirmen mit Beton beliefere. Auf ein zweites und drittes Haus deutend ergänzte er: »Und der dort drüben ist Lokalpolitiker … Und der Sohn von dem dort arbeitet auf einem Ölfeld.«

Bei einer Rundfahrt durch die Stadt mit ihren knapp über 40 000 Einwohnern konnte ich hastig errichtete Villen in allen Bauphasen bewundern. Die meisten standen an mit Schlaglöchern übersäten, unbefestigten Straßen, auf denen sich der nicht abgeholte Müll türmte und Kamele unglücklich in der Hitze umhertrotteten. Es gab kein nennenswertes Wasser- oder Abwassersystem – sogar die luxuriösesten Villen hatten Plumpsklos in den Gärten. Am Stadtrand standen in einer langen Schlange Tanklastwagen mit Wasser, die für 200 Dollar rund um die Uhr 3600 Liter Wasser lieferten.

In der Vergangenheit ist die weite, unfruchtbare Wüste am nordöstlichen Ende des Kaspischen Meers, in deren Zentrum Kulsary lag, berühmt für ihre kriegerischen Stämme gewesen, die das Land erfolgreich gegen einfallende Horden verteidigt hatten. Heute war diese aufgewühlte urbane Landschaft hingegen geprägt von den Auswirkungen des Ölbooms, der eine regelrechte Invasion von internationalen Ölkonzernen ausgelöst hatte. Ausmaß und Geschwindigkeit dieses wirtschaftlichen Wandels waren nur schwer zu begreifen. Mit dem Auto ungefähr eine Stunde südlich von Kulsary lag das Tengiz-Ölfeld, das man über dem sechsgrößten Ölvorkommen unseres Planeten errichtet hatte und das jetzt von der kasachischen Regierung und dem amerikanischen Chevron-Konzern gemeinsam ausgebeutet wurde. Tengiz trug mit Abstand am meisten dazu bei, dass der Staatssäckel der kasachischen Regierung gefüllt wurde. Zusammen mit dem Kaschagan-Feld im nahe gelegenen Kaspischen Meer, dem zweitgrößten bekannten Erdölvorkommen der Welt und bei seiner Entdeckung im Jahr 2000 der größte Ölfund seit 30 Jahren, machte Tengiz Kasachstan zu einem der weltweit größten Ölexporteure.

Die Ölindustrie bot für viele ortsansässige Kasachen lukrative Möglichkeiten, und Kulsary machte eine rasante Entwicklung durch. Doch Korruption und der nur langsam durchsickernde Wohlstand führten zu der verbreiteten Überzeugung, dass das Ölgeld überwiegend in Richtung Osten abfloss und dort in den Taschen der Funktionäre verschwand oder dem politischen Tagesgeschäft des Präsidenten diente.

Selbst unter den vor Ort beschäftigten Arbeitern gab es immer wieder Spannungen wegen der Lohnunterschiede zu den ausländischen Arbeitern und der riskanten Arbeitsbedingungen. Auf dem Tengiz-Feld kam es deshalb immer wieder zu gewalttätigen Ausschreitungen.

Auch hieß es, dass sich ausländische Firmen wie Chevron deutlich mehr als nur ihren gerechten Anteil von den nationalen Reichtümern nahmen. »Damals, als die Verträge geschlossen wurden, brauchte Kasachstan dringend Geld, und die Amerikaner bezahlten zu wenig«, sagte Tanbai, als wir in Richtung des großen Marktplatzes abbogen. »Man hat uns betrogen. Wir kannten den tatsächlichen Wert nicht. Kasachstan ist von Wölfen umzingelt – Russen, Chinesen, Türken und natürlich Amerikanern!«

Als wir wieder bei Tanbai zu Hause waren, herrschten 40 Grad. Die Pferde standen angebunden im schattenlosen Hof und schwitzten. Ich hatte einen Wasserlaster bezahlt, der Tanbais Tank füllen sollte, und auch Heu war unterwegs, aber Tanbai war wegen der vielen Pferdeäpfel etwas ungehalten. Mir wurde klar, dass ich in dieser Stadt, wo ich mich eigentlich erholen wollte, an einem Scheideweg angelangt war. Wie die Stadt Kulsary selbst war ich an einem Punkt angekommen, an dem ein von den Naturgewalten abhängiges Leben auf ein anderes traf, in dem sich alles nur darum drehte, wie man sich durch ein Dickicht aus Problemen schlug, das durch die Industrialisierung, die Bürokratie und den Egoismus der Ölwirtschaft entstanden war. Dazu passte es, dass mein Weg von Kulsary bis zur russischen Grenze, 500 Kilometer Wüste, einzig unterbrochen von der Ölhauptstadt Atyrau, an der 2,2-Millarden-Dollar-Pipeline entlangführen sollte, die jetzt Rohöl in Richtung Westen bis zum Schwarzen Meer pumpte. Sie würde mich durch eine extrem wilde Landschaft leiten, durch die früher Mongolenkrieger und Seidenstraßenhändler gezogen waren.

Bevor ich Kulsary mit den Pferden verlassen konnte, musste ich die knapp 3000 Kilometer bis Almaty fahren, um dort ein Visum für Russland zu beantragen. Dafür musste ich mich aber zunächst darum kümmern, dass die Pferde zum Grasen für einen Monat zu Murats Farm gebracht wurden. Außerdem brauchte ich Käufer für Cordells Pferd und für das kleine, dicke, das ich von Murat gekauft hatte. Als Ersatz für mein drittes Reittier entschied ich mich für Kok, das graue Pferd, auf dem Cara geritten war.

Am Ende kam meine Abmachung mit Murat aber nicht zustande, und so ließ ich die Pferde bei einer Hirtenfamilie im nahegelegenen Aul Karagai. Die Siedlung lag in einer senfgelben Staubkuhle, und es gab dort kaum Gras. Ein Hirte namens Albek bot mir an, Cordells Pferd zu kaufen und sicherte mir auch zu, dass er für eine bestimmte Summe die anderen zum Grasen auf eine Sommerweide führen würde. Albeks alter Vater versprach, auf Tigon aufzupassen.

Fünf Wochen später kam ich aus Almaty zurück und war wenig zuversichtlich, meine Pferde noch lebend anzutreffen. Ich war länger weg gewesen als vorgesehen, und aus Karagai hatte mich nur die Nachricht erreicht, dass die Pferde im Aul geblieben seien. Man hatte sie nicht wie abgesprochen auf eine Sommerweide gebracht. Und die Schwierigkeiten, die ich bei meinem Besuch in Almaty hatte, stimmten mich auch nicht gerade optimistisch. Die russische Botschaft hatte meinen Visumantrag abgelehnt. Nachdem ich lange gewartet hatte, schickte ich meinen Pass stattdessen an ein Reisebüro in Finnland – eine riskante Entscheidung, da ich gesetzlich verpflichtet war, meinen Reisepass immer bei mir zu tragen.

Als ich in Karagai aus dem alten, verbeulten russischen Jeep sprang und meinen Rucksack in den staubigen Sand warf, sah es so aus, als wären meine schlimmsten Befürchtungen eingetreten. Ich fand Taskonir mit hängendem Kopf ganz hinten in einem Gehege. Er war festgebunden, und beim Anblick seiner Rippen erinnerte ich mich an die Bodenwellen, über die wir gerade nach Karagai gerumpelt waren. Die beiden anderen Pferde fehlten, und der einzige Mensch, den ich bei Albeks Hütte antraf, war ein abgemagerter Mann, der mir von der Türschwelle seine Hand entgegenstreckte und dann betrunken in den Dreck fiel.

Ein hilfsbereiter Nachbar schickte mich zu Fuß aus dem Aul Richtung Osten, wo ich auf Männer traf, die gerade zwei frisch geschlachtete Pferde zerlegten. Es waren nicht meine Pferde, aber die Männer wussten, wer ich war, und winkten mich weiter. Da entdeckte ich Albek und einen seiner Freunde, die mir entgegengaloppierten. Die beiden Pferde, auf denen sie saßen, waren Kok und Ogonjok! Sie erklärten mir, meine Pferde seien zu einer *Baiga*, einem Pferderennen, angemeldet, das schon am nächsten Tag stattfinden sollte.

Als wir in den Aul zurückgekehrt waren und die Sättel und Decken abnahmen, zeigten sich darunter frische wundgeriebene Stellen. Albek zuckte mit den Schultern und gab kleinlaut zu, dass die 300 Kilo Getreide, die ich bei seiner Familie gelassen hatte, schon in den ersten Wochen verschwunden waren. Deshalb seien die Pferde jetzt auch dünner als bei meiner Abreise, erklärte er mir.

Albeks alte Mutter versuchte mich aufzumuntern: »Diese wunden Stellen sind eine Erinnerung an uns! So wirst du uns nie vergessen!«

Ich war zwar verärgert, aber auch sehr dankbar, dass die Pferde noch lebten. Ich bezahlte Albek die versprochenen 300 Dollar und bedankte mich bei ihm. Und als ich Tigon endlich wiedersah, war alles vergeben und vergessen. Ich entdeckte ihn schon von Weitem unter einer terrassenartigen Holzplattform, wo er sich in den Sand eingegraben hatte. Auf der Plattform saß im Schneidersitz Albeks Vater und bewachte Tigon. Als ich mich näherte, stellten sich Tigons staubige Ohren auf, sein Schwanz begann zögerlich hin und her zu schlagen, und sobald ich nahe genug war, sprintete er los, so weit es seine Leine erlaubte. Er sprang an mir hoch und stemmte seine Pfoten gegen meine Brust. Der alte Mann streckte seine dürren Beine, und zwischen seinen eingefallenen, sonnengebräunten Wangen breitete sich ein Lächeln aus. Er erhob sich, um mich zu umarmen. »Na also! Alle haben gedacht, ich sei verrückt. Sie waren sicher, du würdest nie wieder zurückkommen, aber ich habe an dich geglaubt!«

Die Abreise aus Karagai sollte einer der Abschiede werden, die mir von meiner Reise durch Kasachstan am lebendigsten in Erinnerung blieben. Albeks Vater hatte von irgendwoher ein mit falschen Edelsteinen beklebtes, rosafarbenes Plastikhaarband aufgetrieben, das er jetzt von einem Ohr zum anderen auf seinem kahlen Schädel trug. Als ich aufsattelte, um zu gehen, erhob er sich von der Decke und streckte mir ein Glas Wodka entgegen. Kaum war ich nähergetreten, um es zu nehmen, zog er das Glas weg und fiel lachend rückwärts in den Dreck. »Egal was du tust«, sagte er, »du solltest dich nie hetzen lassen!« Dann verdrehte er die Augen und glitt in eine andere Welt. Der Aul zog in Duftwolken aus getrocknetem Mist an mir vorüber, bis er endgültig vom Horizont verschluckt wurde und ich wieder frische, klare Luft atmete. Dann folgten die Stille und die Leere der Steppe.

Diese große Weite wirkte auf mich wie eine große weiße Leinwand, und jetzt, wo ich nach all den Turbulenzen der vergangenen Wochen wieder hier war, konnte ich mir meine eigene Welt bis ins kleinste Detail wieder neu zeichnen. Ich schloss die Augen, spürte das Schaukeln des Sattels und wartete, bis die ersten Eindrücke auf mich einströmten. Es begann mit dem sanften Geräusch der Pferde, die sacht an den Wermutpflanzen entlangstreiften. Dann spürte ich eine Brise, die meinen verschwitzten Rücken angenehm kühlte, und als ich die Augen öffnete, sah ich Saxaulbäume an mir vorbeiziehen, ziellos wie Treibholz auf dem Meer.

Nach einem kurzen Ritt schlug ich ein frühes Lager am Schem auf. Tigon rannte im Kreis durch den Sand. Manchmal machte er eine Pause, um zu mir zu kommen, sich auf den Rücken zu rollen und sich den Bauch tätscheln zu lassen. Die Pferde ruhten sich mit aneinandergeschmiegten Hälsen aus. Ogonjok ließ langgezogene Fürze fahren, und Taskonir war zwar in einem schlechten Zustand, nur Haut und Knochen, schien sich jetzt aber endlich wieder wohlzufühlen. Ich ließ meine Kleider auf den Boden fallen, legte mich ins knöcheltiefe Wasser und schaute zu, wie der Mond als rosa Lampe in den Himmel aufstieg.

Für die kommenden 500 Kilometer bis an die russische Grenze wollte ich den direkten Weg durch die Wüste bis an die Wolga nehmen. Es war ein harter und schonungsloser Ritt, der einerseits von der faszinierenden Schönheit der Wüste geprägt war, andererseits von den Zerstörungen durch die Ölindustrie.

Die ersten zwei Wochen eines – wie sich später herausstellen sollte – kompletten Reisemonats verbrachte ich damit, mir durch einen Morast aus Salzseen, Ebenen und Sümpfen, die man in Russland *Solonschak* nannte, einen Weg zu suchen. Ich folgte einem Netz aus schmalen Höhenrücken und beobachtete aus dem Sattel, wie sich glasig seichte Tümpel, glitzernde weiße Krusten und kalkige Ebenen vor mir ausbreiteten, immer wieder unterbrochen von Teppichen aus gelben, rosafarbenen und grünen Pflanzen. Aus dieser verwischten Farbpalette stoben in der Ferne Tausende von Vögeln in den Himmel, gleich einem riesigen Moskitoschwarm.

An den Abenden genossen wir alle die Unkompliziertheit unseres Camps. Die Pferde wälzten sich im dürren, von der Sonne ausgebleichten Gras, und Tigon rollte sich neben dem Zelt zum Schlafen zusammen. Es war Mitte September, und obwohl der Himmel bleich und wolkenlos war, war die drückende Hitze des Sommers verschwunden. Zum ersten Mal seit Mai konnte ich tagsüber wieder stundenlang reiten und nachts ungestört schlafen.

Die Hälfte der Strecke von Kulsary bis zur russischen Grenze hatten wir in Atyrau, der Ölmetropole Westkasachstans, erreicht. Man hatte die Stadt, die das geografische Tor zwischen Asien und Europa markiert, an den Ufern des Ural erbaut. Besser bekannt ist er unter dem kasachischen Namen Jaik.

Nachdem ich mich vorab um die erforderlichen tierärztlichen Dokumente für den Grenzübertritt gekümmert hatte, ritt ich nun entlang der Ölpipeline am Nordufer des Kaspischen Meers über Ebenen und Moorland Richtung Westen. Neben mir floss unsagbarer Reichtum, der auf dem Weg war, die Wirtschaftsmotoren ferner Länder anzutreiben. Für mich war es jedoch von sehr viel größerer Bedeutung, dass es kaum essbare Pflanzen oder Gras für die Pferde gab. Die Ölpipeline brachte mir nur den Vorteil, dass wir alle 20 Kilometer an der Hütte eines Wachpostens vorbeikamen, der für einen Hungerlohn seinen Streckenabschnitt der Pipeline patrouillierte. In diesen einfachen Hütten aus Schilf und Lehm bekam ich in der Regel Wasser und gute Tipps für das Gelände, das vor mir lag.

Nur wenige Tage nachdem ich Atyrau verlassen hatte, ging mein Campingkocher kaputt, und ich musste die nächsten elf Tage ohne warmes Essen auskommen. Die einzigen tröstlichen Gedanken, die ich noch hatte, waren von der Natur und der rauen Landschaft um mich her geprägt. Mit seinem spärlichen Grasbewuchs und dem geringen Wasservorkommen würde dieses Land sich nie für eine sesshafte Landwirtschaft eignen. Zukünftige Bewohner dieses Landstrichs hatten nur zwei Möglichkeiten – sie mussten diese Steppe entweder verlassen oder, wenn sie die seltenen Weidemöglichkeiten nutzen wollten, zu einer Form der nomadischen Viehzucht zurückkehren.

Meine Etappe von Atyrau bis an die russische Grenze wurde unterbrochen von einer unerwarteten Entdeckung. Kurz hinter dem Aul Isatai dehnte sich die Landschaft in ein Meer aus welligen Sanddünen aus, die gesprenkelt waren mit Grasbüscheln und anderen Wüstenpflanzen. Ich hatte das südliche Ende einer Wüste namens Narinkum erreicht. In der Nähe einer Eisenbahnanschlussstelle beherbergte mich ein Hirte mit grauem Bart, der mir mit großer Leidenschaft von diesem Landstrich, in dem er aufgewachsen war, erzählte. »Ich bin dort draußen in den Dünen als Nomadenkind groß geworden«, sagte er und deutete Richtung Norden. »Als ich klein war, überwinterten alle Nomaden in den Dünen und zogen über den Sommer ans Kaspische Meer.« Jetzt leben nur noch wenige Menschen in der Narinkum. Einem Gerücht zufolge liegt das teilweise auch daran, dass die Öl- und Gasgewinnung viele natürliche Quellen vergiftet hat.

Am Abend ruhte ich mich im Haus des Hirten aus, der mir eine außergewöhnliche Satteldecke brachte, die aus Pferdehaar gewebt war. »Das hier nennt man *kyl terlek*«, erklärte er. »Der Vater meines Vaters hat mir beigebracht, wie man sie herstellt, und er hat es von seinem Vater gelernt. Wir fertigen sie an, indem wir im frühen Winter, wenn die Pferde die Fliegen nicht mehr verscheuchen müssen, die Mähnen und Schweife von drei Tieren abschneiden. Ich habe mein ganzes Leben lang ein Kyl terlek benutzt. Nie hatte eines meiner Pferde eine wunde Stelle … nicht einmal im Sommer!«

Ich befühlte die Satteldecke vorsichtig. In ihr verbarg sich eine Genialität, die ich erst jetzt zu schätzen wusste.

Während meiner Reise war ich immer wieder darauf angesprochen worden, ob ich eine dieser sagenumwobenen Satteldecken aus Pferdehaar gesehen oder von einer gehört hätte. Niemand schien eine Ahnung zu haben, wie man sie herstellt, obwohl jeder von der Betpak-Dala-Wüste in Kasachstan bis ins zentrale Changai-Gebirge der Mongolei wusste, dass eine Pferdehaardecke auf langen Ritten die beste Ausstattung war.

Ich hatte mich immer gefragt, wie die Krieger des mongolischen Heers auf ihren Feldzügen mit den Pferden durch Flüsse schwimmen und danach sofort wieder aufsteigen und weiterreiten konnten. Die Mongolen hatten viele Tricks. Ihre Kleider und Sättel packten sie beispielsweise in einen schwimmenden Ledersack, banden diesen ihren Pferden an den Schwanz und zogen ihn so übers Wasser. Dennoch wurden ihre Satteldecken dabei zwangsläufig immer wieder mal nass. Und, wie jeder Steppennomade heute weiß, bleibt eine eingeweichte Fellsatteldecke tagelang nass und scheuert einen Pferderücken in wenigen Stunden blutig. Ein Kyl terlek trocknet hingegen sofort und erlaubte es den Reitern, direkt weiterzuziehen, ohne den Pferden zu schaden. War ein solches Kyl terlek, das mongolische Wort bedeutet übrigens ungefähr »Sommer-Deel für Pferde«, etwa das Geheimnis der mongolischen Nomaden auf ihren langen Feldzügen?

Aus dem Narinkum-Sandmassiv ritt ich hinab in die Ebenen bei der Stadt Ganuschkino. Hier, am Rande des weitläufigen Wolgadeltas, war die kasachische Steppe, in der ich nun so lange unterwegs gewesen war, zu Ende.

Vor ungefähr einem Jahr war ich 4000 Kilometer östlich von hier mit Ruslan und meiner neuen Pferdetruppe im Altai losgezogen. Als der Winter über mich hereingebrochen war und die riesige Steppe Kasachstans sich wie ein Schlund vor mir auftat, wurde ich überwältigt von der kahlen Natur dieser Landschaft, die durch ihre Ausgesetztheit wie ausgewaschen wirkte. Seither hatte ich mich an das trockene und schroffe Kontinentalklima der kasachischen Steppe gewöhnt, in dem die Luft so trocken war, dass sie einem die Kehle ausdörrte. Aber jetzt ritt ich hinab in eine warme Brise, die dicke, feuchte Luft mit sich brachte. Der Geruch von Auen lag in der Luft, und am Himmel standen prächtige Wolken.

Genaugenommen hatten wir das Ende der Trockensteppenzone noch nicht erreicht – das lag noch vor uns, mehrere Hundert Kilometer westlich der Wolga –, aber die üppige Natur des Deltas war der augenscheinliche Beweis dafür, dass der größte Teil des rauen Zentrums der Eurasischen Steppe hinter uns lag. Von hier bis Ungarn würden die landschaftlichen Gegebenheiten zunehmend mild und fruchtbar werden.

Am nächsten Tag, kurz vor der russischen Grenze, ließ ich meine Pferde in der Obhut eines Manns namens Muftagali und nahm ein Taxi zurück nach Atyrau, um meine Dokumente zu vervollständigen. Anfangs sah alles ganz gut aus: Mein Pass mit dem russischen Visum war angekommen, und ich traf mich mit dem Direktor des dortigen Landwirtschaftsministeriums, Kosibek Erzgalew, der versprochen hatte, mir zu helfen. Nach einer Woche fehlten jedoch immer noch Genehmigungen, und weil ich in der Stadt war, musste ich mich mit Dingen auseinandersetzen, die ich im Sattel tunlichst vermieden hatte.

In einer Stadt, in der der Ölboom schicke neue Hotels und Wohnblocks aus dem Boden hat schießen lassen, war mein tägliches Budget von zehn Dollar ziemlich mickrig. Die billigste Unterkunft, die ich finden konnte – ein altes, mit Moskitos verseuchtes Studioapartment aus der Sowjetzeit –, kostete 250 Dollar die Woche. Die Reparatur meiner Videokamera hatte mich erst kürzlich 487 Dollar gekostet und mein Visum für Russland 229 Dollar. Dazu kam, dass ich für die Versorgung meiner Pferde täglich noch weitere Schulden anhäufte. So würde mein Budget nie bis zur Donau reichen, selbst wenn es mir noch gelänge, meine Pferde über die Grenze zu schaffen.

Neben meinen finanziellen Sorgen gab es aber eine noch größere Angst, die seit Monaten in mir schwelte und die ich nun nicht mehr länger ignorieren konnte. Mit einer bösen Ahnung las ich in einem Internetcafé eine E-Mail von Kathrin, in der sie schrieb: »Weshalb steigt nach unseren Telefongesprächen nur diese Übelkeit aus meiner Magengrube auf, und warum fühle ich mich so leer?«

Nachdem ich mich in der Mongolei von Kathrin verabschiedet hatte, klammerte ich mich lange an den Traum, sie in Ungarn wiederzusehen und dann einige Wochen nur damit zu verbringen, sie von Neuem kennenzulernen. Ich hätte die Reise hinter mir und könnte ganz für sie da sein, noch uneingeschränkter als vor meiner Abreise aus Australien.

In den letzten Monaten war dieser Traum jedoch mehr und mehr verblasst, und in Wahrheit hatte ich mich bei dem Gedanken, mit Kathrin zusammenzubleiben, unterschwellig schon immer etwas unwohl gefühlt. Es ist immer eine große Herausforderung, eine Fernbeziehung, die auf Satellitentelefonverbindungen angewiesen ist, so lange aufrechtzuerhalten, aber irgendwie schien mir unsere Beziehung auch unvereinbar mit dem Wesen meiner Reise. Es lag eine gewisse Ironie darin, dass uns ausgerechnet die Charaktereigenschaft, die uns zusammengebracht hatte, nämlich die Leidenschaft fürs Reisen, auch wieder trennte.

Im Laufe der Zeit, als die Reise sich langsam in die Länge zog und immer unberechenbarer wurde, wuchs in mir dieses unbehagliche Gefühl, und mir wurde immer klarer, dass diese Beziehung nicht zu den wichtigsten Dingen in meinem Leben zählte. Als Kathrin eine Gehirnoperation bevorstand, ich aber weiter durch die Wüste ritt, anstatt meine Reise abzubrechen, um bei ihr zu sein, war das mehr als deutlich geworden.

Und noch ein anderes, ziemlich egoistisches Gefühl war stärker geworden: Weder brauchte noch wollte ich feste Lebensziele. Ich war dann glücklich, wenn ich in einer Reise ganz aufgehen und in meine Erfahrungen abtauchen konnte. Es lag nicht nur daran, dass ich mir ein geregeltes Leben nach Ungarn nicht vorstellen konnte – zu diesem Zeitpunkt konnte ich mir nicht einmal vorstellen, jemals dort anzukommen –, sondern ich *wollte* es mir ganz einfach nicht vorstellen.

Nach einer von vielen schlaflosen Nächten rief ich Kathrin an und sagte ihr, dass ich unsere Beziehung beenden wolle. Es war ein schwieriges, schmerzvolles Gespräch, und es plagten mich Schuldgefühle, weil ich eine Beziehung angefangen hatte, in der ich letztlich nicht das geben konnte, was ich versprochen hatte.

Die restliche Zeit in Atyrau verbrachte ich hauptsächlich damit, zwischen dem Landwirtschaftsministerium und dem Internetcafé hin und her zu stapfen, in dem ich E-Mails mit Kathrin austauschte. Dass wir uns nicht sehen konnten, machte es für Kathrin noch viel schlimmer. Sie erholte sich gerade erst von ihrer Operation und hatte schon so lange auf mich gewartet. Zu unserem Trennungsschmerz kam noch hinzu, dass Kathrin vorhatte, ihre Schulferien in einem abgelegenen Dorf in Italien zu verbringen, wo es weder Telefon noch Internet gab. Wir mussten beide mit dem Ganzen alleine fertigwerden, und daher wünschte ich mir auch verzweifelt, bald wieder meine Pferde satteln zu können. Beim Reiten, so hoffte ich, würden die Bewegung, das Gefühl vorwärts zu kommen und die Gesellschaft meiner Tiere den Schmerz erträglicher machen.

Nach zwei Wochen in der Stadt konnte ich meine tierärztlichen Genehmigungen endlich abholen und kehrte an die Grenze zurück. Obwohl sie im Landwirtschaftsministerium hartnäckig behaupteten, dass ich nun alle Papiere hatte, war es ein unerprobtes Unterfangen, auf Pferden nach Russland zu reiten, und ich war entsprechend nervös.

Zunächst schien alles glattzugehen. Gleich hinter Muftagalis Aul Kuegen passierte ich kurz vor der Grenze einen Polizeiposten. Dort bekam ich aber nur deshalb ein Problem, weil Ogonjok aus dem einzigen Blumentopf weit und breit die Rosen abfraß. An der Grenze war ich dann sehr erleichtert, als ich einen bekannten Beamten aus dem Veterinäramt in Atyrau erkannte. »Warum hat das so lange gedauert?«, fragte er und sorgte dafür, dass meine Papiere weitergeleitet wurden. Dann lud er mich zum Mittagessen ein und begleitete mich durch die Grenzkontrolle.

Der Zollbeamte schien nicht sonderlich beunruhigt. »Nun, welches Pferdemodell haben wir denn hier? Welches Baujahr?«, witzelte er und winkte mich durch.

Am Nachmittag hatte ich Kasachstan verlassen, war auf einem Frachtkahn über einen Arm der Wolga geschifft worden und näherte mich jetzt Russland. Tigon führte uns strotzend vor Optimismus an.

Anfangs waren die Beamten an der russischen Grenze recht freundlich. Ich wurde durch die Zollabfertigung geführt, wo einer der Beamten im Spaß brüllte: »Sie wissen, dass wir die Räder abmontieren müssen, um zu überprüfen, ob Sie Drogen mit sich führen!« Die Durchsuchung war in wenigen Minuten erledigt, und zwischen mir und Russland lag nur noch eine einfach Schranke.

Als mich die Wachen gerade durchwinken wollten, verließ mich mein Glück. Aus einem Büro in einem Schiffscontainer, auf dem »Tierärztliche Kontrolle und Grenztransport« zu lesen war, kam eine Frau auf mich zu, die nicht so gut gelaunt zu sein schien wie ihre Kollegen. Mit einem Lächeln und einem Händedruck versuchte ich das Eis zu brechen, aber als die Pferde langsam näher kamen, weiteten sich ihre Augen, und ihr Kopfschütteln, das anfangs noch zögerlich war, wurde immer heftiger und überzeugter.

Sie schrie: »Ich weiß nicht, was ich tun soll! Ich bin schockiert! Mein Gott, womit habe ich ein solches Problem heute Abend noch verdient?«

Ich folgte ihr in den Schiffscontainer, wo sie sich unter einem gerahmten Porträt von Wladimir Putin niederließ und telefonierte.

»Ich habe hier einen Ungarn, der ohne Papiere auf einem mongolischen Pferd aus der Mongolei hierher gereist ist!«, kreischte sie. Ich hatte keine Chance, zu unterbrechen und das Missverständnis aufzuklären. Ich konnte die Antwort ihres Vorgesetzten am anderen Ende in Astrachan hören: »Was für ein Katastrophe!«

Die Frau legte auf und nahm wieder Haltung an: »Ich muss Ihre Pferde beschlagnahmen! Ich kann Ihnen keine Einreiseerlaubnis geben!«

Ich versicherte ihr, dass ich alle nötigen Papiere bei mir hätte und sie mich falsch verstanden hätte, aber sie hörte nicht zu, und ein paar Stunden später war klar: Ich hatte ein ernsthaftes Problem. Lebende Pferde durften offiziell nur für sportliche Wettkämpfe oder als Schlachtvieh von Kasachstan nach Russland exportiert werden. Aber selbst wenn ich hierfür eine Lösung finden würde, fehlte mir noch ein entscheidendes Dokument: eine Durchreisegenehmigung aus Moskau, die mir erlauben würde, auf einer streng vorgeschriebenen Route durch Russland in die Ukraine zu reiten.

Ich rief meine Kontaktadressen in Russland an, Anna Luschtschekina von der Akademie der Wissenschaften in Moskau und ihre Freundin und Kollegin Liudmilla Kiselewa in Astrachan, beides ohne Ergebnis. Laut der Veterinärbeamtin hatte ich zwei Möglichkeiten: »Sie können Ihre beschlagnahmten Pferde und Ihren Hund hier bei uns lassen und alleine nach Russland einreisen, oder Sie gehen dahin zurück, wo Sie hergekommen sind, nach Kasachstan.« Es war schon fast Mitternacht, als ich schließlich aufgab und ins Niemandsland zwischen den Grenzen zurückritt. Die kasachische Grenze würde erst am nächsten Morgen um acht Uhr wieder öffnen, und so suchte ich mir eine mit Gras bewachsene Senke und schlug mein Lager auf.

Am nächsten Morgen hatte ich es dann mit einer neuen Schicht von kasachischen Einreise-, Veterinär- und Zollbeamten tun, die mich auch gleich des Pferdediebstahls und des illegalen Pferdeexports bezichtigten. Es folgte ein achtstündiges Hin und Her, das nur durch Verhandlungen zwischen dem Zoll und dem Chef des Landwirtschaftsministeriums in Atyrau beendet werden konnte. Und dann steckte ich wieder in genau denselben Schwierigkeiten wie am Tag zuvor.

Ich ließ meine Pferde abermals bei Muftagali und war innerhalb von 24 Stunden zurück in meinem Fegefeuer in Atyrau, wo man mich gleich warnte, dass ich auf eine Durchreisegenehmigung aus Moskau bis zu zwei Monate warten müsste. Da mein Visum nur sechs Wochen gültig war und ich kein Geld mehr hatte, um Miete zu bezahlen, war meine Situation mehr als kritisch. Außerdem war da zum ersten Mal auf dieser Reise keine Kathrin mehr, der ich mein Leid klagen konnte. Selbst wenn sie bereit wäre, mir noch mal zuzuhören, sie war in Italien und unerreichbar.

Der Frust über die Bürokratie überwältigte mich zunächst, aber nach etwa einer Woche war ich fest entschlossen, das System zu besiegen.

Täglich verbrachte ich Stunden im Landwirtschaftsministerium, informierte mich über Gesetze und Protokolle und schickte Faxe nach Moskau und Astana. Schon bald beherrschte ich den bürokratischen Jargon der Angestellten fließend und wurde tagsüber von dem Gefühl beflügelt, aktiv etwas gegen meine Situation zu unternehmen. Wenn das Ministerium jedoch abends seine Tore schloss, fühlte ich mich hilflos und einsam.

Zwei Wochen waren verstrichen, das kleine Budget, das ich mir für meine Miete genehmigt hatte, war aufgebraucht, und es gab noch immer nicht das geringste Anzeichen einer Erlaubnis. Ich wusste nicht mehr, wo ich bleiben sollte.

Als ich gerade in einem billigen Café zu Mittag aß, kam ein junger Mann in schicken Designerklamotten auf mich zu und sprach mich auf Englisch an: »Ich war neugierig, weshalb jemand aus dem Westen in einem so billigen Laden isst und so alte, abgenutzte Kleider trägt. Ich dachte mir, du suchst vielleicht das Gespräch mit den Leuten hier, also habe ich beschlossen, dich anzusprechen.«

Azamat, so hieß der Mann, war in meinem Alter und arbeitete für ein ortsansässiges Ölunternehmen. Wir unterhielten uns mehrere Stunden lang, und ich erfuhr, dass er ein überzeugter Muslim war und trotzdem fast nur Russisch sprach.

Er sagte: »Ich schäme mich dafür, dass es immer noch Kasachen gibt, die die russische Sprache nicht verstehen. Ich liebe Russland. Es ist mir ein Rätsel, was die Leute an der kasachischen Kultur so interessant finden.«

Das waren merkwürdige Ansichten, die ich in Städten wie Almaty schon öfter beobachtet hatte, aber noch nie hatte sie jemand so deutlich ausgesprochen. Für Azamat repräsentierte die russische Kultur Modernität und Kultiviertheit, während ihm das Leben der Nomaden ebenso fremd war wie jedem anderen Stadtbewohner auf dieser Welt. »Ich glaube, du bist in meinem Land der einzige Mensch, der noch als Nomade leben will! Weshalb hast du deine Heimat verlassen und bist hierhergekommen?«, fragte er mich entgeistert.

Obwohl er den Grund meiner Reise nicht begreifen konnte, war er fasziniert von meiner Unternehmung und erkannte, dass ich in Schwierigkeiten steckte. Das Café gehörte seiner Tante, und er machte mir ein großzügiges Angebot: »Du kannst hier so oft und so lange umsonst essen, wie es nötig ist!« Die einzige Bedingung war, dass ich mich mit ihm traf, damit er sein Englisch verbessern konnte. Etwas später an diesem Abend tauchte er dann in meinem angemieteten Apartment auf und hatte auch für meine Unterkunft eine Lösung. Azamats Freund Dauren war ein gutmütiger Mann, der als Sicherheitsbeamter in der Firmenzentrale von Tengizchevroil arbeitete. Er hatte sich gerade eine neue Wohnung in der Nähe des Stadtzentrums gekauft und meinte: »Sie ist nicht möbliert, und du wirst alleine sein, aber du kannst gerne dort wohnen.«

Obwohl Dauren für die Ölindustrie arbeitete, hatte er für die Ängste seiner Landsleute viel Verständnis. »Die Ölindustrie zerstört unsere Natur«, sagte er mir. »Um üble Machenschaften zu vertuschen, werden Schmiergelder an die entsprechenden staatlichen Stellen bezahlt. In Tengiz ist die Luft so schlecht, dass Leute aus dem Westen dort nicht länger als ein Jahr arbeiten dürfen. Danach schickt man sie wieder nach Hause … aber die kasachischen Arbeiter bleiben jahrelang dort.«

Seine Meinung zu Präsident Nasarbajew und den anstehenden Wahlen war ähnlich zynisch. »Nasarbajew hält sich für den Vater der Kasachen. Seine Partei ist nahezu die einzige in Kasachstan. Jeder ernst zu nehmende Oppositionelle ist in London im Exil, und Nasarbajew hat das Monopol auf die Medien. Natürlich werden wir demokratische Wahlen haben … Aber glaubst du, die Regierung bekommt nicht mit, für welche Partei die Leute stimmen? Wer für den Staat arbeitet und für die Opposition stimmt, verliert seinen Job.«

Als die Wahlen vorbei waren, hatte Nasarbajew tatsächlich 99 Prozent der Stimmen erhalten. Ich frage mich, weshalb er trotz seiner felsenfesten Machtposition und seiner Beliebtheit überhaupt so viele Millionen für den Wahlkampf ausgegeben hat.

Nach mehr als fünf Wochen in Atyrau hatte ich zwar viel über die Stadt gelernt, aber was das Überqueren der russischen Grenze anging, gab es wenig zu feiern. Als mein Visum für Kasachstan nur noch zwei Wochen gültig war, kam per Fax eine Genehmigung aus Moskau. Ein Telefonanruf von der Grenze machte meine Freude darüber aber gleich wieder zunichte: »Sollte der Australier Tim Cope auf seinen Pferden hier ankommen, werden wir ihn direkt zurückschicken. Die Genehmigung gestattet ihm lediglich, seine Pferde und seinen Hund per Lkw oder Zug durch Russland zu transportieren.«

In Atyrau hatt ich den Chef der Zollbehörde von Westkasachstan davon überzeugt, dass er mir eine problemlose Ausreise aus dem Land garantierte. Offiziell benötigte man für den Transport kasachischer Pferde außer Landes eine Exportgenehmigung für wilde Tiere. Um diese zu umgehen, hatte er seine Beamten angewiesen, meine Pferde als »Haustiere« zu deklarieren.

Mein Visum war jetzt nur noch fünf Tage gültig, und ich lag mit verrenktem Kreuz auf dem Boden in Daurens Wohnung. Es war Mittwoch, der 7. Dezember, mein 27. Geburtstag, aber ich fühlte mich eher wie 60.

Wenn Moskau bis Freitag keine neue Genehmigung ausstellen würde, die mir erlaubte, meine Pferde über die Grenze und durch Russland hindurch zu *reiten*, war alles Hoffen umsonst. Ich würde die Pferde weggeben müssen, hatte aber kein Geld, um in Russland neue zu kaufen. Es wäre das sichere Ende meiner Reise.

Freitag, der 9. Dezember, war, ob mit oder ohne Genehmigung, mein letzter Tag im Landwirtschaftsministerium. Wie jeden Morgen begann ich um acht Uhr zu telefonieren und Faxe zu verschicken. Um die Mittagszeit war noch keine Genehmigung eingegangen, und ich war so frustriert, dass ich Kosibeks Sekretärin nicht in die Mittagspause gehen ließ. »Bitte, rufen Sie noch einmal Moskau an«, flehte ich. »Wenn wir die Genehmigung jetzt nicht bekommen, bekommen wir sie nie.«

Sie schaute mich mit einem schwachen Lächeln an und unterdrückte die aufsteigenden Tränen. Wie alle hier in diesem Büro – auf dessen Tür auf Englisch »Exsperts Room« zu lesen war – hatte sie sich sechs Wochen lang Tag für Tag für mein Anliegen eingesetzt. Jeder hier, bei Kosibek angefangen, hatte alles gegeben.

»Es tut mir leid, Tim. Wir haben getan, was wir konnten.«

Zögernd verließ ich das Büro, und auf ihrem Weg in die Mittagspause schloss sie hinter mir ab.

Ich nahm ein letztes, unglückliches Mittagessen im Café von Azamats Tante zu mir. Azamat war immer zuversichtlich geblieben und hatte stets daran geglaubt, dass ich die Genehmigung irgendwie bekommen würde, aber jetzt musste ich auch ihn enttäuschen. All die Mahlzeiten, die seine Tante mir spendiert hatte, waren vergebens gewesen. Ich rief Muftagali in Kuegen an und erklärte ihm, dass wir für die Pferde neue

Besitzer finden müssten. Dann sprach ich mit Dauren und versprach, bis morgen auszuziehen.

Noch einmal ging ich zurück ins Ministerium, um mich von Kosibek und den anderen Angestellten zu verabschieden, die alles darangesetzt hatten, mir zu helfen. Als ich das Gebäude wieder betrat, bemerkte ich, dass etwas seltsam war. Die Mittagspause war noch nicht vorüber, aber die Tür zum «Exsperts Room« war angelehnt. Ich stieß sie auf, und da saß bleich in sich zusammengesunken Kosibeks Sekretärin. Sie schaute zu mir auf, und obwohl ich selbst Tränen in den Augen hatte, ging ich zu ihr, um sie zu trösten. Sie flüsterte etwas.

»Wie bitte?«, fragte ich.

»Ich habe es.« Mit zitternden Fingern hielt sie ein frisches Fax in die Höhe: *Hiermit wird als Zusatz zur Genehmigung vom 29. November bestätigt, dass der australische Reisende Tim Cope die Erlaubnis besitzt, seine drei Pferde reitend zu transportieren. Sein Hund kann auf den eigenen vier Beinen transportiert werden.*

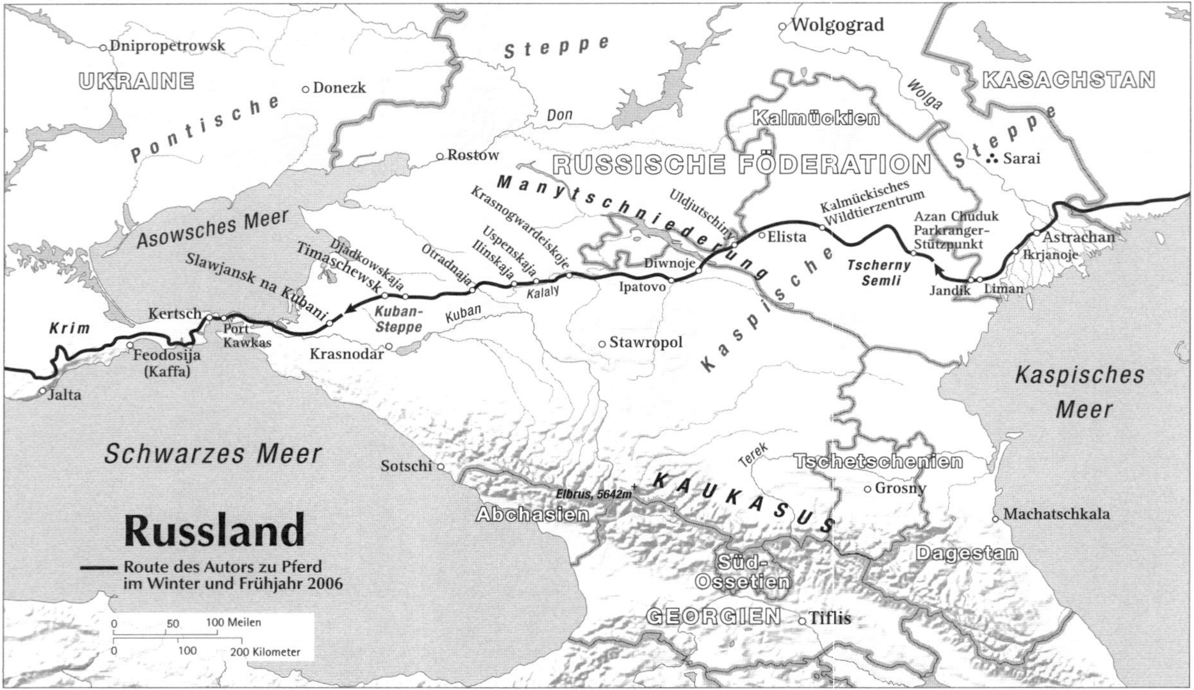
Russland
Route des Autors zu Pferd im Winter und Frühjahr 2006
0 50 100 Meilen
0 100 200 Kilometer
UKRAINE
KASACHSTAN
RUSSISCHE FÖDERATION
Kalmückien
Tschetschenien
Dagestan
Süd-Ossetien
GEORGIEN
Abchasien
Pontische Steppe
Steppe
Steppe
Manytschniederung
Kaspische Senke
KAUKASUS
Elbrus, 5642m
Asowsches Meer
Schwarzes Meer
Kaspisches Meer
Krim
Don
Wolga
Kuban
Kalaly
Terek
Kuban-Steppe
Tscherny Semli
Dnipropetrowsk
Donezk
Rostow
Wolgograd
Sarai
Astrachan
Ikrjanoje
Liman
Jandik
Azan Chuduk Parkranger-Stützpunkt
Kalmückisches Wildtierzentrum
Elista
Uldjutschiny
Diwnoje
Ipatovo
Krasnogwardeiskoje
Uspenskaja
Ilinskaja
Otradnaja
Djadkowskaja
Timaschewsk
Slawjansk na Kubani
Kertsch
Port Kawkas
Feodosija (Kaffa)
Jalta
Krasnodar
Stawropol
Sotschi
Grosny
Machatschkala
Tiflis

RUSSLAND

Verlorene Horden in Europa

Wenn ich alleine in der Steppe stehe
Den fernen Horizont klar im Blick
Ambrosia weht mit dem Wind heran
Kristallblauer Himmel ist über mir, ich
Spüre meine eigene wahre menschliche Größe
Und Freude bis in alle Ewigkeit

Was meine Träume hemmt
Schrumpft jetzt, wirkt absurd und töricht
Und nichts anderes ist oder scheint zu sein
Nur ich selbst, diese Vögel, diese Steppe …
Voll Freude spüre ich um mich herum
Den weiten, offenen Raum, der keine Grenzen kennt!

– UNBEKANNTER KALMÜCKISCHER DICHTER

An einem stürmischen Morgen, Schnee und Graupel lagen in der Luft und der Wind fegte über die eisigen Wasser des Wolgadeltas, fand ich mich wieder am kasachischen Grenzposten ein. Dieselben Zöllner, die mir schon auf dem Rückweg von meinem gescheiterten Grenzübergang so zugesetzt hatten, waren wieder im Dienst.

»Sie können die Pferde nicht ausführen, Sie besitzen nicht die nötige Erlaubnis. Diese Tiere sind eine Handelsware«, beschied mich der Kommandeur des Grenzpostens.

Damit hatte ich gerechnet und mir einen Plan ausgedacht. Von der Telefonzelle aus rief ich den Leiter der Zollstelle in Atyrau an, der den Anruf erwartete und bereit war. Ich hatte kaum den Hörer aufgelegt, als der Postenchef einen Anruf erhielt und erbleichte. Kurz darauf kam er zu mir und erklärte mit reumütig eingezogenem Genick: »Machen Sie sich keine Sorgen, alles wird erledigt.«

Später am Abend, mein kasachisches Visum lief in wenigen Stunden ab, ritt ich über die Grenze und schlug mein Lager im Niemandsland auf. Am Morgen würde das Visum abgelaufen sein, und es gab kein Zurück mehr.

Diesmal zeigten sich die russischen Grenzer freundlicher als ihre kasachischen Kollegen, und innerhalb weniger Stunden segelte ich unter dem Schlagbaum hindurch in die Freiheit. Tigon wies den Weg, mit gereckter Brust und heftig an der Leine zerrend, den Schwanz hoch aufgerichtet, »wie eine Pistole«, scherzten die Grenzer.

Als ich die Grenze passiert hatte, verzichtete ich auf den Blick zurück über die Schulter und sah lieber zu, dass ich so weit wie möglich kam, bevor es dunkel wurde. Erst in der Sicherheit des Lagers traute ich mich, das Satellitentelefon herauszuholen und meiner Familie die Neuigkeit durchzugeben. Es war der 13. Dezember, der 55. Geburtstag meines Vaters, und ich war in Russland.

In den nächsten paar Tagen lebte ich mit der Angst, immer noch im Einflussbereich der Grenzbeamten zu sein, und behielt deshalb ein zügiges Tempo bei. Tagsüber legte ich nur selten Pausen ein, und nachts versteckte ich mein Lager, so gut es ging. Erst als ich einige Wolgakanäle überquert hatte, ließ meine Anspannung allmählich nach. Der Sackgasse entronnen, genoss ich den Luxus, nicht nur mit meiner Tierfamilie zusammen zu sein, sondern abermals den Blick auf neue Horizonte richten zu können.

Die kasachisch-russische Grenze war in meinem Reiseplan erst die zweite von vier Ländergrenzen, die es auf dem Weg zur Donau zu überwinden galt, aber sie war ein Meilenstein, der alle anderen überragte. Im Lauf der Zeit sollte mir bewusst werden, dass die kasachisch-russische Grenze zwei sehr verschiedene Kulturräume der Eurasischen Steppe voneinander trennte und deshalb auch meine Reiseerlebnisse in zwei deutlich voneinander verschiedene Hälften aufteilte.

Im Osten lagen die Mongolei und Kasachstan. Beide Länder waren von der Sowjet-Ära – und, davor noch, vom Zarenreich – zutiefst geprägt, und dennoch waren sie heute souveräne Staaten, in denen die nomadische Kultur immer noch das Lebensgefühl bestimmte. Selbst die Kasachen und Mongolen, die jetzt in Städten lebten, waren höchstens ein paar Generationen vom Leben im Sattel entfernt.

Im westlichen Teil der Steppe, von der russischen Grenze bis zur Donau, war die nomadische Lebensweise schon seit Langem entschwunden. Die Ungarn hatten ihrem Nomadenleben schon vor dem Auftauchen der Mongolen im 13. Jahrhundert entsagt, und die sogenannten Pontischen und Kaspischen Steppen – sie umfassten das Grasland, das von der Wolga bis zum Gebiet nördlich des Schwarzen Meers reichte –, eine ehemalige Hochburg nomadischer Kultur und ein Schlüssel zur Mongolenherrschaft in Europa, waren schon vor langer Zeit vom Russischen Reich unterworfen worden und inzwischen ein Teil des modernen Russland und der Ukraine. Die zahlreichen Steppenvölker, denen ich auf dieser Reise noch begegnen würde – dazu zählten die Kalmücken, Kosaken und Krimtataren, ja sogar die Huzulen in den Karpaten –, waren ethnische Minderheiten, die nur begrenzte Autonomie genossen. Die meisten von ihnen waren unter Stalins Herrschaft verfolgt worden, und manche hatten das Schicksal der Massendeportation nach Sibirien und Zentralasien geteilt. In den postsowjetischen Zeiten erlebten sie eine kulturelle Renaissance – im Fall der Krimtataren war das die Rückkehr aus der Verbannung –, und ihr Land befand sich in unterschiedlichen Phasen der Stabilität.

Auf das erste dieser ehemaligen Nomadenvölker war ich besonders gespannt gewesen. Die Kaspische Steppe, deren Kernland die reichen Weidegründe am Unterlauf der Wolga bilden, war einst von den Kalmücken beherrscht worden, ethnischen Mongolen, die dem Stammesbündnis der Oiraten angehörten. Ihr Eintreffen in der Region hatte die letzte große Migration eines Nomadenvolks von Asien nach Europa angekündigt. Im Jahr 1771 hatte es den katastrophalen Versuch einer Massenflucht gegeben, mit der Kalmücken zurück in die Mongolei gelangen wollten, um so der Unterdrückung durch das Zarenreich zu entgehen. Fast zwei Drittel der Menschen, die sich auf diesen Weg gemacht hatten, waren in der Kasachischen Steppe zugrunde gegangen, die ich in den vergangenen zwölf Monaten durchritten hatte.

Die ersten Berichte über die Kalmücken hatte ich von Oiraten-Mongolen im Westen der Mongolei gehört, die behauptet hatten, Nachkommen der Kalmücken zu sein, die den Exodus überlebt hatten. »Tausende von Kilometern von hier, in Russland in der Nähe des Kaspischen Meers, wirst du unseren Verwandten begegnen, die nie zurückgekehrt sind. Sie sind unsere mongolischen Brüder und Schwestern, und sie sitzen immer noch in Europa fest«, hatten sie zu mir gesagt.

Vom einstmals mächtigen kalmückischen Khanat ist nur eine kleine, halbautonome Republik namens Kalmückien geblieben. Sie liegt westlich der Wolga im südlichen Bezirk der Russischen Föderation und gilt heute als einzige buddhistische Republik auf europäischem Gebiet. Nach der Legende sind die dort lebenden Kalmücken die Nachkommen der Rückwanderer, denen es im milden Winter von 1770 und 1771 nicht gelang, die teilweise zugefrorene Wolga zu überqueren. Der Name *Kalmücke* entstammt, ob das nun Zufall ist oder nicht, einer turkischen Wortwurzel, die so viel wie »übrig bleiben« bedeutet. Scheinbar eine Ewigkeit lang hatte ich darauf gewartet, die sagenumwobene Kalmückische Steppe mit eigenen Augen sehen zu können, aber selbst jetzt noch, da der Weg dorthin keine zwei Wochen mehr in Anspruch nahm, war es voreilig, sie bereits ins Visier zu nehmen. Bevor ich in die Kalmückische Steppe gelangte, musste ich erst noch das Labyrinth von Brücken und Kleinstädten durchqueren, die sich im Kanalgeflecht des Wolgadeltas aneinanderreihen.

Die Überquerung des Hauptkanals erwies sich als besonders schwierig. Die einzige Brücke lag mitten in der Stadt Astrachan, einem russischen Außenposten, den Iwan der Schreckliche im 16. Jahrhundert gründete. Die historischen Festungsmauern, heute noch eine Sehenswürdigkeit im alten Stadtzentrum, erinnerten daran, dass der Ort jahrhundertelang von Nomaden-Reiterkriegern angegriffen worden war. In moderner Zeit ist Astrachan jedoch eine lebhafte Metropole mit mehr als einer halben Million Einwohnern, und da ich zu Pferd kam, war jetzt die Reihe an mir, mich zu fürchten. An einem sehr langen Tag schlängelten wir uns auf einem gefährlichen Pfad durch ein Meer von Lastwagen, Straßenbahnen und Autos. Manchmal, wenn wir auf enge Bürgersteige abgedrängt wurden, bekamen wir es mit Scharen von Fußgängern und äußerst gefährlichen, schlecht sitzenden Schachtdeckeln zu tun, denen es auszuweichen galt.

Als wir nach Anbruch der Dunkelheit schließlich den Westrand der Stadt erreichten, waren meine Pferde so verschreckt, dass sie mir, kaum dass ich abgestiegen war, um das Lager herzurichten, samt Sattel und

Gepäck durchgingen. Mir blieben nur die Thermoskanne, die Videokamera und das Satellitentelefon.

Die örtliche Polizei und der Notrufdienst kamen mir zu Hilfe, aber nach einer ergebnislosen, die ganze Nacht dauernden Suche kehrten wir mit leeren Händen zur Polizeiwache zurück. Allein die Intuition eines Polizisten kasachischer Herkunft rettete meine Reise. Laute Rufe weckten mich um sechs Uhr morgens, ich öffnete die Augen und sah den Polizisten, der sich mit umgehängter Maschinenpistole über mich beugte. »Wachen Sie auf! Sie müssen ins Auto steigen! Ich habe geträumt, dass ich angeln ging und drei Fische fing: einen braunen, einen grauen und einen roten, die gleichen Farben wie Ihre Pferde. Ich weiß genau, dass wir Ihre Pferde diesmal finden werden!«

Eine Stunde später stießen wir auf eine lange Spur von Ausrüstungsgegenständen, die zu meinen Pferden führte. Es war ein bemerkenswertes Schauspiel, als der Polizist in voller Montur und mit umgehängter Maschinenpistole auf Ogonjok zuging und ihn auf die Nase küsste.

Nachdem meine Karawane wieder zusammengestellt war, ritt ich eine Woche lang von Astrachan aus nach Süden an der Wolga entlang und durch ein Gewirr von Fischerdörfern. Auf dem Fluss zeigte sich das erste Eis, als ich die letzte Brücke überquerte, mich nach Westen wandte und das Gewirr aus Straßen, Kleinstädten, Brücken und Verkehr hinter mir ließ.

Zu später Stunde am Neujahrstag erreichte ich Liman, ein verschlafenes Dorf am äußersten Rand des Wolgadeltas, wo die festen Straßen zu Ende waren und das Marsch- und Seenland in eine wilde, wasserlose Steppe überging. Dieser einzigartige Schnittpunkt unterschiedlicher Lebensräume hatte zweifellos der nomadischen Wirtschaftsweise in dieser Gegend eine Grundlage geboten, aber er hatte lange Zeit auch sesshafte Bauern angezogen und lag heute außerhalb des Gebiets der Kalmücken.

Meine Freundin Anna Luschtschekina hatte mir einen einheimischen russischen Führer vermittelt, Anatolij Chludnew, der zugesagt hatte, mich durch das Naturschutzgebiet Stepnoi nach Kalmückien zu bringen. Anatolij, ein pensionierter Oberstleutnant, der jetzt Direktor des Naturschutzgebiets war, gab bereitwillig Auskunft über die Probleme seiner Region: »Das Land hier war lange zwischen der Republik Kalmückien und dem *oblast* Astrachan umstritten, und bis heute gibt es keine Einigung über den genauen Grenzverlauf.«

Der Grenzstreit bereitete mir allerdings weniger Sorgen als die Spannungen zwischen den Kalmücken und der wachsenden tschetschenischen Bevölkerungsgruppe. »Tschetschenen, die mit Hilfe von Neuansiedlungsprogrammen aus ihrem eigenen Land fliehen, übernehmen hier das Kommando. Sie sind die neuen Siedler in der Kalmückischen Steppe«, klagte Anatolij.

Das von inneren Konflikten und Arbeitslosigkeit heimgesuchte Tschetschnien lag nur wenig mehr als 100 Kilometer von der Südgrenze Kalmückiens entfernt. Tausende von Tschetschenen waren im letzten Jahrzehnt auf der Suche nach Arbeit und einem sichereren Leben hierhergekommen. Ihre Gegenwart hatte, zumindest nach Anatolijs Ansicht, viele Russen so sehr eingeschüchtert, dass sie aus diesem Gebiet wegzogen. »Das ist allerdings gar nicht so schlecht für uns, nehme ich mal an«, sinnierte er. »Wir können uns überall in Russland niederlassen, wenn wir das wollen. Den Kalmücken bleiben allerdings nur wenige andere Möglichkeiten, wenn sie unter sich bleiben wollen. Ich kann ihnen keinen Vorwurf machen, wenn sie mit den Tschetschenen in Konflikte geraten.«

Anatolij mag hier wohl einige der gegen die Tschetschenen gerichteten Vorurteile wiedergegeben haben, aber erst vor Kurzem hatten gewalttätige Auseinandersetzungen zwischen tschetschenischen Migranten und in diesem Gebiet lebenden Kalmücken Stoff für Schlagzeilen geliefert. Tschetschenen hatten im August in dem nicht weit von Liman entfernten Dorf Jandik ein kalmückisches Mädchen erschossen. Zur Vergeltung hatte eine von der Beerdigung zurückkehrende Meute von 500 trauernden Kalmücken im Dorf randaliert, Häuser in Brand gesteckt und die Tschetschenen zur Flucht gezwungen. Es hatte die Gefahr bestanden, dass sich diese Situation zu einem größeren ethnischen Konflikt ausweiten würde, bis am Ende die russische Armee eingesetzt wurde, um die Wogen zu glätten. Die Friedenstruppe war eine Woche vor meiner Ankunft wieder abgezogen.

Gegenwärtig hatte sich die Lage anscheinend wieder beruhigt, und es war geplant, dass Anatolij mich von Liman aus über Jandik und von dort aus durch 75 Kilometer wilder Steppe begleitete, die *tscherny semli*, »Schwarzes Land«, genannt wurde und unmittelbar nördlich der umstrittenen Grenzregion lag. Anatolij erklärte, dass er im Patrouillenfahrzeug vorausfahren und nachts Wache halten würde. Außerdem würde er zur Sicherheit seine Waffe mitnehmen, falls wir auf Wölfe oder Wilderer stießen.

An einem eiskalten Morgen, an dem Schleier leichten Schnees über das Land fegten, packte ich einen Wochenvorrat zusammen und verließ den Ort. Eine halbe Stunde später, als ich Anatolij durch das Dorf Jandik hindurch folgte, war die Unruhe förmlich mit Händen zu greifen. Viele Häuser waren vollkommen niedergebrannt, die Straßen waren weitgehend menschenleer, und die Menschen, die ich noch zu sehen bekam, spähten zurückhaltend durch halb geöffnete Türen. Am anderen Ende des Dorfes ritt ich direkt am Friedhof vorbei und hielt am noch frischen Grab des ermordeten kalmückischen Mädchens kurz inne.

Nach Jandik ritt ich mit Anatolij drei Tage lang durch eine wilde, vom Frost beherrschte Graslandschaft. Unsere Route folgte einem jahrhundertealten Handelsweg, auf dem die Kaufleute Fische aus der Wolga durch die Steppe nach Stawropol brachten, wo ein gemäßigteres Klima herrschte. Tagsüber erzählte Anatolij Geschichten über die aufreibenden Reisen dieser Kaufleute, die sich ständigen Angriffen kalmückischer Banditen ausgesetzt sahen. Nachts, wenn die Temperatur auf etwa minus 20 Grad fiel, war Anatolij weniger aufgekratzt. Er versuchte, in seinem Fahrzeug zu schlafen und war dabei wiederholt gezwungen, den Motor laufen zu lassen, um sich warmzuhalten.

Am dritten Morgen erreichten wir das Naturschutzgebiet Stepnoi. Es war der 7. Januar, und obwohl kein Schnee lag, sah man an den gefrorenen flachen Tümpeln, die wie kleine, ins Land eingebettete Silberscheiben funkelten, dass Winter herrschte. In einer verlassenen Hütte nahmen wir ein spätes Mittagsmahl zu uns und beschlossen, uns hier voneinander zu verabschieden. Inzwischen hatten wir eine unsichtbare Grenzlinie in Richtung Kalmückien überquert, und außerdem wurde Anatolijs Benzin knapp.

»Siehst du diesen Weg hier?«, fragte er und wies auf eine kaum erkennbare Linie, die von Fahrspuren und Mulden gebildet wurde und eher einer Skizze als einer Straße glich. »Wenn du dem folgst und deinen Kompass zwischen 270 und 290 Grad hältst, solltest du zu einer Hütte namens Azan Chuduk kommen. Es ist jemand dort, und der Hausverwalter müsste dich erwarten.«

Ich sah zu, wie sein Allradfahrzeug in die Richtung entschwand, aus der wir gekommen waren, und blieb so lange reglos im Sattel sitzen, bis das Motorengeräusch verklang und ein Gefühl des Alleinseins einsetzte. Als ich mich umwandte und von diesem Ort entfernte, wich die Stille dem Rascheln, das 16 Beine – Tigon mitgezählt – im gefrorenen Gras erzeugten.

Drei Stunden lang drückte ich aufs Tempo, denn ich wollte die Hütte so bald wie möglich erreichen. Die Sonne versank hinter einem schwarzen Wolkenfleck, Form und Beschaffenheit der Landschaft wechselten in Pastell-Grautöne, und die Kälte packte fest zu. Ich rief Tigon nahe zu mir heran und behielt den Kompass im Auge. Bei Mondaufgang warf meine Karawane kaum wahrnehmbare Schatten auf das gefrorene Gras, und mein Übergang in eine ältere Welt schien abgeschlossen zu sein. Ich ließ das Pferd jetzt im Schritt gehen, verkroch mich tief in meinen Wintermantel und löste die Glocke in Taskonirs Nacken. Nach wie vor tat ich dies nachts, damit ich, falls sich die Pferde selbstständig machten, hörte, wohin sie sich gewandt hatten. Außerdem bestand auf den Kurier- und Handelswegen in der Steppe die althergebrachte Tradition, die Mannschaft einer Raststation mit einer Pferdeglocke vom Nahen eines Reiters zu unterrichten. Nach einer Wegstrecke von fast 40 Kilometern in der Abendkälte machte ich mir bereits Sorgen, ich könnte die Hütte verpasst haben, aber gegen 23 Uhr tauchten aus der vom Mond beschienenen Steppe drei dunkle Umrisse auf. Aus einem davon drang das schwache Flackern einer Petroleumlampe.

Ein alter Mann, der stark nach Wodka roch, nahm mich in Empfang und stellte sich auf Russisch als Hausverwalter vor. Die Nachricht von meiner Sondererlaubnis für den Ritt durch das Naturschutzgebiet war nicht bis nach Azan Chuduk – der Ort war ein Stützpunkt für Parkranger und Wissenschaftler – durchgedrungen, aber das beunruhigte meinen Gastgeber nicht. Er führte mich ins Gebäude, wo die letzten Kräfte meinen Körper verließen, mein Blick sich trübte und ich sofort in tiefsten Schlaf fiel.

Einige Zeit später wachte ich in einer anderen Welt auf. Ich hörte scherzende Stimmen und schwere Schritte, und als ich die Augen aufschlug, betrat eine Gruppe von vier oder fünf Männern die Hütte und klopfte sich dabei den Frost aus den Armee-Drillichmänteln. Im matten Flackern der Lampe zeichnete sich das Profil breiter und rissiger roter

Wangen ab. Die Augen der Männer waren lang und schmal, und als sie anfingen zu sprechen, hörte ich zu meiner Überraschung vertrautes Mongolisch.

Ich setzte mich zu der Gruppe an einen Holztisch, wo salziger mongolischer Tee mit Milch ausgeschenkt wurde, und mit dem letzten Rest Batteriestrom meines Laptops zeigte ich Videobilder von Oiraten-Mongolen, denen ich vor 14 Monaten im äußersten Westen der Mongolei begegnet war. Die Männer beugten sich vor und hörten aufmerksam zu.

»Sie sprechen einen reineren Oiraten-Dialekt als wir und klingen deutlicher als die Oiraten aus China, denen wir begegnet sind! Weißt du, was wir über die Leute sagen, die nach Asien zurückgegangen sind? ›*Tasarsan makh'n, usersen tsus'n*‹, das bedeutet wörtlich übersetzt ›auseinandergerissenes Fleisch und vergossenes Blut‹ und sinngemäß ›Wir und ihr sind ein Volk‹. Aber wie war es in Kasachstan? Wie ist es denn, wenn man dort reitet, wo unsere Vorfahren zugrunde gingen?«

Ich saß mit diesen Männern zusammen, wir erzählten uns Geschichten über die Steppe, der salzige Tee wärmte mich von innen, und es fühlte sich an, als wäre Kasachstan nur eine Brücke zwischen diesen beiden grundverschiedenen nomadischen mongolischen Gesellschaften gewesen. Man konnte fast davon überzeugt sein, dass diese Männer Nomaden waren, die eben erst von einer Wolfsjagd zurückgekehrt waren. Sie waren jedoch – ein Symbol für die moderne Republik Kalmückien – kalmückische Wissenschaftler und Ranger, die von einer Fuchs-Bestandsaufnahme, die Teil einer biologischen Studie war, zurückkamen. Unter ihnen war Boris Ubuschajewa, der stellvertretende Direktor des Naturschutzgebiets Tscherny Semli – ein Professor, den ich später, an der Universität in Elista, der Hauptstadt Kalmückiens, in Anzug und Krawatte sehen sollte. Er zeigte sich von meiner Reise beeindruckt und versprach, mir bei einem Ausflug den genauen Grund für die Einrichtung des Naturschutzgebiets zu zeigen.

Am Morgen verließen wir die Hütte noch bei Dunkelheit, der Sternenhimmel glitzerte schwach. Eine Stunde später, wir kamen gerade über den Kamm einer kleinen sandigen Anhöhe, sagte mir der Professor, ich solle mich ducken. In dieser ruhigen Umgebung hatte das leichte Wackeln eines Grasbüschels ausgereicht, um ihm die Anwesenheit eines Tieres zu verraten, und als ich genauer hinschaute, huschte eine zottige Kreatur davon, die sich farblich nicht vom bleichen Gras unterschied.

Als der Professor mir das Fernglas gereicht hatte, erwachte ein kompletter Streifen des Graslands vor uns zum Leben, und eine ganze Herde dieser Tiere erhob sich wie aufgeschreckte Spatzen. Die Tiere hatten ziegenähnliche Körper, trugen ein dichtes Winterfell und rannten auf zweigdünnen Beinen davon.

Es waren Saigas, Steppenantilopen.

Seitdem ich in der Betpak-Dala, der Hungersteppe in Kasachstan, zum ersten Mal von den Saigas gehört hatte, waren mir unzählige Geschichten über diese rätselhaften Antilopen der Eurasischen Steppe zu Ohren gekommen, die an einem einzigen Tag Hunderte von Kilometern zurücklegen konnten und deren Bestand noch 1990 mit etwa 800 000 Tieren angegeben worden war. Aber die Herden von Tscherny Semli waren die ersten, die ich auf meinen Reisen zu sehen bekommen hatte. »Hier im Schwarzen Land haben wir noch etwa 18 000 Saigas«, erklärte der Professor. »Unsere Bemühungen, Wilderer zu fassen, sind erfolgreich, aber die Saigas sind Nomaden, wenn sie unser Naturschutzgebiet verlassen, haben wir keine rechtliche Handhabe mehr, und oft kehren sie nie wieder zurück. Im kalten Winter von 1998 zogen etwa 100 000 Saigas nach Süden, in die Republik Dagestan, und nur wenige von ihnen kamen wieder. Man erzählt sich, dass der Schnee in Dagestan sich bei dem Gemetzel rot färbte.«

Kurz nach der ersten Sichtung scheuchten wir eine zweite Herde auf, die uns diesmal viel näher war. Nicht weiter als 100 Meter entfernt stand ein Saiga-Männchen. Die Hörner über den Augenwülsten fielen mir als Erstes auf. Im Gegenlicht der Sonne, leicht einwärts gebogen und mit einer geriffelten Struktur, wirkten sie wie eine leuchtende gelbe Zange. Unterhalb dieses Spektakels hing eine lange, gebogene Nase, die als Staubfilter diente und mit der im Winter die Atemluft angewärmt wurde. Kopf und Rüssel waren so groß und sahen so schwer aus, dass man den Eindruck gewann, die Streichholzbeine müssten jeden Augenblick nachgeben. Die äußerliche Erscheinung war so außergewöhnlich, dass man leicht den Eindruck gewinnen konnte, hier handle es sich um eine überlebende Art aus der Eiszeit, die ihren Lebensraum einst mit dem Mammut und dem Säbelzahntiger geteilt hatte.

Als das Männchen und seine Herde davonstürmten, stand ich wie gebannt da, und mir war zugleich bewusst, dass es in der leeren Steppe, durch die ich während der letzten zwölf Monate geritten war, an Saigas gefehlt hatte. Ich begriff, dass die Anwesenheit der Saigas ebenso zur Magie der Steppe beigetragen hatte wie die Umrisse eines Reiters vor dem Horizont.

Schon nach einem dreitägigen Ritt von der Parkranger-Hütte in Richtung Westen hatte ich die Hälfte des Gebietes von Kalmückien durchquert und war in dieser Zeit nur einer einzigen Familie begegnet, die in der Steppe lebte – einem ehemaligen Lehrer und seiner Frau, die sich für die Schaf- und Rinderzucht entschieden hatten, um damit ihren Lebensunterhalt zu verdienen.

Etwa 50 Kilometer vor der Hauptstadt Elista begrüßte mich im Kalmückischen Wildtierzentrum ein kalmückischer Professor der Biologie. Juris Auftrag war die Züchtung von Saigas in Gefangenschaft. Auch Dr. Anna Luschtschekina, aus Moskau eingeflogen, erwartete mich in dieser Einrichtung. Sie leitete das UNESCO-Projekt »*Human and Biosphere*« in der Region nördlich des Kaspischen Meeres und war für einen größeren Teil der Bemühungen um den Erhalt der Saigas zuständig. Anna und Juri waren in der kommenden Woche meine Begleiter und gaben mir eine Einführung in die vielen Gesichter des modernen Kalmückien. Während sich die Pferde auf Juris Hof ausruhten, verbrachten wir den größten Teil der Zeit in Elista, wo ich schließlich verstehen sollte, dass die Wiederbelebung der kalmückischen Kultur nicht von berittenen Nomaden in der Steppe, sondern von der urbanen Lebenswelt der Hauptstadt ausging.

Aus der Ferne wirkte Elista wie jede andere sowjetische Stadt. Sie war eine freudlose Abfolge heruntergekommener Wohnblöcke und schäbiger Behausungen, die sich an die kahlen, mit Schnee bestäubten Hänge eines Tales klammerten. Der einzigartige Charakter dieses Ortes war allerdings kaum zu übersehen, wenn man ihn aus der Nähe betrachtete.

Der größte Park der Stadt wurde von einem riesigen hölzernen Torbogen überragt, der mit Darstellungen von Saigas, Wölfen und Reitern, die ihre Blicke über die Stadt schweifen ließen, geschmückt war. Die Lenin-Statue auf dem zentralen Platz hatte einem buddhistischen Gebetsrad weichen müssen, das seinen Platz vor einer hoch aufragenden Pagode gefunden hatte. Auf der Straße schien das Russische vorzuherrschen, aber an manchen Orten war nur Kalmückisch zu hören. Zu diesen Orten zählte auch ein billiges Speiselokal, wo Kalmücken aller Altersgruppen zusammenkamen, um nach Nomadenart zu speisen. Unter anderem gab es hier Boortsog, mongolischen Milchtee und eine Auswahl von Hammelfleischgerichten.

In dieser Stadt lebten viele Menschen, die stolz und voller Energie den einen oder anderen Aspekt kalmückischer Kultur verfolgten. Zwei dieser Aspekte sollten für mich noch besonders wichtig werden.

Erdne Ombadykow sah in keinerlei Hinsicht so aus, wie ich mir das vorgestellt hatte, als er aus seinem Büro in dem als Goldener Tempel bekannten, neu eröffneten Kloster kam. Der jugendlich wirkende 33 Jahre alte Mann, der einen schicken Anzug und Krawatte trug und Englisch mit amerikanischem Akzent sprach, war der oberste Lama der Kalmücken, der vom Dalai Lama als die Reinkarnation des buddhistischen Heiligen Telo Rinpoche anerkannt worden war.

Erdne hatte sich im Alter von sieben Jahren für ein Leben als Mönch entschieden. Seine Eltern hatten ihn in diesem Wunsch unterstützt und nach Indien geschickt, wo er 13 Jahre lang in einem Kloster lebte und lernte. Als Mitglied einer vom Dalai Lama angeführten Delegation war er 1991 zum ersten Mal nach Kalmückien gekommen. Im darauffolgenden Jahr kam er zurück, um in Elista zu leben, nachdem er als erster oberster Lama der Kalmücken seit der Oktoberrevolution auserwählt worden war.

»Die Aufgabe, an diesem Ort dem Buddhismus zu neuem Leben zu verhelfen, war so schwierig, dass sie mich in den ersten beiden Jahren zur Verzweiflung trieb. Als die Kommunisten in Kalmückien die Klöster zerstörten, ließen sie hier keinen Stein auf dem andern, alles wurde ausgelöscht. Und als mein Volk aus dem sibirischen Exil zurückkehrte, fingen wir hier bei null an, in materieller wie auch in kultureller Hinsicht.«

Dass diese Anfangszeit himmelweit von der Gegenwart entfernt war, begriff ich, als ich mit Erdne auf dem obersten Stockwerk stand und auf einen 18 Meter hohen goldenen Buddha hinabschaute.

Das 62 Meter hohe Klostergebäude beherrschte die Skyline unmittelbar westlich der Stadtmitte und galt mittlerweile als das größte Gebäude seiner Art in ganz Europa. Der Dalai Lama hatte die Baustelle – eine ehemalige sowjetische Metallfabrik – am 1. Dezember 2004, wenig mehr als ein Jahr vor meinem Besuch, geweiht, und der Tempel war erst einen Monat vor meiner Ankunft seiner Bestimmung übergeben worden.

Ich konnte mich des Gedankens nicht erwehren, dass die Bedeutung dieses Tempels und der 33 anderen Tempelgebäude in ganz Kalmückien, deren Bau Erdne in den letzten Jahren beaufsichtigt hatte, über eine bloße Wiederbelebung hinausging. Das Festhalten an einer Verbindung mit Tibet hatte seit der Ankunft der Kalmücken in der Kaspischen Steppe die Selbstbestimmung im Schatten des Russischen Reiches symbolisiert. In den Anfangsjahren war ein Lama aus Tibet als geistliches Oberhaupt nach Kalmückien entsandt worden, und Pilgerreisen von Kalmückien nach Tibet waren bis zur Mitte des 18. Jahrhunderts üblich. Diese Pilgerfahrten endeten aufgrund der zunehmenden Gefahren bei der Durchquerung feindseligen kasachischen Territoriums und wegen der Einschränkungen durch die russischen Behörden, die Verbindungen nach Tibet als Bedrohung ihrer eigenen Vormachtstellung empfanden. Gegenwärtig beobachtete Moskau die Entwicklung in Kalmückien zweifellos ganz genau. Wladimir Putin hatte vor Kurzem das Bürgerrecht auf eine Direktwahl des Provinzgouverneurs oder -präsidenten widerrufen und damit alle Teilrepubliken wieder unter die direkte Kontrolle Moskaus gebracht. In diesem Vorstoß spiegelte sich vielleicht auch das Misstrauen wegen der zunehmenden Unabhängigkeitsbestrebungen in Kalmückien und den anderen Teilrepubliken innerhalb der Russischen Föderation.

Mit Erdne als Begleiter besichtigte ich das gesamte Kloster vom Keller bis zum Dach und staunte über das eindrucksvolle Bauwerk. Doch bei der Rückkehr in Erdnes Büro kam mir der Gedanke, dass hier jeder Bezug zur nomadischen Lebensweise fehlte. Ich hakte nach, weil ich wissen wollte, wie er darüber dachte.

»Wenn die Welt sich modernisiert, ist das noch lange kein Grund, unsere Vergangenheit zu vergessen«, erwiderte er. »Aber es trifft auch zu, dass der Gedanke an eine Rückkehr zum Nomadenleben unrealistisch ist.« Er war ohne eine Verbindung zu Pferden, zur Steppe oder zur Lebensweise von Viehzüchtern aufgewachsen, deshalb war es für ihn wohl verständlicherweise schwierig, sich mit der Nomadenkultur seiner Vorfahren zu identifizieren.

In einem relativ luxuriös ausgestatteten Haus auf der anderen Seite der Stadt begegnete ich einem weiteren Kalmücken, der bei der Wiederbelebung der kalmückischen Kultur vielleicht ähnlich einflussreich war, dessen Philosophie aber in heftigem Widerspruch zu Erdnes Gedanken stand. Okna Tsahan Zam, der auch den russischen Namen Wladimir Karujew benutzte, empfing mich in einem Deel und farbenfrohen mongolischen Winterstiefeln. Auf der vorderen Kopfhälfte trug er einen Bürstenschnitt, und die hintere Hälfte seines Haarschopfes war zu einem Pferdeschwanz gebunden, der bis zum Gesäß reichte.

Okna war ein berühmter Musiker und Sänger, dessen traditionelle Lieder über das Leben in der Steppe, in denen er Kehlgesang mit zeitgenössischer Musik verband, in der Mongolei Spitzenplätze in den Popcharts erreicht und bei Konzerten in Europa sein Publikum bezaubert hatten. Aber er hatte nicht immer so gelebt.

»Ich habe in Moskau Nukleartechnik studiert und arbeitete jahrelang als Ingenieur in einem Atomkraftwerk. Kurz vor meinem 30. Geburtstag geriet ich in eine Krise. Zur Heilung wandte ich mich meiner eigenen Kultur und meinem kulturellen Erbe zu und fing an, die Prosa unseres Nationalepos *Dsungar* zu rezitieren«, berichtete er. Er öffnete eine Wodkaflasche, tauchte seinen Ringfinger dreimal in die Flüssigkeit, rieb sich etwas davon auf die Stirn, bespritzte mich mit ein paar Tropfen und warf den Rest in die Luft.

Nach den üblichen drei Gläschen bot Okna an, für mich zu singen, und in der folgenden halben Stunde fesselten mich seine tiefe, raue Stimme und der unvergessliche Klang des Kehlgesangs, der aus einer anderen Welt zu kommen schien.

Zum Abschied sagte er mit etwas düsterem Beiklang zu mir: »Ich habe an Politik geglaubt, aber ich hatte eine Auseinandersetzung mit dem Präsidenten. Ich bin nicht glücklich hier in Russland. Selbst jetzt noch spüren wir Kalmücken den Druck, den Würgegriff Moskaus. Es ist Zeit für einen weiteren Massenexodus, den ich anführen werde. Was meinst du, das nächste Mal vielleicht nach Australien?«, fragte er scherzhaft und lachte. »Wie dem auch sei: Möge die Sonne immer auf deine Pferde scheinen.«

Als die Woche in Elista vorbei war, kehrte ich ins Kalmückische Wildtierzentrum zurück, wo die Stadt der leeren, schneebedeckten Steppe wich, aber meine Gedanken beschäftigten sich weiter intensiv mit den Farben und der Intensität all dessen, was ich gesehen hatte. Ich hatte in dem euphorischen Gedanken geschwelgt, dass die Kalmücken die Wirklichkeit des modernen Lebens mit der Weisheit der Vergangenheit vereinten. Die Leidenschaft der Menschen, denen ich begegnet war, brachten mich auf den Gedanken, dass die Kalmücken sich des Wertes ihrer Traditionen bewusster zu sein schienen als mongolische Nomaden, die nach wie vor das Leben führten, nach dem sich die Kalmücken sehnten. Aber ich fragte mich auch: War die romantische, nostalgische Sicht auf das Nomadenleben, die viele Kalmücken pflegten, nur einem Volk möglich, das aus einer gebildeten, urbanisierten Generation bestand und fernab von Pferd und Jurte lebte? Wie weit konnte in dieser modernen Welt die Wiederbelebung althergebrachter Kultur und Lebensweise gehen?

In einem weitläufigen, eingezäunten Gehege der Saiga-Farm verbrachte ich, mit Schnee und Wind kämpfend, einen ganzen Tag mit dem Filmen der dort umherziehenden Saigas. Sie kamen zur Fütterung an eigens für sie eingerichtete Tröge und hielten stets ein wachsames Auge auf mich gerichtet. Zur Entnahme von Blutproben wurden die Saigas einmal eingefangen und in eine Scheune bugsiert. Das Blut wurde unter Juris Aufsicht in Reagenzgläser gefüllt, in Zentrifugen weiterbearbeitet und anschließend weggebracht.

Mir kam dabei der Gedanke, dass die kalmückische Kultur, so wie die Saigas im Kalmückischen Wildtierzentrum, eingezäunt war und von Intellektuellen unter dem Mikroskop betrachtet wurde. Das garantierte die Erhaltung. Aber wie würde das für zukünftige Generationen von Kalmücken aussehen, die, wie diese Saigas, in relativer Gefangenschaft geboren wurden?

Die ersten Schneestürme dieses Winters hatten eben erst eingesetzt, aber die Saiga-Farm sollte zum Endpunkt meines Winterritts werden. Die sechswöchige Verzögerung an der Grenze hatte leider zur Folge, dass mein russisches Visum in wenigen Tagen ablief, was bei Weitem nicht ausreichte, um den Süden Russlands bis zu den Grenzen am Asowschen und Schwarzen Meer zu durchqueren. Mir bleib keine andere Wahl, als die Pferde zurückzulassen und in die Ukraine zu reisen, um dort ein neues Visum zu beantragen.

Juri, der in der Saiga-Farm ein erfahrenes Team von Mitarbeitern um sich hatte, erwies sich als unendlich hilfreich. Er bot mir an, die Pferde für die Zeit meiner Abwesenheit unter die Aufsicht seiner Arbeiter zu stellen, wenn ich für Heu und Futtergetreide bezahlte. Also stieg ich am 17. Januar in einen Bus in Richtung Krim, winkte Anna und Juri zum Abschied und versprach, binnen eines Monats wieder zurückzukehren.

Kosaken-Grenzland

An einem eiskalten Abend Anfang März 2006 saß ich wieder zu Pferd und ritt mit einem Kalmücken namens Anir gegen den Wind. Nach der Winterpause spürte ich im Sattel neuen Tatendrang und registrierte sehr genau den feinen Nebel, der meine Wangen taub machte, und das Geräusch der langen, brüchigen Grashalme, die von den Pferdehufen geknickt wurden. Vor drei Tagen hatten wir das Kalmückische Wildtierzentrum verlassen, und mein Körper fühlte sich – genau wie vor einem Jahr während der ersten Frühlingstage in Kasachstan – ein wenig steif an. Die Pferde waren aufgeregt, und ich sah das Land mit neuen Augen.

Die von Taskonirs Ohren eingerahmte Hügelkette, der wir den größten Teil des Tages gefolgt waren, bog nach Südwesten ab. Man sah dort oben immer wieder die Silhouetten von jungsteinzeitlichen oder antiken Kurganen, Grabhügeln, die aus Erde, Holz und Steinen errichtet worden waren. Diese hier gingen möglicherweise auf skythische Nomaden zurück. Ein Stück weiter ging die Hügelkette in die weite Ebene über, in der sich die Sonne in einem goldenen Dunstschleier einrichtete. Ganz und gar leer und unbebaut bot diese Landschaft einen Anblick, den man leicht mit der Steppe der Zentralmongolei verwechseln konnte, in der ich vor zwei Jahren meine Reise begonnen hatte. Das war die Art von Landschaft, die die meisten Tage der Reise bisher geprägt hatte. Es war in diesem Augenblick nur schwer vorstellbar, dass sie bereits innerhalb der nächsten 24 Stunden hinter mir liegen würde.

Kurz bevor wir vom Höhenzug in die Ebene wechselten, führte mich Amir zu einem einsamen Baum. Er war über und über mit Gebetsfahnen und Bändern behängt und auf dem Grab eines Lama gepflanzt worden. Ich folgte Anir und führte dabei die Pferde im Uhrzeigersinn dreimal um den Baum herum. Anir warf Wodka in die Luft. »Du magst vielleicht denken, dass die größten Schwierigkeiten deiner Reise hinter dir liegen, aber jetzt fangen sie erst an. Vor dir liegen Städte, Felder und Straßen. Dort unten würde nicht einmal ein Wolf Deckung finden, und ich weiß nicht, wo du dein Lager aufschlagen wirst. Dafür braucht man Glück.«

40 Kilometer vor mir lag die Manytschniederung, eine von Flüssen und Seen geprägte Landschaft, die vor sehr langer Zeit das Asowsche Meer mit dem Kaspischen Meer verband. Diese historische Wegkreuzung von Kleinasien und Europa bildet heute die Südgrenze Kalmückiens und den Nordrand der Region Stawropol, die im hügeligen Vorland des Kaukasus liegt.

Die Manytschniederung zeigte mir das Ende des trockenen und in gewisser Hinsicht wilden Steppengürtels an, der sich von der Mongolei bis nach Kalmückien erstreckt. Jenseits der Manytschniederung konnte ich mit landwirtschaftlich nutzbarer und dichter bevölkerter Steppe rechnen.

Der nächste Abschnitt meiner Reise verlief durch einen Korridor zwischen dem unruhigen Kaukasusgebiet und dem Hügelland Südrusslands. Dieses Gebiet reichte jenseits der Manytschniederung bis zum Asowschen Meer und war einst ein sehr begehrtes Hinterland für Nomaden gewesen, um dessen Besitz das Russische Reich seitdem hart gekämpft hatte und das unter Stalins Herrschaft unter den Pflug genommen worden war.

Vom Verlassen des heiligen Baums an ritten wir bis nach Einbruch der Dunkelheit durch. Wir wollten die Region Stawropol erreichen, von wo Anir dann nach Hause zurückkehren würde. Um dorthin zu gelangen, musste man den Manytsch mit Hilfe eines aufgeschütteten Damms überqueren, an dem es einen Kontrollposten der Polizei gab. Theoretisch dürfte es dort eigentlich nur um eine kleine Formalität gehen. In der Praxis war das Leben in jüngster Zeit komplizierter geworden.

Bei meiner Rückkehr nach Russland hatte ich Ende Februar erfahren, dass Kok, mein zähes graues Packpferd aus Zentralkasachstan, in einen rostigen Fünf-Zoll-Nagel getreten war, der tief in seinem Huf stecken blieb. Der Vorfall war viele Tage lang unbemerkt geblieben, bis der Nagel schließlich entfernt wurde. Bei meiner Ankunft hatte Kok sich auf dem Boden niedergelassen, weil er auf dem verletzten Bein nicht mehr stehen konnte. Ich rief Sheila in Australien an, und sie sagte mir, dass Kok sich möglicherweise gar nicht mehr erholen werde, wenn die Infektion bereits den Knochen erreicht hatte; und wenn er sich erholte, würde das sechs Wochen dauern. Ich behandelte ihn zwei Wochen lang ohne Ergebnis und beschloss dann, ihn zurückzulassen.

Ohne Kok musste ich nicht nur ein neues Packpferd finden, sein Ausfall komplizierte auch das Einhalten der genauen Vorgaben im Umgang mit den russischen Veterinär- und Quarantäne-Behörden. Von den Vorschriften her musste ich mit den kasachischen Pferden im Transit bleiben und sie auf meinem Weg in jeder Provinz aufs Neue untersuchen lassen. Erst vor Kurzem hatte ich auch erfahren, dass das Wildtierzentrum eine Genehmigung einholen musste, wenn ich meine Pferde dort über den Winter offiziell unterstellen wollte. Weder Juri, der Direktor des Zentrums, noch ich selbst hatte das gewusst. Koks Schicksal hätte den Behörden dennoch leicht erklärt erklärt werden können, aber es gab noch eine weitere Komplikation: Der Leiter des für diese Provinz zuständigen Veterinäramts in Elista hegte offensichtlich einen Groll gegen Juri, und diesem Mann war zugetragen worden, dass Juri sich um meine Pferde kümmerte. Während meiner Abwesenheit waren im Zentrum Inspektoren aufgetaucht, aber Juri hatte umgehend dafür gesorgt, dass die Pferde weggebracht und versteckt wurden. Den Inspektoren erzählte er, ich sei im Winter hier durchgezogen, hätte Kalmückien schon längst wieder verlassen und niemals im Zentrum haltgemacht. Kam die Wahrheit ans Licht, konnte das für Juri schwerwiegende Folgen haben. Deshalb erklärte er sich bereit, ein Ersatzpferd zur Verfügung zu stellen, damit ich unbemerkt aus Kalmückien herauskam – einen feingliedrigen Fuchswallach, den ich Utebai genannt hatte. Utebai würde mit den Papieren des nicht mehr gehfähigen Kok reisen.

Gegen 23 Uhr trafen wir uns mit Juri am Ufer des immer noch zugefrorenen Manytsch. Juri hatte Utebai in einem Lastwagen transportiert und öffnete jetzt den Schlag. Das arme Tier, von der Fahrt bereits eingeschüchtert, fiel fast aus dem Fahrzeug, bevor wir ihm einen Packsattel auflegen und uns auf den Weg machen konnten.

Juri hatte einen verwegenen Plan geschmiedet: Er wollte mich im Schutz der Uferböschung den Blicken der Polizei entziehen, aber die am

Uferrand aufgetürmten Eisbrocken ließen das nicht zu. Uns blieb nichts anderes übrig, als einfach durch den Kontrollpunkt zu reiten.

Als ich mich im Scheinwerferlicht dem Schlagbaum näherte, erschien ein bewaffneter Polizist und stellte sich mitten auf die Straße. Ich hielt genau an dem Punkt an, an dem ich direkt auf ihn hinunterschaute, und bot dann einen Händedruck an. Einen Augenblick lang herrschte Schweigen, während mich der Polizist kühl und ausdruckslos musterte. Gerade an diesem Ort, hatte Juri mich gewarnt, kontrollierte die Polizei routinemäßig die Transitpapiere von lebenden Tieren, der Hauptgrund dafür war, dass so viele Tiere gestohlen wurden.

Die unbewegte Miene dieses Polizisten verwandelte sich jedoch nach und nach in ein Lächeln.

»Hallo, Dschingis Khan! Willkommen!«

Bei Tagesanbruch waren Anir und Juri fort, und wie mein neues Pferd sah auch ich nervös mit an, wie die Sonne eine neue Welt beleuchtete.

An irgendeinem Punkt unserer nächtlichen Reise hatte die wilde Steppe Feldern, Kanälen und endlosen Pappelreihen Platz gemacht. Ich ritt durch die Dunstschleier am Ortsrand von Diwnoje und sah dort Einheimische auftauchen, die in ihren Hinterhofgärten arbeiteten. Außerhalb des Ortes, in den größeren Feldern, rumpelte ein Pferdekarren über einen Feldweg, und ein alter, noch aus der Sowjetzeit stammender Traktor fuhr über gepflügte Erde. Diese Szenen erinnerten an die uralten Anfänge einer Agrargesellschaft, doch die Geschichte dieser Gegend widerlegte das Bild vom sesshaften, geregelten Leben.

Das Land, das sich von hier bis zum Asowschen Meer erstreckte, war während des größten Teils der letzten paar Jahrtausende saftiges, offenes Grasland gewesen, die Heimat nomadischer Gesellschaftsformen. Zahllose Reitervölker, die in dieser Region lebten, hatten vom Handel und von den engen kulturellen und politischen Verbindungen mit ihren slawischen Nachbarn im Norden gelebt. In der Geschichte – und vor allem in der russischen Geschichte – hat man sie in erster Linie dafür in Erinnerung behalten, dass sie die strategische Beschaffenheit ihres Territoriums für die Ausbeutung des südlichen Randbereichs der von slawischen Völkern besiedelten Gebiete nutzten. Gewalttätige Überfälle, bei denen oft slawische Bauern in die Sklaverei verschleppt wurden, hatten ihren Teil dazu beigetragen, dass Russland in den letzten Jahrhunderten diese Region unbedingt zu unterwerfen suchte.

An jenem Abend sah ich von einer Hügelkuppe auf ein grünes Meer unberührten Frühlingsweidelands hinunter. Es war saftiges, dichtes Gras von der Art, die ich mir in den Trockensteppen Kasachstans und Kalmückiens nur hätte erträumen können. Für mein Lager fand ich eine versteckte Senke, die Pferde weideten dort bis in den Morgen hinein, und ihre Mägen waren so hart wie Trommeln.

Am Morgen, ich war eben erst aus meinem Zelt gekrochen, brauste ein russischer Jeep bergab und genau in unsere Richtung. Der Fahrer war schon ausgestiegen, bevor der Motor ganz zur Ruhe kam. »Sie glauben wohl, dass Sie eine gute Weide gefunden haben?«

Ich nickte. Wütend erklärte mir der Mann, dass ich seine im Herbst ausgesäte Gerste zerstört hätte, und offenbar wurde »Vandalismus« dieser Art mit saftigen Geldstrafen geahndet. Ich konnte mir keine Entschuldigung abringen und erzählte stattdessen, dies sei eines der ersten Felder gewesen, auf die ich seit der Ausreise aus der Mongolei gestoßen sei. Aber der Mann ging nicht weg, bevor ich die Pferde an einer Baumreihe am Rand des Feldes angebunden hatte. Beim Wegfahren warf er mir noch einen bösen Blick zu und verabschiedete sich mit den Worten: »Ich hoffe, dass Sie Ihre Pferde weiter auf Feldern weiden lassen. Das Maus- und Rattengift wird Ihre Tiere erledigen.«

Offene Weidegründe wurden im Lauf der nächsten Tage immer seltener, wie Anir es angekündigt hatte, und das einzige Futter für die Pferde fand sich zwischen den Einzelreihen von Bäumen, die so dicht beieinanderstanden, dass mein Zelt kaum dazwischenpasste. Ich konnte es mir nicht mehr erlauben, die Pferde frei grasen zu lassen, und die Leinen mussten besonders kurz sein. Auch Tigon ging jetzt ständig an der Leine, denn er fing gerne Mäuse, und ich hatte Angst, dass er sich vergiften würde. Ich hielt ihn an einer langen Leine und ließ ihn die Karawane anführen.

Im Reiten warf ich einen traurigen Blick auf Taskonir. Mit seiner rauen, verfilzten Mähne, den bewegten Augen und dem ungezähmten Wesen war er ein lebender Abkömmling von Wildpferden, die einst nur die Freiheit der offenen Steppe gekannt hatten. Ich fühlte mich schuldig, weil ich ihn in ein Land gebracht hatte, in das er nicht gehörte.

Eine Woche nach der Überquerung des Manytsch kam ich durch die Kleinstadt Krasnogwardeiskoje, verließ die Region Stawropol und erreichte die Region Krasnodar. Ich war jetzt noch knapp 250 Kilometer vom Asowschen Meer entfernt und hatte den Kuban erreicht. Dieses Gebiet war die fruchtbarste und landwirtschaftlich am intensivsten genutzte Steppe im Süden Russlands.

So flächendeckend, wie ab hier die Landwirtschaft betrieben wurde, rechnete ich mit zunehmend schwierigen Bedingungen. Ich folgte einer Reihe von Flüssen, die auf einer von Osten nach Westen verlaufenden Linie lagen. Einige dieser Flüsse entwässerten nach Osten in die Manytschniederung, die anderen westwärts ins Asowsche Meer. Ich fand Weideplätze an den Ufern, und das Riedgras schützte mich vor neugierigen Blicken. Am allermeisten berührte mich, dass ich die Heimat der Kuban-Kosaken erreicht hatte, der legendären Krieger zu Pferde an Russlands Grenze, die aus genau dem Begegnungsraum sesshafter und nomadischer Gesellschaftsformen hervorgegangen waren, den ich eben erst durchquert hatte.

Es gilt als gesichert, dass die Kosaken ursprünglich gesetzlose Tataren-Banditen waren, die nach und nach das Machtvakuum füllten, das in der Steppe nach der Auflösung des Mongolenreichs entstanden war. Sie lebten einst im herrenlosen Grenzgebiet zwischen dem türkischen, russischen und polnischen Reich, in dem Grenzgebiet, das einst für die Goldene Horde so wichtig gewesen war. Russen und Polen schlossen sich ihnen an, und im 14. Jahrhundert traten sie als loses Bündnis militärischer Gesellschaften auf. Die Kosaken übernahmen zwar die russische Sprache und das orthodoxe Christentum, aber die asiatisch anmutende Stirnlocke, *kholkhol* genannt, auf einem ansonsten kahl rasierten Schädel war ein Symbol für ihre einzigartige Rolle an der Schnittstelle zwischen dem als »wild« empfundenen Osten und dem »zivilisierten« Europa.

Die meisten Kosaken kämpften für jeden Auftraggeber, der sie bezahlte, weshalb ihre Bündnisse wechselten wie die Jahreszeiten. Die freien Kosaken – die nicht als Soldaten im Dienst des Zaren standen – überfielen meist sowohl osmanische wie auch russische Gebiete, und der Herrscher des einen Reiches bat oft den anderen, diesen Angriffen Einhalt zu gebieten. Die Antwort Iwans des Schrecklichen an den türkischen Sultan im Jahr 1549 war typisch für einen Dialog dieser Art: »Die

Kosaken am Don sind nicht meine Untertanen, und sie ziehen in den Krieg oder leben in Frieden, ohne dass ich davon weiß.«

Gegen Ende des 18. Jahrhunderts unternahm Russland einen Vorstoß zur Erweiterung des eigenen Reiches und besiegte die Kosaken-Armeen. Danach traten die Reiterkrieger in die Dienste des Zaren und entwickelten sich zur gefürchtetsten Kavallerietruppe des Reiches, die in den russisch-türkischen Kriegen und bei der Kolonisierung Zentralasiens und Sibiriens eine entscheidende Rolle spielte.

Der zähe Unabhängigkeitssinn der Kosaken hielt sich jedoch weiterhin und führte zu einer Reihe von Aufständen. Im 20. Jahrhundert hatten sie für die Weißen und die Roten gekämpft, für die Nazis und die Sowjets, und Stalin hielt sie deshalb für unzuverlässig, wenn nicht sogar verlogen. Kosaken, die mit den Nationalsozialisten zusammengearbeitet hatten, wurden bei ihrer Repatriierung nach dem Zweiten Weltkrieg mit Massenexekutionen beseitigt. Nikolai Tolstoi, ein entfernter Nachkomme von Leo Tolstoi, bezeichnete dieses Geschehen als »geheimen Verrat«. Die Kosaken sahen sich auch während der Kollektivierung der Landwirtschaft besonderen Repressionen ausgesetzt.

In der postsowjetischen Ära waren diese Unterdrückungsmaßnahmen öffentlich eingeräumt worden, und es war zu vernehmen, dass die Kosaken zu ihrer eigenen Kultur zurückfinden würden. Ich hatte lange darauf gehofft, so etwas mit eigenen Augen erleben zu können, nicht zuletzt jetzt, weil ich unbedingt daran glauben wollte, dass es in einem Land, das sich dem Pflug unterworfen hatte, immer noch einen gewissen Rest von temperamentvollem Freiheitskampf gab.

Zehn Kilometer vor dem Städtchen Uspenskaja stieß ich am Ufer des Kalaly-Flusses auf eine saftige Wiese. Sie war von Straßen aus nicht einzusehen und fast ganz von Riedgras umgehen – ein idealer Ort für einen Ruhetag.

Doch kaum hatte ich die Pferde von ihrer Last befreit, da ertönte der wüste Lärm von Motorrädern, Modell Ural, das einem in allen ehemaligen Sowjetrepubliken begegnet, und ich sah, wie die Beifahrer in den Seitenwagen ordentlich durchgeschüttelt wurden. Fürs Einpacken und Wegreiten war es war zu spät, und meine Stimmung sank, als ich mir eine lange, schlaflose Nacht ausmalte.

Der Anführer fuhr mich fast über den Haufen, so knapp vor meinen

Füßen bremste er ab. Sein lockiger roter Haarschopf flatterte praktisch noch im Wind, als er mich bereits anbellte: »Was zum Teufel hast du denn vor?« Der Mann trug einen vielfach gestopften Wollpullover, hatte die Hände in die Hüften gestemmt und trotzte mit seinem stattlichen Bauch der Schwerkraft. Er fixierte mich, und ich erzählte ihm meine Geschichte.

»Scheiße noch mal. Habt ihr das gehört, Jungs? Von der Mongolei bis nach Ungarn. Leck mich am Arsch!«, war seine Antwort.

Zwei weitere Männer, die aus dem Seitenwagen seines Motorrads gestolpert waren, standen nur einen Atemzug entfernt. Sie hatten massige, fette Schultern, und ihre Gesichter waren sonnengebräunte Landschaften aus Sommersprossen und widerspenstigen Stoppeln.

Es stellte sich heraus, dass ich mein Lager auf ihrem privaten Angelplatz aufgeschlagen hatte. Aus einem der Seitenwagen wurde ein aufblasbares Gummifloß herausgekramt und von Hand aufgepumpt. Unterdessen breiteten meine Besucher ein aus Salami, Gurken, Wodka und Bier bestehendes Picknick aus, und zwei weitere Motorräder kamen herangebraust, deren Besatzungen zu dieser Gruppe stießen.

Einer der Neuankömmlinge war ein Berg von einem Mann mit einem Gesicht, so breit wie ein Weizenfeld, und übergroßen grünen Augen. Sein riesenhafter Kopf schwamm auf einem noch größeren Schwabbelkinn, und wie seine Kumpane hatte er schadhafte Zähne und nicht zueinander passende Kleidung. Er gab einen Schwall von Kraftausdrücken von sich, ließ sich neben mir nieder, legte den Kopf auf meinen Sattel, entfernte den Kronkorken einer Bierflasche mit den Zähnen und erklärte: »Das ist der wichtigste Teil. Du kennst das Sprichwort: Bier ohne Wodka, das ist, als würde man Geld in den Wind schießen!«

Als das Essen und der Alkohol vertilgt waren, packten meine neuen Freunde einen Stapel Netze aus und wandten sich dem Hauptgeschäft des Abends zu. Sie waren kaum aus dem Schilfgras auf den Fluss hinausgepaddelt, als das Handy des großen Manns klingelte.

»Jungs, die Bullen! Los, lasst uns hier abhauen!«

Im Handumdrehen waren sie wieder am Ufer, hatten die Luft aus dem Boot gelassen, und die ganze Ausrüstung landete in den Seitenwagen, bevor die Motorräder mit einem vielbeinigen Sprint angeschoben wurden. Im Wegfahren riefen mir meine Besucher noch eindeutige Anweisungen zu: »Du sagst kein Wort, sonst gibt's Ärger! Sobald die Scheißbullen weg sind, kommen wir mit noch mehr Wodka zurück!«

Eine Viertelstunde später flackerten bei einbrechender Dunkelheit die Scheinwerfer eines russischen Polizeijeeps durch die unebene Landschaft, bis das Riedgras in der Umgebung meines Lagerplatzes wie ein Amphitheater ausgeleuchtet war. Drei Polizisten stiegen steifbeinig aus. »Haben Sie hier vielleicht irgendwelche Wilderer gesehen? Mit Motorrädern?«

Ein magerer, bleicher Polizist mit einem dünnen Schnurrbart mischte sich ins Gespräch: »Diese verdammten Kosaken, man muss vorsichtig sein. Denken Sie daran, Sie sind hier jetzt am Kuban.«

Der Jeep war kaum weggefahren, als das Dröhnen der Motorräder wieder zu vernehmen war und man mir mit Schulterklopfen und wüsten Dankesschreien zusetzte. Die Biker hatten unterdessen Feuerholz gesammelt und richteten jetzt ein heftig prasselndes Lagerfeuer ein.

Als die Netze ausgelegt waren, wickelten wir uns in meine Pferdedecken, legten uns auf die Erde und brieten Salami und Schweineschmalz an Spießen. Wodka und andere Schnäpse flossen reichlich, und im flackernden Schein des Lagerfeuers nahmen die harten, aber jungenhaft wirkenden Gesichter etwas Feierliches an. Die Gespräche der Männer waren derb und kreisten um Frauen, Fischen und Kämpfen.

Ich hörte der Ebbe und Flut der Geschichten zu, versank in meinem Mantel und genoss das Wärmegefühl, das mir das Schweinefett in meinem Magen bereitete. Tigon hatte sich zwischen uns niedergelassen, er gehörte zur Bande. Zum ersten Mal seit der Überquerung des Manytsch vor zwei Wochen war ich nicht allein; es war schön, ein Gefühl der Kameradschaft zu empfinden.

Eine kurze Zeit lang ebbte das Gespräch ab, dann schürte der große Mann die Glut und sah mich an. »Du musst wissen, wir sind Kosaken. Wir müssen frei leben! Stalin verwandelte unser Land in Felder und nahm uns die Pferde weg. Tapfere Männer wurden zu Weizenbauern und Traktorfahrern! Ohne Erlaubnis dürfen wir nicht einmal fischen!« Dem schmerzlichen Gesichtsausdruck, den er jetzt zeigte, konnte man entnehmen, dass er sich der Identität seines Volkes bewusst zu werden versuchte. Das war etwas, was er immer nur in Gestalt von Legenden kennen würde.

Einer aus der Gruppe, der bisher still gewesen war, ergriff jetzt das

Wort. »Hast du schon die Wildhunde gesehen? Du solltest eine Schusswaffe bei dir haben. Die sind noch gefährlicher als Wölfe.«

Mir schien es, als ob der Gedanke an wilde Hunde eher seinen Stolz weckte, als Ängste auszulösen. Auch ich fand den Gedanken aufregend, dass es irgendwo in diesem Land einen wilden Geist gab, der weitermachte, auch wenn der Wolf schon längst Vergangenheit war.

Irgendwann während der Nacht fuhr einer der Fischer ins Dorf und kehrte gegen drei Uhr mit noch mehr Freunden im Auto zurück. Der ramponierte alte Lada kam schlingernd zum Stehen, acht oder neun Körper quetschen sich in einer Wolke aus Zigarettenrauch, Technomusik und dem Gestank von Wodka und Bier aus dem Fahrzeug. Der Fischer am Lenkrad grinste. »Wir haben ein Geschenk für dich, Timofei!« Er griff in seine Tasche und holte drei kleine purpurrote Päckchen heraus, die er ins Scheinwerferlicht hielt. Auf den Verpackungen stand: »Inhalt: 1 Kondom. Mit Fischaroma.« Eine kräftige junge Frau stieg kichernd aus dem Wagen. Ich sollte sie mit in mein Zelt nehmen.

Zu diesem Zeitpunkt war ich bereits etwas gereizt. Das Auto hatte die Pferde aufgeschreckt, und Ogonjok und Taskonir hatten ihre Haltepflöcke aus dem Boden gerissen. Ich hatte die beiden kaum festhalten können – und lehnte das Angebot ab. Die Männer wirkten sehr gekränkt, und später hatte ich ein schlechtes Gefühl, weil ich ihr Angebot so energisch zurückgewiesen hatte.

Das freie Leben eines Kosaken – der verpflichtet war, bis zum Alter von 40 Jahren in der Armee zu dienen – war traditionell nicht mit dem Eheleben vereinbar. Die meisten Kosaken-Männer blieben bis zum 18. Jahrhundert ledig, und selbst als mit dem Zustrom russischer Siedler auch das Konzept der Kleinfamilie übernommen wurde, hielten verheiratete Männer an dem Brauch fest, im öffentlichen Raum einige Schritte vor Frau und Kindern zu gehen. Das sollte die Ungewissheit symbolisieren, in der die Kosaken-Männer lebten, weil sie jederzeit auf Jahre hinaus in den Krieg geschickt werden konnten. Frauen mussten sich darauf einstellen, die Kinder dauerhaft ohne einen Ehemann aufzuziehen, und in einem gewissen Umfang war es auch akzeptabel, wenn sie untreu wurden, solange die Ehemänner fort waren. Viele junge Kosaken, die ich später noch kennenlernen sollte, erzählten stolz von ihren Großvätern, die für ihre vielen Liebschaften bekannt gewesen seien. Aus der romantisierten Vorstellung von den eigenen Vorfahren ergab sich für diese Männer natürlich, dass mein Leben als Einzelgänger mit einem erhöhten Interesse an körperlicher Liebe verbunden sein sollte – oder zumindest mit einem Besuch bei einer Prostituierten –, das an jedem Wasserloch von der Mongolei bis nach Ungarn ausgelebt wurde.

Die Fischer hatten bei Tagesanbruch die Netze eingeholt und ihr Schlauchboot wieder zusammengepackt und mir die Kondompackungen für »ein andermal« dagelassen. Ich ritt einen weiteren Tag lang am Kalaly entlang, bis er nach Norden abbog, dann wechselte ich zu einem weiteren Wasserlauf, der in westlicher Richtung zum Meer floss. Ich war zuversichtlich, dass mich die Kosaken nicht der Polizei ausliefern würden, und genoss die Aussicht, durch die langgezogenen Kosakendörfer zu reiten, die sich an die Flussläufe schmiegten.

Diese Ortschaften, *chutor* genannt – das von den Kosaken benutzte ukrainische Wort bedeutete soviel wie »neue Ansiedlung« –, wurden von Neuankömmlingen am Schwarzen Meer errichtet, die sich Ende des 18. Jahrhunderts hier niederließen und aus der Ukraine stammten. Es tröstete mich, dass es selbst in der modernen Zeit in den meisten dieser Orte weder Polizisten noch Verwaltungsstellen der Regierung gab.

Diese abseits der großen Straßen gelegenen Ortschaften schienen einer vergangenen Zeit anzugehören. Jedem Haus war ein ordentliches Stück Land zugeordnet, ein gewisser Bestand an Hühnern und Schweinen und gelegentlich auch eine Ziege. Feuerholz war knapp, deshalb hatte jede Familie ganze Berge von getrockneten Maiskolben vor dem Haus aufgestapelt – die wichtigste Energiequelle im Kuban-Gebiet. Stets gebückt dastehende *babuschkas* bearbeiteten den Boden, und alte Männer ruderten undichte, flach konstruierte Fischerboote auf unbewegte Gewässer hinaus. Manchmal erhob sich das Scheppern und Klappern eines Pferdekarrens und wurde bei der Fahrt auf den schmalen, unbefestigten Straßen nach und nach wieder leiser.

Anfangs hatte ich darauf gehofft, mich unauffällig in diese Ansiedlungen hinein- und auch wieder hinausschleichen zu können, aber der Lärm, den bellende Hunde und schnatternde Gänse verursachten und der mir vorausging, wenn ich ein Chutor durchquerte, hätte selbst Tote aufgeweckt. Der längste Ort dieser Art maß von einem Ende zum andern knapp 15 Kilometer, hatte aber weniger als 1000 Einwohner. Der oben beschriebene Aufruhr verschaffte den Menschen genug Zeit, um mich mit Krügen voll selbstgebranntem Wodka begrüßen zu können, mit eingelegten Gurken, Paprikaschoten, Tomaten, Marmelade, Honig, Saft, Birnen und Schweineschmalz. Der Schlüssel fürs Weiterkommen war zumindest ein Gläschen Wodka, aus dem unter sanftem Druck allerdings oft drei wurden. Bei einer Gelegenheit erzählte man mir, um ein echter Kosake zu werden, müsse ich eine Riesenflasche selbst gebrannten Wodkas, *samohon,* trinken und dann »über einen Zaun springen«. Diese Trinkkultur erinnerte mich an einen Satz, den ich in Leo Tolstois Erzählung *Die Kosaken* gelesen hatte: »Alle Kosaken besitzen eigenen Wein, und das Trinken ist nicht eigentlich eine allgemeine Sucht, sondern eher eine Sitte, die man einhalten muss, wenn man nicht als Abtrünniger verschrien werden will.«

Innerhalb von zwei Tagen hatten sich bei mir so viele schwere Liebesgaben angesammelt, dass diese Spenden für die Packpferde zu einer ernsthaften Gefahr geworden waren. Wenn ich das sagte, starrten mich die Geschenkboten stets sehr ungehalten an. Mehr als einmal bekam ich zu hören: »Wenn ich dir das gegeben habe, musst du es auch annehmen! Du kennst das Sprichwort: ›Wenn sie dir etwas geben, nimm es. Wenn sie töten, lauf weg.‹«

Als ich durch diese Gegend ritt, zweifelte ich nicht daran, dass sich die Kosaken zutiefst mit meiner Reise identifizierten und sich dabei ihrer Geschichte als großes Reitervolk bewusst waren. Ich gewann daraus eine große Zuversicht und verlor allmählich meine Furcht vor Behörden. Allerdings konnte hier nichts darüber hinwegtäuschen, dass das allerwichtigste Element aus der Kosaken-Vergangenheit – Pferde – verschwunden war. Das Fehlen der Pferdekultur spürte ich auf jedem Meter. Die meisten Dorf-*atamane*, denen ich begegnete, stiegen aus Autos oder gingen zu Fuß, und keiner von ihnen dachte daran, mir Pferdefutter anzubieten. Für einen Nomaden war das ein bedeutsames Geschenk. Die wenigen Pferde, die ich zu sehen bekam, waren noch nie gesattelt worden. Berühmte Don-Züchtungen, die früher in den Krieg geritten worden waren, dienten heute als Karrenpferde. Wenn ich sie auf der Straße überholte, scheuten sie beim Anblick meiner Karawane, gingen manchmal sogar durch und kamen von der Straße ab, sodass der Fahrer um sein Leben fürchten musste.

Hinter Ilinskaja ließ die Frische, die noch von der Winterpause herrührte, allmählich nach. Mein Körper begann zu schmerzen, und der angehäufte Schlafmangel forderte seinen Tribut. Schon das erste Anzeichen von Hunger drückte auf meine Stimmung. Auch die Pferde gingen schwer, und während der Pausen ließen sie die Köpfe hängen. Selbst Tigon war erschöpft. Er hatte gelernt, dass er, wenn er an der Leine ging, stets außerhalb von Taskonirs Reichweite bleiben musste. Jedes Mal, wenn Taskonir zu ihm aufschloss, schnappte er nach Tigons Hinterläufen, um ihm auf diese Weise zu zeigen, wer hier der Chef war. Tigons Leine hatte sich mehrmals gefährlich um Pferdebeine gewickelt. Die schlimmste Tortur erlitt er, als das Führungspferd im Trab auf seine Leine trat. Der arme Tigon wurde beinahe stranguliert, am Boden festgehalten geriet er unter die Karawane und wurde an deren Ende, sich überschlagend, wieder ausgespuckt. Wie er aus dieser gefährlichen Situation ohne ernsthafte Verletzung herauskam, blieb mir ein Rätsel.

Und dann kam der Regen. Die Straßen und Wege verwandelten sich in klebrigen schwarzen Schlamm, ein deutliches Zeichen dafür, dass ich auf *tschernosem* ritt, »Schwarzerde«. Das waren die fruchtbaren Böden, die sich von der Kuban-Region aus über die südliche Steppenlandschaft der Ukraine erstreckten und die Kornkammer Russlands und früher der Sowjetunion bildeten. Dieses Land war aufgrund seiner Fruchtbarkeit so begehrt, dass, so wird es erzählt, die Deutschen während ihres Vormarschs im Zweiten Weltkrieg durch den Süden der Ukraine und Russlands ganze Schiffsladungen davon nach Deutschland transportierten.

Im durchweichten und verschlammten Zustand verklumpte sich dieser kostbare Boden jedoch so lange unter den Hufen der Pferde, bis diese ausrutschten und stürzten. Ich beschloss, zu Fuß zu gehen, aber innerhalb weniger Minuten verwandelten die Klumpen unter den Sohlen meine Stiefel in schwere Holzschuhe. Der leiseste Zug der Pferde an der Führleine riss mich in den Dreck. Drei Tage lang ging ich hauptsächlich zu Fuß und verwandelte mich dabei in einem wandelnden Erdklumpen. Die Pferde verloren nach wie vor ihr Winterfell, und die abgeworfenen Haare verbanden sich mit dem Schmutz und klebten an meiner Kleidung fest, an meiner Haut und an meinem Schlafsack. Aber je schmutziger und der Gastfreundschaft bedürftiger ich wurde, desto unwahrscheinlich war es, dass irgendjemand mich in sein Haus lassen würde.

Eines Abends, als ich gerade hinter einem heruntergekommenen

Chutor mein Lager aufschlug, stolperte ein einheimischer Trunkenbold über mein schlammiges Fleckchen Erde und machte alles noch schlimmer. Ich stieß einen bösen Fluch aus, und er trottete davon. Aber der Blick, der mir an ihm auffiel, sorgte dafür, dass ich in dieser Nacht in meinen schmutzigen Reitkleidern schlief, mit der Axt an meiner Seite.

Am folgenden Abend, ohne Getreide und mit nur wenig Proviant, war ich gezwungen, auf einem schmalen Grasstreifen neben frisch gepflügter Erde zu lagern. Die Pferde waren zwar an kurzen Leinen angebunden, aber es gelang ihnen, sich loszumachen und sich in den jungen Furchen zu wälzen. Am nächsten Morgen waren sie über und über mit schwarzem Schmutz bedeckt.

Als ich an diesem Morgen meinen Haferbrei zu mir nahm, kam mir ein Gedanke. Ich war zum Abbild eines heruntergekommenen, heimatlosen Wanderers geworden, den viele Menschen im Westen wie auch in Russland fälschlicherweise mit dem Wort *Nomade* verbinden. Mein jetziger Zustand erinnerte mich an die Zeit, als ich, im Alter von 21 Jahren, mit dem Fahrrad durch Sibirien in Richtung Peking unterwegs war. Ich hatte damals von zwei Dollar pro Tag gelebt, mit einem Satz Kleider zum Wechseln, und mich mehr als vier Monate lang nicht rasiert. Eine Dorfbewohnerin, die mich in dieser Zeit entsetzt anschaute, erklärte mir das Wort *bomsch,* das üblicherweise einen heimatlosen Penner bezeichnet, auf die folgende Art: »Na ja, Tim, ein *bomsch*…, sieht eigentlich so aus wie du, nur eben ohne Fahrrad.«

Was für eine Ironie dachte ich, genau dieser Boden, der jetzt an uns allen klebte, der Stolz der Kuban-Region, hatte für das Ende der Nomaden-Ära und des freien Lebens der Kosaken gesorgt. Stalin hatte den Kosaken nie vertraut und außerdem Bedarf an Getreide gehabt, mit dem sich seine Träume von der Industrialisierung bezahlen ließen. Das Umpflügen der Schwarzerde war eine schlüssige Voraussetzung für die Lösung beider Probleme gewesen. Jetzt verstand ich: Will man einen Nomaden enteignen, nimmt man ihm sein Pferd und pflügt sein Land um. Der ehemals tapfere Krieger wird innerhalb einer Generation zahnlos und überflüssig, wenn er ohne Pferd ist und ein Leben zwischen vier Wänden führt.

Eine weniger sinnschwere Erkenntnis verband sich mit dem zerschlissenen Stoff, der da um meine Beine hing. Ich kam zu dem traurigen Schluss, dass die Hosen, die ich seit dem ersten Reisetag in der Mongolei getragen hatte, jetzt fast am Ende ihres eigenen Weges angekommen waren.

Die Timaschewsk-Mafia

Nachdem ich die Ortschaft Djadkowskaja verlassen hatte, begann es in Strömen zu regnen. Ich schlüpfte hinter eine Baumreihe und gelangte auf einem schmalen Weg zu einigen leeren Weizenfeldern. Von der Kapuze meiner Jacke geschützt, hielt ich den Kopf geneigt und überdachte meine Lage.

Ich war jetzt nur noch 240 Kilometer von der Straße von Kertsch entfernt, die das Schwarze Meer und das Asowsche Meer verbindet und das russische Territorium von der Halbinsel Krim, die zur Ukraine gehört, trennt. Aber bevor ich Russland verließ, musste ich einen Ersatz für Utebai finden und mich bei den Zollbehörden um eine Genehmigung für den Grenzübertritt mit Pferden bemühen. Es brauchte ein Wunder, um auch nur eines von beidem zu bewerkstelligen. Pferde waren in der Kuban-Region eine Seltenheit, und niemand würde sich auf einen Handel mit Utebai einlassen.

Schmutzig und ungepflegt, wie ich inzwischen war, würde es mir außerdem schwerfallen, einen Ladenbesitzer dazu zu bringen, mir auch nur einen Laib Brot zu verkaufen – von Grenzposten, die über den Zutritt zu einem anderen Land wachten, einmal ganz zu schweigen. Doch als ich den Blick hob, vertrieben strahlende Lichtsäulen die Hoffnungslosigkeit, und es sah ganz danach aus, als wären meine Gebete erhört worden.

Den struppigen Bart des Mannes, der da vor mir stand, sah ich zuerst – und dann seinen hohen, glänzenden Samthut und das lange schwarze Gewand. Er nahm eine Art Besen aus einem Wassereimer und besprengte das Feld mit hoch über den Kopf erhobenem Arm mit einigen Tropfen. Dann wandte er sich mir zu.

»Wir sind hierhergekommen, um die Weizenfelder mit heiligem Wasser zu segnen. Wohin gehen Sie?«

Der Mann war der Priester von Djadkowskaja und erklärte mir, seit uralten Zeiten sei es Aufgabe der orthodoxen Kirche gewesen, im Frühjahr jedes Weizenfeld der Gemeinde zu segnen. Als ich mich auf den Weg machte, besprengte er meine Karawane mit heiligem Wasser.

Es dauerte nur wenige Minuten bis zum Nachweis, dass er tatsächlich einflussreiche Freunde hatte. Ich war an lärmige russische Jeeps und Ladas gewöhnt, deshalb entging mir zunächst das Schnurren eines neuen Allrad-Range Rovers, bis das Fahrzeug längsseits ging. Tigon schnupperte kurz und zog sich zurück. Eine getönte Fensterscheibe öffnete sich geräuschlos, und ein Mann, der sehr gepflegt, aber nicht so elegant wie sein Fahrzeug war, grinste mir aus dem Leder-Interieur entgegen.

»Na, mein Mitreisender, Partisan, Kasache, Kosak – womit kann ich dir behilflich sein?«

Ich wischte mir den Dreck und den Regen aus den Augen und sah vom Sattel aus zu, wie der Fahrer aus dem Auto stieg und auf mich zukam. Der Mann war fast so breit wie hoch und trug tadellos polierte Schuhe, ein schwarzes Jackett, eine Sonnenbrille und eine seidene Krawatte in den Farben der Region Krasnodar: blau, rot, grün.

Gekrönt wurde dieser Anblick von einem Lockenkopf mit silberfarbenen Strähnen und einem Schnauzbart. Er mochte die zweite Erscheinung innerhalb von ebenso vielen Minuten sein, aber an einer Sache bestand keinerlei Zweifel: *Dieser* Mann war kein Priester.

»Mein Freund! Du kennst mich nicht, aber ich glaube, dass wir schon bald Freunde sein werden. Ich bin Nikolai Wladimirowitsch Luti, der Ataman dieser Region, Besitzer von 10 000 Hektar Ackerland und Arbeitgeber von 800 Menschen.«

Ich trug stammelnd meine Geschichte vor. Luti, wie er gerne genannt wurde, betrachtete mich nachdenklich. Dann sagte er: »Dreißig Kilometer von hier, auf dem Hof eines Freundes, wirst du alles bekommen, was du brauchst. Reite heute Abend dorthin, und morgen kümmern wir uns um dein Problem. Wenn es hier ein Pferd für dich gibt, finden wir es auch.«

Es regnete in Strömen, während ich zusah, dass ich durch Felder und Dörfer so schnell wie möglich weiterkam. Gänseherden spritzten auseinander, Hunde wurden reihenweise aufgeschreckt, und an kurzen

Ketten gehaltene Ziegen würgten sich in ihrer Panik fast zu Tode, als meine Karawane an ihnen vorbeirauschte. Es wurde dunkel und kalt, und mir tat alles weh, aber manchmal musste ich die Zügel einfach schießen lassen, schließlich hatte man mir ein warmes Essen und eine Waschgelegenheit versprochen.

Der Abend war schon deutlich fortgeschritten, als ich neben einer Ansammlung sowjetischen Erntegeräts zum Stehen kam, mich umgehend aus dem Sattel schälte und in einen geräumigen Maschinenschuppen wankte. Dort erwartete mich, auf einem Plastiktisch ausgebreitet, eine hell erleuchtete Tafel mit frisch gebratenem Fleisch, Obst und Salaten, die von einem Wald von Wodkaflaschen umgeben war. An diesem Tisch saßen Luti und drei weitere Männer, und alle vier sahen sehr hungrig aus.

Ich ließ mich dankbar in einen Stuhl sinken, und Luti stellte sich selbst als »Großbauer« und Sascha Tschaika – den Besitzer des Hofes, auf dem wir gerade eben angekommen waren – als »Kleinbauer« vor. Luti erhob sich dann mit einem Wodkaglas in der Hand und reckte die Brust vor. »Ich möchte, dass du weißt, dass du unter einfache Leute geraten bist. Es ist Ostern, und wir halten zwar die Fastenzeit ein, aber den Kosaken war es immer gestattet, Fleisch zu essen und Alkohol zu trinken, wenn sie unterwegs waren, und, na ja, wir sind unterwegs!«

Der Wodka hatte kaum unseren Gaumen benetzt, als wir uns schon über das Essen hermachten. Soße rann uns aus den Mundwinkeln, Öl troff auf unsere Arme, und wenig später sah man auf dem Tisch nur noch leere Wegwerfteller und ein »Tischtuch«, das aus öligem Zeitungspapier bestand. Nach dem Essen widmeten wir uns ganz dem Trinken, und wenig später vernahm man in diesem Schuppen eine Kakofonie aus Gelächter, Gesprächen von Mann zu Mann und hitzigen Debatten, die mit noch mehr Alkohol beigelegt wurden. Erst als der Wodka ausging, kehrte die Nachtruhe aufs Weizenfeld zurück, und im Schuppen wurde es zunächst kalt und dann dunkel und still.

Am Morgen erreichte mich über Tschaika die Nachricht, dass Luti mich erst wiedersehen wollte, *nachdem* ich mich gewaschen hatte. Er hatte für mich in Timaschewsk ein Hotelzimmer für eine Nacht gebucht. Dort gab es eine luxuriöse Badewanne, in deren Abfluss ich nach meinem Bad ganze Ströme von schwarzem und braunem Dreck verschwinden sah. Luti hatte angemerkt, etwas Liebe sei als Teil dieses »Erholungspakets« durchaus angebracht, und ich hatte halbwegs damit gerechnet, bei meiner Ankunft in diesem Zimmer eine Frau vorzufinden, die dort auf mich wartete, obwohl ich das Angebot abgelehnt hatte.

Am folgenden Morgen war ich sauber und nüchtern und wusste, dass es an der Zeit war, sich der Aufgabe des Pferdekaufs zu stellen und einen Zugang zum Dschungel der Bürokratie zu finden, damit ich mit meinen Tieren das Land verlassen konnte. Luti ließ sich von dieser Aufgabe keineswegs aus der Fassung bringen. Er war der Ansicht, Timaschewsk sei der perfekte Standort, von dem aus sich all dies organisieren lasse.

Meine Probleme würden im Lauf der nächsten sechs Wochen tatsächlich gelöst werden, aber in diesem landwirtschaftlichen Zentrum an der Hauptstraße zwischen Krasnodar und Moskau bot mir die Zeit, die ich im Kreis von Lutis Freunden und Bekannten verbrachte, faszinierende Einblicke in eine Gesellschaft, in der die beim Zusammenbruch der Sowjetunion entstandene Lücke durch endemische Korruption gefüllt worden war. Die Menschen hatten, einerseits im Bestreben, mit der auf diese Weise geschaffenen ständigen Rechtsunsicherheit zurechtzukommen, aber auch aus Freude über die nicht reglementierten Zeiten, in denen sie lebten, eine sorglose Lebenseinstellung und eine bemerkenswerte Neigung, das Hier und Jetzt zu genießen, entwickelt – auch wenn der Alkohol und, im Fall von Lutis Männern, der freizügige Umgang mit Prostituierten, dabei eine zentrale Rolle spielte.

Ein großer Teil meiner Reise von der Mongolei nach Ungarn war von äußeren Einflüssen geprägt, vom Umgang mit den Elementen und den Pferden. Aber hier in Timaschewsk sollte ich, durch diese Kultur herausgefordert, ein Kapitel erleben, das mir ebenso viel über mich selbst – und vielleicht auch über meine Naivität – wie auch über die Menschen, die mich dort umgaben, klarmachte.

Das Allerwichtigste war zunächst, eine Unterkunft für meine Pferde zu finden, und nach einigen Telefonaten hatte Luti eine Lösung anzubieten: »Ich habe den idealen Ort! Ein Freund von mir betreibt in der Stadt eine Altmetallverwertung.« Als er meine verständnislose Miene sah, fügte er hinzu: »Du wirst mir dafür noch dankbar sein, das verspreche ich dir!«

Später am Tag wich meine Verständnislosigkeit extremer Anspannung, als ich meine Pferde zu einem heruntergekommenen Fabrikgebäude führte, aus dem ein schweres Dröhnen und das Kreischen von Metall drangen. Diese Anlage wirkte und klang eher wie eine Klebstofffabrik als wie ein Stall. Ich spürte, wie Taskonir zitterte, als wir eintraten und uns durch ein Durcheinander aus lädierten Autowracks und verbogenen Stahlteilen manövrierten. Ein Mann in einem ölverschmierten Overall signalisierte mir hektisch, ich solle stehen bleiben, und schon sah ich, wie ein Kran einen kompletten Lastwagen durch eine Lücke schwenkte, die keine fünf Meter von mir entfernt war. Das Fahrzeug wurde mit einem ohrenbetäubenden Krachen in einem riesigen Stahlbehälter abgesetzt, wo sich eine Gruppe von Männern mit Brechstangen und Vorschlaghämmern sofort ans Werk machte.

Die Altmetallverwertung hatte im Süden Russlands seit den 1990er-Jahren eine Blütezeit erlebt, und Anlagen wie diese dienten dem Zerlegen und Weiterverwerten des Maschinenparks aus 70 Jahren Sowjetunion. Das Metallgeschäft war außerdem für enge Verbindungen zur Mafia bekannt. Ich machte mir allmählich Gedanken, wer denn nun mein Wohltäter war, als eine blonde Frau in einem figurbetonten Kleid und hochhackigen Schuhen aus einem Büro auftauchte und durch den Staub und Schrott auf mich zukam. Sie führte mich zu einigen Ställen in einer Ecke des Recyclingbetriebs, die mir bisher entgangen war.

Dort traf ich den Besitzer dieses Unternehmens, Lutis Freund Igor Maluti. Dieser Mann, halb Tatar, halb Kosak, war fast zwei Meter groß, hatte Schultern wie ein Zugpferd, und an seinen Schläfen zeichneten sich deutlich die Venen ab. Er beugte sich vor, riss meine Hand eher an sich, als dass er sie schüttelte, und erklärte dabei, sein Leben sei der Liebe zu drei Dingen gewidmet: zu Pferden, Tauben und Frauen. Schon bald sollte ich erfahren, dass er entschlossen war, mich möglichst rasch in alle drei Bereiche einzuführen.

In seinen Ställen standen teure Zuchtpferde, von englischen Vollblütern bis zu Ponys. Er ritt sie nie, achtete aber darauf, dass sie das allerbeste Futter erhielten, und der Zigeuner, den er als Stallmeister beschäftigte, hatte die Anweisung, sie allwöchentlich mit einem speziellen Pferdeshampoo zu waschen. »Für mich sind sie Seelennahrung«, erklärte er mit seiner rauen, trockenen Stimme.

Dann fuhr er mit mir durch die Gegend, um mich seiner Frau und seinen Geliebten vorzustellen, einer nach der anderen, und dabei überbrachte er auch Geld und Geschenke. Auf dem Nachhauseweg bremste er auf einer Brücke scharf. Maluti sprang aus dem Wagen und fing mit bloßen Händen eine Taube, die auf dem Geländer saß.

»Sieht man's nicht? Tauben stehen für Freiheit, Intelligenz und Frieden«, sagte er und liebkoste den Vogel, den er gegen seinen mächtigen Brustkorb hielt.

Ich spürte, dass Igor unter anderen Umständen auch brutal und grausam sein konnte, aber hier zeigte er eine Direktheit und Ehrlichkeit, die mir sympathisch war. Die kräftigen Hände um das Lenkrad gelegt, die Taube unterm Arm, wandte er sich mir mit einem Seufzer zu und sagte: »Tim, dein freies Leben ist natürlich mein Traum.« Er richtete den Blick wieder auf die Straße, und die Falten in dem kräftigen Nacken glätteten sich. In Igors Augen sah ich Trauer. »Aber leider ist ein Leben, wie du es führst, nicht meine Bestimmung.«

Erst später stellte sich heraus, was für eine geniale Idee es gewesen war, die Pferde in Igors Obhut zu geben. Sein Stallmeister war ein Fachmann, wenn es galt, Pferde wieder gesund zu machen. Er erklärte, er wisse, wann man sie füttern und tränken müsse und wie viel es brauche, um ein Pferd wieder zu Kräften kommen und Gewicht zulegen zu lassen. Zum Zeitpunkt meiner Abreise wurden die Pferde für das erste Shampoonieren ihres Lebens vorbereitet.

Tigon und ich zogen am anderen Ende der Stadt in unsere eigene Industrieanlage. Dieses Anwesen, in Lutis Besitz, bestand aus einem riesigen, mit Beton und Stacheldraht eingezäunten Hof und beherbergte eine Fliesenfabrik und ein Zwischenlager für Erdgas und Diesel.

Für die Suche nach einem neuen Pferd und die Beschaffung der tierärztlichen Bescheinigungen stellte Luti mir zwei Fahrer zur Verfügung. Der eine war Alexei, sein loyaler Assistent, der andere hieß Edik. Diese beiden Männer hätten nicht gegensätzlicher sein können. Alexei war ein großer, gut aussehender Schürzenjäger aus Dagestan, der zum Anzug elegante weiße Lederhalbschuhe trug. Seine Hobbys waren Frauen, Wodka, Rauchen, Kartenspielen und noch mehr Frauen – meist in dieser Reihenfolge. Edik war dagegen ein Familienmensch, der als Traktorfahrer arbeitete, und seine glamourösesten Kleidungsstücke waren ein Paar billige Sandalen chinesischer Herkunft und eine abgetragene Trainingshose. Alexei – oder »Locha«, wie sein Kosename lautete – kümmerte sich um die Suche nach einem neuen Pferd, während

Edik, so lautete der Beschluss, sich der tierärztlichen Bürokratie annehmen sollte.

Die Ausflüge mit Locha ließen sich gut an. Wir grenzten die Pferdesuche auf einen 20 Kilometer von der Stadt entfernten Hof ein, der einem stolzen Kosaken namens Nikolai Bandirinka gehörte. In den Stallungen dieses ehemaligen Sekretärs der Kommunistischen Partei am Ort standen mehr als 100 männliche Zuchtpferde, und die Prachtexemplare waren 20 Zuchthengste aus Linien, die für Dressur, Springreiten und Galopprennen berühmt waren.

Nikolai hielt im Allgemeinen zwar keine Arbeitspferde, aber gegenwärtig besaß er zufällig eines: einen vierjährigen Palomino-Hengst namens Sokol, dessen Name »Elster« bedeutete. Sokol hatte eine Widerristhöhe von etwa 1,50 Meter, war breit und kräftig, hatte eine wallende blonde Mähne und ein neugieriges Wesen. Ich mochte ihn sofort, obwohl er sein ganzes Leben lang im Stall gestanden hatte und noch nie geritten worden war. Es gab nur ein Problem: Es war Frühling, und Sokol war ein voll entwickelter Hengst. Luti bot mir an, die Hälfte des Kaufpreises von 1000 Dollar zu bezahlen, und Nikolai sagte zu, eine Kastration zu arrangieren. Der Kauf wurde besiegelt, es folgten verschiedene Impfungen, und es wurden Blutproben entnommen.

Die Beschaffung der tierärztlichen sowie der Zollpapiere mit Ediks Hilfe erwies sich als kompliziertere Angelegenheit. Für die Ausreiseerlaubnis aus Russland war ich auf die Kooperation sämtlicher Ebenen der Bürokratie angewiesen, und dazu zählten die regionale Veterinär- und Verkehrsbehörde in Timaschewsk, das Labor in der Region, die Veterinärbehörde in Krasnodar, nationale Behörden in Moskau und alle entsprechenden Behörden in der Ukraine. Ich ließ nicht locker, und nachdem verlässliche Kontakte aufgenommen worden waren, entwickelte ich in Timaschewsk so etwas wie einen geregelten Tagesablauf. Zwei oder drei Tage pro Woche chauffierte mich Edik zwischen den örtlichen Veterinärbehörden, den Pferden und dem Labor in Krasnodar hin und her. Es gab zwölf verschiedene Krankheiten, auf die die Pferde zu testen waren, und Blutproben für diejenigen Tests, die nicht in Krasnodar vorgenommen werden konnten, gingen per Kurier an Labors in Moskau.

An Tagen zwischen den Expeditionen nach Krasnodar brachte Locha mich zu Nikolais Hof, um dort Sokol auszubilden, den ich bereits in

Kok umbenannt hatte. Der neue Kok hatte, wie sich jetzt herausstellte, nicht nur keinerlei Erfahrung mit Reitern, sondern war bisher auch niemals an einen Zaun gebunden oder mit Halfter, Sattel, Schwanzriemen oder Sattelgurt ausgestattet worden. Ich wusste dies nicht, als ich ihn das erste Mal an einen Zaun band, und er geriet in Panik, bäumte sich auf und hing schließlich an dem um seinen Hals geschlungenen Seil. Ich hatte vier Wochen Zeit, um ihn auf den Platz vorzubereiten, den er in der Karawane einnehmen sollte.

Dabei setzte ich die »Annäherungs- und Rückzugs«-Methoden ein, die mir die Watsons in Australien beigebracht hatten. Allmählich gewöhnte sich Kok an meine Vorgehensweise, bis ich ihn irgendwann vollständig abreiben konnte und er dabei stillstand. Der nächste Schritt war, ihn an den Sattelgurt zu gewöhnen. Das nahm er zunächst gut an, aber eines Nachmittags bockte er, sprang in die Höhe, bäumte sich auf und schlug mit den Vorderhufen aus. Mit Hengsten hatte ich nur wenig Erfahrung, und die Kraft und der Wille dieses Tieres machten mir Angst.

In der zweiten Ausbildungswoche wurde Kok kastriert. Seine Beine waren dabei gefesselt, Nikolai stand auf seinem Hals. Die Hoden des Hengstes wurden geklammert und solange umgedreht, bis sie abgetrennt waren. Kok wand sich in Schmerzen, und Nikolai legte ihm zur Ablenkung eine Faust in die Nase. Mir war übel, als ich nach Hause ging.

Locha, der die Kastration ebenfalls miterlebt hatte, gab sich ungerührt, er hatte andere Dinge im Kopf. Die Fahrten zu Bandirinkas Hof dienten zugleich als Erkundungstouren, bei denen er nach geeigneten Orten für die berüchtigten Orgien-Wochenenden suchte, die er gemeinsam mit seinem Chef veranstaltete. Früher an diesem Tag hatte er ganz in der Nähe eine passende Sauna-Anlage entdeckt und konnte es kaum erwarten, nach Timaschewsk zurückzukehren, um Luti die Neuigkeit zu überbringen. »Oh, Tim. Was sonst könnte man sich zur Entspannung wünschen? Eine gute Sauna, Sex, trinken und schlafen!«, meinte er und ließ dabei die eine Hand ruhelos über das Lenkrad wandern, in der anderen hielt er geschickt eine Zigarette. Er und Luti empfingen regelmäßig Prostituierte, und Gespräche mit Locha drehten sich meist um dieses Thema.

Er hatte mich bereits zu diesem Wochenende eingeladen und sprach mich jetzt, unzufrieden mit meiner Ablehnung, noch einmal darauf an. »Wogegen wehrst du dich? Du kannst dir dort die Frauen aussuchen,

18-Jährige, 20-Jährige oder Jüngere, was immer dir gefällt.« Sein spitzer Lederschuh drückte aufs Gaspedal, wir schwenkten nach links, zogen an einem Lastwagen vorbei und brausten weiter.

Ich hatte Schwierigkeiten mit der Tatsache, dass Locha, der so ungeniert den Umgang mit Prostituierten genoss, zugleich auch ein Familienmensch mit Frau und Kindern war. In meinem Unbehagen bei diesem Thema spiegelte sich sicher auch meine Erziehung in Australien, aber ich fühlte mich, um der Wahrheit die Ehre zu geben, in einer Kultur der Männlichkeit in ihren extremeren Erscheinungsformen auch niemals ganz wohl. Ein Teil meiner Persönlichkeit fühlte sich deshalb in der Gesellschaft, die ich hier pflegte, auch fehl am Platz.

Ein Monat verging, Sokols/Koks Wunde heilte, die Luft in Timaschewsk wurde feucht und warm, und ringsherum begannen Weizen und Gerste zu sprießen. Locha schwärmte vom nahenden Sommer, der mit einer guten Ernte, Grillfesten, Trinken und Romanzen ausgefüllt sein würde. Auch ohne die Vorbereitungen für den Grenzübertritt mit den Pferden war jede Minute meines Tageslaufs ausgefüllt. Der Industriebetrieb, der sich zu meinem Zuhause entwickelt hatte, war eine Durchgangsstation für Arbeiter, die alle ihre eigenen Geschichten zu erzählen hatten und gerne etwas tranken.

Die einzige Auszeit in diesem intensiven Wirbel von Ereignissen und Personen in Timaschewsk waren die Minuten, die ich mit Kok/Sokol alleine verbrachte. Nach drei Wochen Longieren in Bandirinkas Anlage war ich gut genug darauf vorbereitet, ihn zu reiten. Beim ersten Versuch warf er mich ab und galoppierte zu den Stallungen zurück, aber nach und nach lernte er, mir zu vertrauen. Beim Ausreiten an einem Flusslauf, der vom Hof wegführte, spürte ich, wie sein Körper vor aufgestauter Energie förmlich strotzte. Er bewegte sich nervös und hielt immer wieder an, um an Blumen, Gras, Pfützen und Bäumen zu schnuppern. Im Unterschied zu allen anderen Pferden, die ich geritten hatte, bereiteten ihm Zäune, Tore, Traktoren, ja sogar Drähte und Stahl keine Probleme, aber er fürchtete sich vor Vögeln, vor dem Fluss und dem Riedgras, das im Wind raschelte. Am wohlsten fühlte er sich in seinem Stall und in der Nähe von lärmenden Fahrzeugen auf dem Hof. Es hätte keinen größeren Gegensatz zu den Steppenpferden geben können, die große Angst vor allem hatten, was auch nur ansatzweise nicht natürlichen Ursprungs war. Das Verhalten meines neuen Pferdes war, genauso wie bei den Menschen von Timaschewsk, einfach nur eine Reaktion auf die Welt, in die es hineingeboren worden war.

Nach knapp sechs Wochen in Timaschewsk war das Gefühl der Ruhe und des Überschwangs, das sich sofort nach meiner Ankunft eingestellt hatte, verschwunden. Das ständige Ringen mit der Bürokratie einerseits und die eklatante Missachtung der Gesetze andererseits, die sich mit dem von meinen neuen Freunden gepflegten Männlichkeitskult vermischte, hatten mich ausgelaugt. Eines Abends, ich saß mit Luti und Locha bei einem Drink, sank meine Stimmung auf einen Tiefpunkt. Die beiden hatten sich über Lutis einzigen Sohn unterhalten, dessen Hochzeit in einigen Wochen anstand. Mit einer Miene, die Resignation verriet, nahm Luti einen tiefen Zug aus seiner Zigarette und schaute dann zuerst Locha und anschließend mich an. »Ja, es stimmt, man kann die Sache ansehen, wie man will. Ehefrauen werden im Lauf der Zeit unweigerlich nur noch zu Freundinnen, Partnerinnen. Du musst das noch lernen, Tim, aber es ist eine Tatsache.«

An diesem Abend kehrte ich alleine in die schmutzige Mechanikerbude zurück, deren gesamtes Inventar vom Alkohol- und Dieselgestank durchdrungen war. Ich fühlte mich so weit von der Steppe entfernt wie noch nie zuvor auf dieser Reise. Es war Zeit, wieder in den Sattel zu steigen und weiterzuziehen – ein Luxus, den die Leute, die hier lebten, nicht kannten.

Als meine Papiere endlich vollständig waren, übergab ich Utebai in der Altmetallfabrik an Igor Maluti, der ihn seinerseits einer örtlichen Reitschule für Kinder schenkte. Bandirinka bereitete mir einen königlichen Abschied, er erschien in Kosakenuniform auf einem seiner Hengste, und Luti gratulierte mir noch, weil ich alle Aufgaben bewältigt hatte.

Zwei Wochen nach dem Abschied von Timaschewsk ritt ich durch die frische Morgenluft und beobachtete, wie die Sonnenstrahlen immer wieder durch die Wolkenfetzen brachen und das Riedgras am Wegrand in einem leuchtenden Grün erstrahlen ließen. Am Horizont sah ich Schiffe, die träge über den seidengrauen Spiegel des Asowschen Meeres dahinzogen.

Ich war nur noch wenige Kilometer vom Fährhafen Port Kawkas entfernt, von wo ich, wenn alles gut ging, mit meinen Pferden Russland verlassen und über die nur wenige Kilometer breite Straße von Kertsch auf die Krim übersetzen konnte. Aber ich machte mir keine Illusionen zu meinen Chancen, durch die Zoll- und Einwanderungskontrolle zu kommen. Mein nicht registriertes Visum blieb, neben anderen Dingen, ein ungelöstes Problem, und um zur Grenze zu gelangen, musste ich noch einen Kontrollpunkt der Polizei überwinden.

Als der Schlagbaum, Polizeiautos und ein Wachturm in Sichtweite kamen, hatte ich das schreckliche Gefühl, dass meine ganze Reise kurz vor dem Scheitern stand. Am Grenzübergang waren keine Wachen zu sehen, und einen Augenblick lang dachte ich, man würde mich passieren lassen. Aber dann ging eine Tür auf, und ein großer Mann kam gemächlich heraus, die Maschinenpistole baumelte locker vor seinem Bauch. »Binden Sie Ihre Tiere an und kommen Sie herein!«, befahl er mir.

Der Leiter des Grenzpostens nahm meinen Pass an sich und startete einen Suchlauf mit dem Computer. Kopfschüttelnd kam er zurück. »Was machen wir nur mit diesem Gesetzesbrecher?«, sagte er und sah dabei seinen Kollegen an. Damit spielte er auf die fehlenden Meldebestätigungen an, die eigentlich jeden Tag meines Aufenthalts im Land abdecken sollten.

Ich setzte zu einer Erklärung der Begleitumstände an, die mich von einer vollständigen Dokumentation abgehalten hatten, aber bald darauf nahm mich der Chef beiseite. »Hören Sie, ich sage Ihnen, was zu tun ist. Sehen Sie dieses Meldedatum des Hotels in Elista, das vor über zwei Monaten abgelaufen ist? Nehmen Sie diesen Stift und setzen Sie das heutige Datum ein.« Eine peinliche Pause folgte. »Normalerweise kostet Sie die Erlaubnis, so etwas zu schreiben, 800 Rubel …«

Ich tat so, als verstünde ich ihn nicht, trug das Datum ein und ging weiter zur Einwanderungsabteilung, wo die Tiermediziner warteten. Die Gründlichkeit bei der Zusammenstellung meiner Unterlagen beeindruckte sie, sie lachten und erklärten, ihres Wissens sei dies das erste Mal, dass irgendjemand alle verlangten Tests vorgelegt habe.

Das letzte Hindernis vor dem Besteigen der Fähre war der Zoll. Genau in dem Augenblick, in dem ich in den Kontrollbereich einbog, ließ Ogonjok einen gewaltigen Haufen fallen. Die jüngeren Zollbeamten lachten, aber ihr Vorgesetzter fand den Vorfall nicht lustig. »Sie werden Russland erst verlassen, wenn Sie diesen Dreck beseitigt haben!«, schnauzte er.

»Okay, okay, aber ich werde das nicht mit bloßen Händen tun. Sie müssen mir schon eine Schaufel bringen«, antwortete ich und stieg aus dem Sattel.

Der Chef schickte einige seiner Leute auf die Suche nach einer Schaufel, unterdessen kamen die meisten anwesenden Mitarbeiter der Zollstelle aus ihren Büros, um sich das Spektakel anzusehen. Ich ging ins Gebäude, um die Formalitäten zu erledigen, und sauste durch die Kontrollstelle, um meinen Pass abstempeln zu lassen. Als ich wieder draußen war, hatte noch niemand eine Schaufel gefunden, und die Fähre war zum Ablegen bereit. Wenige Minuten später fuhr ich in die Straße von Kertsch hinaus und ließ eine Gruppe von Zollbeamten hinter mir, die immer noch um Ogonjoks Abschiedsgeschenk herumstanden.

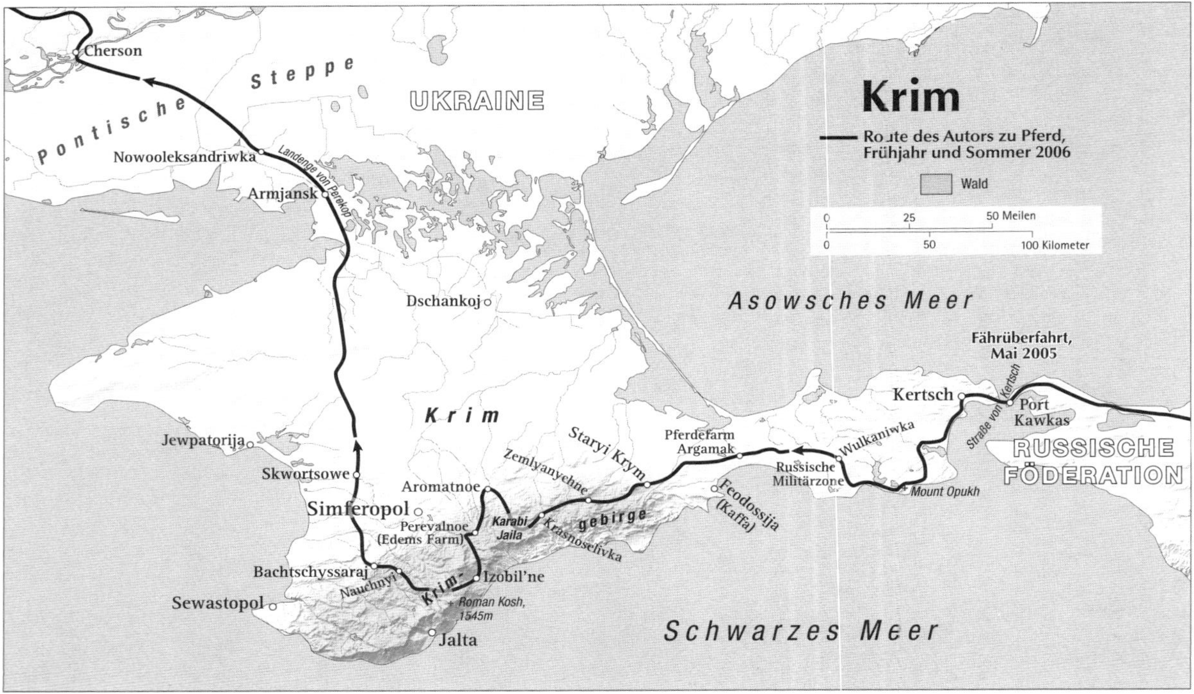
Krim
Route des Autors zu Pferd, Frühjahr und Sommer 2006
Wald
0 25 50 Meilen
0 50 100 Kilometer
UKRAINE
Pontische Steppe
Cherson
Nowooleksandriwka
Landenge von Perekop
Armjansk
Dschankoj
Asowsches Meer
Fährüberfahrt, Mai 2005
Kertsch
Port Kawkas
Straße von Kertsch
RUSSISCHE FÖDERATION
Mount Opukh
Wulkaniwka
Russische Militärzone
Pferdefarm Argamak
Feodossija (Kaffa)
Staryi Krym
Zemlyanychne
Krasnoselivka
Krim
Krim-gebirge
Karabi Jaila
Aromatnoe
Perevalnoe (Edems Farm)
Izobil'ne
Roman Kosh, 1545m
Jalta
Simferopol
Skwortsowe
Jewpatorija
Bachtschyssaraj
Nauchnyi
Sewastopol
Schwarzes Meer

KRIM

Wo zwei Welten aufeinandertreffen

Am Himmel schwebte eine einsame Wolke, warf einen Schatten herab und tauchte den Berg, auf den wir zusteuerten, in ein mattes Olivgrün. Eine salzige Brise kühlte meinen Schweiß, und Ogonjoks Mähne flog in alle Richtungen.

Vom Sattel aus beobachtete ich, wie Tigons Schwanz und Ohren wie Rückenflossen durch das hohe, sich wiegende Gras schnitten. Er war den ganzen Tag auf Erkundungstour gewesen, hatte sich hin und wieder aber zurückgemeldet und mit heraushängender Zunge und einem Leuchten in den bernsteinfarbenen Augen zu mir hochgeschaut. Schon bald erreichte er den Gipfel des Hügels, blieb mit nach vorn gerichteten Ohren stehen und ließ sich die Brise um die Schnauze wehen.

Während der Wolkenschatten in unsere Richtung zog, holte ich Tigon ein und genoss den Anblick von hüfthohem Gras, rotem Mohn und weißer Kamille. Dahinter breitete sich die Steppe aus, ein Meer von Grün, das so wie das Frühlingsfell meiner Pferde kraftvoll schimmerte. Direkt unter uns führte eine schmale, sandige Landenge zwischen dem Meer und einer Reihe rosafarbener Salzseen in gerader Linie nach Westen. Unmittelbar nördlich von uns reichten glatte, abgerundete Gipfel bis an die Seen heran, hinter denen sich eine Ebene ausbreitete.

Als wir unten beim Strand angekommen waren, hatte der Wind nachgelassen. Die Sonne verlor an wärmender Kraft, leuchtete jedoch umso intensiver. Mit steifen Gliedern stieg ich vom Pferd und spazierte auf dem Rücken der Landenge entlang. Ein pyramidenförmiger Hügel spiegelte sich im See, und als ich den Blick dem Meer zuwandte, durchbrach ein dunkler Schatten seine spiegelglatte Oberfläche. Eine Gruppe von Delfinen tauchte auf. Ihre glänzenden Körper hoben und senkten sich mühelos, als sie am Ufer entlangschwammen.

Bei Einbruch der Dunkelheit hingen dunkle Wolkenbänke tief über dem Meer. Ich nahm den Pferden das Zaumzeug ab und sah zu, wie sie die Köpfe ins Gras steckten und fraßen wie ein Rudel hungriger Wölfe. Während ich zu Abend aß, verfärbte sich der pfirsichfarbene Himmel tiefblau, dann schwarz. Tigon und ich lagen auf meinem Seesack. Ich wollte Tagebuch schreiben und ein bisschen Russisch lernen, wachte jedoch um Mitternacht davon auf, dass mir Regen ins Gesicht tropfte. Ich hatte eine einzige Zeile geschrieben: *Wir sind im Pferdehimmel.*

Zwei Wochen zuvor war ich von der Region Krasnodar in Russland zur Hafenstadt Kertsch gesegelt. Nach einer halbstündigen Überquerung der Straße von Kertsch hatten wir die Krim erreicht – eine historisch bedeutsame Halbinsel, die über eine Landenge mit dem ukrainischen Festland verbunden ist und sich dann nach Süden hin ins Schwarze Meer vorwölbt. Die Form der Halbinsel erinnert an eine dickbauchige Vase mit engem Hals. Das Innere der Krim, das im Südwesten durch ein Band bewaldeter Berge von der Küste abgeschnitten und von trockener Steppe beherrscht wird, war schon seit Jahrhunderten ein begehrtes Zuhause von Nomaden.

Als ich am nächsten Morgen aufwachte, war der Himmel grau. Regen fiel herab und streifte auf seinem Weg zur Erde sanft die Mohnblumen und Kamillen. Ich packte in aller Ruhe ein und staunte darüber, wie die Blütenblätter sich nach jedem Tropfen zitternd aufrichteten. Als die Sonne durchbrach, ritten oder, besser, wateten wir weiter.

Über Nacht waren Bilder von mongolischen und skythischen Reitern vor meinem inneren Auge aufgetaucht, und ich genoss das Gefühl, hier, ohne jedes Anzeichen der modernen Welt, wieder ganz in die Geschichte der Nomaden eintauchen zu können. Doch bald beendeten klotzige sowjetische Baracken diesen Zauber. Seit dem Zusammenbruch des Kommunismus waren nur 15 Jahre vergangen, doch schon jetzt wirkten die von brusthohem Unkraut überwucherten Baracken mit ihren eingefallenen Dächern wie verlassene Schiffswracks. Die Gehege, die einst Hunderte von Schafen und Rindern beherbergt hatten, waren nun leer. Wie so viele Reiche vor ihm, war das der Sowjets gekommen und gegangen.

Als wir die Baracken hinter uns gelassen hatten, stürmte über die grasige Ebene ein Reiter auf uns zu. Im zentralasiatischen Stil ließ er seine Peitsche auf die linke und dann über die Schulter auf die rechte Gesäßhälfte seines Pferdes hinabsausen. Nur wenige Augenblicke später stand sein kleiner schwarzer Hengst mit Schaum vor dem Maul und schweißgebadeter, zuckender Brust vor mir. Der Reiter, der aufrecht in seinem ramponierten Sattel saß, strahlte die Zuversicht und Autorität eines Hüters dieses Landes aus. »Wohin bist du unterwegs?«

Ich schaute in sein sonnengegerbtes Gesicht, konnte jedoch seine Augen, die im Schatten einer schäbigen Baseballkappe verborgen waren, kaum erkennen. Als ich ihm von meinem Vorhaben erzählte, wurde er milder, und eine Weile lang ritten wir zusammen weiter.

Rinat, der in Taschkent geboren wurde, war 1990 hierhergekommen, aber schon bald nach seiner Ankunft im Gefängnis gelandet. Vor drei Jahren hatte man ihn entlassen. Es war traurig, mit anzusehen, wie sein Stolz und seine Autorität dahinschwanden, als er seine Geschichte erzählte.

»In meinem Dorf gibt es drei Russen, die mich angegriffen haben, weil ich tatarischer Herkunft bin. Schließlich haben sie mich so schwer verprügelt, dass ich beschloss, auf einen von ihnen mit dem Messer einzustechen. Ich wollte ihn in den Hintern treffen, erwischte aber seinen Magen.« Er schaute zur Seite und spuckte. »Inzwischen beschäftigt es mich nicht mehr. Ich trinke nicht, ich rauche nicht. Ich habe meine Kühe und Schafe – ich bin glücklich. Und was diese Russen angeht – Gott sieht alles von dort oben.«

Rinat war der erste Krimtatar, den ich kennenlernte, und wie sich herausstellte, auch der einzige, den ich je zu Pferd sah. Die Krimtataren durften erst 1989, kurz vor dem Ende der Sowjetära, aus dem Exil in Zentralasien in ihre Heimat zurückkehren. Mit der Zeit wurde mir deutlich, dass Rinats Geschichte einen größeren Konflikt zwischen den ortsansässigen Russen und den zurückkehrenden Tataren widerspiegelte, der die Ruhe dieser friedlichen Landschaft Lügen strafte. Es war ein Konflikt, der von der komplizierten Geschichte der Krim als eines Orts der Feindschaft und der Kooperation zwischen den Nomaden und der sesshaften Gesellschaft zeugte – eine Geschichte, die letztlich meinen Aufenthalt auf der Krim bestimmen sollte.

Bevor Rinat wegritt, deutete er auf die in der Ferne liegenden Funktürme eines russischen militärischen Sperrgebiets. »Dort wurde meine Mutter geboren. Ihr Dorf war hier. So Gott will, werde ich mein wahres Heimatland wiedersehen. Doch ich zweifle daran. Die Russen werden es nicht zulassen.«

Am Abend verrieten mir die sowjetischen Wohnblocks am Horizont, dass ich bald den historischen Hafen Feodossija erreicht haben würde. Der Besuch dieser Stadt hatte in erster Linie praktische Gründe. Das Haupthindernis bei meiner Reise durch die Krim waren die zerklüfteten, dicht bewaldeten Wälder, die ich bis zur alten Tatarenhauptstadt Bachtschyssaraj durchqueren musste, und ich wollte mir jemanden suchen, der mich führte. Und ich musste einen Hufschmied finden, denn meine Pferde waren die letzten 18 Monate unbeschlagen gelaufen, brauchten für das steinige Terrain der Berge jedoch Hufeisen. Man hatte mir den Namen einer russischen Dame namens Ira gegeben, die in der Nähe von Feodossija eine Pferdefarm namens Argamak besaß. Sie hatte nicht nur versprochen, mir bei der Suche nach einem Bergführer zu helfen, sondern auch, mir die Stadt zu zeigen.

Ich fand Iras Ställe und Höfe rund 19 Kilometer von Feodossija entfernt in der Steppe. Ira selbst ausfindig zu machen, war eine andere Geschichte. Eine spindeldürre Frau mit sehnigen Armen und einem Blick, der Charakterstärke verriet, trat aus einem der Ställe. Als ich ihr erklärt hatte, wen ich suchte, sagte sie: »Du musst Tim sein! Warte hier.«

Eine halbe Stunde verging, bevor die Frau zurückkam und mich zu einem schmutzigen, mit Sattel- und Zaumzeug, leeren Whiskyflaschen und halb gegessenen Gurken übersäten Hof führte. Dort fiel mir ein Auto ins Auge, aus dessen Tür ein Bein baumelte. Als ich näher kam, entdeckte ich eine über dem Steuer zusammengesunkene Frau mit lockigem blondem Haarschopf.

Genau in diesem Moment tauchte ein stämmiger Mann mit schütterem weißem Haar und wildem Bart auf. »Ira! Du hast einen Gast!«, brüllte er. Der Mann schwankte hin und her, während seine Hände an den Knöpfen seines Hemds herumfummelten, das bis zur letzten sonnengebräunten Rippe offen stand. Er heiße Max, erklärte er, und Ira habe heute Geburtstag.

Der aus dem Wagen hängende Fuß zuckte. Dann wurde die Wagentür gewaltsam aufgestoßen, und die Frau, die über dem Steuer zusammengebrochen war, erwachte wieder zu Leben. »Freut mich … sehr, dich kennenzulernen«, lallte sie.

Ira mochte zwar sternhagelvoll sein, doch nachdem sie sich bei mir abgestützt und festen Halt unter den Füßen gefunden hatte, stapfte sie energisch zu meinen Pferden und betastete ihre Beine.

»Ja klar, wir werden sie beschlagen«, sagte sie und setzte sich in den Staub.

Eigentlich hatte ich nur kurz bei Ira bleiben wollen, doch wie so oft zuvor machte mir eine Reihe von Vorfällen – vor allem einer, der Tigon betraf – mal wieder einen Strich durch die Rechnung.

Der erste Abend war symptomatisch dafür, wie ich die meiste Zeit mit Ira und ihrem Freund Max verbringen würde. Noch bevor ich dazu kam, meinen Rucksack abzuschnallen und die Überhosen abzulegen, hatte ich meinen ersten Wodka intus und wurde in eine Unterhaltung verwickelt, die sich um alles drehte, was auch nur im Entferntesten mit Pferden zu tun hatte.

Ira hatte Erfahrung im Pferdesport und war in den 1990er-Jahren in die Steppe gezogen, um sich ihren Traum von einem Pferdegestüt zu erfüllen. Max wiederum war ein Viehzüchter, dessen Vater von baschkirischen Nomaden in Sibirien abstammte. Max hatte auf dem angrenzenden Land eine Farm gegründet. Aufgrund ihrer unterschiedlichen Einstellung zum Leben in der Steppe vertraten Ira und Max, wenn es um die Reitkunst ging, völlig gegensätzliche Ansichten: Ira hielt ihre Pferde in Ställen, während Max an die Vorteile eines zaunfreien Lebens glaubte. Es war ein ewiger Streitpunkt.

»Stell dir vor, sie pfercht ihre Pferde in dieser herrlichen Steppe ein!«, sagte Max.

»Welche andere Wahl habe ich denn, wo hier Diebe wie du herumlungern?«, konterte Ira.

Doch sie teilten die Leidenschaft für Pferde, die für mich den Geist der Nomaden verkörperte, und waren sich trotz ihrer Meinungsverschiedenheiten in einem Punkt einig: Keinem von ihnen gefiel mein Interesse an den traditionellen Steppenkulturen, schon gar nicht an der Kultur der Krimtataren.

Ira sagte mir: »Tim, den Krimtataren kannst du nicht trauen. Sie sind nicht wie du und ich. Sie kommen nur auf die Krim zurück, um uns unser Land zu stehlen und viel Geld zu verdienen.« In den folgenden Tagen – aus denen Wochen werden sollten – lernte ich, das Thema zu vermeiden.

Am dritten Tag meines Aufenthalts kam Max auf die Farm gestürmt. »Habt ihr Nachrichten gehört? Die verdammten Amerikaner sind da! Ihr NATO-Schiff ist gestern Abend in den Hafen von Feodossija eingelaufen!« Die Geschichte war allerdings nicht der wahre Grund seines Kommens: Seine Frau hatte ihn rausgeschmissen, und er hoffte, eine Woche lang in Iras Scheune schlafen zu dürfen. Wie Ira und ich bald herausfanden, hatte das Schiff jedoch zweifellos für Aufruhr in Feodossija gesorgt.

Wir fuhren in die Stadt, wo wir auf Hunderte von Demonstranten trafen, die, Flaggen und Banner schwenkend, zu den Hafentoren marschierten. Ein älterer Mann mit einem Megafon führte sie an. »Wir kennen euch Amerikaner! Ich werdet uns nicht unser Land wegnehmen. Macht, dass ihr wegkommt«, wiederholte er immer wieder. Es war eine stark vereinfachte Darstellung eines äußerst vielschichtigen Konflikts.

Die Krim wurde zwar 1954 an die Ukraine übertragen, war jedoch seit 1783, als Katharina II. die Osmanen besiegte, eine russische Hochburg. Selbst nach dem Zusammenbruch der Sowjetunion, der zur Unabhängigkeit der Ukraine führte, blieb der Großteil der Krimbevölkerung russisch, und es gab nur wenige kulturelle Verbindungen zur Ukraine. Ein entscheidender Punkt war auch, dass die Russen seit jeher ihre Schwarzmeerflotte im strategischen Hafen von Sewastopol stationiert hatten. Ein mit der Ukraine unterzeichnetes Abkommen erlaubte es ihnen, die Flotte bis 2017 dort zu belassen, und sie gingen davon aus, dass dieses Abkommen verlängert werden würde. Doch Wiktor Juschtschenko, der prowestliche Präsident der Ukraine, war auf der Welle der Orangen Revolution mitgeschwommen und hatte versprochen, mit dem russischen Imperialismus zu brechen und der NATO beizutreten. Die Russen mussten also nicht nur damit rechnen, dass ihre Flotte vertrieben wurde, Juschtschenko hatte sich auch geweigert, Russisch zur zweiten Amtssprache der Ukraine zu machen. Während Juschtschenko und seine Ministerpräsidentin Julija Tymoschenko auf dem ukrainischen Festland, und hier vor allem im Westen des Landes, große Unterstützung erfuhren, wurden sie auf der Krim verachtet.

Nachdem Ira und ich uns durch die Menge gezwängt hatten, spazierten wir im Schatten majestätischer Bäume entlang der Promenade. Anschließend besuchten wir das Altstadtviertel. Eine Steinkirche aus dem 14. Jahrhundert, die zweifellos mit den Einnahmen aus dem Sklavenhandel errichtet worden war, wetteiferte mit der Architektur aus der zaristischen und sowjetischen Ära. Durch Reihen alter Steinhäuser mit

Terrakotta-Ziegeldächern stiegen wir einen Hügel hoch, bis wir ein Labyrinth von Pfaden erreichten, die uns zu einer alten Befestigungsmauer führten. Ich kletterte hinauf. Von dort betrachtet waren die Demonstranten und das Schiff nur noch winzige Punkte. In den Hügeln um das Altstadtquartier ragten Reste von alten Steinmauern wie Wirbel aus dem Boden. Draußen auf dem Meer war das Wasser ruhig und glasklar.

Als ich mit Ira aus Feodossija zurückkehrte, erwartete mich eine böse Überraschung. Tigon war weggelaufen, nachdem ein Besucher der Farm ihn heftig getreten hatte. Ich fand meinen Hund halb bewusstlos unter Büschen und hielt ihn die ganze Nacht in den Armen. Morgens stellte ein Tierarzt fest, dass Tigon innere Blutungen und geschwollene Nieren hatte. Mein Traum, schon bald zu den Bergen aufbrechen zu können, war somit geplatzt.

Es dauerte zwei Tage, bis Tigon wieder zu fressen begann, und drei Wochen, bis wir es in Erwägung ziehen konnten, weiterzuziehen. Inzwischen hatte sich das satte Grün der Steppe gelb verfärbt, die Tage waren unerträglich heiß, und Scharen von Stechmücken überfielen uns wie der Nebel bei Nacht. Dieser Wandel hätte den Nomaden der Krim einst signalisiert, dass es Zeit war, der Hitze zu entkommen und zu den kühlen Hochlandwiesen zu wandern.

Ich hatte schon vor längerer Zeit die Nachricht verbreitet, dass ich einen Führer suchte, doch die Interessenten scheuten vor der Route zurück, die ich geplant hatte. Es gab in dieser Gegend keine Tataren mehr, die sich in den Bergen auskannten, und die bewaldeten Aufstiege zu den Hochebenen waren überwuchert. Der Einzige, der den Versuch wagen wollte, war Iras russischer Freund Serjoga.

»Aber du musst wissen, dass Serjoga gern trinkt«, warnte Ira mich.

Am Tag vor meiner Abreise beobachtete ich gespannt, wie mein künftiger Wegbegleiter mit einem Pferdewagen angefahren kam. Aus der Ferne gab er mit seinem kräftigen Körperbau, dem wettergegerbten Gesicht und dem goldbraunen, von der Sonne gebleichten Haar eine gute Figur ab. Als er jedoch pfeifend und Kommandos brüllend auf den Hof fuhr, fiel mir sofort seine entstellte Oberlippe auf.

»Das ist meine Trophäe von einem Unfall, den ich vor ein paar Jahren hatte, als ich jünger und noch dümmer war!« Er deutete entschuldigend auf seinen zahnlosen Unterkiefer. »Ich war betrunken und fiel in vollem Galopp von meinem Pferd aufs Straßenpflaster!«

Wir verbrachten den Nachmittag damit, die Pferde zu beschlagen. Besonders beeindruckt war Serjoga von Taskonir. Er hatte so harte Hufwände, dass sich die Nägel, die Serjoga einzuschlagen versuchte, verbogen und wieder hinausgezogen werden mussten. »Das ist wahrlich ein unproblematisches Pferd«, rief er aus. »Du hättest in seinen Hufen eine Tasse Tee kochen und dann weitere 10 000 Kilometer ohne Hufeisen reiten können!«

Wir waren uns einig, dass solch harte Hufe für die Mongolen von großem Vorteil gewesen sein mussten, als sie nach Europa ritten. Da hatten die Europäer, die große, mit Heu gefütterte Pferde ritten und ständig die Hufe und Hufeisen ihrer Pferde pflegen mussten, sicher das Nachsehen gehabt.

Am nächsten Tag traten wir unsere Reise zu den Bergen an – Serjoga, wie sich noch herausstellen sollte, auf eine für ihn typische Manier. Er hatte über Nacht zusammen mit Ira vier oder fünf Flaschen Wodka geleert und nicht geschlafen. Trotzdem ritten wir acht Stunden lang ununterbrochen durch die Hitze mit einer Höchsttemperatur von 38 Grad. Serjoga saß ohne Sattel auf seiner knochigen alten Stute Zera und trug nur eine Kavalleriereithose und ein um die Taille gebundenes Seil. Sein schlanker, muskulöser Oberkörper war sonnenverbrannt, und er rauchte in Zeitungspapier eingerollten Tabak und drückte die Kippen dann an den Sohlen seiner billigen, aus China stammenden Laufschuhe aus.

Die bewaldeten Berge der Krim waren jahrhundertelang die Heimat einer von drei Untergruppen der Krimtataren gewesen: der Tatas. Ihre europäischen Gesichtszüge waren höchstwahrscheinlich ein Erbe der Goten, die diese Krimregion mehr als ein Jahrtausend lang bevölkert hatten. Die Tatas unterschieden sich von ihren tatarischen Steppenbrüdern, den Nogaiern, die von den Kiptschaken, einem mächtigen Turkvolk der Steppe, abstammten, sich aber im 14. Jahrhundert von diesen unabhängig gemacht hatten. Die Nogaier wiederum waren von den an den Küsten lebenden Tataren zu unterscheiden, den Jaliboju, die als Händler und Fischer lebten. Die meisten Russen, einschließlich Serjoga und Ira, erkannten jedoch nicht an, dass es unterschiedliche Gruppen mit unterschiedlichen Lebensweisen gegeben hatte. Ihrer Meinung nach hatten die Tataren von jeher ausschließlich die Steppe bevölkert.

Ich behielt meine Gedanken für mich, während Serjoga schweigend rauchte und sanft Zeras Hinterteil tätschelte. Wann immer er etwas von sich gab, ging es um seine geliebte Stute. »Oh, Zera, meine Liebe!«, lispelte er. »Wir brauchen niemand anderen, stimmt's? Nur du und ich … du solltest sehen, wie sie Karren mit Holz die Berge hinauf und hinunter zieht. Sie ist eine sehr mutige Dame.«

Am Abend hatten wir völlig die Orientierung verloren, und in den nächsten drei Tagen zogen wir weiter über gewundene Pfade mit umgestürzten Bäumen, ohne die geringste Ahnung, wo wir uns befanden. Die Hänge wurden steil und machten Schluchten Platz, die von Farn überwuchert und von wasserfallartigen Bächen durchzogen waren. Irgendwann stolperten wir auf eine kleine sonnenbeleuchtete Wiese, wo ein von Moos und Gras verdecktes Steindenkmal für sowjetische Partisanen stand.

»Genau hier in diesen Wäldern lebten die sowjetischen Partisanen während des Großen Vaterländischen Kriegs«, sagte Serjoga nachdenklich. Als ich ihn dort mit seiner khakifarbenen Reithose, den Überhosen und einer Kommandoweste auf seiner Satteldecke aus Schaffell sitzen sah, war es nicht schwierig, sich die Partisanen vorzustellen, von denen er sprach. Sie hatten fast drei Jahre lang gegen die Besatzung der Krim durch die Nazis gekämpft, bis die Rote Armee die Halbinsel 1944 zurückeroberte.

Mithilfe eines in den Gedenkstein gemeißelten Wortes gelang es uns, auf der Karte unseren Standort zu finden. Als ich wieder aufsaß, blieb Serjoga noch einen Augenblick dort stehen. Sein Gesichtsausdruck verriet jetzt Bitterkeit. »Aber diese verräterischen Krimtataren haben gegen uns, die Partisanen, gekämpft, Tim. Sie haben unschuldige Frauen und Kinder abgeschlachtet – in der Tat jeden, der diese tapferen Partisanen unterstützt hat.«

Während meines kurzen Aufenthalts auf der Krim hatte ich gelernt, dass dies ein strittiger Punkt war. Stalin hatte die Deportation aller Tataren nach Zentralasien und Sibirien mit der Begründung angeordnet, dass sie mit den Nazis kollaboriert hätten. Es gab unzählige mündlich überlieferte Geschichten über die von Tataren verübte Gewalt, doch inzwischen weiß man, dass sich nur eine Minderheit der Tataren auf die Seite der Nazis schlug. So hatte ich zum Beispiel gelesen, dass es sich bei einem großen Prozentsatz der Partisanen um Tataren handelte, die ihren Nachnamen während des Kriegs eingerussischt hatten, um keinen Verdacht zu erregen. Ich wollte Serjoga klarmachen, dass man vielleicht selbst denen, die für die Nazis gekämpft hatten, vergeben sollte. Schließlich hatten die Sowjets zwischen der bolschewistischen Revolution und 1941 den Islam verboten und rund 160 000 Tataren ermordet, verhungern lassen oder deportiert – rund die Hälfte der damaligen tatarischen Bevölkerung. Konnte man den Tataren, die sich dafür entschieden hatten, nicht auf der Seite der Sowjets zu kämpfen, wirklich einen Vorwurf machen? Doch ich sagte lieber nichts.

Serjoga, der trotz meines Schweigens meine Sympathie für die Krim tataren spürte, fuhr fort: »Ich kenne einen guten Tataren, aber die meisten von ihnen sind schlechte Menschen, Tim … Stalin hat sie nicht umsonst deportieren lassen.«

Wir brauchten eine Woche, um die steilen, bewaldeten Hänge unterhalb des Hochplateaus zu erreichen. Inzwischen waren Serjoga die Zigaretten ausgegangen, und wir hatten kaum noch etwas zu essen übrig.

Gerade als wir den Berg hinabreiten wollten – wir hatten uns wieder einmal verirrt –, drang die Sonne durch die Bäume oberhalb von uns, und wir gingen blinzelnd hoch zum Karabi Jaila. Dieses Hochplateau, das höchste im Krimgebirge, war so berühmt für seine Weiden, dass die Nomaden einst aus so entlegenen Ländern wie Moldawien dorthin kamen, um ihre Schafe und Rinder zu mästen. Von der wichtigen Rolle, die diese Hochebene früher im Leben der Nomaden einnahm, zeugt der Begriff *jayla*, ein krimtatarisches Wort mit turkischen Wurzeln, das dem kasachischen Begriff *jalau* entspricht, der »Sommerort« oder »Sommerweide« bedeutet.

Wir ritten weiter bis zu der Stelle, an der das Plateau steil zum Schwarzen Meer hin abfiel, das rund 900 Meter unter uns lag. Als wir unser Lager aufgeschlagen hatten, ließ ich den Blick über die weitläufigen grasbewachsenen Hänge schweifen, sah dort im Geiste ein Wirrwarr von Jurten und stellte mir den angenehmen Duft von Dung vor. Im 17. Jahrhundert zeichneten die europäischen Forschungsreisenden Guillaume le Vasseur de Beauplan und Pierre Chevalier ein Bild von einer Nomadenkultur, die sich seit den Tagen Dschingis Khans im Grunde nicht verändert hatte. Die Krimtataren lebten in Filzzelten, waren gefürchtete berittene Bogenschützen und ritten, den Beobachtungen der Europäer zufolge, kleine unbeschlagene Pferde, die sie beide als »hässlich« beschrieben – obwohl Chevalier dies relativierte, indem er sagte: »Die Natur hat ihre Hässlichkeit durch ihre Schnelle wieder wettgemacht.«

Während der russischen Besatzung der Krim im 18. Jahrhundert unternahmen die Tataren Wanderungen einer anderen Art – vor allem übers Meer, um Zuflucht in der Türkei zu suchen. Als die Krim 1783 annektiert wurde, flohen Hunderttausende von ihnen, weil sie unter dem Verdacht standen, mit den Türken kollaboriert zu haben, und nach dem Krimkrieg zwischen 1853 und 1856 sogar noch mehr. Viele ertranken während der riskanten Überfahrt über das Meer.

1944 wurde dann jene Tataren, die auf der Krim geblieben waren und die Verfolgung durch die Russen überlebt hatten, mit Zügen durch die endlose Steppe nach Zentralasien deportiert. Und einigen Berichten zufolge wurden die allerletzten Kamele – Abkömmlinge der Kamele, die die krimtatarischen Nomaden bei ihren Wanderungen nutzten – 1941 während der Invasion der Nazis von der Krim vertrieben.

Serjoga riss mich aus meinen Gedanken. »Da wir keine Zigaretten, keinen Wodka und kaum noch etwas zu essen haben, bleibt mir nichts anderes übrig, als zu schlafen!« Er kroch ins Zelt, deckte sich mit einer Pferdedecke zu und schlief sofort ein.

Bis zu unserem Aufbruch am nächsten Morgen war Serjoga vollkommen nüchtern. Seine Niedergeschlagenheit war verschwunden, und er wirkte um Jahre jünger. »Wenn ich nicht bis nach Ungarn mitkomme«, sagte er, »was ich gern tun würde, dann versprich mir bitte eins: Falls du die Pferde nicht mit über die Grenze nehmen darfst, dann lass es mich wissen. Denn dann werde ich dort hinreisen und mit ihnen zurückreiten. Denk bloß nicht dran, Taskonir jemand anderem zu geben.«

Ich versprach es, und in den nächsten Tagen ritten wir gut gelaunt weiter. Ich spürte, dass wir Freunde geworden waren. Für kurze Zeit glaubte ich, dass er mich bis Ungarn begleiten würde, doch seine positive Stimmung hielt nur an, bis wir zum Dorf Aromatnoe hinabritten, um Lebensmittel zu kaufen. Dort fing Zera an zu lahmen, und Serjoga hing wieder an der Flasche.

Am nächsten Morgen umarmte er mich zum Abschied und trat den langen Fußmarsch nach Hause an.

Die Rückkehr der Krimtataren

Krim, Krim, Mutter Krim,
Wir haben unseren Namen nicht vergessen, wir
haben, Mutter Krim,
unsere Insel nicht gegen eine andere eingetauscht.

– RUSTEM ALI
Crimea (1992)

Nachdem ich Aromatnoe verlassen hatte, ritt ich neun Stunden lang über einen Pass, bevor ich das Dorf Perevalnoe erreichte. Dort hatte ich trotz Serjogas Bedenken im Voraus ein Treffen mit einem krimtatarischen Bauern namens Edem vereinbart.

Angesichts der Feindseligkeit gegenüber den Krimtataren, die in meinen Gesprächen mit Russen deutlich geworden war, war ich umso neugieriger, Edem kennenzulernen und aus erster Hand von der Rückkehr der Tataren auf die Krim zu erfahren. Ich hatte inzwischen eindeutig eine Schwäche für dieses ehemalige Nomadenvolk entwickelt und einen Großteil der vergangenen Wochen damit verbracht, über die Gründe nachzudenken, die dieser feindseligen Haltung zugrunde lagen.

Die Antipathie der Russen gegen die Tataren rührte angeblich von deren vermeintlicher Kollaboration mit den Nazis her. Doch meiner Meinung nach spiegelte sie ein tieferes Vorurteil wider. So hatte Stalin die Krimtataren, als er sie deportieren ließ, nicht nur als Verräter, sondern auch als Nachfahren der mongolischen Eindringlinge abgestempelt. Die sowjetischen Behörden hatten sogar fälschlicherweise argumentiert, die Krimtataren seien mongolischen Ursprungs und gehörten deswegen nach Zentralasien. Nach der Deportation wurde der Eintrag »Krimtatar« aus der Großen Sowjetischen Enzyklopädie gestrichen, und Beweise für die Existenz der Krimtataren – einschließlich Friedhöfe, Literatur und Straßennamen – wurden ausradiert. Die Häuser, das

Vieh, die Obstplantagen und die Getreidelager, die sie zurückgelassen hatten, wurden beschlagnahmt. Und im Unterschied zu anderen deportierten Völkern wie den Kalmücken und Tschetschenen, denen man 1957 die Rückkehr in ihre Heimat gewährte, durften die Krimtataren erst 1989 auf die Krim zurückkehren.

Indem er die Krimtataren mit den Mongolen in Zusammenhang brachte, rechtfertigte Stalin nicht nur seine Entscheidung, sie auf unbestimmte Zeit ins Exil zu schicken, sondern machte sich auch die Feindseligkeit der Russen gegenüber den Krimtataren zunutze, die auf die Gründung des Khanats der Krim im 15. Jahrhundert zurückgeht. Wie eine Reihe anderer Nomadenmächte vor ihnen waren die Krimtataren immer wieder von Süden her nach Russland eingedrungen, um Gefangene zu nehmen, die sie über den Hafen von Kaffa, heute Feodossija, als Sklaven verkauften. Tatsächlich basierte die Wirtschaft des krimtatarischen Khanats in erster Linie auf dem Sklavenhandel. 1571 brannten die Tataren während eines ihrer Raubzüge Moskau nieder und nahmen 150 000 Slawen gefangen.

Viele Historiker weisen darauf hin, dass man die Feindseligkeiten zwischen Nomaden und Slawen überbewertet habe. Erwiesenermaßen schlossen Nomaden und Slawen oft Ehen, trieben einen für beide Seiten nutzbringenden Handel und gingen Militärbündnisse ein. Dennoch lässt sich der Terror, den die Krimtataren in der Vergangenheit in Russland verbreiteten, nicht leugnen.

Während der letzten Stunde meines Ritts nach Perevalnoe tastete ich mich im Dunkeln den Berg hinab und war erleichtert, als ein Chor knurrender Hunde mir signalisierte, dass ich auf Edems Bauernhof angekommen war. Dann nahmen in der Dunkelheit die Silhouetten von Männern Gestalt an, die sich in einer Turksprache unterhielten. Ein Scheinwerferlicht ging an, und ich wurde mit einem kräftigen Handschlag begrüßt.

»Ich bin Edem. Jetzt komm, steig ab. Es wird Zeit, dass du dich ausruhst und deine Pferde fütterst!«, sagte der Mann in einwandfreiem Russisch.

In einer verrosteten alten Baracke trank ich im dämmrigen Licht einer von Stechmücken umschwirrten Glühbirne Tee mit Edem und sechs seiner Angestellten, die vor Kurzem aus Usbekistan hierher übergesiedelt waren. Die Altersspanne der Männer reichte von einem Teenager mit sonnengegerbtem Gesicht und russischen Zügen bis hin zu einem krummbeinigen alten Mann mit tief liegenden Augen und turkischer Nase. Sein dunkles sommersprossiges Gesicht war von der grellen zentralasiatischen Sonne gezeichnet.

Edem selbst war stämmig, hatte schütteres Haar, blaue Augen, eine sehr schmale Nase und einen feinen blassblonden Schnurrbart – die klassischen Züge eines Tata. Er trug Ledersandalen und ein tadellos weißes, bis zum Bauch aufgeknöpftes Hemd, was ihm etwas zugleich Aristokratisches und Machohaftes verlieh. Edem lebte seit 25 Jahren auf der Krim und war wie so viele andere seiner im Exil geborenen Generation dorthin gezogen, um seiner Mutter, die als Kind deportiert worden war, den Rückweg in die Heimat zu ebnen.

Wir hatten kaum unseren Tee ausgetrunken, als das Röhren eines Lasters zu hören war, der knirschend auf die Auffahrt fuhr. Ich ging hinaus und beobachtete, wie er neben einem halb fertigen Gebäude zum Stehen kam, bevor eine Schar Frauen mit Scheuerlappen und Bürsten von der Ladefläche stieg. Die Arbeiter entluden ein Bett, eine Kommode, einen Spiegel und eine Matratze, während der Fahrer Edem einen Topf mit heißem Pilaw brachte.

Erst als Edem und ich unser Mahl beendet hatten, verstand ich, was los war. »Tim, du kannst jetzt deine Sachen reinbringen. Ich baue seit zwei Jahren an diesem Hotel … und ich möchte, dass du sein erster Gast bist!«, sagte Edem.

Im Morgenlicht konnte ich mir ein besseres Bild davon verschaffen, wo ich gelandet war. Edems Hotel und Hof waren in den Hang oberhalb des Dorfes Perevalnoe gebaut. In der Talebene schlängelte sich die Hauptstraße zur Küstenstadt Jalta. Irgendwo dort unten hatte Edem sich einen zweistöckigen Familienwohnsitz gebaut. In der anderen Richtung führten felsige Berghänge mit knorrigen Bäumen hinauf zu den Weideflächen. Der Teenager, den ich am Abend zuvor gesehen hatte, trieb pfeifend und rufend eine Herde Schafe in die kühlere, dünnere Luft.

Als der Hof nach dem Frühstück leer war und die Morgensonne die Kühle vertrieben hatte, setzten Edem und ich uns mit einer Tasse Tee in den Schatten. Dass er es als Tatar auf der Krim so weit gebracht hatte, war eine bemerkenswerte Leistung, die eine große Entschlossenheit erforderte – was Edem voll und ganz bewusst war.

»Die Tataren, die jetzt zurückkommen, haben ein schweres Leben, aber es ist ein Märchen im Vergleich zu unserem früheren Leben.« Er richtete den Blick auf die Hänge. Edem hatte erstmals 1981 versucht, auf die Krim überzusiedeln. Damals war es den Tataren noch nicht möglich, dort legal zu leben und zu arbeiten. Das Gesetz verwehrte ihnen eine *propiska*, eine Aufenthaltsgenehmigung, sodass sie sich weder registrieren lassen noch eine Beschäftigung annehmen konnten.

»Ich schlief am Bahnhof, während ich nach einem Job gesucht habe. Ich war Kommunikationsexperte, und man bot mir eine Stelle in der Küstenstadt Sudak an. Als mein Arbeitgeber herausfand, dass ich Tatar war, wurde ich von der Polizei verfolgt, geschlagen und festgenommen. Schließlich habe ich es geschafft, in die Ukraine zu flüchten«, erklärte Edem. »Nach einem Jahr in der Ukraine hatte ich genug Geld zusammengekratzt, um mir ein Auto kaufen zu können, und bin dann zurück auf die Krim gefahren. Ich hatte Glück, nicht wieder mit den Behörden in Konflikt zu geraten – mit meinen blauen Augen und meinem blonden Haar schöpften nur wenige Menschen Verdacht. Irgendwann habe ich mich dann mit einem Stadtrat in Kertsch angefreundet. Er gehörte zu den wenigen Russen, die die Diskriminierung der Tataren für falsch hielten, und er half mir, eine Aufenthaltsgenehmigung zu bekommen. Als die Dame an der Ausgabestelle bemerkte, dass ich Tatar war, sagte sie: ›Wir können ihn nicht registrieren!‹ Doch mein Freund brüllte: ›Tun Sie's einfach!‹«

Diese freundliche Geste blieb nicht ohne Folgen. Kurz nachdem Edem seine Aufenthaltsgenehmigung erhielt, wurde er festgenommen und der russische Stadtrat ins Gefängnis geworfen. Trotz allem gelang es Edem, zu fliehen und Zuflucht im Krimgebirge zu finden. Er versteckte sich fast ein Jahrzehnt lang auf den Hochplateaus, über die ich geritten war, und kam nur einmal in die Ebene hinab – »1985, um ein tatarisches Mädchen zu heiraten«. Erst 1989 erhielt er dann seine Aufenthaltsgenehmigung und holte sofort seine Mutter und andere Verwandte auf die Krim.

Inzwischen konnten die Tataren natürlich zurückkehren und hatten rein rechtlich einen Anspruch auf Kompensation in Form neuer Grundstücke. Edem klagte jedoch darüber, dass sich die Einstellung der Russen nicht geändert habe. Seiner Meinung nach waren sie noch feindseliger. »Diese Menschen, die in den Häusern leben, die unsere Väter gebaut haben, die Früchte der Bäume essen, die unsere Väter gepflanzt haben, das Wasser aus den Brunnen trinken, die unsere Vorväter gegraben haben, sind natürlich nicht glücklich, uns wiederzusehen, weil es sie daran erinnert, was man uns angetan hat.«

Bevor ich weiterzog, verbrachte ich einen Tag in Simferopol, der Hauptstadt der Krim, wo ich mich mit dem stellvertretenden Kulturminister der Krim, Ismet Zaatow, traf. Ismet stellte für mich den Kontakt zu Führern der *mejlis*, der Selbstvertretung der Krimtataren, her, die mir die Unterstützung der tatarischen Gemeinde anboten, wann immer ich sie brauchen würde, und, was noch wichtiger war, den Kontakt zum Intendanten des tatarischen Fernsehens, Islyam Kishveye.

In einem Büro des tatarischen Fernsehstudios in Simferopol – das, wie Islyam später behauptete, von russischen und ukrainischen Geheimdiensten abgehört wurde – zeigte Islyam mir ein Video, das er vor Kurzem in Bachtschyssaraj, der früheren Hauptstadt der Krim, aufgenommen hatte. Dort, so sagte er, würden die Tataren nun in erster Linie ihren Kampf führen.

Islyam ließ das Band vorlaufen zu einer Szene, in der eine geschlossene Reihe kräftiger Russen auf eine Gruppe tatarischer Demonstranten zustürmte. Als die beiden Gruppen zusammenstießen, kam es zu heftigen Faustkämpfen. Einige Männer wurden zu Boden gestoßen und getreten, andere weggejagt und verprügelt. Auch Islyam wurde angegriffen, und während sich seine Kamera ruckweise hin und her bewegte, hatte sie Momentaufnahmen von blutverschmierten Gesichtern und das hysterische Weinen von Frauen eingefangen.

Zu diesem Zeitpunkt verstand ich die Gründe für den Konflikt noch nicht, doch ich konnte es nicht abwarten, zu meinen Pferden zurückzukehren und nach Bachtschyssaraj weiterzureiten.

Von Edems Bauernhof aus ritt ich drei Tage lang über Berg- und Waldpfade. Es war Hochsommer, mein dritter in der Steppe. Ich war müde und tröstete mich mit dem Gedanken, dass es mein letzter Sommer im Sattel sein würde. Die Stechmücken plagten die Pferde, und die Hitze erhöhte das Risiko von Sattelwunden. Außerdem fühlte ich auf der Krim eine Art von Beklemmung. In weitläufigeren Gebieten kam der historische Groll, den die Menschen gegeneinander hegten, aufgrund großer räumlicher Abstände weniger zum Tragen. Doch auf diesem kleinen, begehrten Stück Land, wo unterschiedliche Kulturen und divergierende

Sichtweisen der Geschichte direkt aufeinanderprallten, gab es kein Entkommen, und die Situation sollte sich noch verschärfen.

Am Abend des dritten Tages nach meinem Abschied von Edem führte mich ein russischer Reiter bis hin zum Waldrand, wo Eichen einem alten tatarischen Walnussbaumhain Platz machten. Hier nutzte ich die Gelegenheit, einen flüchtigen Moment des Alleinseins zu genießen. Ich drosselte das Tempo meiner Pferde und genoss es, wie ihre Hufe sich lautlos auf einem Pfad aus pudrigem weißem Lehmboden bewegten. Ich lehnte mich im Sattel zurück und betrachtete die ausgestreckten Zweige der Walnussbäume mit ihren großen breiten Blättern. Wie die älteren Tataren, die die Deportation überlebt hatten und zurückgekehrt waren, hatten diese eleganten Bäume die Sowjetherrschaft überdauert und waren fest verwurzelt im Boden der Krim.

Jenseits des Hains tauchten wir aus dem Schatten auf und stiegen zum Eingang eines schluchtartigen Tals hinab. Mit gespitzten Ohren und heraushängender Zunge reckte Tigon den Hals, um die hohen Hänge zu betrachten, die nun einen Großteil des Himmels verdeckten. Rechts und links von uns bildeten hoch aufragende Kalksteinfelsen eine Art Wall. Der Fels oben links von uns war von Höhlen durchlöchert – die Überreste einer byzantinischen Festung aus dem 7. Jahrhundert, die die Tataren im 14. Jahrhundert erobert hatten. Je weiter wir ritten, desto tiefer tauchten wir in diesen seltsamen Landschaftsraum ein, und als die Schlucht enger wurde, kamen wir an Häusern, Ställen und einem orthodoxen Kloster vorbei, das man am Fuß der Felsen in den Stein gehauen hatte.

Plötzlich rückten die Felsen näher zusammen und der Pfad verkleinerte sich zu einer schmalen, gepflasterten Gasse, die zwischen alten Steinhäusern hindurchführte. Dann bog sie unerwartet scharf links ab, und vor uns lag ein Tal, in dem sich Minarette und rote Keramikdächer drängten. Sie gaben an diesem staubigen Sommerabend eine majestätische Kulisse für das Gewimmel von Autos und Fußgängern ab.

Bachtschyssaraj war früher die Hauptstadt des Krim-Khanats und ein wichtiger Knotenpunkt der Seidenstraße. Hier trafen sich Händler von jenseits des Schwarzen Meers, aus den Steppen Zentralasiens, aus Russland und Osteuropa. Während ihrer Glanzzeit im 15. und 16. Jahrhundert hatte es in der Stadt 18 Moscheen und mehrere wichtige Medressen gegeben. Heute ist sie das kulturelle Zentrum für zurückkehrende Tataren, ein Anziehungspunkt für Touristen, eine religiöse Hochburg und, wie ich noch erleben sollte, ein Brennpunkt ethnischer Konflikte. Ich verbrachte über eine Woche in Bachtschyssaraj, doch innerhalb der ersten 24 Stunden hatte ich bereits die Stätten und Protagonisten kennengelernt, die meinen Aufenthalt in dieser Stadt bestimmen sollten.

Eingebettet zwischen den Kopfsteinpflasterstraßen der Altstadt liegt der Khanpalast. Dieser *hanssaray*, wie er in der tatarischen Sprache genannt wird, war seit dem 16. Jahrhundert das Machtzentrum für Generationen krimtatarischer Khans gewesen. Am anderen Stadtende lag außer Sichtweite der Touristen, aber kaum mehr als 800 Meter vom Palast entfernt, der Basar. Hier war gerade eine hässliche Auseinandersetzung zwischen Tataren und Russen im Gang, bei der es noch immer um genau die Konflikte ging, die an den Palastmauern dokumentiert wurden.

Irgendwo zwischen den Fronten befanden sich mein Gastgeber Wolodja – verarmt, hitzig, halb Tatar, halb Russe – und ein ukrainisches Mädchen namens Anya.

Ismet hatte dafür gesorgt, dass Wolodja sich in Bachtschyssaraj um mich kümmerte, und so setzte ich meinen Weg über die steile Kopfsteinpflasterstraße in die Altstadt fort, wo er mich durch die prachtvollen Holztore des Khanpalastes führte. Drinnen ritt ich mit Taskonir durch einen Torbogen in einen Hof, den die letzten Strahlen der Abendsonne in ein goldenes Licht tauchten. Während Tigon die Gelegenheit nutzte, in einem Brunnen zu baden, schaute ich hoch zur Palastmauer und ließ dann den Blick umherschweifen. Hoch aufragende, mit arabischen Inschriften versehene Minarette warfen Schatten auf einen Innenhof mit Rosengärten, Springbrunnen, Rasenflächen und Schatten spendenden Bäumen. An die äußere Mauer grenzte der zweistöckige, mit Bogen und langen Veranden geschmückte Palast an, dessen Mauern islamische Wandgemälde zierten. Von diesem luxuriösen Hauptquartier aus hatten die krimtatarischen Khans – direkte Nachfahren von Dschingis Khan – eins der mächtigsten Reiche Osteuropas regiert. Bei seinem Anblick fühlte ich mich in eine andere Zeit versetzt und dachte darüber nach, wie es hier wohl einst gewesen sein mochte. Bei genauerem Hinsehen erinnerten die an den Mauern angebrachten Informationsschilder für Touristen und die museumartigen Aushänge jedoch an die moderne Realität.

Während die Wächter meine Pferde proberitten, entdeckte ich plötzlich Anya. Sie stand neben einem Rosengarten im hinteren Teil des Hofes und trug Pinselstriche auf eine Leinwand auf. Ein kurzer Blick auf ihre nackten schlanken Arme und ihr goldenes Haar verrieten mir, dass sie das Mädchen war, das mich angesprochen hatte, als ich in die Stadt hinabgeritten war. Ihr Bild hatte sich fest in mein Gedächtnis eingegraben: Ihre blauen Augen hatten im Licht der tief stehenden Sonne geleuchtet, als sie, mit einer Staffelei und einer Tasche mit Farbpinseln beladen, auf mich zugekommen war und mich nach meinen Pferden gefragt hatte.

Als ich jetzt näher kam, schaute sie in meine Richtung und legte ihre Pinsel beiseite.

»Höchste Zeit, dass du mich bemerkst! Du bist gerade in mein Gemälde gelaufen!«, sagte sie, während wir beide vergeblich darum kämpften, unser Lächeln zurückzuhalten.

Anya, eine 24-jährige ukrainische Kunststudentin aus Kiew, hatte eine Sondererlaubnis, nach der offiziellen Öffnungszeit im Palast zu bleiben und zu malen. Ich bot ihr einen Ritt auf Taskonir an und führte sie die nächste halbe Stunde nervös im Hof herum. Bevor ich ging, vereinbarten wir, uns in den nächsten Tagen in der Stadt zu treffen.

Bei Wolodja wurde am Abend mir zu Ehren ein Kaninchen geschlachtet und mit billigem russischem Wodka gefeiert. Ich war in Hochstimmung. Ich hatte mich in Anya verliebt, und das Kaninchen war nach dem anstrengenden Ritt der letzten Tage geradezu ein Festmahl.

Am nächsten Morgen besuchte ich zum ersten Mal den Basar. Er lag im neuen Zentrum von Bachtschyssaraj – einem Ort ohne die Anziehungskraft dessen, was ich am Abend zuvor gesehen hatte. Dort, wo die Schlucht in ein breites, trockenes Tal überging, blies ein heißer Sommerwind Staub zwischen vereinzelten sowjetischen Wohnblocks und schiefen Holzhäusern hindurch. In Geschäften aus den 1990er-Jahren stöberten Touristen nach Andenken. Alte Ladas zuckelten vorbei.

An einer großen Straßenkreuzung zwischen einem Wohnblock und einer Drogerie hatten Demonstranten eine Menschenkette gebildet. Hinter ihnen lag der Eingang zum Basar, vor dem eine behelfsmäßige Barrikade aufgebaut war, über der die tatarische Flagge hing sowie ein Banner mit der Aufschrift: »Schließt den Basar, der auf unseren Gebeinen angelegt wurde!« Seitlich der Drogerie hatte man einen Teppich ausgerollt, auf dem eine Gruppe von Männern mit traditionellen bestickten Samtkappen – in Zentralasien als *tjubetejka* bekannt – knieten und beteten. Rund 100 ältere Tataren bildeten die Menschenkette, andere hatten sich um einen großen Kessel versammelt, aus dem der Duft von gekochtem Hammelfleisch drang.

Unterdessen warteten zu beiden Seiten der Menschenkette im Schatten von Bäumen, in Autos und in Bussen Dutzende mit Schutzschilden und Schlagstöcken ausgerüstete Bereitschaftspolizisten. Eine *bars* genannte Spezialeinheit der Polizei spazierte in Splitterschutzwesten umher.

Ismet hatte die Selbstvertretung der Krimtataren über meine Ankunft informiert, und als ich mich den Demonstranten näherte, entdeckte ich Ahmet, einen hochrangigen Vertreter der Mejlis, der mich bereits erwartete. Er verhandelte gerade mit einem ortsansässigen Polizisten, nahm sich aber die Zeit, mir den Kern des Problems zu erklären. »Es gibt hier sieben Mausoleen, in denen sich die Gräber mehrerer Generationen unserer Khans und geistlichen Oberhäupter befinden, die den Islam auf die Krim gebracht haben. Sie sind mindestens 500 Jahre alt. Der Basar, der Anfang der 1990er-Jahre von den Russen auf dieser heiligen Stätte angelegt wurde, ist nicht älter als 15 Jahre, und wir wollen, dass er verschwindet.«

Als ich den Basar verließ, hatte die Hitze des Tages den Demonstranten die Energie geraubt, und die Spannungen hatten nachgelassen. Selbst die Bereitschaftspolizisten hatten ihre Helme abgesetzt, ihre Schilde gegen Bäume gelehnt und sich auf dem Boden niedergelassen, um sich ein Eis schmecken zu lassen.

Ich hatte fest vor, auf den Basar zurückzukehren, nutzte aber die Ruhepause, um Anya zu treffen. Wir verbrachten den Rest des Tages zusammen und besuchten die Klöster und Ruinen auf den Klippen oberhalb des Khanpalastes. Ich erzählte ihr ein wenig von den Problemen auf dem Basar. Als Ukrainerin, die an die imperialistischen Methoden Russlands gewöhnt war, hegte sie einerseits eine gewisse Sympathie für die Tataren, wusste andererseits jedoch wie viele Ukrainer wenig über die Situation und war im Grunde genommen neutral. Ich ließ das Thema fallen und genoss die schattigen alten Viertel der Stadt, in denen kaum etwas auf einen Konflikt schließen ließ. Sonnengebräunte Touristen strömten aus ihren Urlaubsorten an der Küste herbei, um die Stadt zu erkunden, und ich gab mich ganz dem leichten glücklichen Gefühl von Sommer und Liebe hin. Wir verbrachten die nächsten beiden Nächte zusammen in meinem Zelt und saßen stundenlang mit einigen ihrer Kommilitonen vor einem Lagerfeuer. In Anyas Armen fühlte ich mich wie in einer Parallelwelt – einer Welt, in der wir beide den spürbaren ethnischen Spannungen in Bachtschyssaraj entkamen und ich mich von meiner Reise erholen konnte.

An unserem zweiten gemeinsamen Morgen begleitete ich Anya zum Bahnhof, wo sie den Zug nach Kiew nahm, und küsste sie zum Abschied. Unsere gemeinsame Zeit war kurz gewesen, und dennoch fühlte ich mich allein, als der Zug in der Ferne verschwand. Wir hatten uns versprochen, in Kontakt zu bleiben und uns, wenn möglich, wiederzusehen. Anya träumte davon, mich ein Stück weit zu begleiten, doch wir waren nicht sicher, ob das möglich wäre. Sie bereitete sich gerade auf ihren Masterabschluss vor.

Traurig verließ ich den Bahnhof. Doch als ich auf dem Basar ankam, wurde ich sofort aus meiner Trübsal gerissen. Dort sah die Situation ganz anders aus als vor zwei Tagen. Die Menschenkette bestand jetzt aus einem Vielfachen an Demonstranten, und die Gruppe der Männer, die neben der Drogerie ihre Gebetsmatten ausgerollt hatten, war so gewachsen, dass es nur noch Platz zum Sitzen gab. Die Reihen der Bereitschaftspolizei wiederum erstreckten sich über die gesamte Straße zwischen den Demonstranten und dem Basar, und die Polizisten bildeten, ihre Schutzschilde schwenkend, einen Kordon vor der stets wachsenden Menge.

Ich merkte, dass ich sowohl von den Bereitschaftspolizisten als auch von den Tataren angestarrt wurde. Es war heikel, hier als Ausländer zu sein, der sich offensichtlich der einen oder anderen Kultur verpflichtet fühlte – etwas, das meine Zeit mit Anya, einer Slawin, nur noch deutlicher gemacht hatte. Insgeheim hatte ich mich in gewisser Weise wie ein Verräter gefühlt, als ich den Basar verließ, um mit ihr zusammen zu sein, und Tataren, einschließlich meines Gastgebers Wolodja, waren bemerkenswert still gewesen, als sie von unserer Romanze erfuhren. Deswegen war ich erleichtert, als mich an jenem Tag ein Mann aus der Menge vor der Drogerie aufgeregt zu sich winkte.

Es war Islyam, der Intendant des tatarischen Fernsehens. Er sah verschwitzt und erschöpft aus. Offensichtlich war der Präsident der Ukraine auf die Krim geflogen, und die Mejlis verhandelte den Beschluss für die Schließung des Basars. Über Nacht hatten sich Tataren aus der gesamten Krim zusammengeschart und wappneten sich für einen Showdown. »Wir warten auf eine Entscheidung«, erklärte mir Islyam, »aber egal, ob die Ministerpräsidentin unterschreibt oder nicht, wir werden den Basar heute abreißen, wenn nötig eigenhändig!«

Gerade als er dies sagte, war aus den Reihen der Demonstranten ein schrilles Pfeifen zu hören, und sämtliche Männer um mich herum, einschließlich Islyam, sprangen auf die Füße und stürmten vorwärts. Offensichtlich hatte jemand die Demonstranten angegriffen. Ich eilte hinter ihnen her, fiel in der drängenden Menge jedoch zurück. Plötzlich packte mich jemand von hinten und zog mich zu Boden.

»Hey! Geh zurück! Zieh ab, Russe!«, brüllte der Mann, der mich gepackt hatte, und hielt mir drohend die Faust vors Gesicht. Ein Teil der Menge blieb stehen und begann, einen Kreis um mich zu bilden, doch gerade, als sich der Kreis zu schließen drohte, ertönte eine Frauenstimme: »Nein, nein! Lasst ihn! Er ist einer von uns. Er ist ein australischer Reisender!« Die Männer halfen mir auf und luden mich ein, mich ihnen anzuschließen, doch ich beschloss, mir die Sache aus der Ferne anzusehen.

Die Demonstranten waren, wie ich jetzt sah, nicht von einem Schlägertyp angegriffen worden, sondern von einer russischen Rentnerin. Sie ballte die Fäuste und schrie: »Last mich durch! Gott! Dies ist mein Haus! Lasst mich durch zu meinem Haus!« Den Tataren zufolge wurden Konfrontationen wie diese von ortsansässigen Russen inszeniert, die man dafür bezahlte, den Provokateur zu spielen.

In den nächsten Stunden, in denen es zu weiteren Provokationen kam und die Spannung stieg, blieb ich dicht bei Islyam. In Vorbereitung auf eine angespannte Nacht verstärkten die Tataren ihre Menschenkette mithilfe von Draht, Holz und was immer sonst sie finden konnten.

Islyam lud mich ein, mit ihm im Freien zu kampieren, doch ich zog es vor, zu Wolodja nach Hause zu gehen.

Die beiden Welten, zwischen denen ich mich in Bachtschyssaraj bewegte, waren aufeinandergestoßen und trieben jetzt den Konflikt auf die Spitze.

An jenem Abend begegnete ich auf dem Nachhauseweg Eldar, einem

Freund von Wolodja, der neben seinem Fahrrad dahinstolperte und sein Kinn umfasst hielt. Wolodja lag zu Hause wie im Koma auf dem Diwan, das Hemd voller Blutflecken. Eine Zigarettenkippe schwamm im Wodkaglas neben seinem Kopf. Sein sommersprossiger zehnjähriger Sohn kam aufgeregt angerannt. »Papa hat schwer was abbekommen! Erst ging Eldar zu Boden, dann Papa, aber sie haben uns nicht den Grund für die Schlägerei erklärt!«

Als Wolodja, der übel zugerichtet war, aufstand, war er noch immer völlig betrunken. Mit seinem restlichen Wochenlohn, den er am Tag zuvor erhalten hatte, zog er los, um Bier zu kaufen und sein Handy aufladen zu lassen. Dann rief er irgendwelche Fremden an und redete Unsinn, bis die gekauften Einheiten aufgebraucht waren.

Draußen vor Wolodjas Haus konnte ich sehen, dass vom Basar Rauch aufstieg, begleitet von gelegentlichen Schüssen. Wolodjas Frau wurde hysterisch. Tränen liefen ihr die Wangen hinab. In dem Viertel war es gespenstisch ruhig – die Kinder waren drinnen eingesperrt und die Männer nicht in ihren Häusern. Späteren Berichten zufolge hatten rund 1500 Tataren die Russen eingekreist.

Ich setzte mich und schaute mir die russischen Nachrichten an. Wie üblich wurde über die Krim berichtet. Der Journalist kommentierte vor dem Hintergrund von Bildern einer wunderschönen Küste: »Diese Menschen kommen zurück auf die Krim, weil *es ihnen hier gefällt* und weil sie hier vor 1944 lebten.« Dann zeigte man eine Aufnahme von einem Tataren, der einen Stein auf einen Bereitschaftspolizisten schleuderte.

Als ich ins Bett ging, schien Bachtschyssaraj am Rande eines Krieges zu stehen. Der Streit um den Basar bot den Russen die Gelegenheit, alte Rechnungen zu begleichen, und im Moment war kein Ende in Sicht.

Am nächsten Morgen wachte ich früh auf und packte meine Sachen zusammen. Ich sehnte mich danach, wieder in die Steppe zurückzukehren.

Bevor ich aufbrach, rief ich Islyam an. Über Nacht war die Armee eingeschritten und hatte sowohl die Russen als auch die Tataren auseinandergetrieben. Isylam erholte sich zu Hause. Er war überglücklich. »Der Präsident hat unterschrieben. Der Basar kommt weg!«

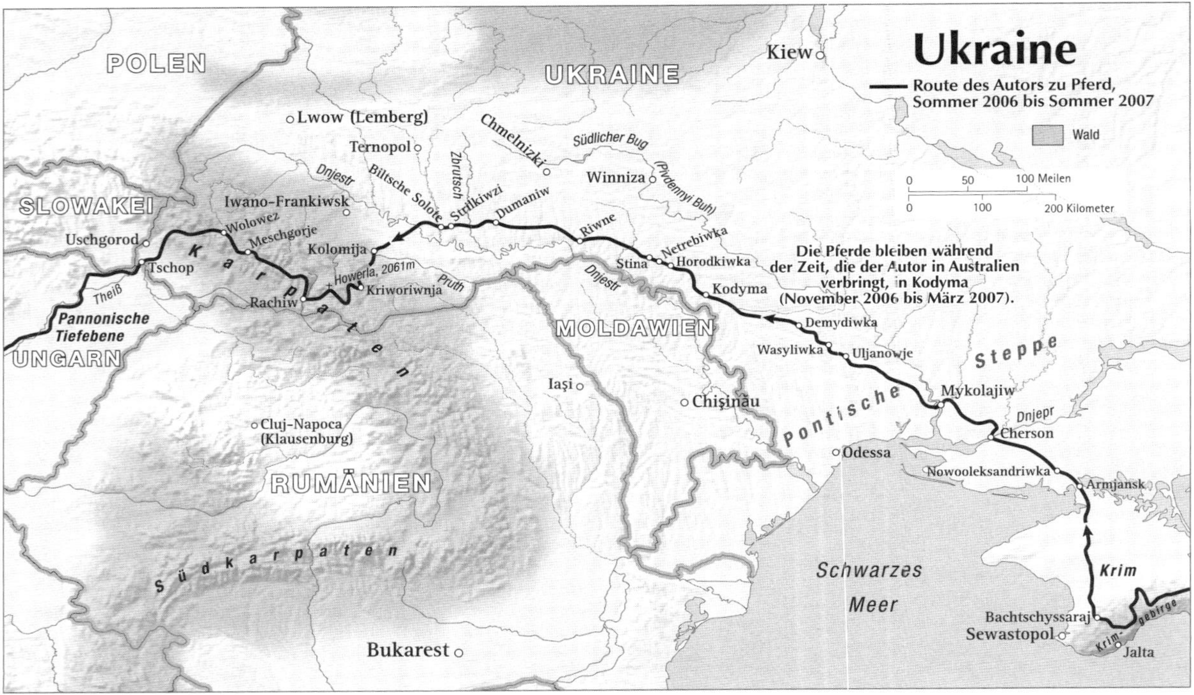
Ukraine
Route des Autors zu Pferd, Sommer 2006 bis Sommer 2007
Wald
0 50 100 Meilen
0 100 200 Kilometer
Die Pferde bleiben während der Zeit, die der Autor in Australien verbringt, in Kodyma (November 2006 bis März 2007).
POLEN
UKRAINE
SLOWAKEI
UNGARN
MOLDAWIEN
RUMÄNIEN
Kiew
Lwow (Lemberg)
Ternopol
Chmelnizki
Südlicher Bug
Winniza
(Pivdennyi Buh)
Zbrutsch
Dnjestr
Biltsche Solote
Strilkiwzi
Dumaniw
Iwano-Frankiwsk
Wolowez
Meschgorje
Uschgorod
Tschop
Kolomija
Karpaten
Howerla, 2061m
Kriworiwnja
Rachiw
Pruth
Theiß
Pannonische Tiefebene
Riwne
Netrebiwka
Stina
Horodkiwka
Kodyma
Demydiwka
Wasyliwka
Uljanowje
Pontische Steppe
Mykolajiw
Dnjepr
Cherson
Iaşi
Chişinău
Odessa
Cluj-Napoca (Klausenburg)
Nowooleksandriwka
Armjansk
Krim
Schwarzes Meer
Südkarpaten
Bachtschyssaraj
Sewastopol
Krim-gebirge
Jalta
Bukarest

UKRAINE

Am Scheideweg

Von Bachtschyssaraj ritt ich nach Norden durch die Trockensteppe im Inneren der Krim, war nachts unterwegs, schlug zur Mittagszeit mein Lager auf und schlief im Freien unter Pferdedecken. Ich folgte einem Kanal, der die Städte der Krim mit Dnjepr-Wasser versorgte, umging auf diese Weise die Kleinstädte und Dörfer und kam rasch voran. Die mit den ethnischen Konflikten verbundene Anspannung und der Stress verloren sich beim Reiten.

In wenig mehr als einer Woche erreichte ich den äußersten Norden der Krim, wo ich einmal spätabends aufwachte und, noch im Halbschlaf, die schwachen Umrisse der Pferde sah. Taskonir stand über mir, die Ohren nach vorne gereckt, ein Hinterlauf war leicht angehoben, und Koks Kopf ruhte auf seinem Widerrist. Tigon hatte sich eingerollt, sein knochiges Rückgrat lag an meinem Oberschenkel, und er atmete schwer. Eine Weile geschah nichts, bis ein Furz durch unser Lager hallte. Ogonjok hatte sich mit dem Geräusch offenbar selbst aufgeweckt, er neigte den Kopf, tat sich an dem von der Sonne ausgetrockneten Gras gütlich, dann folgten ein rasches Schütteln der Mähne und ein Aufstampfen mit dem Huf. Tigon gab im Schlaf ein gedämpftes Bellen von sich, und Taskonirs Unterlippe zitterte eine Weile, bis schließlich wieder alles ruhig war.

Mir wurde bewusst, dass ich auf dieser Reise ohne die Pferde schon längst den Verstand verloren hätte. Nur durch die Einsamkeit der Steppe und über die Verbindung zu den Tieren ergab sich für mich ein Sinn aus diesem Geschehen und entstand ein Raum für neue Horizonte.

In dieser Nacht wurde mir endgültig klar, dass ich, nach drei intensiven Monaten, die Krim schon bald verlassen und aufs Festland überwechseln würde. Gleichzeitig näherte sich mein dritter und letzter Sommer in der Steppe dem Ende. Der allergrößte Teil der Eurasischen Steppe, die sich in ihrem Kernbereich über einen riesigen, weite Teile Russlands, Kasachstans und der Mongolei einnehmenden Raum erstreckt, lag jetzt endgültig hinter mir. Vor mir hatte ich jetzt nur noch die Ukraine mit ihrem milderen Klima und Ungarn, wobei die ungarische Grenze nur noch etwa 930 Kilometer Luftlinie entfernt war. Der Rest des Weges versprach, verglichen mit dem, was ich hinter mir hatte, eine einzige Belohnung zu werden. Zum ersten Mal auf dieser Reise geriet ich in Versuchung, indem ich bereits an ihr Ende dachte. Wenn alles glattging, konnte ich fest damit rechnen, dass ich zu Frühlingsanfang die Karpaten überqueren und die Donau erreichen würde.

Es lag eine gewisse Ironie darin, dass Ungarn sich letztlich als so weit entfernt erweisen würde. Ich konnte nicht voraussehen, dass meine Reise in der Ukraine abermals durch unerwartete Ereignisse verzögert werden würde. Es sollte noch ein weiterer Sommer vergehen, bevor ich das letzte Stück angehen konnte. Und dieses Mal sollte der Rückschlag mit einem persönlichen Verlust verbunden sein, der sehr viel bedeutender war als die gesamte Reise.

Der Wecker klingelte um halb vier morgens, und wir machten uns, so wie wir es uns angewöhnt hatten, innerhalb einer Stunde auf den Weg und zogen unmittelbar vor der Morgendämmerung unerkannt durch die Finsternis. Der vertraute dumpfe Schmerz zog von meinen Füßen in den Steigbügeln bis in die Hüften und ins Gesäß.

Als sich die Schwärze am Himmel auflöste, fühlte sich das an, als würde die Sonne nur für uns aufgehen. Goldenes Morgenlicht ergoss sich über die Steppe, bis ich meine Richtung anhand der langen Schatten überprüfen konnte, die unsere Karawane warf. Tigon war weitab, ein schwarzer Fleck, der durchs gelbe Gras huschte, von tief fliegenden Vögeln verfolgt. Ich stieg ab, um zu pinkeln, alle drei Pferde taten es mir nach, und als Tigon zurückkam, leistete er seinen eigenen Beitrag.

Das sanfte orangegelbe Licht war trügerisch. Um sieben Uhr schüttelten warme Windstöße das Gras durch, und meine Augen wurden zu Schlitzen. Zur Mittagszeit hatte ich mich auf die schattige Seite eines einsamen Baumes zurückgezogen.

Erst nach einem weiteren Tagesritt bei trockenem, heißem Wetter erreichten wir die Landenge von Perekop, die die Krim mit dem Festland verbindet. Das heutige Staatsgebiet der Ukraine, das jetzt vor mir lag, ist mit einem relativ milden Klima und reichlich fruchtbarem Boden, mit Flüssen und Wäldern gesegnet – weshalb es, historisch gesehen, für eine agrarische Lebensweise gut geeignet war.

Die Steppen der Ukraine waren seit dem 9. Jahrhundert eine Hochburg der Slawen gewesen und bildeten im 11. Jahrhundert ein Machtzentrum der Kiewer Rus, die zur damaligen Zeit der mächtigste Staat Europas war. Unter dem Druck der mongolischen Invasion löste sich dieser Staat jedoch auf, und die Ukraine stand fast drei Jahrhunderte lang unter der Herrschaft der Goldenen Horde. Seit dem Zerfall des Reichs der Goldenen Horde hatte die Ukraine um eine Wiederbelebung früherer Größe gerungen, aber sie hatte dabei stets im Schatten Russlands, Polens und des Sowjetreichs gestanden. Heute steckte das Land in einem politischen Chaos, denn die pronationalistische Partei, die im Verlauf der Orangen Revolution von 2005 an die Macht gekommen war, wandte sich mit ihrer Vorstellung von Integration in die Europäische Union und die NATO gegen den Kurs der prorussischen Partei, die vor Kurzem die Mehrheit im Parlament erreicht hatte.

Für mich war zu diesem Zeitpunkt – Kiewer Rus hin, aktuelle Politik her – zunächst einmal wichtig, dass die gefährlichen Winter und die mörderische Sommerhitze definitiv hinter uns lagen und ich kurz vor dem Eintritt in eine Welt stand, in der die Suche nach Gras, Futterweizen oder Wasser mit Sicherheit kein Problem mehr war. Da es in der Ukraine so viele kleine Ortschaften gab, hoffte ich auch darauf, dass ich nicht mehr so viele Lebensmittel mitführen musste und längere Wegstrecken am Stück zurücklegen konnte.

Nach der Industriestadt Armjansk hatte ich das Festland erreicht und spürte dort den ersten Hauch des Herbstes. Eine kühle Brise aus dem Westen rauschte durchs Gras wie ein geisterhafter Kurier und kühlte meinen Schweiß. Die Pferde hielten inne, um in diese Richtung zu schauen, und Tigon hob die Nase. Die Sonne hatte ihr Sommerwerk getan und wanderte weiter zu neuen Weiden. Ihre Stelle am Himmel nahmen dichte weiße Wolken ein, die an Baumwollballen erinnerten.

Mein eigener Übergang in den Herbst erfolgte nicht so unmerklich. An meinem ersten Tag auf dem Festland in der Oblast Cherson sorgte ein Pferdekarren dafür, dass mir die eigenen Pferde in wilder Flucht durchgingen, und ich musste zehn Kilometer weit laufen, um sie wieder einzufangen. Ogonjok erlitt durch eine zerbrochene Glasflasche eine böse Schnittwunde und wurde beim Überqueren einer Brücke um ein Haar angefahren. Taskonir ging mit einer Tasche voll Getreide durch, die er mit den Zähnen festhielt, und verteilte den gesamten Inhalt auf dem Boden.

Nach der Überquerung des mächtigen Dnjepr gerieten wir in einen außergewöhnlich heftigen Regenguss, und in der Stadt Mykolajiw beschlagnahmten Zoll- und Veterinärbeamte meine Pferde mit der Begründung, meine Papiere seien ungenügend. Nach einer weiteren Serie von Impfungen, die mit der Ausstellung ukrainischer Tierpässe bestätigt wurden, überreichte ich dem Leiter der tierärztlichen Kontrollstelle noch eine Flasche Wodka, und die Pferde wurden freigegeben. Es sollte allerdings noch einen ganzen Monat dauern, bis ich wieder in den Sattel stieg. Der *Australian Geographic* hatte mich unerwartet zum »Abenteurer des Jahres« gekürt und mir für die Preisverleihung einen Flug nach Sydney spendiert. Die Gelegenheit, nach zweieinhalb Jahren meine Familie wiederzusehen, konnte ich mir nicht entgehen lassen, trotz der Verzögerung, die diese Rückkehr in die Heimat verursachen würde.

Ich ließ die Pferde in einem Reitsportzentrum in Mykolajiw zurück, verbrachte anschließend einige Tage mit Anya in Kiew, und schließlich stand ich, immer noch mit meinen zerschlissenen Reitstiefeln und meiner einzigen Wechselgarnitur von Hemd und Hose angetan, vor einem voll besetzten Auditorium im Maritime Museum in Sydney. Eine ganze Woche verging mit einer hektischen Abfolge von Interviews mit Journalisten und Sponsorenterminen und zwei Tagen bei der Familie zu Hause. Der Höhepunkt war ein luxuriöses Abendessen im Australia Club in Sydney mit Mum, Dad und meinem Großonkel John Kearney. Dad hatte zwar erhebliches Unbehagen verspürt, als ich mit 19 Jahren mein Jurastudium aufgab, um mich als Abenteurer zu versuchen, aber er hatte mich immer unterstützt, und wir feierten diese Auszeichnung mit Austern und Champagner, als ob wir sie gemeinsam erhalten hätten. Mein Vater hielt eine kurze Rede über das, was ich getan hatte, und an seinem wachsenden Stolz und seiner Zustimmung sah ich, dass er mich inzwischen als Mann betrachtete.

Nach einem gemeinsamen Aufenthalt in einem Hotel im Darling Harbor in Sydney umarmte ich meine Eltern zum Abschied und sah ihnen nach, bis ihr Taxi im dichten Verkehr der Stadt verschwunden war. Es sollte die letzte Begegnung mit meinem Vater gewesen sein.

Bei meiner Rückkehr nach Mykolajiw war die Luft frisch, das Herbstlaub leuchtete in gelben und roten Farbtönen, und den Pferden wuchs schon das wollige Winterfell. Im dritten Jahr nacheinander richtete ich meine breiten mongolischen Steigbügel her, zog die Winterstiefel an und bereitete mich auf eine Reise vor, bei der mich hinter dem Horizont nur noch der Winter erwartete.

Anya war nach Mykolajiw gekommen, um mich zu verabschieden, und als der Tag der Abreise da war, ging sie bis zu einem Wäldchen am Stadtrand neben meiner Karawane her. Dort küssten wir uns zum Abschied. Wir wussten beide, dass wir uns vielleicht niemals wiedersehen würden, und unsere Gesichter waren tränenfeucht.

Von Mykolajiw aus wollte ich durch den Südwesten der Ukraine ziehen, um dann, mit Ungarn als Ziel, die Karpaten zu überqueren. In den ersten Tagen kam ich durch tief gelegenes, bestelltes Ackerland. Die Pferde sprühten vor Energie, und ich saß aufrecht im Sattel, sah Taskonir zu, der seine wilde Mähne schüttelte, und spürte, wie seine mächtige Brust den Rückstoß der stampfenden Hufe auffing.

Wir mieden alle Hauptstraßen, und das Tiefland stieg leicht an. Die Landschaft war hier von tief eingeschnittenen, schattigen Wasserläufen und Bächen durchzogen. Im Unterschied zum Kuban-Gebiet in Russland war ein großer Teil des in der Sowjetzeit unter den Pflug genommenen Landes von Unkraut überwuchert und vernachlässigt, und die heute noch genutzten Felder lagen den Winter über brach. Manchmal ritt ich querfeldein und orientierte mich mit dem Kompass, ansonsten folgte ich unbefestigten Wegen und Pfaden. Gelegentlich bekam ich einen zerbeulten Lada oder einen Pferdekarren zu Gesicht, abgesehen davon ließen nur dünne Rauchfahnen, die aus den Dörfern in den Tälern aufstiegen, auf menschliche Besiedlung schließen.

Die Dörfer, durch die ich hier kam, boten ein düsteres Bild des postsowjetischen Niedergangs. Viele der Häuser waren in den 1930er- und 1940er-Jahren rasch errichtet worden, aus Ästen, Lehm und Riedgras, sie sahen schief aus und versanken regelrecht im Boden. In sehr vielen Dörfern war nur noch eine kleine Zahl von Bewohnern übriggeblieben, manche Ansiedlungen waren ganz aufgegeben worden. Die Mehrzahl der Menschen, die noch in diesen Weilern lebten, stellten alte Babuschkas und ältere Männer, die so gebückt und hinfällig wirkten wie die reetgedeckten Häuser, aus denen sie traten. Normalerweise kam ich morgens oder am Abend vor dem Lagern auf der Suche nach einem Brunnen in die Ortschaften. Wenn ich durch Dorfstraßen mit lauter leerstehenden Häusern ritt, wurde mir klar, dass die Einwohnerschaft so schnell abnahm, weil die Bewohner starben und die nächste Generation fehlte.

Nach dem Ort Uljanowje, in dem die einzige wahrnehmbare Bewegung auf der unbefestigten Dorfstraße von einem mittelalterlich aussehenden Holzkarren ausgegangen war, ritt ich durch feinen Nebel und hohes Gras, bis mich der Weg in ein Tal führte. Als der Nebel sich dort allmählich hob, schaute ich auf eine kleine Ansammlung von Häusern hinunter, aus denen Rauch aufstieg. Der einzige Mensch, den ich von hier aus erkennen konnte, war ein Mann, der hinter einer Viehherde herging. Er hatte mich nicht gesehen.

Wir setzten unsere Reise noch einige Tage lang mit Energie und Zuversicht fort, bis mein Gefühl der Stärke irgendwann nachließ. Die Pferde hatten keine Pause gehabt, seit wir Mykolajiw vor einer Woche verlassen hatten, ich war in dieser Zeit nur einmal in ein Haus eingeladen worden, und auch in diesem Fall nur zu einer Tasse Tee. Wenn ich mich in den Dörfern nach Brunnen erkundigte, kniffen viele Menschen nur die Augen zusammen und behaupteten, sie wüssten von keinem. Und wenn ich fragte, ob irgendjemand bereit sei, mich für eine Nacht aufzunehmen, lautete die typische Antwort: »Es tut mir leid, ich kann Ihnen nicht helfen. Drei Pferde kann ich bei mir nicht unterbringen.«

Eines Abends, an einem abgelegenen Feld, hielt ich bei einem liegengebliebenen Lastwagen an. Ein ungeschlachter Mann kam unter der Motorhaube hervor und trat ins Abendlicht. Seine kräftigen Hände mit den ölverschmierten, schwieligen Fingern fielen mir zuerst auf – jeder dieser Finger war so dick wie eine Bratwurst. Die Art und Weise, wie dieser Mann mit einem Schraubenzieher hantierte, als wäre der so leicht und zerbrechlich wie ein Zahnstocher, zeigte mir, dass er eine gewisse Neigung zur Gewalttätigkeit hatte. Und dann war da dieses Gesicht, das aus einem Wollpullover ragte, so breit und rund wie ein großer Teller.

In den Falten der schmutzigen Haut steckten zwei haselnussbraune Augen, die mich jetzt fixierten.

Der Mann reichte mir geistesabwesend die Hand, Wangen, Augenbrauen und Mund formierten sich zu einer Miene, die alles andere als freundlich wirkte. Ich fragte nach dem Weg, aber er fiel mir ins Wort.

»Gib mir mindestens eines deiner Pferde.«

»Nein«, erwiderte ich. »Diese Pferde gehen mit mir nach Ungarn!«

Sein Blick verhärtete sich, die Miene wechselte ins Selbstgerechte. »Na klar!«, brummte er. »Ich weiß, dass du diese Pferde gestohlen hast, also werde ich sie dir wegnehmen!«

Einen Augenblick lang herrschte Stille, dann ging der Mann hinter mir auf Ogonjok zu. Noch bevor er bei meinem Pferd war, zog ich an Ogonjoks Führleine, schlug Taskonir die Stiefel in die Flanken und ritt davon. Ich drehte mich nicht um, bis der Mann und sein defekter Lastwagen von der Landschaft verschluckt worden waren.

In jener Nacht lagerte ich an einem versteckten Wasserlauf, an dem ich mich sicher fühlte. In den folgenden Tagen wurde ich jedoch das Gefühl nicht los, dass ich in diesem Land überall auf die gleichen finsteren Absichten stoßen würde, auch wenn ich diesen einen Unbekannten abgeschüttelt hatte.

Am folgenden Abend ritt ich in ein Dorf namens Wasyliwka hinab und war verzweifelt. Futtergetreide und Lebensmittel waren mir ausgegangen, und die Pferde waren erschöpft. Einige Usbeken gaben den Pferden am Ortsrand etwas zu trinken, aber nach wie vor war niemand bereit, mich aufzunehmen. Es wurde allmählich dunkel, es fiel Schneeregen, ich spürte meine Füße in den Steigbügeln nicht mehr, und dann bekam ich zu hören, ich solle ins Hügelland hineinreiten, zur aufgegebenen Siedlung Mala Dworjanka. »Dort wohnt noch einer. Er kann dir zeigen, wo es Wasser und Gras gibt«, erzählte mir ein alter Mann.

Das Grün unter uns verwandelte sich in Schwarz, und nach einem weiteren einstündigen Ritt zog uns ein einsames Licht zu einem Haus hin. Als wir näher kamen, hörte ich mit großer Erleichterung das Geräusch einer sich öffnenden Tür, aber dann stürmten aus dieser Tür zwei wütend knurrende Hunde. Tigon ging zum Angriff über, eine blendend helle Taschenlampe flammte auf, und das laute Gebell und Geknurr wurde noch von Flüchen übertönt. Ich konnte zunächst nur die Silhouette eines Mannes erkennen – und dann das Ende eines Gewehrlaufs.

»Bitte beruhigen Sie sich! Ich bin nur gekommen, um zu fragen, wo ich meine Pferde weiden und ein Lager aufschlagen kann!«, sagte ich zornig.

»Kehr um, du Dieb! Verschwinde von hier! Ich erschieße sonst deinen Hund!«, schrie er in einer Mischung aus Russisch und Ukrainisch.

Ich antwortete auf Russisch. »Okay, okay! Ich gehe!«

Ich ritt davon und folgte behutsam einem Wasserlauf, bis ich an einer gut geschützten Stelle war, dann schlug ich mein Lager auf.

Mein Zorn ließ erst nach, als ich mir den letzten Bissen Nudeln einverleibt hatte. Die Leute hier mochten mich zwar für einen Dieb oder Zigeuner gehalten haben, aber es verschaffte mir ein gewisses Gefühl der Befriedigung, dass ganz tief im Innersten der slawischen Seele vielleicht immer noch die Vorstellung herrschte, Reiter aus dem Osten bedeuteten Ärger.

Die Sonne schien am nächsten Morgen auf eine saftige, wilde Weide. Unter den gefrorenen gelben Spitzen, in Wurzelnähe, war das Gras immer noch grün. In dem verlassenen Dorf Mala Dworjanka gab es tatsächlich einen Brunnen, und trotz des Risikos, dabei auf den alten Mann zu treffen, tränkte ich dort meine Pferde und beschloss, an diesem Tag nicht mehr weiterzuziehen.

Die Pferde weideten, und ich hatte gerade noch genug Batteriestrom, um meinen Computer starten, das Satellitentelefon anschließen und ein Update nach Australien schicken zu können. Noch bevor ich das tun konnte, zeigte mein Posteingang eine neue E-Mail an.

Die Nachricht stammte von meinem Vater und war an mich, meine beiden Brüder Jonathan und Cameron und an meine Schwester Natalie gerichtet. Die Betreffzeile lautete »Sandy Point Van verkauft«, und der Text war in einem nachdenklichen Ton verfasst, den ich von ihm gar nicht kannte. Er beschrieb die Gefühle, die er mit seinem Vorruhestand verband: »Wie Ihr wisst, habe ich im letzten Jahr einen Schritt ins Unbekannte gewagt. […] Mein Rückzug war, wenn ich es jetzt noch einmal überdenke, in finanzieller Hinsicht vielleicht keine so gute Idee. […] Ich kämpfe jeden Tag um eine Entscheidung darüber, was für ein Ziel ich mir jetzt vornehmen sollte, […] und es ist eine große Umstellung, dass die Fürsorge und der Unterhalt für unsere Kinder nicht mehr zu diesen Zielen gehören.«

Dad hatte den größten Teil seines Lebens in der Erlebnispädagogik verbracht, zunächst in der Outdoor-Praxis, dann als Dozent und schließlich als Gründer eines Studiengangs für Sport und Outdoor-Freizeitpädagogik an der Monash University in Melbourne. Als Kinder hatten wir das Glück, dass wir auf Ski-, Buschwander- und Kajak-Exkursionen am Meer mit Studentengruppen mitgenommen wurden. Aber in den letzten zehn oder 15 Jahren war Dad zunehmend mit Verwaltungstätigkeiten beschäftigt gewesen, hatte mit der hausinternen Politik am Arbeitsplatz und zuletzt mit einer Entscheidung der Verwaltung, den Studiengang zu verlegen, seine Schwierigkeiten gehabt. Diese Belastungen waren zusammengekommen und hatten ihn am Ende so weit gebracht, dass er an Vorruhestand dachte.

Das Hauptthema seiner E-Mail war der Verkauf seiner Ferienhütte am Sandy Point – eine weitere Sache, die Dad Sorgen bereitet hatte. Sandy Point, eine Feriensiedlung an der Küste von Victoria, in der seine Familie stark in der örtlichen Lebensrettungs-Gesellschaft engagiert war und ein Stück Land besaß, war sein Lieblingsort während des größten Teils seiner Kindheit und seines Erwachsenenlebens gewesen. Seine Mutter hatte dieses Grundstück 1999 jedoch auf dem Sterbebett einem von Dads Brüdern vermacht. Dies hatte zu einem ernsten Zerwürfnis zwischen Dads Geschwistern und ihrem Vater geführt, der sich an dieses Versprechen gebunden fühlte. Dad war dem Gefühl, enteignet worden zu sein, in der Zwischenzeit zum Teil dadurch begegnet, dass er im Caravan Park von Sandy Point eine schlichte Hütte erwarb, einen fest dort abgestellten Wohnwagen mit angebauter Erweiterung. Aber jetzt schrieb er uns, dass er gezwungen gewesen sei, diesen Besitz aus finanziellen Gründen zu verkaufen.

Dad fuhr in seiner Nachricht fort, indem er uns drängte, unserem Großvater Zeit zu widmen, solange er noch bei klarem Verstand war, und aus dem Bruch zwischen ihm, seinen Geschwistern und ihren Eltern zu lernen. Er schrieb: »Ich kann euch versichern, dass ich nicht so isoliert (distanziert) von meinen Kindern sein möchte, wie es die meinen gewesen sind, während unsere Familie sich entwickelte. [...]« Die E-Mail schloss mit den Worten: »Ich wünsche euch alles Gute und freue mich darauf, eure Pläne, Freuden und Sorgen und den Klang eurer Stimmen in unserem Haus zu hören. Herzliche Grüße, Andrew.«

Die Batterie war jetzt leer, und mein Bildschirm erlosch.

Mein Zuhause und meine Kindheit waren mir während des größten Teils der letzten beiden Jahre wie ein anderes Leben vorgekommen, wie eine sehr weit entfernte Wirklichkeit, die sich in einer Parallelwelt befand, der ich nicht mehr angehörte. Jetzt allerdings fühlte ich mich von Erinnerungen und Gefühlen angezogen, die bis in die Gegenwart hineinreichten. Meine jetzige Umgebung verblasste, bis ich wieder in Sandy Point war und mit meinem Bruder Jon über den Strand und ins Wasser rannte, um eine Welle zu erwischen, während Mum und Dad vom Ufer aus zusahen.

Ich erinnerte mich an jede einzelne Gelegenheit, bei der ich Dad in seinem Büro in der Universität besucht hatte, an die langen Fahrten dorthin und zurück nach Hause, bei denen er sich öffnete, von all seinen Enttäuschungen berichtete und seine Hoffnungen und Ideen preisgab. Mit seinen negativen Ausbrüchen war nicht leicht umzugehen, doch über diese Episoden hinaus gab es bei diesen Fahrten eine Kameradschaft, wie sie vielleicht nur Vater und Sohn erleben können. Er hatte seine Arbeit gegen Ende meiner Zeit in Kasachstan aufgegeben, und ich fragte mich traurig, ja mit Schuldgefühlen, wie das wohl für ihn gewesen sein musste. Wir alle hatten ihn ermutigt, auf das Vorruhestandsangebot einzugehen, das man ihm unterbreitet hatte, aber jetzt saß er allein zu Hause, und alle vier Kinder führten ihr eigenes Leben.

Am meisten bewegte mich an dieser Nachricht jedoch, dass darin von Zorn keine Rede war. Das wirkte entwaffnend, und ich sehnte mich danach, ihm sagen zu können, wie dankbar ich ihm war, wie mutig ich seine Entscheidung fand und wie gut ich sie nachvollziehen konnte.

Meine Überlegungen wurden von einem Räuspern unterbrochen. Tigon wachte mit einem Knurren auf, ich öffnete den Reißverschluss des Zeltes, schlug die Klappe zurück und sah einem verblüfften Kuhhirten in die Augen.

»Hast du Zigaretten?«, fragte der Mann, der seine Neugier mühsam zu verbergen suchte.

Ich war der erste Ausländer, mit dem sich Kolja jemals unterhalten hatte. Er und seine Frau stammten aus der Westukraine und waren hierhergezogen, um eine Bienenzucht aufzubauen. Später am Abend kehrten sie, nachdem sie ihren Kuhhütepflichten im Dorf nachgekommen waren, zu meinem Lager zurück und luden mich zu sich nach Wasyliwka ein.

Meine Ankunft in ihrem Haus war eine nachhaltige Erinnerung an die sesshafte Kultur Europas, in die ich eben erst eingetreten war. Als ich eintraf, wollte Kolja meine Pferde in einer engen Scheune unterbringen, aber selbst Taskonir zog in die Gegenrichtung.

»Deine armen Pferde!«, rief Kolja. »Sie waren so lange unter freiem Himmel, dass sie ganz vergessen haben, was ein Stall ist!«

Ich verzog das Gesicht. »Das Problem ist, dass meine Pferde so gut wie nie in einem Stall gestanden haben!«

Kolja schüttelte den Kopf und grinste, dann betrachtete er die Pferde lange.

Seit meiner Ankunft auf dem ukrainischen Festland hatte ich mich an dieses Missverständnis gewöhnt. Manche Leute hatten es abgelehnt, mich über Nacht aufzunehmen, weil sie keinen Platz in ihrer Scheune hatten und es für grausam hielten, die Pferde bei Regen und Kälte im Freien stehen zu lassen.

Für Kolja war die Pferdehaltung ein Leben lang eindeutig mit einem Stall verbunden gewesen. Sein unbedarfter Kommentar machte deutlich, dass Europäer – obwohl sie Pferde als Haustiere von den Nomaden der Steppe übernommen hatten – weder die extremen Bedingungen, die die natürliche Umgebung des Pferdes bestimmen, noch dessen Überlebensfähigkeit unter diesen Bedingungen verstanden. Das Pferd hatte sich immerhin als Herdentier entwickelt, das über körperliche Eigenschaften verfügte, die es ihm ermöglichten, Raubtieren unter den harten Bedingungen der eurasischen Steppenlandschaft zu entgehen. Für ein sesshaftes Leben an einem Ort oder für die Ernährung mit Heu und Futtergetreide war es von der Natur gar nicht vorgesehen worden.

An jenem Abend band ich die Pferde stolz draußen an, und Kolja versorgte sie großzügig mit Heu. Mit einer gewissen Heuchelei genoss ich selbst am nächsten Morgen allerdings, dass meine Haut warm und sauber war und ich in einem frisch bezogenen Bett lag. Der Herd war bereits angeheizt, und der Geruch von gebratenem Schweinefleisch, Buchweizen und Eiern zog in meinen Raum. In der Nacht war der erste Schnee dieses Herbstes gefallen. Das Leben unter freiem Himmel war gar nicht so verlockend, wie es am Abend zuvor noch den Anschein gehabt hatte.

Mit einem gewissen Widerstreben sattelte ich die Pferde und ritt auf dem gefrorenem Straßenschlamm der Ortsstraße aus Wasyliwka fort. Kolja begleitete mich zu Fuß bis zum Ortsrand, wo unser Abschied von einem Mann gestört wurde, der herbeirannte, um zu fragen, ob Taskonir zu verkaufen sei. Sein Hund griff Tigon an, und als wir die Tiere endlich auseinandergebracht hatten, troff Blut von Tigons Schnauze in den Schnee.

Hinter Wasyliwka kam ich durch eine offene Hochebene, durch die sich gelegentlich ein Wasserlauf zog. Das Land hatte unter dem Frost bereits seinen herbstlichen Schimmer verloren, und das Laub auf den wenigen Bäumen, an denen wir hier vorbeikamen, war glanzlos und brüchig. Am Abend wurde es so kalt, dass ich aus dem Sattel steigen und zu Fuß gehen musste, um meine Zehen wieder zu beleben. Es war nicht kälter als minus zwei Grad, aber die Luftfeuchtigkeit und der konstante Nordwestwind setzten mir schwer zu.

Der nächste Tag versprach zunächst wärmer zu werden, aber am fortgeschrittenen Morgen zogen graue Wolken auf, und der Gegenwind brachte Schneeschauer mit. Die Leinen wurden steif und fühlten sich gefroren an, und die Pferde scheuten vor diesem Wetter zurück.

Ich ritt in den Schneeregen hinein, verlor in einem Hügelgewirr die Orientierung und spürte, wie mein Mut sank. Im Städtchen Obschyle begrüßten mich mehrere Betrunkene, die mit einem Pferdekarren unterwegs waren. »Wo zum Teufel! Woher zum Teufel?«, riefen sie, als mich sahen. Sie waren grob und wenig hilfsbereit, und ich begriff, dass sie über mein Abenteuer zwar staunten, aber sich keineswegs damit identifizierten. Ich war zu einem Kuriosum geworden.

Schnell ritt ich weiter und nahm mir vor, in den nahe gelegenen Hügeln mein Lager aufzuschlagen, aber in der Abenddämmerung kam ein Lada angebraust, dem ein Uniformierter entstieg, der meine Papiere sehen wollte. Ich antwortete ihm wütend, dass ich dafür keine Zeit hätte, weil es allmählich spät werde, aber ein zweiter Mann tauchte aus dem Fahrzeug auf und griff in Taskonirs Zügel. »Zeigen Sie *sofort* Ihre Papiere!«

Als beide Männer endlich zu dem Ergebnis kamen, dass meine Papiere in Ordnung waren, war es bereits zu dunkel, um sicher aus dem Ort zu kommen und noch einen Lagerplatz zu finden. Vielleicht lag es am Schlafmangel der letzten Tage, jedenfalls war ich beunruhigt und empfand ein Schutzbedürfnis. Ich sagte zu den Polizisten, sie müssten mir jetzt ein Nachtquartier besorgen, weil sie mich aufgehalten hätten. Das war ein Fehler.

Sie schickten mich mit einem betrunkenen Junggesellen, einem Zigeuner, nach Hause, wo mir dieser Mann nach einer halben Flasche Wodka seinen Plan eröffnete, meine Pferde zu stehlen. Mitten in der Nacht verließ ich die schäbige Hütte und schlief zwischen den draußen angebundenen Pferden auf der gefrorenen Erde.

Nach einem weiteren Tag erreichte ich das Städtchen Kodyma, in dem ich zufällig mit Rodion verabredet war, dem Bruder eines ukrainischen Freundes von mir. Er hatte sich großzügigerweise darum gekümmert, dass meine Pferde mit Unterstützung von Wladimir Skljaruk, dem Leiter der örtlichen Forstbehörde, in einem Genossenschaftsbetrieb versorgt wurden.

Ich genoss eine Ruhepause von zwei Tagen, und als ich weiterzog, hatte das Wetter etwas aufgeklart. Als ich wieder losritt, fühlte ich mich dennoch richtungslos. Die Bäume waren schließlich jeglichen Lebens beraubt, und meine Stimmungen wirbelten umher wie das Herbstlaub im Wind. Bis zu den Karpaten hatte ich noch einen weiten Weg vor mir und war mir nicht sicher, ob ich im Winterwetter mein Reisetempo halten konnte. Außerdem konnte ich nicht einschätzen, ob und wie ich in diese sesshafte Welt passte. In meiner Verwirrung versuchte ich Dad auf seinem mobilen Satellitentelefon anzurufen, erreichte aber stets nur den Anrufbeantworter. Es gab nur eine Lösung: Jetzt galt es auf die Zähne zu beißen und diese Reise abzuschließen.

Zwei Tagesreisen hinter Kodyma ritt ich unter einem pfirschfarbenen Himmel in den Sonnenuntergang hinein. Ich kam an einer Kuhherde vorbei, die für die Nacht in den Stall zurückkehrte, und sah in einiger Entfernung einen Pferdewagen dahinziehen. Ein Stück weit in westlicher Richtung ging das Land in eine Wasserrinne über, und ich überlegte mir, dass ich dort, wenn ich mich beeilte, noch vor Einbruch der Dunkelheit mein Lager aufschlagen könnte.

Bevor ich das Tempo beschleunigte, griff ich noch in meinen Rucksack und holte das Satellitentelefon heraus. Es hatte eine Zeit lang gepiept – ein Zeichen dafür, dass ich es versehentlich angelassen hatte. Ich wollte es schon ausschalten, als mir eine neue Nachricht auffiel. Sie stammte von meinem Bruder Jon: *Tim! Bitte ruf zu Hause an!*

Ich hielt an, sprang aus dem Sattel und kniete mich ins Gras. Ich nahm das Gerät fest in die Hand, wählte die Nummer und wartete. Als sich dann Peter Nicholson meldete, ein Freund der Familie, war mir klar, dass etwas nicht stimmte. Peter brachte Mum den Apparat, und ich hörte im Hintergrund weitere vertraute Stimmen von Freunden.

Mum war im Bad, als sie das Gespräch übernahm. »Tim?« Es knisterte in der Leitung, und ihre Stimme zitterte. Es folgte eine lange Pause. Ich hielt den Atem an.

»Es geht um Dad«, begann sie. Ihre Stimme klang zunächst kräftig, bebte aber sogleich, und dann fing sie an zu weinen. »Er hatte einen Autounfall … Es tut mir so leid, Tim … er ist tot … Ich kann ihn nicht wiederbringen.«

Ich habe keine Mühe, mich an die ersten Augenblicke zu erinnern, nachdem ich an jenem Abend, am 16. November 2006, das Telefongespräch beendet hatte, aber sie sind schwer zu beschreiben, und noch schwerer ist es, sie richtig einzuschätzen.

Ich saß dort am Wegrand, zu Füßen meiner Pferde, und einerseits verflüchtigte sich die Reise, die die vergangenen zweieinhalb Jahre meines Lebens ausgefüllt hatte, als hätte es sie nie gegeben. Ich bekam keine Luft, und meine Rückenmuskulatur hob und senkte sich. Ich erbrach mich zwei oder drei Mal, weinte und spürte, wie mein Körper sich verkrampfte. Es fühlte sich an, als wäre eine Kugel durch mich hindurchgegangen und hätte die straffen Bänder durchtrennt, die mich zusammengehalten hatten und jetzt zurückschnellten und mein Inneres peitschten.

Aber im gleichen Moment war da diese Erstarrung und ein unwirkliches Gefühl der Ruhe und Normalität. Ich saß immer noch auf einem Pferd, irgendwo in der Ukraine, und ich brauchte einen Lagerplatz, musste Gras finden, die Pferde absatteln. Ab diesem einen Augenblick zerfiel ich in zwei grundverschiedene Teile – in den praktischen Teil, der mich stabilisierte, und in die passive Passagierrolle.

Der vorherrschende unter den zahllosen Gedanken, die mir in den ersten paar Augenblicken durch den Kopf schossen, war, dass ich jetzt allein sein musste, getrennt von allen anderen Menschen, die meinen Vater nicht gekannt hatten. Instinktiv sagte ich mir, dass ich, wenn ich nur schnell genug mein Lager aufschlug, da draußen in der Steppe und unter dem Sternenhimmel, eine flüchtige Chance auf eine Gemeinschaft mit Dad hatte, bevor er fort war.

Irgendwo in einer Wasserrinne arbeitete ich zügig. Zeltstangen wurden flink in die dafür vorgesehenen Halterungen geschoben, Tigon bettelte um sein Fressen, und die Pferde versuchten durchzugehen. Einen kurzen Augenblick lang fühlte sich das so an, als ob die beiden unverbundenen Teile meiner selbst sich zusammentun wollten, um die anstehende Arbeit zu erledigen. Aber dann waren die Pferde angebunden, das Essen war zubereitet und verzehrt, und ich verkroch mich ins Zelt. Ich schaute zum Himmel auf, und mit einem Mal war er so groß und so einsam. Wo konnte er sein? Wusste er, wie ich zu finden war?

Ich wollte wissen, wann Dad gestorben war, wie viele Stunden ich so getan hatte, als ginge das Leben ganz normal weiter. Ich rechnete nach, was Mum mir erzählt hatte, bezog den Zeitunterschied ein: Er war noch am Leben gewesen, als ich heute aufwachte, und als ich zu Mittag aß, war er bereits tot. Meine Lungen krampften sich bei dem Gedanken abermals zusammen.

Wie viele Male hatte ich angerufen? Wie viele Male hatte er nicht auf Anrufe reagiert? Ich stellte mir vor, wie sein Telefon aufleuchtete und im Display mein Name erschien. Vielleicht war er bei meinem letzten Anruf noch am Leben gewesen, im zertrümmerten Fahrzeug eingeklemmt, den Blick aufs Telefon gerichtet. Und ich konnte nichts tun, als zornig zu sein und eine Nachricht auf Band zu sprechen, mit der ich ihm mitteilte, wie sauer ich sei, weil er einfach nicht reagierte.

Ich wollte nicht schlafen. Jetzt zu schlafen würde bedeuten, Dad aufzugeben, und er musste sich meiner Gegenwart bewusst sein, musste wissen, dass ich hier war. Und dennoch leitete und streichelte mich die stützende Hand meines anderen Ichs, bis ich die Augen nicht mehr offen halten konnte.

Beim Aufwachen war mir sehr kalt – der Schlafsack war halb offen. Das Zelt war mit einer Eisschicht überzogen, und da draußen zog ein Nebelmeer herein und verschlang uns. Es muss etwa gegen vier Uhr morgens gewesen sein, als ich das Telefon wieder in die Hand nahm. Diesmal war Jon dran. Wir beide konnten nur weinen. Dann sprach ich mit meiner Schwester Natalie. Das Erste, was sie sagte, war: »Hast du auf seine E-Mail geantwortet?«

»Nein, hab ich nicht«, sagte ich.

»Ich auch nicht.«

Jetzt blieb mir nur eines: umdrehen. An den Ort zurückkehren, wo ich nach seinem Tod zu Mittag gegessen hatte, zurück zu meinem Lagerplatz vom Vortag, an dem er noch am Leben gewesen war. Zurück nach Hause, wo ich auf das Leben stoßen konnte, das ich als sein Sohn geführt hatte.

Ich packte schneller zusammen als jemals zuvor. Innezuhalten und nachzudenken hätte nur bedeutet, dass weitere Zeit verging.

Wir zogen im Schutz des dichten Nebels durch das Dorf, und noch bevor die Sonne eine Welt ohne Dad bescheinen konnte, waren wir im Hügelland verschwunden. Nach und nach drang die Sonne durch, eine am Himmel schwebende silberne Scheibe. Zerbrechlich wirkende, mit Raureif überzogene Birkenäste tasteten sich behutsam in den Tag vor. Ich trieb die Pferde noch etwas stärker an, bis sie in einen leichten Galopp fielen. Der Nebel verzog sich allmählich, bildete Wirbel, und über mir tauchte ein kreisrundes und pfirsichfarbenes Stück Himmel auf. Ich reckte den Hals und drehte mich um, trieb aber die Pferde weiter.

Dad, ich komme!

Ich schloss allmählich zu ihm auf. Aber dann zog Ogonjok an der Führleine, ich wurde langsamer, und der Nebel stieg wieder auf.

Ich verlor Dad einige Zeit lang. Doch dann, als wir in ein Waldstück kamen, schien er zurückzukehren. Ich fiel jetzt wieder ins Schritttempo zurück und atmete den Geruch verrottenden Laubs ein. Dad ging in Shorts und Wanderstiefeln neben mir her, er trug einen seiner viel benutzten alten Tagesrucksäcke. Wir hielten kurz inne, als er sich vorbeugte und unter einem Baum eine Pflanze aufnahm. Er hielt sie in der Handfläche und zeigte sie mir. Ich war wieder im australischen Busch, es war eines der vielen Male, bei denen er sich mir zuwandte und dabei sagte: »Tim, ist das Leben nicht erstaunlich?« Damals hatte ich nicht verstanden, was er damit meinte, obwohl ich seinem faszinierten Gesichtsausdruck entnahm, dass er recht hatte. Jetzt schaute er zu mir, dem Reiter, hoch, und ein ähnliches Staunen hatte seine Augen zum Leuchten gebracht. Wir zogen gemeinsam weiter.

Wie oft hatten wir am Telefon oder per E-Mail geplant, dass er sich diesem Abenteuer anschließen könnte. Er hatte sich, seit er in den Ruhestand gegangen war, für die Geschichte und Kultur der Länder interessiert, durch die ich reiste, und viele Bücher über sie gelesen. Und dennoch hatte keiner von uns den Plan ernsthaft verfolgt, dass er mitreisen könnte. Der kahle Wald funkelte mich wütend an – ich hatte die günstige Gelegenheit verpasst –, und als ich mich dem Waldrand näherte, begann ich zu schluchzen.

Auf halber Strecke zurück nach Kodyma traf ich Wladimir Skljaruk, der mein Gepäck mit dem Auto mitnahm. Ich hatte mitten in der Nacht bei seiner Familie angerufen, und er hatte mir sofort zugesagt, dass er für die Zeit meiner Abwesenheit eine Versorgungsmöglichkeit für Tigon und die Pferde finden werde. Ich galoppierte an dem Ort vorbei, an dem ich zu Mittag gegessen und gelagert hatte, und ritt noch weitere 15 Kilometer bis nach Kodyma.

Am folgenden Abend schloss ich am Bahnhof von Kiew Anya in die Arme, und etwa 30 Stunden später passierte ich die australische Zollkontrolle – am gleichen Ort, den ich vor noch nicht allzu langer Zeit als gefeierter Preisträger verlassen hatte.

Und dann waren sie da: Mum mit ihrem bleichen Gesicht und den tränennassen blauen Augen und mein Bruder Jon, der nervös mit den Zähnen knirschte. Ich war das älteste Kind, Jon war zwei Jahre jünger als ich, allerdings war er schon in sehr jungen Jahren viel stärker und athletischer gewesen als ich. Als er sich vorbeugte und meine magere Gestalt umarmte, zeigte er in seinem ganzen Auftreten eine Reife, die mir zuvor an ihm nicht aufgefallen war.

Auch Natalie und Cameron waren gekommen, aber erst während der zweistündigen Fahrt nach Hause stellte sich das Gefühl ein, dass wir jetzt alle wieder zusammen waren. Und Natalie hatte eine tröstliche Neuigkeit: Zwar hatten weder sie noch Jon oder ich auf Dads E-Mail geantwortet, dafür aber Cameron. Und er hatte sich außerdem, durch einen Blick auf Dads E-Mail-Account, vergewissert, dass seine Antwort gelesen worden war. Es war offensichtlich, dass Dads Tod jeden von uns in unterschiedlicher Weise getroffen hatte, aber alle vier waren wir in unserer Trauer vereint. Niemand von uns konnte allerdings nachempfinden, was Mum durchgemacht haben musste.

Am Nachmittag schlief ich einige Zeit und wachte erschöpft und desorientiert wieder auf. Das Haus war merkwürdig leer, und ich taumelte den Gang entlang und ins Wohnzimmer. Wenn ich dort nur lange genug saß, musste doch irgendetwas ganz bestimmt die Stille überwinden – vielleicht würde Dad mit mir sprechen oder zur Tür hereinkommen.

Als ich die Augen schloss, hörte ich, wie draußen die Fliegengittertür geöffnet wurde. In Gedanken stellte ich mir schon vor, wie seine Arbeitstaschen auf dem Boden landeten und wie er die Schuhe auszog, aber als ich die Augen wieder öffnete und aufschaute, war es Mum. Sie war herbeigerannt, um mich in die Arme zu schließen.

Die Beerdigung ging vorüber, dann der Leichenschmaus und der Gedenkgottesdienst an der Universität, und die Zahl der Besucher und der Kondolenzschreiben ließ allmählich nach.

Irgendwann nach Weihnachten beschlossen Jon und ich, rings ums ganze Haus die Schlupflöcher zu verschließen, durch die die lästigen Opossums eindrangen, um sich auf dem Dachboden einen Schlafplatz zu suchen. Wir erledigten das am späten Abend, solange die Eindringlinge auf Nahrungssuche waren. Bei Tagesanbruch weckte mich der Lärm, den die vor dem ersten Sonnenlicht hektisch nach einem Zugang suchenden Opossums verursachten. Ihr Tag hatte begonnen wie jeder andere auch, doch bei ihrer Rückkehr mussten sie feststellen, dass sich ihr Leben gründlich verändert hatte, und sosehr sie es auch versuchten: Es gab keinen Weg zurück ins Haus.

Seit mich die Nachricht von Dads Unfall erreicht hatte, war ich ganz und gar mit seinem Tod und dessen Bedeutung beschäftigt gewesen, aber im Lauf der Zeit meldete sich die Reise zurück. Ich erhielt E-Mails, in denen zu lesen war, dass es Tigon zwar gut ging, aber sein Verhalten deutlich erkennen ließ, dass er mich vermisste. Die Pferde waren überhastet in einem Genossenschaftsbetrieb untergebracht worden, wo sie sich mit Milchkühen eine Scheune teilen mussten. Ich war mir nicht sicher, ob die dort arbeitenden Männer imstande gewesen waren, die Hufeisen zu entfernen, und wusste auch nicht, wie oft die Pferde ins Freie geführt wurden. Das Futter war knapp, und fremde Menschen um die Versorgung von drei Pferden zu bitten, war sehr viel verlangt.

Im Februar musste ich eine Entscheidung treffen. Wenn ich noch viel länger wartete, gab es vielleicht keine Pferde mehr, zu denen ich zurückkehren konnte. Aber andererseits war ich das älteste von vier Kindern, und es war kein gutes Gefühl, meine Familie so früh wieder zu verlassen. Auf jeden Fall war mein Visum für die Ukraine abgelaufen, und ich hatte mein letztes Geld für den Heimflug ausgegeben. Letztlich war ich mir aber sicher, dass Dad gewollt hätte, dass ich weiterreise. Und ich konnte meine Tiere nicht einfach im Stich lassen.

Die endgültige Entscheidung fiel, als ich das Angebot erhielt, an einem Werbefilm für den Discovery Channel mitzuwirken. Die Dreharbeiten waren für zwei Tage im März geplant. Dafür sollte ich ein Rückflugticket nach Dubai erhalten, das ein ganzes Jahr lang gültig war, und außerdem noch knapp 2000 Dollar. Von Dubai aus gab es einen relativ billigen und kurzen Flug nach Kiew.

Also war ich am 14. März 2007, vier Monate nach meiner Ankunft in Australien, wieder am Flughafen von Melbourne und hatte das Gefühl, meine Pferde für eine zu lange Zeit zurückgelassen zu haben, mich zugleich aber auch zu früh wieder von Mum und meiner Familie zu verabschieden.

Andrew John Cope, geboren am 13. Dezember 1950, starb am 16. November 2006. Er war das älteste von fünf Kindern. Der Autopsiebericht hielt fest, dass in seinen Atemwegen keine Spuren von Rauch feststellbar waren. Er war beim Aufprall durch einen Genickbruch gestorben. Bei der Anhörung des Gerichtsmediziners kam man zu dem Ergebnis, dass Andrew mit einem entgegenkommenden Fahrzeug zusammengestoßen war. Der Gerichtsmediziner erklärte, er sei höchstwahrscheinlich am Steuer eingeschlafen.

Die Zügel in die Hand nehmen

Eine kleine Gruppe von Arbeitern versammelte sich an einem frischen Frühlingsmorgen vor dem eisernen Tor des landwirtschaftlichen Genossenschaftsbetriebs in Kodyma. Ich stand bei dieser Gruppe, trug den Kompass um den Hals und die geflickten Hosen und den abgetragenen russischen Armeehut – Kleidungsstücke, die mich seit zweieinhalb Reisejahren begleiteten und die sich doch, in diesem Augenblick, wie Überbleibsel aus einem früheren Leben anfühlten.

Unter den hier versammelten Personen waren so viele großzügige Menschen, die sich während meiner Zeit in Australien um meine Tiere gekümmert hatten. Es war kaum zu glauben, aber der Direktor des Betriebs hatte für die Tierpflege in den viereinhalb Monaten, die ich fort gewesen war, nicht einen Cent von mir verlangt. Ich schüttelte seine Hand und überreichte ihm einen australischen Ölmantel. Mit einer Geste, die an den mongolischen Brauch erinnerte, zum Abschied Milch in die Luft zu werfen, brachte er dann drei Wodka-Toasts auf eine glückliche Reise nach Ungarn aus.

An diesem Punkt der Zeremonie schwang ich mich auf Taskonirs Rücken, legte meinen Rucksack um, und mit einem Tigon, der heftig an der Leine zog, als er seine Führungsposition einnahm, hatte ich das Gefühl, dass meine Reise wieder Fahrt aufnahm.

Zunächst einmal ritt ich langsam und vorsichtig aus dem Ort hinaus. Mein Körper stellte sich wieder auf das Leben im Sattel ein, Hände und Füße fanden instinktiv wieder zum richtigen Umgang mit Zügel und Steigbügel zurück.

Es war Anfang April, um diese Zeit am Morgen taute die überfrorene Erde der Ackerfurchen wieder auf, und die aus Holz- und Kohlefeuern entstandene Dunstglocke stieg allmählich in die Höhe. Wir kamen an ergrauenden Holzhäusern und an Weideland vorbei, das lange von Schnee bedeckt gewesen war und dem die auf das nachwinterliche Tauwetter folgende Umstellung noch bevorstand. Für mich verkörperte jede Schattierung in diesem Gemisch aus Braun- und Grautönen ein

Land auf dem Tiefstand, und zugleich spiegelten sich darin auch meine Gefühle. Gewiss hätte es sich seltsam angefühlt, zur Blütezeit des Frühlings oder mitten im Sommer zurückzukehren.

Vor zwei Wochen war ich nach Kodyma zurückgekehrt und hatte Kok, Taskonir und Ogonjok in einem höhlenartigen Kuhstall vorgefunden, wo sie den größten Teil der vergangenen viereinhalb Monate angebunden gewesen waren. Ihre Muskeln hatten sich zurückgebildet, ihre Hufe waren verwachsen, und ihr Winterfell starrte vor Schmutz. Als ich die Tiere in diesem Zustand sah, begriff ich, dass die Ankunft in Ungarn sich nicht einfach aus einem Weitermachen an der Stelle, an der ich aus dem Sattel gestiegen war, ergeben würde. Seit dem Reisebeginn in der Mongolei hatte ich zwar bereits etwa 8000 Kilometer zurückgelegt, aber der Schwung hatte sich verflüchtigt, und vor mir lagen immer noch rund 1000 Kilometer bis zur Donau, einschließlich einer Überquerung der alpine Höhen erreichenden Karpaten. Jetzt blieb noch ein letzter, aber wichtiger, dem Ausruhen und Nachdenken gewidmeter Augenblick, bevor ich mich wirklich auf den Weg machen konnte. Kurz hinter Kodyma bog ich auf einen Feldweg ab und führte die Pferde auf eine vertraute Wiese. Über den Winter hatte sich der geisterhafte Abdruck meines Zeltes aus dem vergangenen Herbst erhalten. Ich stieg aus dem Sattel und legte mich auf die Erde. Dies hier war der letzte Ort, an dem ich geschlafen hatte und wieder aufgewacht war, als Dad noch lebte.

Es war nur ein unbedeutendes, von Unkraut durchsetztes Stück Grasland in der Nähe einer Eisenbahnlinie, aber es war zugleich auch der Ort, an dem mein Leben in zwei Teile zerbrochen war – in ein Leben mit und ein Leben ohne Vater. In den vergangenen fünf Monaten hatte ich mich nur mit dem letzteren Teil beschäftigt, und die Zeit war, wie meine Reise auch, effektiv stehengeblieben.

Jenseits dieses Punktes lagen Horizonte, die ich zu Dads Lebzeiten nie gesehen hatte. Ohne ihn schien der Weg, der noch vor mir lag, mit mehr Gefahren verbunden zu sein als zuvor. Ein Gedanke sorgte für ein besonders unangenehmes Gefühl in der Magengrube: dass ich irgendwo auf diesem Weg in einem Dorf, zu irgendeinem Zeitpunkt, die unvermeidliche Frage zu hören bekommen würde: »Hast du auch Eltern?« In der Steppe war das eine gängige Begrüßung gewesen, die ich merkwürdig, ja sogar amüsant fand. Ich hatte sie beantwortet, ohne weiter darüber nachzudenken.

Bevor ich wieder in den Sattel stieg, fiel mir ein einsamer Löwenzahn auf, der schon aufgeblüht war. Mit der fest in meine Brusttasche gepressten Blume zog ich weiter.

An jenem Abend kam ein Schneesturm auf, und ich verbrachte den folgenden Tag im Lager, hörte, wie der Schnee gegen die Zeltwand prasselte. Tigon hatte sich dicht an mich gedrängt, und ich spürte, wie sich seine Brust hob und senkte. Am Morgen hatte es aufgehört zu schneien, und die Erwartung hing so schwer in der Luft wie der Frost. Tigon lag neben mir, tat so, als ob er schliefe, ein Ohr war aufgerichtet, ein Auge halb geöffnet. Als ich aufstand, stand auch er auf, und gemeinsam steckten wir den Kopf aus dem Zelteingang. Die Sonne bahnte sich ihren Weg an einem tiefblauen Himmel. Goldene Lichtblitze zuckten durch das schneebedeckte Gras. Es herrschte eine Stille, die mit dem Versprechen eines frischen, ruhigen Wetters lockte, von dem ein Reitersmann nur träumen konnte.

Ich packte meine Sachen zusammen und ritt anschließend durch ein menschenleeres Wiesen- und Waldland. Eine Stunde später sah ich von einer Hügelkuppe auf das Dorf Horodkiwka hinunter. Die Kuppeln einer orthodoxen Kirche erhoben sich elegant über eine Ansammlung von Holzhäusern – wie ein Priester, der seine Gemeinde überragt. Als ich den Hügel hinabritt, kam mir eine Prozession entgegen. Ich lenkte die Pferde zur Seite, um den Weg freizugeben.

Ein älterer Mann, der den Marsch anführte, ging unter der Last des schweren Kreuzes vornübergebeugt. Sein Gesicht war von schattigen Furchen durchzogen, Tränen rannen aus seinen glasigen blauen Augen. Hinter ihm trugen Frauen einen Sargdeckel, und ihnen folgte ein Priester, der mit seinem wallenden schwarzen Gewand eher zu schweben als zu gehen schien. Als Nächstes kam ein alter Wagen angerumpelt, auf dem ein offener Sarg ruhte. Die Verstorbene war eine ältere Frau, die Sonne beschien ihr bleiches, unbedecktes Gesicht. Zwei Kinder saßen hinten im Wagen und hielten den Leichnam an Ort und Stelle, während das Gefährt auf dem Weg zum Grab ruckelte und schwankte.

Als ich wieder auf meinen Weg einschwenkte, schien das vor mir liegende Land von der Schönheit und Trauer, die sich mit diesem traditionellen Übergangsritual verbanden, berührt worden zu sein. Es fühlte sich an, als ob auch wir durch ein Tor in eine andere Welt eintreten würden.

Von Horodkiwka aus zog ich in westlicher Richtung weiter. Auf eine höher gelegene Ebene folgten tief eingeschnittene, mäandernde Flusstäler, die in südlicher Richtung zum Dnjestr flossen. Die Weiler, die an diesem Weg lagen, vertrieben mir die schweren Gedanken. Die meisten der kleinen Ortschaften schmiegten sich an steile Talhänge oder an Flussläufe, wo sie Schutz vor den kalten Winden fanden. An diesen weit von allen Hauptstraßen entfernten Orten gingen die einzigen wahrnehmbaren Bewegungen von Hunden aus, die auf mich zurannten, bis ihre Kette straff gespannt war, und von gebückt gehenden Babuschkas, die auf frisch vorbereiteten Parzellen die Saat ausbrachten und so gekrümmt und knotig aussahen wie alte Birken. Ich hielt nur selten an und nahm nur gelegentlich einen Gruß wahr.

In Dachtalija rief mir ein alter Mann zu: »He, verkauf mir deine Pferde!«

In Netrebiwka, dem nächsten Dorf: »He, Zigeuner, wohin gehst du?«

Auf den gepflasterten, zugigen Straßen von Hnatkiw: »Was ist denn das für eine Karawane?«

In Stina zeigte eine entsetzte Dame auf meine Packpferde: »He, halt! Sie haben ihre Passagiere verloren! Sie müssen vom Pferd gefallen sein!«

Ich kam durch so viele Dörfer, dass die Begrüßungen manchmal den einzigen Anhaltspunkt dafür boten, wo ich zu welchem Zeitpunkt gewesen war. Die fehlende Klarheit der Gedanken war vielleicht auch der Tatsache geschuldet, dass ich mich isoliert fühlte und nicht so wie sonst am Geschehen in meiner Umgebung teilhaben konnte. Ich versuchte so gut wie gar nichts zu denken oder setzte mich dem freien Spiel der Gedanken und Gefühle aus.

Zur ersten Andeutung eines Lächelns kam es eines Morgens, als ich noch im Zelt lag. Ich hatte eine weitere kalte Nacht hinter mir und öffnete vorsichtig die Zeltklappe, um nicht zu viel von mir preiszugeben. Die Pferde machten dort draußen das Beste aus ihrer neugewonnenen Freiheit.

Ogonjok war nicht zu bändigen, vollführte wilde Bocksprünge, schüttelte seine Mähne und forderte die anderen zu spielerischen Kämpfen heraus. Taskonir musste seinen königlichen Ruf wahren, aber Kok machte nur allzu gerne mit, bäumte sich auf den Hinterläufen auf und biss Ogonjok sanft in den Hals.

Bei Sonnenaufgang ließ der scharfe Frost nach, und die beißend kalte Luft wurde freundlich und angenehm. Taskonir ließ sich mit einem Seufzer zu Boden fallen, streckte sich auf der Seite liegend aus und schloss die Augen. Kok machte es genauso und lag ihm gegenüber, als Letzter folgte Ogonjok. Gemeinsam lagen sie da, atmeten auf, in Erwartung des Frühlings. Der Schnee und der Regen hatten alle Spuren ihrer Leidenszeit in der Scheune abgewaschen, ihre Körper glänzten vor wiedergewonnener Vitalität.

Es sollte ein bezaubernder Tag werden. Nur kurze Zeit nach unserem Aufbruch tauchte ein drahtiger kleiner Mann mit einem uralten Lada auf und musterte mich erstaunt. »Was ist denn das? Das ist mein Traum! Ich wollte schon immer wie ein freier Kosak reisen!«, rief er, nahm meine Hand in seine beiden Hände und schüttelte sie wie ein Besessener. »Komm mit in mein Dorf! Nach Riwne! Folge mir!«

An jenem Abend fand ich mich, meinem Zustand der Zurückgezogenheit eher entrissen als entlockt, an einem langen Holztisch in der Gesellschaft stämmiger Bauern wieder. »Schweinefett ist Leben! Sport bringt dich ins Grab!«, scherzten sie, klopften sich auf die Bäuche und schenkten Wodka ein. »Iss und trink! Wir sind hier nicht in Russland, wo sie viel trinken und wenig essen. Wir *essen* viel und wir *trinken* auch viel!«

Ein weiteres ganz besonderes Ereignis während meines zweitägigen Aufenthalts in diesem Dorf war ein Besuch in der Schule. Die Schulleiterin, eine temperamentvolle rothaarige Dame mit Dauerwelle, hatte die Kinder im Schulhof für mich antreten lassen. Als sie mir zur Begrüßung die Hand gab und mich auf die Wange küsste, trat Tigon auf den Plan und steckte seine Schnauze unter ihr Kleid. Lehrer wie Schüler gerieten gleichermaßen aus dem Häuschen, dann stürzten sie sich auf Tigon. Er saß da wie ein Prinz, während sich ihm zehn Paar Hände entgegenstreckten, um ihn zu streicheln, dann legte er sich hin und streckte die Hinterläufe aus, um sich am Bauch weiterstreicheln zu lassen.

Als sich die Dinge wieder etwas beruhigt hatten, geleitete man mich in ein Klassenzimmer, wo die Kinder mit großen Augen diesen merkwürdigen Australier und seinen Hund bestaunten. Über eine Stunde lang beantwortete ich Fragen: »Wie viele Kilometer legen Sie an einem Tag zurück?« »Was essen Sie?« »Haben Sie eine Freundin?« »Wann waschen Sie sich?« »Hat Tigon Nachwuchs?« Es waren einfache Fragen, aber den Kindern war es ernst damit. Im Unterschied zu den Erwachsenen, die sich sehr erstaunt zeigten, dass ich auf meinem langen Weg noch nicht ernsthaft angegriffen oder umgebracht worden war, sahen sie mein Abenteuer in seiner ganzen Schlichtheit. Das erinnerte mich daran, dass ich mir in Wirklichkeit, vor dem Reisebeginn in der Mongolei, niemals Sorgen wegen tödlicher Gefahren, Bürokratie, Konflikten, Trunkenbolden oder Räubern gemacht hatte. Mich hatte die Neugier hierher gebracht, ein Bestreben, das Bessere in den Menschen zum Vorschein zu bringen, wer immer sie auch waren, und die Art von Traum auszuleben, die die meisten von uns vergessen, während sie heranwachsen.

Ich verließ die Schule mit einem Gefühl der Leichtigkeit und Unbeschwertheit, das ich zu diesem Zeitpunkt, nach den Erfahrungen der letzten Monate, gar nicht mehr für möglich gehalten hatte.

Eine Woche nach den Tagen in Riwne erwachte ich müde und hungrig in einem von Unkraut überwucherten Wasserlauf. Tigon gähnte, spitzte die Ohren, sah, dass es nicht zu fressen gab, und steckte die Schnauze wieder unter den Schwanz.

Fünf Tage lang waren wir gegen einen bitterkalten Wind und Regen geritten, und während der Nacht war Nebel in den Wasserlauf gekrochen und hatte meine schmutzigen Stiefel und Überhosen schlagartig gefrieren lassen. Es war zwar bereits Mai, aber der Winter hielt sich hartnäckig.

Nach einem Frühstück, das aus einem vom Boden einer Packschachtel gekratzten Hafermehlrest bestand, lenkte ich die Pferde in ein Flusstal hinunter, um dort nach Futter und einem Ruheplatz zu suchen. In einem Dorf namens Dumaniw war ich eben erst aus dem Sattel gestiegen, als bei einer benachbarten Häusergruppe ein Auto vorfuhr. Nervös näherte ich mich dem Fahrzeug und hatte kaum zu sprechen begonnen, als mich der Fahrer unterbrach: »Denk erst gar nicht daran! Schlaf hier! Du wirst das essen, was wir essen! Und dort schlafen, wo wir schlafen!«

Waleri, so hieß dieser Mann, brachte mich zu sich nach Hause und versorgte mich mit Heu und Futtergetreide. Bis zur Abenddämmerung hatte ich mich gründlich gewaschen und setzte mich nun wie neugeboren an den Abendbrottisch. Mir gegenüber saßen Waleri, sein Vater

Wolodomor und seine Großmutter Ferona – drei Generationen einer Familie, von denen jede, wie ich im Lauf dieses Abends noch erfahren sollte, in gewisser Weise ein einzigartiges Produkt ihrer Zeit war.

Waleri, ein Mann in den Dreißigern, war erst vor Kurzem zurückgekehrt, nachdem er vier Jahre als Arbeiter in Spanien verbracht hatte. Wie Tausende andere Landsleute, die im Chaos der 1990er-Jahre ins Erwachsenenalter gekommen waren, war er auf der Suche nach Arbeit in ein Land der Europäischen Union gegangen, durfte aber nicht mehr dorthin zurückkehren, weil er die Laufzeit seines Visums überzogen hatte. Er stützte sich jetzt, beim Aufbau einer neuen Existenz, auf die Ersparnisse, die er mit nach Hause gebracht hatte.

In den prägenden Jahren von Wolodomors Leben wäre ein solches Szenario unvorstellbar gewesen. Er wurde 1950 geboren, ging auf dem Höhepunkt des Kalten Krieges in der Sowjetunion zur Schule und hatte eine lange Dienstzeit in der Armee hinter sich. Erst 1992 hatte er den Dienst quittiert. Sechs Jahre später erkannte er »den großen Fehler« seines Lebens und wurde Christ. Heute wirkte er als evangelikaler Prediger und war zu den Wurzeln seiner Kindheit in Dumaniw zurückgekehrt.

Beide Männer, Waleri wie auch Wolodomor, hatten faszinierende Geschichten zu erzählen, aber die Person, die mich am meisten interessierte, war Ferona, Wolodomors Mutter. Seit sie mich an der Tür begrüßt und dabei ihren schwarzen Schal umgelegt hatte, der so zerknittert und runzlig war wie die Falten in ihrem uralten Gesicht, brannte ich darauf, mehr über sie zu erfahren. Sie saß am Tisch und sprühte vor Temperament. »Ich mag zwar 93 sein, aber ich treffe mit dem Faden immer noch das Nadelöhr! Und jeden Tag gehe ich mit meinen Ziegen barfuß auf die Weide.«

Ihr Körper war winzig und eingesunken, aber in ihren Augen loderte noch ein jugendliches Feuer. Sie schlug eine Bibel auf. »Lesen habe ich erst mit 83 Jahren gelernt! Mein Sohn hat es mir beigebracht, damit ich noch die Bibel lesen kann, bevor ich sterbe.« Das riesige Vergrößerungsglas in ihrer Hand zitterte, als sie laut vorlas. Ich hörte aufmerksam zu und staunte, dass da vor mir eine Frau saß, die jeden Gewaltausbruch in der Ukraine des vergangenen Jahrhunderts überlebt hatte. Als sie 30 Jahre alt wurde, hatte sie bereits die Oktoberrevolution erlebt, eine kurze Zeit der Unabhängigkeit der Ukraine, die stalinistischen Säuberungen und das Grauen des Zweiten Weltkriegs.

Das Ereignis, das sie und die meisten ihrer Generation am stärksten betroffen habe, erklärte sie mir, sei der Holodomor gewesen, die Hungersnot der Jahre 1931 bis 1933. Fast jede Unterhaltung mit Ferona führte zu ihren Erlebnissen während dieser Tragödie zurück. Der Holodomor, der Parallelen zum Großen Zhut in Kasachstan aufwies, war durch die Zwangskollektivierung der Landwirtschaft in der Ukraine ausgelöst worden. In der Propaganda wurde diese Politik als »Krieg gegen die Kulaken« ausgegeben, in Wirklichkeit sollte sie jedoch dem Staat die Kontrolle über die Landwirtschaft verschaffen. Die Menschen wurden dabei wie Sklaven benutzt, die Getreide zu produzieren hatten, für das dann in westlichen Ländern Industriegüter und Patente eingekauft wurden. Der massenhafte Hungertod setzte nach Missernten in weiten Landesteilen im Winter 1931 ein. Stalin vermutete Sabotage und griff zu Repressionen gegen die Bauern, die inzwischen landwirtschaftlichen Kollektiven angehörten.

»Mein Vater versteckte einen Sack Weizen zwischen den Steinen in unserer Hauswand, um uns am Leben zu erhalten. Die Komsomolzen entdeckten das eines Tages, und mein Vater wurde in ein Arbeitslager in Sibirien gesperrt. Wir hörten nie wieder etwas von ihm«, berichtete mir Ferona.

So tragisch jener Winter auch begonnen hatte, verblasste er doch im Vergleich zu dem, was dann noch folgen sollte. Die Ernte im Sommer 1932 fiel gut aus, aber nur wenige Kolchosen erreichten die unrealistischen Planvorgaben. Ein Nichterreichen der Planziele wurde als Verrat angesehen und führte zu einem Pauschalangriff auf die gesamte Landbevölkerung. Das Getreide wurde in Lagerhäusern weggesperrt oder nach Russland abtransportiert, während man den ukrainischen Dorfbewohnern die Grundnahrungsmittel vorenthielt. Behördliche »Brotbeschaffer« zogen auf der Suche nach Nahrungsmitteln über die Dörfer. Getreidemörser wurden auf amtliche Anweisung hin zerstört. Die Menschen in Dumaniw brachen mitten im Winter 1932 auf den Feldern, auf den Straßen, in ihren Häusern entkräftet zusammen und verhungerten, so wie die Menschen in Tausenden von Dörfern und Kleinstädten überall in der Kornkammer Russlands und der Ukraine. Und selbst dann noch, erklärte Ferona, kamen die Behörden und »verlangten Steuern auf alles, auf die Bäume in unserem Hof, auf unsere Tiere, auf unseren gesamten Besitz.«

Bei der Frage, ob der Holodomor nun ein gezielter Völkermord oder nur eine Tragödie war, die sich aus der Kollektivierung ergab, sind vor allem Russen und Ukrainer unterschiedlicher Ansicht. Für Ferona gibt es kaum einen Zweifel daran, dass der Staat alles tat, was in seiner Macht stand, um der Landbevölkerung in der Ukraine ein Überleben unmöglich zu machen. Als viele Dorfbewohner auf dem Höhepunkt der Krise nur noch die Möglichkeit sahen, ihre Kinder in die Städte zu schicken, wenn sie am Leben bleiben wollten, führte man ein Pass- und Meldesystem ein, mit dem die Bauern aus den Kollektivbetrieben von den Städten ferngehalten werden sollten. Die Grenze zu Russland wurde geschlossen, und man ließ keine Nahrungsmittelimporte mehr in die Ukraine.

Eines Morgens führte Ferona mich mit ihren vier Ziegen zu dem samtweichen Grasland am Fluss. Sie hatte versprochen, für mich zu singen, und nachdem sie ihre kleine Herde angebunden hatte, führte sie die Hände zum Gebet zusammen und befeuchtete ihre Lippen.

Ich wurde in der Ukraine geboren
Ich lebte hier lange, lange Zeit
Jetzt schicken sie mich fort
Was geschieht mit mir?
Sie werden mich aus der Ukraine fortschicken
Sie werden mich fortschicken
Oh, oi oi oi
Ich lasse hier kleine Kinder zurück
Und Erwachsene gehen mit mir fort
Meine kleinen Kinder sind nicht krank
Andere Menschen werden sie ernähren
Und ich werde in Sibirien sein
Und mich an meine Kinder erinnern.

Sie führte die Hände zum Gesicht, es war, als öffnete sich eine nicht verheilte Wunde von Neuem. Tränen liefen über ihre faltigen Wangen. Sie trat auf mich zu, umfasste meine Hände und suchte meine Augen, um ein kleines bisschen Trost zu finden. Im nächsten Moment lockerte sich ihr Griff, und ihr Blick wurde leer. Millionen von Landsleuten hatten mit ihr gelitten, die meisten von ihnen waren schon vor langer Zeit gestorben, nachdem sie das Glück gehabt hatten, zumindest eine der tragischen Wellen des Irrsinns zu überleben, die im Verlauf des 20. Jahrhunderts über die Ukraine gekommen waren.

Ich vermied die Dörfer, lagerte in versteckten Tälern und fand Abkürzungen, die durch Felder und Wälder führten. Abends saß ich am Lagerfeuer und spürte die kühle Luft am Rücken und die Kohlenglut im Gesicht. Ich lauschte den weidenden Pferden und sah den Mond am klaren Sternenhimmel in die Höhe steigen.

Ich durchlief eine Gratwanderung zwischen Staunen und Bedrückung. Ferona würde wahrscheinlich so friedvoll sterben wie ein zu Boden gefallenes Herbstblatt, während Dad, Bürger eines der sichersten Länder der Erde, einen gewaltsamen Tod gefunden hatte. War das Schicksal? Karma? Oder war der Lebensweg vom Zufall bestimmt? Wie war es möglich, dass Feronas Optimismus mich an die Kinder in der Schule von Riwne erinnerte, obwohl sie doch die allerschlimmsten Seiten der Menschheit erlebt hatte?

Eine Woche von Biltsche Solote entfernt, schlug ich in der Nähe der Stadt Kolomija am Pruth ein Lager auf. Das Gras war lang, der Abend trocken und staubig; das zarte Frühlingslaub der Bäume flatterte im Wind.

Die letzten Tage hatten sich zumindest ein bisschen wie eine Ablenkung von Dads Tod angefühlt, und die Pferde, Tigon und ich hatten neue Kraft geschöpft. Ich fühlte mich für die kommenden Aufgaben gewappnet. Als ich nach Westen schaute, erhaschte ich den ersten kurzen Blick auf die in schwarze Sturmwolken gehüllten Karpaten.

Unter Huzulen

»Wo ein Huzule ist, findest du auch ein Pferd.«

– STANISŁAW VINCENZ (1888–1971)
Na wysokiej połoninie (Auf der hohen Alm, 1936)

Nach dem Dorf Scheschory rückten die Berge näher, und der Himmel schrumpfte zu einem schmalen Streifen. Ich folgte einem Fluss in einem tief eingeschnittenen, engen Tal, in dem sich links und rechts von meiner kleinen Karawane mit stacheligen Fichten bewachsene Steilhänge erhoben. Am Spätnachmittag zogen finstere graue Wolken von unsichtbaren Bergspitzen herab und ins Tal hinein, wo sie die Sonne verdunkelten und einen heftigen Regen niedergehen ließen.

Am Abend ließ sich die Sonne noch einmal kurz blicken, in ihrem Gegenlicht tauchte eine durchnässte Babuschka auf, die mit einem Sack voll handgemähtem Gras auf dem Rücken die Straße entlanghumpelte. Sie betrachtete mich mit großer Sorge.

»Sind Sie zur *polonina* unterwegs?« Sie legte die Hand aufs Herz. »Sie sind mutig! Möge Gott mit Ihnen sein!«

Am nächsten Morgen war ich, was die Bedeutung des Wortes *polonina* anbelangte, noch nicht schlauer, wusste aber die guten Wünsche allmählich zu schätzen. Im Dorf Schepit am Ende des Tales traten Gebirgskämme und Gipfel an die Stelle der Straße, ohne dass eine Fortsetzung des Weges zu erkennen gewesen wäre. Ich hatte die Wahl zwischen einem dreitägigen Umweg, zurück auf der Straße, auf der ich gekommen war, bis ich auf eine Hauptstraße stieß, oder ich konnte mein Glück versuchen und es darauf ankommen lassen, ob ich einen Weg über diesen Berg fand.

Ich entschied mich für Letzteres, stieg aus dem Sattel und anschließend einen Hang hinauf, der schon bald so steil wurde, dass ich mich fast dagegenlehnen konnte. Bei jedem Schritt rangen meine gequälten

Lungen nach Luft. Hinter mir keuchten die Pferde, der Schweiß tröpfelte von ihren Ohren, die Hufe rutschten aus, als Steine nachgaben und den Hang hinunterpolterten.

Weiter oben am Berg stieß ich auf eine Rutsche, wie sie Waldarbeiter benutzen, um Baumstämme aus dem Wald talwärts zu befördern. Der Regen hatte sie in einen schlammigen Graben verwandelt, und nach vielen Stürzen erreichte ich ein grasüberwachsenes Gesims und klappte vor den Hufen meiner Pferde zusammen. Ich lag am Boden, hielt die Führleinen fest und spürte, wie meine Augäpfel im gleichen Rhythmus wie die Brust pochten, doch als mein Puls sich wieder beruhigt hatte, hob ich den Blick, und die Schwierigkeiten lösten sich auf. Nach Osten hin, auf dem Weg, den wir gekommen waren, fiel die Berglandschaft zu den Ausläufern der Karpaten hin ab. Ein bewaldeter Höhenzug nach dem anderen war dort zu sehen, aufgereiht wie die Dünung im Ozean. Der Himmel war klar, und mein Blick glitt mühelos über die Höhen und Talsohlen, durch die wir uns in den letzten Tagen gekämpft hatten. Schließlich kam ich am Horizont an, wo diese Landschaft in die Steppe überging.

Vor zweieinhalb Jahren hatte ich an einem ähnlichen Abhang gesessen, im Altaigebirge im Osten Kasachstans, und von dort oben den Blick in die entgegengesetzte Richtung über die Steppe schweifen lassen. Das moderne Zeitalter der Maschinen, Fernstraßen und Staatsgrenzen war an solchen Orten spurlos vorübergezogen. Die Eurasische Steppe hatte mich gelockt als Raum ohne Zäune, der sich ununterbrochen über eine gewaltige Entfernung hinweg bis zu den Karpaten erstreckte. Ich hatte mir diesen Raum als ein riesiges Königreich vorgestellt, das im Osten vom Altaigebirge und im Westen von den Karpaten bewacht wird, und dahinter lagen die jeweiligen Außenposten, die Mongolei und Ungarn.

Etwa 7200 Kilometer weiter waren Ogonjok und Taskonir, die diesen Augenblick mit mir geteilt hatten, immer noch bei mir, und der Zauber aus jenen frühen Tagen hatte kein bisschen nachgelassen. Erst jetzt, den Blick auf den Horizont gerichtet, konnte ich mir das, was damals noch unbekanntes Terrain gewesen war, in lebendigen Details ins Gedächtnis zurückrufen. Wenn ich die Augen schloss, konnte ich mir jedes Lager vergegenwärtigen, jede Essenspause, die Umrisse der Landschaft und die Gesichter, denen ich vom Altaigebirge bis hierher begegnet war.

Ich hob den Arm und kraulte Tigons Brust. Als ich das tat, wandte er den Blick von der Steppe ab und schaute auf den steilen Hang, der jetzt vor uns lag. Speicheltröpfchen fielen von seinen Lefzen auf mein Gesicht, und ich rollte mich auf den Bauch, um meinerseits das neue Unbekannte zu betrachten.

Über uns hing eine aufsteigende Nebeldecke auf einem dichten alpinen Bergwald. Ab und zu ragten spitze Baumwipfel durch den Nebel, und es boten sich vereinzelte flüchtige Blicke auf schroffe Bergspitzen, die den Randbereich des zweitgrößten Gebirgszugs in Europa bilden, eines Gebirgszugs, der sich hufeisenförmig entlang der Grenzen Polens, der Slowakei, der Ukraine und Rumäniens erstreckt, wie ein natürlicher Schutzwall Europas gegen den Osten.

Durch dieses Gelände waren einst die Mongolen gezogen, als sie sich zur Eroberung Ungarns aufmachten. Sie hatten diesen Feldzug noch im Winter begonnen, zu Beginn des Jahres 1241, und irgendwie war es ihnen gelungen, das Labyrinth aus Wäldern und Gebirgskämmen zu überwinden. Sie waren über die bewachten hohen Pässe gezogen, als wären die Berge überhaupt kein Hindernis.

Als König Béla IV. von Ungarn überzeugt war, dass eine Invasion unmittelbar bevorstand, hegte er die naive Hoffnung, Barrikaden aus Bäumen, die die Karpatenpässe blockierten, und Verstärkungen für die Forts dort würden genügen, um die Mongolen zu stoppen oder ihm zumindest genug Zeit verschaffen, um ein schlagkräftiges Heer zu mobilisieren. Doch nur vier Tage, nachdem Béla vom Angriff der Mongolen auf die Karpatenpässe erfahren hatte, gelangte die Nachricht von deren Fall nach Buda. Nachdem sie die Berge überquert hatten, flogen die Mongolen förmlich durch Ungarn, sie legten mehr als 60 Kilometer am Tag zurück. Ihr Vormarsch endete in Schlachten, bei denen mehr als die Hälfte der ungarischen Bevölkerung ausgelöscht wurde, und mit Siegen über einige der kampfstärksten und ruhmreichsten Armeen Europas.

Heute erleben die Karpaten ein anderes Zeitalter. Sie sind von asphaltierten Fernstraßen durchzogen, die die Ukraine mit Mitteleuropa verbinden. Einige der berühmten Pässe, über die die Mongolen gestürmt waren, sind heute nur wenig mehr als attraktive Aussichtspunkte, an denen Souvenirhändler und Imbissverkäufer vom Durchgangsverkehr leben.

Wenn ich solchen Straßen folgte, konnte ich nicht damit rechnen, das nachvollziehen zu können, was den Mongolen gelang, oder ein Gespür dafür zu entwickeln, was diese zähen Nomaden beim Übergang nach Europa empfanden. Mein Plan war daher, Straßen möglichst zu vermeiden und durch den höchsten und schroffsten Teil der Waldkarpaten zu ziehen. Dort, so hatte ich erst vor Kurzem erfahren, gab es noch Landschaften, die den Geist der Nomadenzeit in sich trugen.

In einem Gespräch mit Ismet Zaatov, dem Tataren und stellvertretenden Kulturminister der Krim, hatten die Augen meines Gegenübers aufgeleuchtet, als ich die Karpaten erwähnte. »Unsere Brüder leben dort, die Huzulen«, sagte er zu mir. »Sie geben uns allen ein Beispiel, bewahren ihre Kultur auch unter dem Druck der Russen. Das Wichtigste für dich sind ihre Pferde. Die Huzulen sagen, diese Tiere seien Abkömmlinge der Pferde, die von den Mongolen bei ihrem Abzug aus Europa 1242 zurückgelassen wurden.«

Wo den Mongolen die Überquerung der Karpaten gelungen war, blieb die Invasion der Traktoren, Mähdrescher und Planierraupen und die Politik der Durchdringung durch die Sowjetmaschinerie offensichtlich folgenlos. Nach Ismets Ansicht waren die Huzulen eine einzigartige Volksgruppe, die in den unzugänglichsten Gebirgstälern und auf alpinen Hochflächen lebte und ihren Lebensunterhalt mit Waldwirtschaft und Schaf- und Rinderzucht bestritt. Ihr Landstrich, Howerla, der sich um den höchsten Berg der Waldkarpaten gruppierte, wurde allgemein als Huzulschtschyna, Huzulenland, bezeichnet. Die Herkunft der Huzulen ist umstritten, aber die verschiedenen Hypothesen waren für mich bereits aufregend genug.

Manche Leute vertreten die Ansicht, der Name *Huzul* sei von dem altslawischen Wort *kochul* abgeleitet, das »Nomade« bedeutet, und die Huzulen seien möglicherweise ein Turkvolk gewesen, das sich vor der Invasion der Mongolen in die Berge geflüchtet habe. Eine Theorie neueren Datums besagt, dass der Name vom rumänischen Wort *hutul*, »Gesetzloser«, abgeleitet sei und dass diese Menschen Nachkommen einer slawischen Volksgruppe seien, die seit dem 4. Jahrhundert nach Christus in den Karpaten lebte.

»Ruf mich bitte an, Tim, wenn du dort ankommst«, hatte Ismet gesagt. »Ich kenne den Gouverneur der Region und werde dafür sorgen, dass für dich ein Begrüßungsempfang ausgerichtet wird.«

Von irgendwo weiter oben drang ein Ruf aus dem Wald, dann hörte man, wie eine Axt auf Holz traf. Meine Pferde standen ganz still, die Ohren wie Pistolenläufe nach vorn gerichtet. Ich erhob mich schnell. Vier stämmige Männer tauchten aus dem Bergnebel auf – und hinter ihnen ihre ähnlich wie sie gebauten Pferde, die frisch geschlagene Baumstämme zogen. Mit viel Mühe stoppten sie die rutschenden Stämme.

»Guten Morgen, Männer! Könnt ihr mir den Weg nach Bereschnyzia zeigen?«, rief ich und bezog mich dabei auf einen Weiler, den meine Karte auf der anderen Seite des Kamms verzeichnete.

Nach der Art von Steppenreitern ließen sie sich mit ihrer Antwort Zeit, zunächst einmal musterten sie meine Ausrüstung genau, neigten die Köpfe seitwärts, schauten unter die Beine meiner Pferde und prüften deren Status. Wie immer konzentrierte sich die Aufmerksamkeit auf Ogonjok, bei dem sie sich alle einig waren: Er wäre ein gutes Pferd zum Holzrücken im Wald.

Bald darauf spannte der jüngste der Männer sein Pferd aus, schwang sich ohne Sattel auf dessen Rücken und führte mich. Wir betraten den Wald auf einem sehr schmalen Weg, der auch noch von kreuz und quer liegenden Ästen übersät war, so dass ich absteigen und den Pferden zu Fuß folgen musste. Der Tannenwald und auch der Nebel wurden immer dichter, das Tageslicht dagegen schwächer, und Ogonjok hatte Mühe, sich mit den Plastik-Packkisten zwischen den stark bemoosten Stämmen hindurchzuzwängen.

Auf der Kammhöhe erreichten wir einen windigen Bergsattel und tauchten dann unter der Wolkendecke auf der anderen Seite durch. Als sich der Nebel gelichtet hatte, brachten wir die Pferde zum Stehen. Von unserem Standort aus fiel der Berghang steil ab. Am Gegenhang auf der anderen Talseite sah man von silbergrauen Zäunen umgrenzte Holzhäuser, und Heuhaufen wirkten wie hingemalt auf einer hochformatigen, grünen Leinwand. Wir hörten das Glockenläuten einer Schafherde, die zu einer höher gelegenen Weidefläche unterwegs war.

Ich hatte mich schon so an die graue heruntergekommene Kollektivwirtschaft in Russland und der Ukraine gewöhnt, dass mir Ismets Bericht über die Huzulen kaum glaubhaft erschien. Aber jetzt schaute ich in dieses Tal hinunter, das einer anderen Welt anzugehören schien, und meine Zweifel lösten sich in nichts auf.

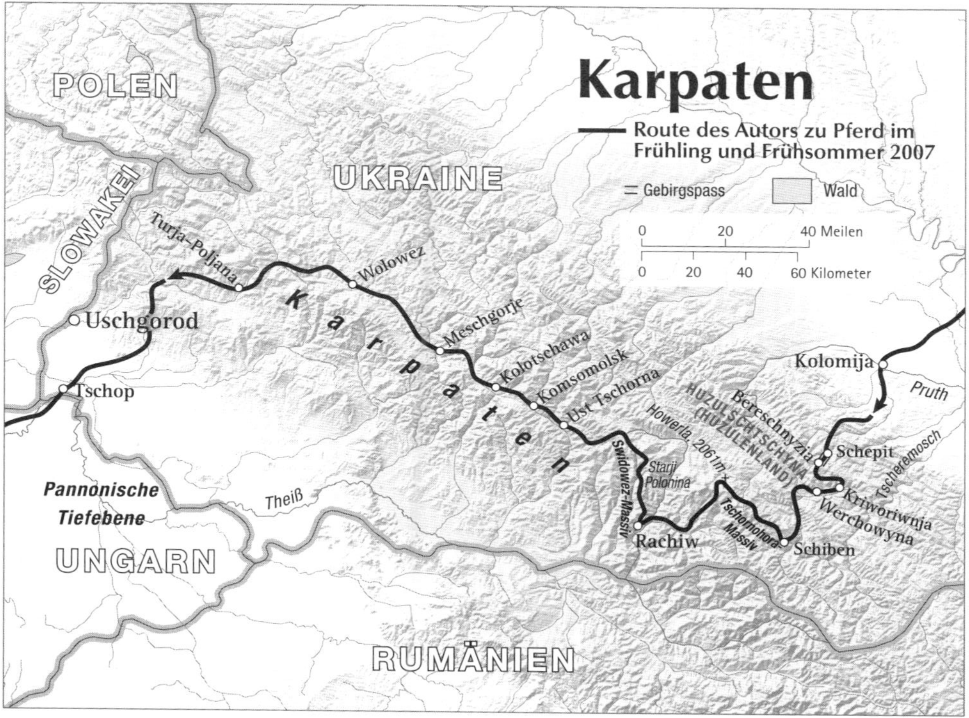

Karpaten
Route des Autors zu Pferd im Frühling und Frühsommer 2007
Gebirgspass
Wald
0
20
40 Meilen
0
20
40
60 Kilometer
POLEN
SLOWAKEI
UKRAINE
UNGARN
RUMÄNIEN
Pannonische Tiefebene
Theiß
Pruth
Tscheremosch
Karpaten
Uschgorod
Tschop
Turja-Poljana
Wolowez
Meschgorje
Kolotschawa
Komsomolsk
Ust-Tschorna
Swidowez-Massiv
Starij Polonina
Rachiw
Howerla, 2061m
Tschornohora-Massiv
HUZULSCHTSCHYNA (HUZULENLAND)
Bereschnyzia
Schiben
Werchowyna
Kriworiwnja
Schepit
Kolomija

Meine umfassende Einführung in die Lebenswelt der Huzulen begann in einer Hütte, die praktisch an der Baumgrenze lag. Der junge Reiter brachte mich bis zum Gattertor. »Sie werden dich bestimmt bei sich übernachten lassen – das ist bei den Huzulen üblich!«, sagte mein Begleiter, benutzte einen Zweig als Peitsche und galoppierte bergauf davon, auf dem Weg, den wir gekommen waren.

Wie von meinem Begleiter vorhergesagt, erschien eine beleibte Frau, gefolgt von ihrem verlegen dreinschauenden Ehemann und ihrem alten Vater, und bat mich herein. Noch bevor die drei sich selbst vorgestellt hatten, war ich bereits zu einem einwöchigen Aufenthalt eingeladen. »Aber das Wichtigste kommt zuerst«, sagte die Dame, Malija mit Namen, und stemmte dabei die Hände in die ausladenden Hüften. »Du brauchst ein Bad.«

Wie sich herausstellte, war Bereschnyzia weniger ein Dorf als ein Gemeinwesen mit etwa 80 Häusern und Pferchen, die weiträumig über die hoch gelegenen Hänge am Ende dieses abgelegenen Tales verteilt waren. Wer die Hütte meiner Gastgeber erreichen wollte, musste – wie bei den meisten anderen Anwesen in Bereschnyzia – das zu Fuß oder zu Pferd über steile, knochenbrecherische Wege versuchen. Der einzige Hinweis auf das Zeitalter der Maschinen war ein tief ausgefahrener Weg im Talgrund, der offensichtlich in den 1960er-Jahren mit Planierraupen angelegt worden war, aber selten befahren wurde.

Für manche Leute hätte das Ganze nach einem harten, isolierten Leben ausgesehen, aber nicht für Malija. Nachdem ich mich gewaschen hatte, bot sie mir Sauermilch und Heidelbeeren an und sagte mir, sie hätten »alles« hier im Huzulenland. Die Kühe lieferten Fleisch und Milch, im Wald gab es reichlich Beeren, und in jedem Winter schlugen sie kleine Tannenbäume und verkauften sie im Osten der Ukraine als dekorative Neujahrsbäume. Ich hatte Regionen bereist, in denen die Kollektivierung Tausende von Ortschaften und Familienbetrieben beseitigt hatte, und für mich war das unabhängige Leben, das diese Frau beschrieb, neuartig und schwer zu begreifen.

Ihr Vater Wasili musste meine Verwunderung bemerkt haben. Er erklärte mir, die Huzulen hätten ihre eigenen Häuser nie aufgegeben. Der sowjetische Staat hatte nach dem Zweiten Weltkrieg offiziell das Land übernommen, aber als die Sowjetunion zerfiel, wurde das Eigentum den ursprünglichen Besitzern oder ihren Nachkommen zurückgegeben. »Wir mögen Ukrainer sein, aber zuallererst sind wir Huzulen«, erklärte er.

Malija führte mich, mit den beiden zaghaft folgenden Männern im Schlepptau, in ihr Zimmer und nahm einen hölzernen Bildrahmen mit einem Schwarz-Weiß-Foto von der Wand. Es zeigte ein junges Paar in traditioneller Tracht. »Das sind meine Großeltern. Bevor mein Großvater beschloss, hier ein Haus zu bauen, hielt er sorgfältig nach den Orten Ausschau, wo sich die Kühe gerne hinlegten. Als er diesen Ort gefunden hatte, schlief er hier eine Nacht auf der Erde. Die Huzulen glauben, wenn man dabei von Kühen träumt, sei das ein Zeichen dafür, dass der Ort gesegnet ist.«

Iwan, ihr Ehemann, verschwand auf dem Dachboden und kehrte dann schüchtern mit einer Antiquität zurück, die in einen mongolischen Hausrat gepasst hätte. Es war ein hölzerner Sattel, geschnitzt mit symmetrischen Linienmustern, Rauten und Kringeln, so klein und zierlich, dass Iwan ihn mit zwei Fingern hochhalten konnte. Dieser Stattel war eindeutig für ein Pferd mit kurzem Rücken bestimmt gewesen. Wasili und Iwan waren sich der Herkunft sicher: »Wie bei den Pferden und Sätteln gibt es bei uns Huzulen einen mongolischen Einfluss! Manche von uns haben hohe Backenknochen und Schlitzaugen!«, verrieten sie und kicherten dazu.

Am nächsten Morgen fand ich mich in einer Landschaft wieder, die nur aus Berggipfeln und Wäldern zu bestehen schien. Ich fühlte mich rundum wohl. Der Anblick, den die weidenden Pferde und der frei laufende Tigon boten, verschaffte mir ein Gefühl der Ruhe und Vollkommenheit, das ich in den Dörfern und Kleinstädten nicht empfunden hatte. Jahrelang hatte ich bei der Australian Broadcasting Corporation um Unterstützung für einen Dokumentarfilm über meine Reise geworben. Kurz vor dem Tod meines Vaters hatte die ABC einen Zuschuss versprochen, der ausreichte, um den Einstieg des erfahrenen australischen Abenteuer-Filmemachers Mike Dillon zu ermöglichen. Er sollte sich mir anschließen und die Art von Bildern liefern, die unmöglich alleine zu machen sind. Sein Plan war, mich zwei oder drei Wochen zu Fuß zu begleiten, und ich hatte unser Treffen, nicht weit von Bereschnyzia, in einem Dorf namens Kriworiwnja arrangiert. Mike sollte zwar erst in ein paar Tagen eintreffen, aber man erzählte sich hier bereits, dass der Priester von Kriworiwnja mit meiner Ankunft rechnete.

Für den Abstieg zum Tscheremosch, einem schnell dahinfließenden Gewässer, das sich in Serpentinen einen Weg durch die Berge gebahnt hatte, brauchte ich einen ganzen Tag. Die Luft war hier feuchter als dort, wo ich herkam, der Himmel war nicht so hoch, und es gab tatsächlich eine asphaltierte Straße.

Auf der Straße kam mir ein Mann entgegen, der so groß war, dass um ihn herum sogar die Berge kleiner wirkten. Er maß 2,12 Meter und war so kräftig gebaut wie ein Ochse. Sein langes, wallendes, dunkles Haar und der buschige Bart passten zu dem schwarzen Gewand, das hinter ihm her wehte. Seine Augenbrauen glichen Adlerschwingen und zogen die Aufmerksamkeit auf die dunklen, tief liegenden Augen. In einem früheren Leben war er ein Hare-Krishna-Anhänger gewesen, aber das große goldene Kreuz, das vor seiner Brust baumelte, ließ keinen Zweifel an der von ihm bevorzugten Glaubensrichtung. Falls es jemals eine Reinkarnation von Jesus Christus gab, dann war es dieser Mann, der mich jetzt ausgemacht hatte und rasch näherkam.

»Ribaruk, Iwan, Priester von Kriworiwnja, willkommen«, dröhnte er. Ich lieferte meine Hand seinem bärenstarken Händedruck aus.

Iwan und ich gingen von Anfang an wie alte Freunde miteinander um. Der knapp 40-jährige Mann hatte immer noch viel von einem aufsässigen Jugendlichen an sich, und ohne sein Priestergewand hätte man ihn ohne Weiteres für einen charismatischen Rockstar halten können. Als Student hatte er eine Leidenschaft fürs Reisen und Bergsteigen entwickelt, und bei einer Bergtour im Pamirgebirge in Tadschikistan hatte er beschlossen, Priester zu werden. »Ich erreichte einen etwa 6000 Meter hohen Gipfel und wollte von dort gar nicht mehr absteigen. Da unten war alles voller Probleme, die von Menschen gemacht waren, und ich wollte einfach nur weiter himmelwärts klettern«, sagte er zu mir.

Nach dem Abschluss seines Theologiestudiums war er nach Kriworiwnja zurückgekehrt, an den Ort, an dem er seine Kindheit verbracht hatte, und dort war er als junger Mann von 29 Jahren zum Priester dieser Gemeinde gewählt worden.

Ich sollte eine Woche in Kriworiwnja verbringen, wo ich in einem Gästehaus auf dem Anwesen der Kirche untergebracht wurde. Während dieser Zeit lernte ich, dass die ukrainisch-orthodoxe Kirche für Iwan –

im Unterschied zur russisch-orthodoxen Kirche – ein bedeutendes Symbol für die Unabhängigkeit der Ukraine war. Die Kirche in Kriworiwnja hatte den Gläubigen seit 1620 ununterbrochen offengestanden, trotz der Kirchenschließungen in sowjetischer Zeit. Diese Kirche, sagte Iwan, gehörte mit ihren im Huzulen-Dialekt verfassten Handschriften und in dieser Region einzigartigen Traditionen zum Kernbestand des Alltagslebens und der Kultur der Huzulen.

Nur einen Tag nach meiner Ankunft an diesem Ort kehrte ich mit Iwan nach Bereschnyzia zurück, wo eine Zeremonie zu Ehren des heiligen Nikolaus geplant war. Um an den Ort dieser Feier zu gelangen, schlossen wir uns einer Gruppe von Babuschkas, älteren Männern und Kindern an, die auf einem ehemaligen Militärlastwagen mitfuhren. Kurz vor dem Ziel drohte das Fahrzeug von der Straße abzukommen. Oben auf der Ladefläche hielten wir uns an schwankenden Getränkepackungen fest, die Bier und nichtalkoholische Getränke enthielten.

Die Holzkirche, in der die Feier stattfinden sollte, stand im Mittelpunkt des Talendes. Zum Zeitpunkt unserer Ankunft kamen dort Jung und Alt von überall her zusammen. Alte Männer mit Wanderstäben mühten sich auf schmalen Wegen bergab, und Babuschkas stiegen über Holzzäune. Einige Jungen ritten auf Hängen ins Tal, die so steil waren, dass ihr Hinterkopf in der Bewegung fast auf dem Rumpf des Pferdes zu liegen kam.

Es war ein klarer Tag von der Art, bei der einem der Himmel nahe zu sein scheint, und die traditionellen Trachten der Kirchgänger glitzerten im klaren Tageslicht schon von Weitem. Die Männer trugen steife Melonenhüte und schwere Schaffellwesten, *krysani* und *kyptar* genannt, die mit bunten Borten und allerlei glänzenden Knöpfen, Ziermünzen und Metallbesätzen verziert waren. Einige Hüte waren mit Hunderten, wenn nicht gar Tausenden heller Pailletten und obendrein noch mit Federn geschmückt. Die Frauen trugen lange Kleider mit Stickereien und handgearbeiteten Schmuck, das reichte von Halsketten mit Gold- und Silbermünzen bis zu eng am Hals anliegenden Glasperlen. Bei der Zusammenkunft dieses Farbenrausches sah man so manches tränenfeuchte Auge, unter anderem auch bei Iwan und Wasili, meinen früheren Gastgebern. »Wir Huzulen«, sagte Wasili, »tragen unsere Kleider nicht einfach nur, um anzugeben. Sie beheimaten auch die Seelen unserer Vorfahren und unseren Glauben an Gott.«

Anfang und Ende dieses Festgottesdienstes waren nicht eindeutig markiert. Die Hunderte von Menschen, die zu dieser Feier erschienen waren, passten gar nicht in die Kirche, also betrat eine sich langsam vorwärtsbewegende Schlange von Gläubigen die Kirche durch den Haupteingang und ging zu einer Seitentür wieder hinaus. Im Gotteshaus selbst absolvierten Iwan und zwei weitere Priester eine anstrengende Abfolge von Gebeten und Liedern und begrüßten die Gemeindemitglieder, die zu ihnen nach vorne kamen, mit einem hin- und herpendelnden Weihrauchfässchen, aus dem dichter Rauch drang. Der Innenraum der Kirche war von der gleichen überwältigen Farbenpracht erfüllt wie Malijas Haus, aber hier kam noch ein ausgefeiltes System von fluoreszierenden grünen, purpurroten und weißen Lichtern hinzu, die roboterhaft rings um die Ikonen des heiligen Nikolaus herum aufleuchteten.

Es müssen wohl zwei oder drei Stunden vergangen sein, bis Iwan, der inzwischen schwitzte wie ein in Trance versetzter Schamane, die Gemeinde nach draußen führte und sich vor einem Holzfass mit Weihwasser aufbaute. Er trug einen orange-goldenen Seidenumhang, hielt ein Kreuz in den Himmel und flüsterte mit tiefer Stimme ein Gebet. Als dies beendet war, tauchte er das Kreuz ins Wasser, hob es dann erneut hoch und klopfte es trocken. Als er seine Gebete beendet hatte, kam die Menge näher, um von dem Wasser zu trinken.

Nach der Zeremonie legte Iwan eine schlichtere Kleidung an, Sektkorken knallten, Geigen kamen zum Vorschein, und wir begaben uns zu einer nahe gelegenen Hütte, wo die hölzernen Böden und Wände schon bald von Tanz und Gesang widerhallten. Unsere Feierlichkeiten wurden durch einen Besuch bei einem 84-jährigen Hutmacher namens Wasil abgerundet, der seit seinem 16. Lebensjahr traditionelle Bekleidung angefertigt hatte. In seiner abgelegenen Berghütte führte er mich in einen dunklen, versteckten Raum auf dem Dachboden. Als seine Taschenlampe aufleuchtete, sah ich, dass der harte, hölzerne Behälter, der da gegen meinen Oberschenkel drückte, ein Sarg war.

»Das Ding da ist älter als du, Junge!«, sagte er mit einem Grinsen. »Es ist aus leichtem Holz gezimmert, damit sie mich nicht fallen lassen, wenn sie mich hier raustragen! Jeder Huzule muss seinen eigenen Sarg fertiggestellt haben, bevor er vierzig wird.« Er hob den Deckel. Im Sarg lag eine traditionelle Leichenkleidung, zu der Stiefel, Hosen und ein Hut zählten. Wasil schlurfte über den Dachboden und brachte eine metallene Grabplatte zum Vorschein, auf der sein Name und Geburtsdatum eingraviert waren. Einzig der Platz fürs Sterbedatum war noch frei. »Die Huzulen fürchten sich nicht vor dem Tod. Aber wir müssen uns auf die Begegnung mit Gott vorbereiten, und es wird erwartet, dass man zu diesem Anlass seine beste Kleidung anlegt.«

Auf dem Weg zurück ins Tal erwähnte Iwan eine Legende der Huzulen: »Als Gott das Land verteilte, kamen die Huzulen zu spät, und es war nur noch dieses raue, unfruchtbare Bergland übrig. Zum Ausgleich beschenkte er sie jedoch mit einer großzügigen Portion Erfindungsreichtum.«

Am Abend des 25. Mai zwängte sich ein schwer vom Jetlag gezeichneter Mike mit seinem Rucksack und seiner Kameraausrüstung aus einem Auto. Der schlaksige, 61 Jahre alte Australier trat bescheiden auf, sprach mit leiser Stimme und hatte große blaue Augen und gewelltes Silberhaar. Bekleidet war er mit einer abgetragenen Cargohose, zerknautschten Stiefeln und einem karierten Hemd. Ich hatte ihn gewarnt, dass wir mit den Pferden nur eine begrenzte Gepäckmenge mitnehmen könnten, und er hatte sich daran gehalten und nur das, was er am Leib trug, und eine Garnitur Wechselkleidung mitgebracht.

Vor uns lag das Tschornohora-Massiv, eine Reihe von Berggipfeln, die inmitten des Huzulenlands liegen. Einer der Gipfel war der Howerla, der mit 2061 Metern zugleich der höchste Berg der Ukraine war. Bei meinem kurzen Aufenthalt in Kriworiwnja hatte ich gelernt, dass dieser Ort durch volkstümliche Lieder und Abenteuergeschichten – die zum Beispiel von Olexa Dobosz erzählen, dem »Robin Hood der Huzulen« – ein fester Bestandteil der Sagen und Legenden in dieser Region ist.

Iwan hatte darauf bestanden, dass wir jemanden mitnahmen, der uns auf unserem Weg über die höchsten Gipfel unterstützte, und auf seine Bitte hin erklärten sich Juri Wadislow, ein erfahrener Bergsteiger, und ein Mann namens Grigori von der örtlichen Bergwacht bereit, uns zu begleiten. Zum Abschluss der Verabschiedungszeremonie stellten Juri, Grigori, Mike und ich uns auf, um den Segen zu empfangen. Iwan segnete uns einzeln, sprach für jeden ein Gebet und besprengte uns mit Weihwasser. Er segnete auch die Pferde und sprach ein Gebet für Tigon.

Bis zum Vorposten Schiben, einem Dorf am Fuß des Tschornohora-Massivs, war es ein langer Tagesritt. Auf dem Weg nach Schiben gerieten wir in ein heftiges Gewitter, auf das ein sintflutartiger Regen folgte, der den Tscheremosch in einen schmutzig-braunen reißenden Strom verwandelte. Der Fluss war über die Ufer getreten und hatte mehrere Holzbrücken mitgerissen. Wenn es schon hier unten so turbulent zuging, fragten wir uns, wie mochte es dann ganz dort oben erst aussehen?

An jenem Nachmittag erreichten wir die hoch gelegenen Weideflächen, und nach einem Nachtlager zwischen Kiefern begannen wir mit dem eigentlichen Aufstieg.

Nicht weit oberhalb des Lagers kamen wir in dichte Wolken und auf die Höhe des Hauptkamms. Der Nebel war so dicht, dass es sich anfühlte, als würden wir uns einen Weg in die Berge hineingraben, aber manchmal, wenn er sich etwas lichtete, erhaschte ich einen Blick auf den Abgrund, der sich zu beiden Seiten auftat. Wir machten halt an einer Gedenkstätte für zwei Jungen, die im vorigen Sommer in einen Sturm geraten und vom Blitz getroffen worden waren. Diese beiden Gedenktafeln waren die ersten von vielen, die wir in den folgenden Wochen noch zu sehen bekommen sollten.

Bis zum Abend waren wir fast zehn Stunden unterwegs gewesen, in dieser ganzen Zeit hatte sich der Nebel nicht verzogen, und wir alle waren in einer leicht gereizten Stimmung. Grigori und Juri hatten angefangen, untereinander zu streiten.

Nachdem das Lager aufgeschlagen war, stiegen Mike und ich auf einen Gipfel und kamen dort gerade rechtzeitig an, um den Nebel verschwinden zu sehen, sodass wir den ersten Gesamteindruck vom Tschornohora-Massiv erhielten. Es zog sich hin wie der gewundene Körper einer Schlange, aus dem sich eine Reihe von Gipfeln erhob. An den Kanten waren noch Schneewehen zu sehen, die sich zu Wechten aufgetürmt hatten. Über allem thronte in der Ferne die Kuppel des Howerla.

Die Karpaten waren nicht die höchsten Berge der Welt, aber von hier aus gesehen hatten sie eine Größe, die ihrer wechselvollen Geschichte angemessen war. Durch diese Berge waren nicht nur die Mongolen gezogen, sondern bereits unzählige Nomadenvölker vor ihnen: die Hunnen, die Skythen und die Magyaren, um nur einige davon zu nennen.

In neuerer Zeit hatte dieser Gebirgskamm auch, wie man den entsprechenden Markierungssteinen entnehmen konnte, als mehrfach veränderte Grenze zwischen Österreich-Ungarn, Polen, Ungarn und der Tschechoslowakei gedient, von den heftigen Kämpfen zwischen der deutschen Wehrmacht und der Roten Armee im Zweiten Weltkrieg ganz zu schweigen.

Am Morgen zogen wir auf dem Gebirgskamm weiter. Wolken trafen auf die Ostflanke, brachen sich dort wie Wellen, drängten über die Felskante und flossen auf der Westseite wieder bergab. Tigon ließ sich nicht aus der Ruhe bringen, meist erkundete er die Berghänge und zeigte sich ab und zu an hohen Fels- und Eiskanten. Mehr als einmal verschwand er für einen längeren Zeitraum, und ich war mir, wie schon so oft auf meiner Reise, sicher, dass er nie wieder auftauchen würde.

Unmittelbar nach dem Mittagessen erreichten wir die erste von mehreren kritischen Stellen. Der Gebirgskamm hatte sich hier so stark verengt, dass ein Ausrutscher auf abschüssigem Fels oder auf Schnee den Absturz der ganzen Karawane nach sich ziehen konnte. Wir erkundeten zunächst das Gelände und wählten dann einen Weg auf der Ostseite des Kamms. Der erste Abschnitt führte etwa 50 Meter weit über felsigen Untergrund und dann auf eine Schneewehe. Ich begann mit Taskonir und beobachtete, wie er nervös seinen Weg suchte. Die Hufe scharrten und rutschen über die breiten Felsen, fanden aber zum Glück in den Rissen und Spalten einen Halt. Die letzten 15 Meter waren am schwierigsten, hier ging es über ein Gesims zu einem kleinen, ebenen Felsen hinunter. Taskonir sah sich den Weg an, rutschte kontrolliert bergab und kam zu meinen Füßen zu einem sicheren Halt.

Ogonjok war da weniger elegant. Er stand auf einer Felsspitze, die Vorderbeine nebeneinander, und sein 450 Kilogramm schwerer Körper und das 50 Kilogramm schwere Gepäck ragten über die Kante. Ich zog an der Führleine, er schrammte und rutschte bergab und kam wundersamerweise unten auf allen vieren zum Stand. Kok folgte ihm auf ähnlich unbeholfene, aber erfolgreiche Art.

Die Schneewehe erwies sich als unpassierbar, und so begann eine Aktion, mit der wir die Pferde über den Kamm und auf die andere Seite brachten, die zwar felsig, dafür aber schneefrei war. Die ganze Prozedur nahm mehrere Stunden in Anspruch, und bis dahin wurde Juri, der keine Erfahrung mit Pferden hatte, aber mit sehr viel schwierigeren Bergtouren vertraut war, ungeduldig und grummelte: »Diesen Weg haben die Mongolen ganz bestimmt nicht genommen, oder?«

Juris und Grigoris Streitereien eskalierten auf diesem Weg. Schließlich ging Juri voran, weigerte sich, seinem Kollegen auch nur zuzuhören, und marschierte schnurstracks auf einen Gipfel zu. Als wir uns zum Nachtlager bereitmachten, hatte sich der Himmel verfinstert und öffnete seine Schleusen. Mike, Grigori und ich verkrochen uns in die Regenmäntel, aber Juri lebte noch einmal auf. »Tim, du verschwendest die Zeit, als wärst du ein reicher Mann! In den Bergen zählt jede Sekunde!« Er hatte seine Gefühle in dieser Hinsicht mehrmals nur mit Mühe zurückgehalten. Sorgfältiges Packen und Weide- und Ruhezeit für die Pferde waren seiner Ansicht nach unnötig. Das Konzept einer mehrjährigen Reise und der an Nachhaltigkeit orientierte Rhythmus und die Geduld, die man für ein solches Vorhaben brauchte, waren ihm nicht zugänglich. »Wir werden hier nicht durchkommen! Wir werden uns einen Weg durch dieses Gebüsch schlagen müssen! Hier haben sich schon Leute verlaufen und sind ums Leben gekommen!« Seine Worte gingen im Donner und Regen unter, während ich, in Gedanken ganz woanders, die Pferde festmachte.

Wenn selbst Juri, ein erfahrener Reisender, den Umfang meines Reisewegs nicht verstand, wie hätte dann irgendjemand in Europa die Mongolen und die Bedrohung, die unmittelbar vor ihrer Invasion in Ungarn und Polen von ihnen ausging, verstehen können? Als die Mongolen 1241 die Karpaten erreicht hatten, herrschten sie bereits über das größte Landreich der Menschheitsgeschichte und hatten die wohl höchstentwickelte und schlagkräftigste Armee ihrer Zeit aufgebaut. Unter den 60 000 kampferprobten Reitern, die über diese Berge gezogen waren, befanden sich Männer, die schon seit 20 oder mehr Jahren ins Feld gezogen waren. Ihnen müssen die Karpaten eher wie die abgelegenen Hügellandschaften vorgekommen sein, auf die man in der Mongolei so oft stößt.

Der Regen hielt noch zwei oder drei Stunden lang an. Ich mochte nicht mehr abwarten, bis er aufhörte, und baute mein Zelt auf. Die Pferde standen steifbeinig da. Mike zog sich in sein sargförmiges Ein-Mann-Zelt zurück, gefolgt von Tigon. Wir waren zu erschöpft, um vor dem Schlafengehen noch ein richtiges Essen zuzubereiten.

Am nächsten Morgen hatten sich die Spannungen zwischen Juri und Grigori gelegt, und wir wurden gewahr, dass der härteste Teil des Weges durch das Tschornohora-Massiv hinter uns lag. Wir fanden einen mühelos begehbaren Weg über den Kamm und kamen später an dem von Nebel verhüllten Gipfel des Howerla vorbei. Das letzte kurze Stück bis zum Gipfel zu erklettern kam mit den Pferden nicht infrage.

Bei der ersten sich bietenden Gelegenheit nahm Grigori eine Abkürzung, die zum nächsten Dorf hinunterführte. Juri, der schmal und müde wirkte, ging schweigend mit uns die Westflanke hinab in ein Tal. Am nächsten Tag fuhr er mit Mike per Anhalter in das Städtchen Rachiw und war bereits fort, als ich dort ankam.

Eine letzte Prüfung lag noch vor mir, bevor die Berge der Karpaten in die sanfteren Erhebungen am Rand des Ungarischen Tieflands übergingen: die Überquerung des Swidowez-Massivs. Ich war zuversichtlich, dass ich diese Aufgabe ohne Führer bewältigen konnte, und nach den intensiven Erfahrungen mit Juri und Grigori war ich erleichtert, weil ich in den nächsten Wochen nur mit Mike zusammensein würde.

Mike und ich füllten unsere Vorräte auf und machten uns dann an den erneuten Aufstieg ins Hochgebirge – ich zu Pferd und er zu Fuß. In Rachiw baute sich bereits die Sommerhitze auf, und es war eine Erleichterung, auf die Polonina zurückzukehren, wo die Luft dünner und kühler war und schon eine einzelne Wolke genügte, um der Sonne viel Kraft zu nehmen.

Am Abend des zweiten Tages schlugen wir unser Lager auf der Huzulen-Sommerweide Starji Polonina auf. Eigentlich wollten wir dann beim ersten Tageslicht weiterziehen, aber Tigon sah zur Abendessenszeit ernstlich krank aus. Er hatte sich auf einer Pferdedecke zusammengerollt, lag bewegungslos da und wollte weder aufstehen noch fressen. Sein Zustand hatte sich schon seit einigen Tagen verschlechtert. Mike scherzte, dass er wohl seine Freundin vermisse – eine Hündin aus Kriworiwnja, mit der er sich gut vertragen hatte –, aber sein Zustand war wohl eher der rohen Schweinelunge geschuldet, mit der ich ihn in Rachiw gefüttert hatte. In den nächsten Tagen gab ich Tigon Erholungszeit und ließ die Pferde frei weiden. Die Unterbrechung erwies sich als Gelegenheit, etwas über das Leben auf der Polonina zu erfahren, von dem wir schon so viel gehört hatten.

Starji Polonina war in zwei Bereiche aufgeteilt – der eine diente als

Viehweide, der andere war den Schafen vorbehalten. Den letzteren Teil lernten wir am besten kennen. Die meiste Arbeit dort erledigten zwei schlaksige 17-jährige Burschen namens Bugdan und Wasil. Ihre Aufgabe dort war, neben der Hütearbeit, die Aufsicht über die Weide, alle 400 Tiere dreimal am Tag zu melken, das erste Mal um vier Uhr morgens und dann noch zweimal bei Tageslicht. Nach jedem Melken trugen sie die Eimer mit der frischen Milch in eine Hütte, wo man die Milch kochte und verbutterte, Quark und Molke trennte und wo der Käse zum Trocknen aufgehängt wurde. Einmal in der Woche kam ein Pferdewagen, um den Käse abzuholen und ins Tal zu bringen, wo er meist mit Kuhmilch vermischt und zu einem Feta-ähnlichen Käse verarbeitet wurde, den man hier *brinza* nannte.

Die Jungs waren ihrer Erinnerung nach schon immer auf der Polonina gewesen, und das harte Arbeitsleben in der Bergluft hatte sie bereits zu richtigen Erwachsenen gemacht. Wasil, der Auffälligere der beiden, hatte lange, schmale Arme und trug schwarze Jeans, die schnurgerade an seinen spindeldürren Beinen herabhingen. Sein Körper – er war so schmächtig, dass sich die Schultern zu berühren schienen, wenn er die Arme verschränkte – schien überhaupt nicht zu dem reifen Gesichtsausdruck zu passen. Seine Schneidezähne waren ins Bräunliche verfärbt und die Wangen so eingefallen, dass sein Gesicht bei jedem Lächeln in eine Reihe tiefer und fester Falten zerfiel. Er rauchte ständig, und einmal sah ich, wie er eine Zigarette im Mundwinkel hatte, während er ein Schaf melkte. Er bewegte den Glimmstängel so lange mit den Lippen auf und ab, bis er in den Milcheimer fiel. Dann griff er einfach in den Eimer, steckte sich die Zigarette wieder in den Mund, zwinkerte mir zu und arbeitete weiter.

Mike und ich aßen nach dem abendlichen Melken gemeinsam mit den Jungs eine Mahlzeit, die aus Maisbrei und saurer Sahne, *banosch*, bestand und mit Wein aus eigenem Anbau hinuntergespült wurde. Die Dunkelheit senkte sich bereits auf den tiefer liegenden Wald, aber die Polonina wurde immer noch vom letzten Rest des Abendrots erhellt. Eine Besonderheit dieses Ortes war ein abgestorbener alter Baum, an dessen Äste alle möglichen Kochutensilien gehängt wurden: Töpfe, Pfannen, Siebe, Rührlöffel, Schöpfkellen und viele andere Gegenstände verbreiteten vor dem Hintergrund des Abendhimmels einen geisterhaften Silberglanz. Als die ersten Sterne aufleuchteten, zeigte Wasil übers

Tal hinweg in die Richtung einer weit entfernten Polonina, wo in der Nacht ein Feuer zu sehen war. »Dort drüben gibt es Bären. Deshalb müssen sie dauernd ein Feuer unterhalten«, sagte er mit einer tiefen, heiseren Stimme.

»Und wie sieht's hier damit aus?«, fragte ich.

»Hier? Wölfe sind ein regelmäßiges Publikum!« Er kicherte. »Aber wir haben keine Angst vor Wölfen und Bären. Und diese Arbeit ist der reinste Urlaub im Vergleich zum Winter, wenn wir mit Pferden im Wald Holz rücken.«

Tagsüber war die Polonina ein freundlicher Ort, der jeden Jungen mit Abenteuern und Spaß gelockt hätte. Aber wenn sich die kühle Nachtluft senkte und die Hänge schwarz wurden, nahm der Himmel riesige Ausmaße an, und die Berge wurden zu einem Ort für erwachsene Männer. Wasil und Bugdan heizten in kabinenartigen Hütten, in denen kaum genug Platz für eine Schlafgelegenheit war, Öfen an. Die Schafe begaben sich ebenfalls zur Ruhe, und als alles ringsherum still wurde, schienen die Hütten zu schrumpfen, bis sie nur mehr Pünktchen waren, so einsam wie die Sterne am Himmel.

Nachdem Tigon sich wieder erholt hatte, zogen wir weiter, und eineinhalb Reisetage nach Starji Polonina kletterten wir über ein Schneefeld, weil wir den höchsten Punkt des Swidowez-Massivs erreichen wollten. Noch bevor wir unser Ziel erreicht hatten, setzte ein Hagelschauer ein, Nebel zog auf und nahm uns in Minutenschnelle die Sicht. Ich stieg aus dem Sattel, als der schlimmste Teil des Unwetters vorüber war, führte die Pferde einen schmalen Kamm entlang und sah, wie der Regen in Wellen niederging und der Nebel zurückwich und wieder aufzog.

Am Spätnachmittag ließ der Wind nach, und der Nebel senkte sich. Ein frischer blauer Himmel kam zum Vorschein, und das mit Gras überwachsene, steile Bergmassiv glänzte smaragdgrün und schien über den Wolken zu schweben. Just in dem Augenblick, in dem uns das erste Sonnenlicht in die Augen fiel, kam es zu einer bizarren Erscheinung – die Umrisse von 50 Pferden tauchten aus dem Nebel auf, und wenig später kamen ihre Silhouetten wenige Meter vor uns zum Stehen. Nach einiger Zeit trabte eines der Pferde mit erhobenem Kopf und bebenden Nüstern auf uns zu. Das sah zunächst so aus, als wollte es mit den Hufen ausschlagen, stattdessen knabberte es sanft an Ogonjoks Mähne. Die

Herde drängte jetzt weiter, und dazu erklang eine Symphonie aus Gewieher, Schnauben und rhythmischem Hufgetrappel. Ihre rauen, buschigen Mähnen, die großen Köpfe und die gedrungenen, kurzen Hälse verwiesen allesamt auf die mongolische Herkunft. Tigon schritt aus wie ein stolzer Anführer, und als die Herde das Interesse an ihm verlor und ihm davongaloppierte, tat er so, als hätte er sie mutig verjagt und schickte ihr ein wütendes Gebell hinterher.

Wir gingen weiter, bis der rosa Farbton am Himmel dem von Mikes Wangen glich – beide hatten wir uns früher am Tag einen Schluck Zuckerrüben-Wodka gegönnt, um uns aufzuwärmen. Dann, auf einer kleinen Wiese auf dem Höhenzug, ließen wir es gut sein. Ich saß da und bewunderte die Pferde, die sich im saftigen Gras tummelten. Tigon kam angerannt, als er das vertraute Klopfen auf den Kochtopf hörte, und wie immer teilten wir uns ein Stück Schweinefett, bevor das Abendessen zubereitet wurde. Den ganzen Tag lang hatte mich das Gefühl der Freiheit überwältigt. Hier oben, weit weg von Straßen und Zäunen, ging mir auf, dass meine Pferde nicht weglaufen würden, weil sie frei waren. Wir hatten hier alles, was wir brauchten: frische Luft, Wasser, Bewegungsfreiheit nach allen Seiten und Gras in Hülle und Fülle. Unter diesen Umständen war es nicht sinnvoll, einen Hund anzubinden oder ein Pferd in ein Gatter zu sperren.

Mike baute das Stativ auf, weil er hier filmen wollte, wie die Sonne am Horizont versank. Der Nebel hatte sich weit unten im Tal gesammelt, und jetzt, als wir fast das Ende dieses Bergmassivs erreicht hatten, herrschte zum ersten Mal klare Sicht. Vor uns fiel der Höhenzug abrupt ab und lief wie ein Sporn in die gleiche Art von bewaldetem, niedrigem Vorgebirge aus, durch die ich, von Osten her kommend, in die Karpaten gelangt war. Weit unter uns lag ein Flusstal, das auf seinem gewundenen Weg ins Ungarische Tiefland die Nebenflüsse von den vielen hier zusammenlaufenden Berghängen aufnahm.

»Tim, das könnte dein letztes richtiges Lager in den Bergen sein«, sagte Mike, der dabei vom Sucher aufschaute.

Ich nahm mein Tagebuch zur Hand und spürte, wie die Kälte sich auf uns herabsenkte. Ich dachte an Dad, dachte daran, woher ich in den letzten drei Jahren gekommen war, und auch daran, was ich in den letzten paar Wochen erlebt hatte. Dann wanderten meine Gedanken zum Abstieg von diesem Ort. Mike hatte recht: Dieses Ende des Swidowez-

Massivs war auch das Ende der Polonina, das Ende des Huzulenlands und der letzte richtige Berg, der zwischen uns und der Donau lag. Ich würde schon bald eine andere Welt betreten, und es war schwer vorstellbar, dass ich vielleicht nie wieder mit meiner kleinen Tierfamilie durch diese Art von wilder Landschaft ziehen würde.

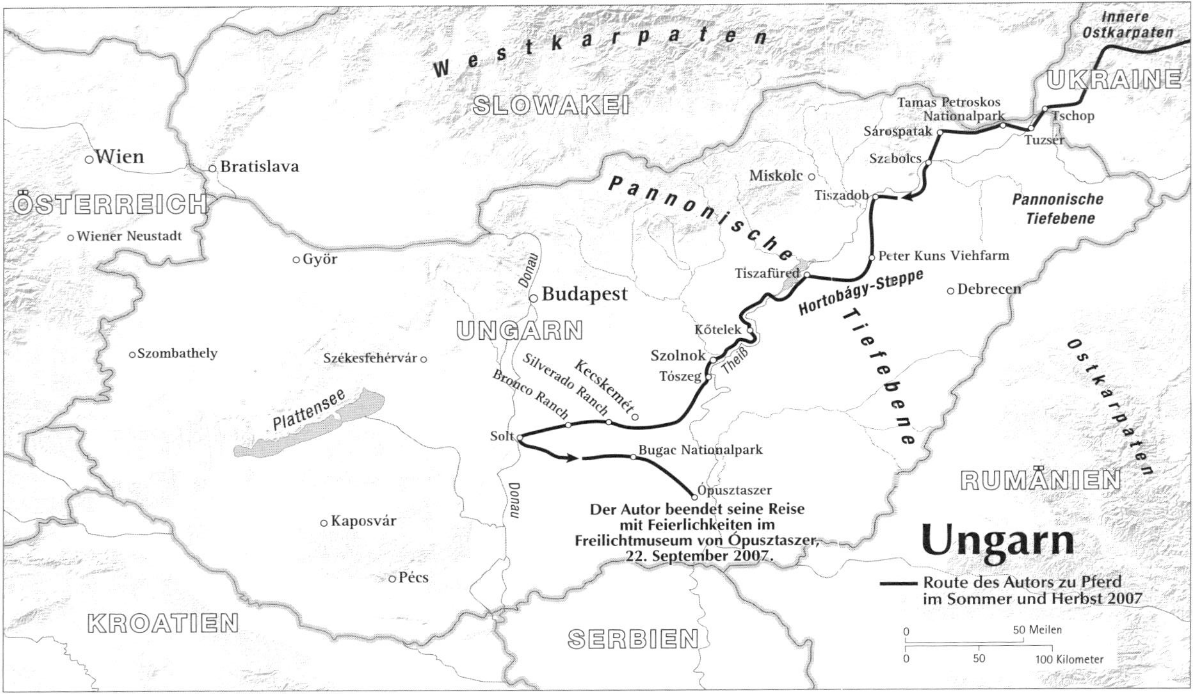
Ungarn
Route des Autors zu Pferd im Sommer und Herbst 2007
Innere Ostkarpaten
UKRAINE
Westkarpaten
SLOWAKEI
Tamas Petroskos Nationalpark
Tschop
Sárospatak
Tuzsér
Szabolcs
Wien
Bratislava
ÖSTERREICH
Wiener Neustadt
Miskolc
Tiszadob
Pannonische Tiefebene
Pannonische Tiefebene
Győr
Peter Kuns Viehfarm
Tiszafüred
Hortobágy-Steppe
Debrecen
Donau
Budapest
UNGARN
Kőtelek
Szombathely
Székesfehérvár
Szolnok
Theiß
Tószeg
Kecskemét
Silverado Ranch
Bronco Ranch
Ostkarpaten
Plattensee
Solt
Bugac Nationalpark
Ópusztaszer
RUMÄNIEN
Der Autor beendet seine Reise mit Feierlichkeiten im Freilichtmuseum von Ópusztaszer, 22. September 2007.
Kaposvár
Pécs
KROATIEN
SERBIEN
0 50 Meilen
0 50 100 Kilometer

UNGARN

Das Ende der Welt

»Viehherden in freier Natur zu halten, ist weder ›primitiver‹ noch besser als andere Methoden. Es ist einfach nur eine andere Art und Weise, diese Aufgabe zu meistern …«

– MIKLOS JANKOVICH
They Rode into Europe:
The Fruitful Exchange in the Arts of Horsemanship
Between East and West

In seinem Buch *Genghis Khan and the Making of the Modern World* beschreibt Jack Weatherford sehr treffend, wie die anfänglichen Zerstörungen der mongolischen Eroberungsfeldzüge letztendlich »zu einem nie dagewesenen kulturellen Austausch, weiterverzweigten Handelsbeziehungen und einer fortschrittlicheren Zivilisation« führten. Aber auch wenn die Mongolen die meisten von ihnen eroberten Gebiete in ihr Reich integrierten und später tatsächlich von Stabilität und relativem Reichtum profitierten, so ist Ungarn in diesem Punkt eine Ausnahme. Die Eroberer zogen sich nach ihrem Einfall sehr schnell wieder zurück, und so muss ihr Angriff auf Ungarn als die Sorte sinnlosen Mordens und willkürlicher Zerstörung erschienen sein, für die die Mongolen bis heute in Europa berüchtigt sind.

Angesichts dieser einst verheerenden Überfälle wäre zu erwarten gewesen, dass jemandem wie mir, der den Spuren der Mongolen folgte, nicht gerade ein warmer Empfang bereitet wurde. Dennoch war die Stimmung an der ungarisch-ukrainischen Grenze im verblassenden Licht der warmen Abendsonne alles andere als abweisend.

Im Gebäude des Veterinäramts direkt hinter der Grenzkontrolle war

János Lóska schon ganz aufgeregt. Die an Sprungfedern erinnernden kurzen blonden Locken des Ungarn strahlten dieselbe angespannte Energie aus wie seine muskulösen Unterarme und Beine. János war Pferdezüchter, früher einmal Mitglied der ungarischen Nationalmannschaft der Vielseitigkeitsreiter und derzeit Präsident des ungarischen Verbands für Pferdetourismus. Über Monate hatten er und ich E-Mails ausgetauscht, und er hatte versprochen, alles in seiner Macht Stehende zu tun, um meine Pferde über die Grenze in sein Land zu bringen. In den wenigen Wochen seit Mike und ich uns in den Karpaten getrennt hatten und ich hinuntergeritten war in die ungarischen Ebenen, war János mir eine entscheidende Hilfe beim Meistern der harten Quarantänebestimmungen der Europäischen Union gewesen.

Während die Veterinäre die Tiere und meine Dokumente inspizierten, schaute János ihnen dabei über die Schulter und trieb sie mit fest entschlossener Miene zur Eile an. Als das letzte Papier abgestempelt war, packte er meinen verschwitzen Arm und raunte mir auf Englisch zu: »Jetzt kann uns nichts mehr aufhalten! Nichts!«

Mit einem Bier, das uns János' Sohn gebracht hatte, stießen wir an, und ich ritt weiter in die nahe gelegene Stadt Tuzsér. Dort konnte ich die Pferde bei einer Familie unterbringen. Dann kletterte ich mit Tigon in János' BMW, und wir schossen davon, zu ihm nach Hause. Auf dem Rücksitz klammerte ich mich an Tigon. Ich war schläfrig, wollte aber auf keinen Fall etwas verpassen. Wir unterbrachen unsere Fahrt, um zu tanken, und ich nutzte die Gelegenheit, mir im Tankstellen-Shop einen Hotdog zu kaufen. Das grelle Licht, der blitzsaubere Raum und das in Plastik verpackte Essen »*to go*« waren für mich mehr als ungewohnt und ein Zeichen dafür, wie weit ich gekommen war.

Am nächsten Morgen erfuhr ich, was János schon alles für mich organisiert hatte. Die offizielle Abschlussveranstaltung meiner Reise war längst geplant, und jetzt breitete er eine Karte von Ungarn vor mir aus. Er wollte die Strecke besprechen, die er für mich vorgesehen hatte. Zunächst sollte ich in südwestlicher Richtung die Große Ungarische Tiefebene, die Hortobágy, durchqueren und dann entlang den Windungen der Theiß weiter bis in die Mitte des Landes reiten. Von dort ging es dann Richtung Westen weiter bis an die Donau. »Ich bin schon in jedem Winkel dieses Landes mit dem Pferd unterwegs gewesen und kann dir versichern, wenn du meinen Wegbeschreibungen folgst, wirst du nicht ein einziges Mal auf einer Straße reiten müssen«, verkündete er stolz.

János' Vorstellung vom letzten Kapitel meiner Reise sah so aus, dass ungarische Reiter und Reiterinnen meine Karawane durch ein Netz aus Wegen und Trampelpfaden, wo möglich auch querfeldein, begleiten sollten. Er hatte viele Freunde und Bekannte, die bereit waren, mich aufzunehmen und mir den Weg zu zeigen. Auch er selbst hatte vor, mich, wann immer es ihm möglich war, zu begleiten. Bis zur Donau, so schätzte er, würde ich ungefähr vier bis sechs Wochen brauchen.

Obwohl Ungarn schon seit dem 11. Jahrhundert die östliche Grenze des Katholizismus markierte und zur Zeit der mongolischen Invasion ein sesshaftes Volk beheimatete, war es über einen sehr viel längeren Zeitraum auch das westliche Bollwerk der nomadischen Steppenkultur. Schon seit der Antike durchwanderten Nomaden mit ihren Jurten, Pferden, Schafen und Rindern diesen westlichsten Zipfel der Eurasischen Steppe, ganz ähnlich den Nomaden, die auch heute noch durch das Mongolische Plateau ziehen. Eines der ersten in Ungarn lebenden Nomadenvölker waren die indoarischen Skythen, und es ist allgemein bekannt, dass im 5. Jahrhundert nach Christus Attila und seine Hunnen das Land als Ausgangspunkt für ihre Übergriffe auf das Römische Reich nutzten. Auf die Hunnen folgte ein weiteres Steppenvolk, die Awaren. Von ihnen heißt es, sie hätten den Steigbügel, eine asiatische Erfindung, nach Europa gebracht. Die heutigen Bewohner Ungarns, so nimmt man an, stammen von den Magyaren ab, vom letzten Nomadenvolk, das aus dem Osten bis in die ungarischen Tiefebenen gezogen war. Da ihre Sprache eher der finno-ugrischen Gruppe zuzuordnen ist als den in der Steppe dominierenden Turksprachen, gibt es eine rege Diskussionen darüber, wo die Magyaren ursprünglich herkamen. Fest steht, dass sie einst aus ihrer Heimat im heutigen Baschkortostan, auch bekannt als Baschkirien, in der Nähe des südlichen Uralgebirges bis nach Ungarn geritten waren. Offiziell gründeten die Magyaren unter Führung des Großfürsten Árpád im Jahr 896 nach Christus die ungarische Nation und drangen im darauffolgenden Jahrhundert bis tief ins Innere Europas vor, wo es ihnen gelang, italienische, französische und deutsche Heere zu bezwingen.

Ich hatte viel über die nomadische Vergangenheit Ungarns gelesen, glaubte aber, wie gesagt, dennoch nicht, dass ich auf viele Ungarn treffen würde, die mit meiner Reise etwas anfangen konnten. Als die Mongolen in Ungarn einfielen, waren die Magyaren schon seit mehr als 300 Jahren sesshaft, worin sich auch die kulturelle Besonderheit des Landes widerspiegelt. An der Grenze zwischen dem gemäßigten Europa und der Eurasischen Steppe gelegen, bildete Ungarn schon immer eine Brücke zwischen zwei Welten und wurde bestimmt von einer kulturellen Mischung aus sesshaften und nomadischen Bräuchen. Auf lange Sicht hatte jedoch die sesshafte Lebensweise die Oberhand gewonnen. Seit dem 21. Jahrhundert ist Ungarn fester Bestandteil der Europäischen Union und tendiert, zumindest politisch, eindeutig Richtung Westen. Auch seine große Kulturhauptstadt Budapest genießt heute weltweit sehr viel mehr Aufmerksamkeit als die Steppe im Landesinneren.

János' Unterstützung hatte ich zweifellos meinem Ritt durch Asien nach Europa zu verdanken, mit dem ich das Erbe seiner Vorfahren würdigte. Mit der Zeit wurde deutlich, dass die Wunden der mongolischen Invasion bei den meisten Ungarn längst verheilt waren und sie die Mongolen, Hunnen, Skythen und Magyaren als eine große Bruderschaft nomadischer Reitervölker begriffen.

Welch symbolische Bedeutung János meiner Reise beimaß, zeigte sich auch, als er mir mitteilte, wo genau die Abschlussfeierlichkeiten seiner Meinung nach stattfinden sollten: »Wenn du wirklich auf ungarische Art feiern willst, gibt es dafür nur einen Ort, und das ist Ópusztaszer. Dort kann ich dich zu einem echten Helden machen!«

Mein erster ungarischer Gastgeber war ein Mann, der sich in Ópusztaszer sehr gut auskannte: Tamas Petrosko. Ich traf ihn einen halben Tagesritt von Tuzsér entfernt, wo er mir in traditioneller Kleidung, eingehüllt in ein komplettes Schaffell mit Schwanz und allem Drum und Dran, entgegengeritten kam. Er war zwischen 60 und 70, hatte leicht herabhängende Schultern und einen drahtigen, durchtrainierten Körper, der von einem kleinen Bauch abgerundet wurde.

»Du folgst dem Weg der Magyaren! Auf dieser Strecke reite ich auch!«, rief er in einer Mischung aus Englisch und Russisch, während er sich von seinem Pferd zu mir herüberlehnte und mich umarmte.

Im Jahr 1996 hatte Tamas zusammen mit einer kleinen Gruppe von Ungarn zu Ehren der großen Wanderung seines Volkes eine Strecke von

4200 Kilometern zurückgelegt. Begleitet von einem Lastwagen mit ihrer Ausrüstung waren sie von Baschkortostan ins südliche Uralgebirge geritten. Von dort führte sie ihr Weg durch Russland und die Ukraine, über die Karpaten bis in die Ungarische Tiefebene. Das Ende ihrer Reise feierten sie in Ópusztaszer, dem Ort, der laut Tamas das »spirituelle Zentrum« Ungarns bildete. In dieser unscheinbaren Stadt in der sandigen Steppe, nur 90 Kilometer östlich der Donau gelegen, hatte Árpád, der Anführer der Magyarenstämme, nach offizieller Lesart die moderne Nation Ungarn gegründet.

Aber Tamas' Mission war noch lange nicht erfüllt. Am Ende der Reise fühlte er sich berufen, zu Ehren seiner ungarischen Vorfahren ein Touristenzentrum zu bauen. Ich verbrachte mehrere Tage mit ihm auf seinem weitläufigen Besitz, auf dem es Jurten, einen mongolischen Obo und eine Schamanenhütte gab, an deren Eingang ein Pferde- und ein Kuhschädel hingen. Auf dem Gelände grasten langhaarige ungarische Schafe und Herden von ungarischen Rindern. Tamas' Traum war es, junge Ungarn dazu zu bewegen, den Geist ihrer nomadischen Vorfahren als Teil ihrer Identität zu begreifen. Dieses Ziel verfolgte er mit Sommerzeltlagern, auf denen ungarische Kinder reiten und leben konnten wie die Nomaden.

Im Rahmen der ungarischen Gesellschaft konnte Tamas durchaus als Exzentriker gelten. Während der kommenden Tage und Wochen meiner Reise kam ich aber mehr und mehr zu der Überzeugung, dass es nicht übertrieben war, ihn auch als Teil einer wachsenden Gruppe von Ungarn zu sehen – auch wenn es sich dabei nach wie vor um eine Minderheit handelte –, die sich ihrer nomadischen Herkunft nicht nur bewusst war, sondern sich auch nach einer Verbindung zu ihren reitenden Vorfahren sehnte.

In Ungarn, wo es weder Gebirge noch Wüsten, dafür Gras und Wasser im Überfluss gab, traten die Begegnungen mit diesen Menschen an die Stelle der geografischen Herausforderungen, die bis dahin die Geschichten meiner Reise bestimmt hatten.

Als ich Tamas' Farm verließ, begleitete mich István Vismeg, ein stämmiger Sportlehrer mit zerzaustem, schulterlangem schwarzem Haar und einem östlichen Einschlag in den Augen. Er brachte mich auf einem wilden Ritt über Seitenstraßen, Waldwege und Felder zu einem Denkmal, das man vor Kurzem auf einem alten Magyarenfriedhof in der Nähe der Stadt Sárospatak errichtet hatte. Es war eine mit einem Mosaik verzierte Pyramide, auf der abgebildet war, wie sich die Ungarn von berittenen, aus dem Osten emigrierten Kriegern zu sesshaften Christen entwickelten.

»Diesen wichtigen Friedhof haben Archäologen schon vor 50 Jahren entdeckt«, erzählte mir István. »Sie glauben, dass bei Árpáds Eroberung der Pannonischen Tiefebene hier eine Schlacht stattfand. Den Fundort hat man aber erst vor zwei Jahren vor den Landwirten gerettet. Unsere Regierung hat die eigene Geschichte herabgewürdigt und vor der Bevölkerung versteckt … Bauwerke des österreichisch-ungarischen Königreichs wurden geschützt, aber die Grabstätten unserer Gründerväter ließ man umpflügen.«

Von Sárospatak im Nordosten Ungarns führte mich István durch eine hügelige Landschaft weiter bis in die historische Stadt Szabolcs. Dort wartete bereits mein nächster Gastgeber, ein kleiner, rundlicher Mann namens Geyser. Geyser war ein selbst ernannter Schamane, der mich in der Mitte einer 1000 Jahre alten Erdbefestigung mit einer Zeremonie, einschließlich Trommeln und Gesang, willkommen hieß. Ich schlug mein Zelt auf und feierte mit Geyser, István und einem Sattelmacher, der sich auf Sättel aus der Zeit Árpáds spezialisiert hatte, bis spät in die Nacht. Nach einigen Gläsern des ungarischen Nationalgetränks *pálinka* – einer Art Obstbrand – kam Geyser so richtig in Fahrt. Er stritt sich mit dem Sattelmacher um die Frage, ob die wahren Wurzeln Ungarns nicht eher bei den Hunnen zu suchen seien als bei den Magyaren. Er schlug auf seine Trommel und begann zu singen: »Der Weg der Hunnen! Du bist den Weg der Hunnen gekommen. Wir sind Hunnen! Ein Himmel, ein großer blauer Himmel, die Hunnen, die Sterne, der Himmel. Erde, Wasser, Himmel.«

Als ich Szabolcs verließ und Geyser zum Abschied noch einmal winkte, lagen erst vier Tage meines Ritts durch Ungarn hinter mir. Es sollten noch fünf weitere Wochen folgen, die so übervoll an interessanten Begegnungen waren, dass ich sie hier unmöglich alle erwähnen kann. Die Bandbreite der Begleiter, die János für mich organisiert hatte, reichte von wohlhabenden Geschäftsleuten über Akademiker bis hin zu Gestütsbesitzern und Kleinbauern. Sie alle hatten ganz unterschiedliche Ansichten, aber jeder Einzelne bewahrte trotz seines modernen Lebensstils auf ganz persönliche Art die Kultur der Steppenvölker. Eine Begegnung erlangte jedoch eine besondere Bedeutung für mich: das Zusammentreffen mit Peter Kun. Es war eine jener entscheidenden Erfahrungen, mit denen ich auf meiner Reise zwar nie gerechnet, auf die ich aber immer gehofft hatte.

Als ich Peter kennenlernte, war ich gerade sieben Tage lang von der ukrainischen Grenze Richtung Westen bis Tizsadob im Nordosten Ungarns geritten und dann mit János zügig weiter Richtung Süden. An unserem zweiten Nachmittag ritten wir unter der gleißenden Sonne hinaus in eine weite goldene Ebene. Wenn ich die Augen gegen die Sonne zusammenkniff, erahnte ich am Horizont Rinder und Schafe, die uns langsam entgegenkamen. In den Hitzespiegelungen gerieten sie aber immer wieder aus dem Fokus.

Wir hatten die Hortobágy-Steppe erreicht. Die Hortobágy, eine weite Ebene trockenen Graslands im Osten Ungarns, war die Heimat der letzten ungarischen Pferdehirten. Die *csikós*, wie man sie nennt, leben bis heute in erster Linie von der Rinder- und Schafzucht und haben den Ruf, begnadete Reiter zu sein. Angeblich beherrschen sie zahlreiche Kunststücke, wie das, ihre Pferde auf Kommando dazu zu bewegen, sich hinzulegen – ein Trick, für den schon das mongolische Heer berühmt war.

Als wir gerade an einem Brunnen rasteten und Tigon wieder sein geliebtes Bad in der Tränke nahm, kam Peter Kun angaloppiert. Er war 35 Jahre alt, saß breitbeinig und aufrecht auf einem Araber, das lange Haar ordentlich zu einem Pferdeschwanz zusammengebunden. Er musterte zuerst meine Pferde und dann Tigon.

»Dein Hund ist ein Tazi! Und deine Pferde sind *dzhabe*!«

Ich nickte ungläubig. Bislang hatte noch nie jemand gesehen, dass meine Tiere einer ganz besonderen kasachischen Rasse angehörten. Ihre Heimat hatte ich schon vor mehr als achtzehn Monaten hinter mir gelassen.

Peters korrekte Zuordnungen kamen nicht von ungefähr. Er behauptete ein Abkömmling der nomadischen Kumanen zu sein, die gegen die Mongolen gekämpft hatten und dann schutzsuchend nach Ungarn flohen. Schon als kleines Kind war er fasziniert von allem, was mit den Nomaden zu tun hatte. Als Student setzte er sich ausgiebig mit alter turkischer Geschichte auseinander, lernte Mongolisch und Kasachisch, und mit 17 lebte er sogar ein Jahr in der Mongolei. In seiner Doktorarbeit hatte er die ungarische mit der mongolischen Reitkunst verglichen und außerdem einen viel beachteten Dokumentarfilm über die Kasachen in den abgelegenen Gebieten der westlichen Mongolei produziert.

Man hatte Peter eine Stelle in der Botschaft in Ulan-Bator angeboten, aber er entschied sich stattdessen, ein, wie er es nannte, »richtig ungarisches Leben« zu führen. Er kaufte Rinder, Schafe und Pferde und ließ sich in einem alten Gehöft in der Hortobágy-Steppe nieder. Jetzt verbrachte er seine Zeit teils als Dozent an der Universität, teils mit seinen Viehherden. »Wenn ich in die Mongolei oder nach Kasachstan reise, fühle ich, wie meine Vorfahren einmal gelebt haben. An der Universität in der Stadt vermittle ich unsere ungarische Geschichte, und hier in der *puszta*«, er verwendete das ungarische Wort für Steppe, »lebe ich in Einklang mit meinen Wurzeln.«

Als wir weiterritten, kamen wir an Hirten vorüber, die ihre Schafe und Rinder hüteten, an einsamen alten Scheunen, an Bauernhöfen mit schilfgedeckten Dächern und an traditionellen Brunnen mit gewichteten Hebeln, die wie alte Erdöltiefpumpen mit einem majestätischen Nicken das Wasser nach oben brachten. In diesem flachen, weiten Gelände schien der Himmel alles zu beherrschen, und der Boden unter uns schrumpfte zu einer dünnen Kruste. Ab und zu wehten uns feine Wolken aus beißendem Staub und pulverisiertem Mist ins Gesicht.

Ohne dass uns Straßen oder Zäune störten, ritten wir zu fünft nebeneinander: János, sein Sohn Marti, Peter, ich und Ogonjok, der sich neben uns gesellt hatte. János, übermütig wie immer, startete einen vollen Galopp, und für einen flüchtigen Moment fühlte es sich an, als ob wir mühelos über die Landschaft flögen. János drehte sich um und schrie mir in einem kurzen Satz die Lebensphilosophie aller ungarischen Reiter entgegen: »An dem Tag, an dem es in Ungarn Zäune gibt, wird dies nicht mehr mein Land sein.«

Ein bis zwei Stunden später erreichten wir Peters Viehfarm: ein Haus mit Scheune, umgeben von Pferde- und Schafgattern, die eine Insel inmitten des hellbraunen Steppenmeers bildeten. Davor stand eine kasachische Jurte. Im Schatten ihrer Nordwand lag etwas, das ich zunächst für einen Haufen alter, verfilzter Schaffelle hielt. Doch plötzlich erhob sich der Fellhaufen und verwandelte sich in zwei empört aussehende Hunde von der Größe kleiner Bären. Es handelte sich um *komondorok*, eine Hunderasse, deren Name das verstümmelte ungarische Wort für »Kumanen-Hund« war. Noch nie hatte ich Hunde mit einem so langen und verfilzten weißen Fell gesehen. Es soll so dick sein, dass nicht einmal Wölfe sich bis zum Fleisch durchbeißen können.

Nachdem János und sein Sohn ihre Pferde in einen wartenden Anhänger verfrachtet hatten und abgefahren waren, brachte Peter ein Stück Seil, schlang es um meinen Unterarm und band einen Knoten hinein. Ich wusste sofort, was er mir da Besonderes vorführen wollte. Am allersten Abend meiner Reise, der jetzt schon mehr als drei Jahre zurücklag, hatte Damba, ein mongolischer Hirte, eine Stunde damit verbracht, mir diesen Knoten beizubringen. Ich sollte ihn unbedingt beherrschen. Er war eine Art umgedrehter Palstek, der blitzschnell geknüpft war, immer hielt und, egal, welche Kräfte an ihm wirkten, leicht zu lösen war. Dieser Knoten war tatsächlich unverzichtbar, und ich hatte ihn für so ziemlich alles benutzt: vom Pferdeanleinen über das Knüpfen improvisierter Zügel bis hin zum Gepäckfestzurren.

Schon während meines ersten Winters in der Steppe hatte ich begriffen, welch große kulturelle Bedeutung diesem besonderen Knoten zukam. In Kasachstan hatten die Hirten mich erstaunt angeschaut und gefragt, wo ich ihn gelernt hätte; immerhin war es ja ein kasachischer Knoten. Fast ein ganzes Jahr später reagierte ein Handwerker in Kalmückien genau gleich und sprach von einem kalmückischen Knoten. Und jetzt knüpfte Peter noch einmal denselben Knoten und behauptete, wie ich schon vermutet hatte, sein Volk hätte ihn erfunden: »Weißt du, hier sagt man, wer diesen Knoten nicht kennt, ist kein echter Reiter. In Westungarn, jenseits der Donau und in der Eurasischen Steppe kennt diesen Knoten niemand. Wir nennen ihn den Kulmanenknoten.«

Nach einem leckeren Lammgericht und einigen Gläsern Pálinka legte ich mich zum Schlafen auf ein Schaffell in Peters Jurte. Von draußen drückte der Wind sanft gegen die Wände aus Fell. Irgendwo schnaubte ein Pferd, und ein unruhiges Schaf blökte. Durch einen schmalen Spalt im Deckenfell fielen die Strahlen des Mondlichts auf ein Wolfsfell, eine Pferdepeitsche und einen Bogen, die an der Wand hingen. Neben mir, den Kopf auf einen alten Steigbügel gelegt, schlief tief und fest Tigon. Seine Pfoten zuckten im Traum.

Im Sonnenaufgang beobachtete ich, wie Peter seine Herde langhaariger ungarischer Schafe und grauer Rinder verabschiedete. Ein o-beiniger Hirte mit breitkrempigem schwarzem Hut trieb sie mit Peitschenknallen, Rufen und Pfiffen langsam hinaus. Danach öffneten wir die Tore des Pferdegatters und schauten zu, wie Peters Herde davondonnerte und nur eine Staubwolke im Morgenlicht zurückließ.

Um neun Uhr hatte sich alles wieder beruhigt. Mit der aufsteigenden Sonne breitete sich eine so drückende Hitze aus, dass selbst die übermütigsten jungen Pferde lustlos wurden.

»Es zu heiß, um rauszugehen«, sagte Peter mit einem Augenzwinkern. »Es ist so heiß, dass es nur einen einzigen Grund gibt, um rauszugehen: Man will sich die Thakis anschauen.«

Ohne mein Wissen hatte Peter den Besuch eines der wenigen Reservate organisiert, in denen Herden von Przewalski-Pferden, auf Mongolisch Thaki, noch wild und nur unter einem Minimum an menschlichen Einflüssen lebten. Die Thakis, die einzige noch existierende Wildpferderasse Eurasiens, sind den ersten von Jägern und Sammlern domestizierten Pferden wahrscheinlich sehr ähnlich. Normalerweise hatten nur Wissenschaftler Zutritt zu den Thaki-Reservaten, aber aufgrund seiner Beziehungen war es Peter gelungen, mir eine Erlaubnis zu beschaffen.

Ungefähr eine halbe Stunde lang verfolgten wir ihre Hufspuren und ritten dabei auf eine Bergkuppe. Dann fiel das Gelände wieder ab und gab den Blick auf schilfbewachsene Wasserlöcher und Sümpfe frei. Dort unten am Wasser standen zusammengedrängt etwa 60 bis 70 Thakis, alle mit kurzer Mähne, sandfarbenem Fell und den typischen, zebraähnlichen Beinstreifen.

Peter deutete in Richtung eines Tumults auf der gegenüberliegenden Seite des Wasserlochs. Ein Hengst hatte einen jüngeren Rivalen angegriffen, der jetzt davongaloppierte. Zunächst preschte das unterlegene Pferd nach links und dann nach rechts, bevor es kopfüber ins Wasser sprang. Der Hengst, der es verfolgte, sprang hinterher und biss nach seinem fliehenden Konkurrenten. Auf unserer Seite des Wasserlochs angekommen, setzten die Hengste ihre Verfolgungsjagd fort. Sie galoppierten an einer Stute vorbei, die gerade ihre Fohlen am Ufer entlangführte, und weiter hinaus in die offene Steppe. Ich wandte meine Aufmerksamkeit wieder dem Wasserloch zu. Dort hatte die Herde entschieden, weiterzuziehen. Mit wildem Hufgetrampel brachen die Pferde durch die glatte Oberfläche des Wasserlochs, bis sie am anderen Ende wieder auf festem Boden standen.

Es war das erste Mal, dass ich Thakis zu Gesicht bekam, und ich spürte, dass wir hier eine Szene vor Augen hatten, die sich genauso gut in prähistorischen Zeiten hätte abspielen können wie an einem heißen Sommertag in einem Tal der heutigen Mongolei. Meine eigenen Pferde, Taskonir und Ogonjok, wiesen ebenfalls die typischen Merkmale der Thakis auf. Auch sie hatten eine runde, kräftige Brust und einen baumstammdicken Hals, woran die Ausdauer und Zähigkeit zu erkennen waren, mit der sie mich sicher bis hierher nach Ungarn gebracht hatten.

Mir kam in den Sinn, dass die Eigenschaften der Thakis, die ich hier beobachtete, auch dazu beigetragen hatten, einige der größten Reiche der Welt zu errichten: angefangen in ferner Vergangenheit mit den Skythen, Römern und Mongolen bis hin zur Eroberung der Neuen Welt. Die Lebensweise der Nomaden hatte zwar nicht weiter als bis zur Donau überdauert, aber die Pferde und ihre Reitkunst wurden von den Europäern übernommen und bis nach Amerika, Australien und Afrika gebracht. Mit derselben Überlegenheit, von der auch schon die frühen Nomaden in Eurasien profitierten, eroberten Männer auch dort vom Sattel aus neue Gebiete. Ob im Guten oder im Schlechten, Pferd und Mensch waren gemeinsam durch die Weltgeschichte geritten und hatten auf allen Kontinenten dazu beigetragen, den dortigen Gesellschaften ihre Identität zu geben.

Nach unserem Ausflug zu den Thakis blieb ich noch ein paar Tage auf Peters Farm. Als ich schließlich aufsattelte, um weiterzureiten, riss Peter jedem meiner Pferde ein paar Haare aus, schenkte mir einen mongolischen Schweißstab und sagte: »Ich bin wirklich froh, dass wir uns kennengelernt haben, und hoffe, wir werden auch in Zukunft viel Kontakt haben. Du hast die Lebenseinstellung und den Verstand eines Nomaden, auch wenn du aus Australien kommst.«

Voll neuer Energie ritt ich weiter. Meine Gedanken weilten noch lange in der Hortobágy bei den Thakis und den Nächten in Peters Jurte, und die Schwierigkeiten der letzten Monate und Jahre schienen zu verblassen. Ich war wieder eins mit den elementaren Eigenheiten dieser Region, in der alles begann.

Sieben Tage lang zog meine Karawane ohne Unterbrechung entlang der Theiß gen Süden, und dabei legten wir von einer Unterkunft zur nächsten jeweils ungefähr 80 Kilometer zurück. Tigon war ein wahres Kraftpaket. Er hielt lange Sprints mit mehr als zwölf km/h durch. Ein kurzes Bad bei jeder sich bietenden Gelegenheit – Fluss, Tränke, Wassergraben oder Pfütze –, und er war wie neugeboren. Abends verwöhnte ich die Pferde mit Heu und Getreide, und am nächsten Morgen tollten sie ausgelassen herum. Taskonir, der so abgemagert gewesen war, dass viele glaubten, er würde den Ritt bis zur russischen Grenze nicht überleben, schlug mit der Hinterhand aus, warf den Kopf hin und her und schnappte angriffslustig nach den jüngeren Pferden. An den Abenden ritt ich ohne Sattel oder Halfter mit ihm los. Es hatte ein Reisejahr gedauert, bis ich mich sicher genug fühlte, um zu galoppieren, und dann noch ein weiteres, bis wir endlich in so nahrhaftes Grasland kamen, das ich es tatsächlich auch wagte. Hier hatten wir nun jede Sorge um Wasser, Gras und Entfernungen hinter uns gelassen. Ich hielt mich an Taskonirs Mähne fest, vergrub meine nackten Zehen in seinem Bauchfell und jagte mit ihm in wildem Galopp durch die Gegend. Wenn er sich nach vorne lehnte und die Erde unter uns dahinflog, überkam mich dieses merkwürdige Gefühl, als verlangsame sich die Zeit. Einzelheiten in der Landschaft glitten überdeutlich durch mein Gesichtsfeld. Ich saß gerade und ruhig, hatte meine Beine um Taskonirs Brust geschlungen, und mein Hintern hob sich keinen Millimeter von seiner Wirbelsäule. Diese Tiere, vor denen ich anfangs noch panische Angst hatte, hatten mich verändert. Ein Leben ohne sie konnte mir nicht mehr vorstellen.

Der Schwung, mit dem ich von Peters Farm losgeritten war, brachte mich bis in das Dorf Tószeg. Von dort sollte mich in Richtung Westen zwei Tage lang eine Gruppe von Reitern begleiten, die János mir als »Cowboys« beschrieben hatte. Er hatte nicht übertrieben. Die Männer tauchten auf American Quarter Horses auf, ausstaffiert mit Lassos, langen Lederüberhosen, Sporen, breiten Gürtelschnallen und ausladenden Cowboyhüten. Angeführt wurden sie von einem Mann, den sie »Sheriff« nannten, ein wohlhabender Programmierer, der zugab, dass er als Kind zu viele John-Wayne-Filme gesehen hatte. Solange ich mit ihnen unterwegs war, übernachteten wir in pferdefreundlichen Hotels – eine Einrichtung, die es nur in Ungarn gibt. Die Pferde nächtigten in Ställen, während Tigon und ich in einem luxuriösen, mit Kronleuchter geschmückten Zimmer schliefen.

Erst als ich, dieses Mal ohne Begleitung, die Ranch des »Sheriffs« wieder verlassen hatte, ließ meine Beschwingtheit allmählich nach. Die Geschwindigkeit, mit der wir vorankamen, und die vielen neuen Gesichter, die meine Tage füllten, nahmen mich so in Beschlag, dass mir beinahe entging, wie schnell wir das Land durchquerten. Es war kaum zu glauben, der September war schon angebrochen, und in nur zwei Tagen würden wir die Donau erreichen.

Zu Beginn meiner Reise, als Ungarn oft unerreichbar schien, hatte ich von einem Moment wie diesem, in dem alles dem Ende zuging, geträumt. Die Pferde wären endlich von meiner Last befreit, und nach allem, was sie für mich getan hatten, könnte ich ihnen ein Land mit unbegrenzten Weidemöglichkeiten bieten. Oft hatte es den Anschein gehabt, mein Wunsch, den Pferden ihre verdiente Ruhe zu geben, würde unerfüllt bleiben. Ein paar Pferde hatten es ja auch tatsächlich nicht geschafft. Der Gedanke an das graue Pferd Kok, das ich vor mehr als einem Jahr in Kalmückien mit einem entzündeten Huf zurückgelassen hatte, verfolgte mich noch immer. Ich hatte nicht den Mut, anzurufen und herauszufinden, was aus ihm geworden war. Und dennoch, den Rest meiner Mannschaft hatte ich irgendwie durchgebracht. Ogonjok und Taskonir waren inzwischen fast drei Jahre bei mir. Damals in Pugatschewo, als der alte Mann, der mir Taskonir verkauft hatte, mich bat, ihm eine Postkarte von der Donau zu schreiben, schien das noch nahezu unmöglich. Aber jetzt, angekommen in diesem Land, in dem es alles im Überfluss gab, hatte ich das Gefühl, die Dinge passierten zu früh und zu schnell.

Nach einem sanften Ritt durch hügelige Wälder und Sandlandschaften westlich der Ranch sehnte ich mich danach, mein Lager in der offenen Steppe aufzuschlagen und Bilanz zu ziehen. Aber es sollte nicht sein. Die letzte Nacht vor der Donau würde ich auf der Bronco Ranch, einem weiteren Cowboy-Gestüt, verbringen. Meine Ankunft fiel ausgerechnet auf einen Samstag, an dem Wildwest- und Pferdefans ein Treffen abhielten. Anstatt mich in ein ruhiges Lager zurückzuziehen, ritt ich, beschallt von Lautsprechern, aus denen im Wechsel Country-Songs und Ansagen dröhnten, durch ein Gedränge aus feiernden Vorstädtern. Es gab Westernreit-Wettkämpfe wie Barrel Racing und Sliding, die von einer bierselige Menge in Cowboy-Outfits verfolgt wurden.

Nachdem ich von Tibor, der bei »Sheriff« Trainer und Pferdepfleger war, begrüßt worden war, lud ich ab und nahm Taskonir und Tigon mit zu einem Ausritt. Wir ließen die Ranch hinter uns und trabten in den Wald. Dort legte ich mich auf eine sandige Lichtung, Taskonirs Leine locker in der Hand, und versuchte mich auf den Sonnenuntergang zu konzentrieren. Die Steppe sollte mich besänftigen, wie schon Hunderte Male zuvor, aber von der einen Seite drang unaufhörlich das Dröhnen von Motorrädern und Autos zu mir und von der anderen kroch die Musik der Bronco Ranch durch den Wald.

Man hatte mir einmal eine Legende über die Entstehung Ungarns erzählt, die mich seither nicht mehr losließ: Auf ihrer langen Suche nach einer neuen Heimat, die sie aus dem Osten bis hierher geführt hatte, boten die Magyaren den Herrschern dieses Landes ein weißes Pferd im Tausch gegen ein Büschel Gras und einen Krug Donauwasser an. Es war ein sehr bedeutsamer Tausch: Wasser und Gras stellten lebenswichtige Güter dar, und in der Pannonischen Tiefebene waren sie in so großen Mengen vorhanden, dass dieser Landstrich in jedem Nomaden Sehnsüchte wecken musste. Für mich war das Nomadentum definiert durch die ewige Suche nach Wasser und Weideland, die diesen Menschen den Rhythmus der Landschaft auferlegte, und nicht durch die Kunst, verheerende Kriege zu führen und Reiche zu gründen, die man auch aus der Geschichte vieler anderer Nationen und Kulturen kennt.

Aber die ungarische Legende barg einen Widerspruch, den ich erst jetzt begriff: Die Suche nach besserem Weideland hatte die Magyaren – genau wie mich – in dieses Land am Rande Europas gelockt, in eine Steppe, die für das reine Nomadenleben nicht geeignet war. Sie tauschten das weiße Pferd, ein Symbol für ihr Nomadendasein und für die Tiere, die sie ernähren wollten, gegen ein Leben im Überfluss. Wie auch schon andere Nomaden vor ihnen ersetzten sie ihre Sättel nach und nach durch Karren, Pflug und Sense, ihre riesigen Herden durch Ackerland und ihre Jurten durch feste Behausungen. In einem so reichen Landstrich fehlte der Antrieb, immer in Bewegung zu bleiben.

Genau darin lag auch mein Dilemma. Die Reise hatte mich verändert. Mein Traum, von der Mongolei bis nach Europa zu reiten und dabei die Welt mit den Augen eines Nomaden zu sehen, hatte sich erfüllt. Aber wenn das Nomadentum im milden Klima Europas – und auch in meiner Heimat Australien – nicht existieren konnte, wie sollte ich dann all die Dinge, die ich gelernt hatte, über die Donau retten?

Von Broncos Ranch bis nach Solt an der Donau waren es nur mehr 24 Kilometer. Es sollte mein letzter Reisetag Richtung Westen sein und auch der letzte, den ich alleine ritt.

Auf meiner Stecke, die grob entlang der Schnellstraße M52 führte, konnte ich die Steppe nur noch selten genießen. Sobald eine offene Fläche vor mir auftauchte, ließ ich mein Pferd traben, aber Gräben, Straßen und Weizenfelder bremsten mich immer wieder aus. Am Abend ritt ich durch Solt und scheuchte ein paar Hunde, einen Radfahrer und einen Fußgänger auf. Bis zum Donaudamm mussten wir noch einen Hindernislauf absolvieren und gelangten dann über üppig grüne Flächen hinunter zum Fluss. Zwischen mir und dem weit entfernten anderen Ufer lag ein breiter Streifen schlammig braunen Wassers, und gleich dahinter begannen Zäune, Mauern, Straßen und Städte. Von Süden her kämpfte eine Touristenfähre gegen die Strömung an. Anfangs ignorierte ich Taskonir, dessen Kopf an den Zügeln zog, aber schließlich ließ ich locker und schaute zu, wie die Pferde tranken. Selbst Tigon wagte sich vorsichtig in den Fluss und schlabberte das Wasser.

In dieser Nacht schlug ich, erst zum zweiten Mal in Ungarn, mein Zelt auf und ließ bis in die frühen Morgenstunden meine Reise, die ich vor dreieinhalb Jahren begonnen hatte, Revue passieren. Die Reise war zu meinem Leben geworden, und dennoch musste ich erkennen, dass die Erinnerung an meine Erlebnisse schon jetzt langsam verblasste. In Kasachstan waren die Hufspuren meiner Pferde längst verwischt. Auch die Büsche, die wir niedergetreten hatten, hatten sich wieder aufgerichtet, und das von den Pferden gefressene Gras war nachgewachsen, und einige der Menschen, die ich getroffen hatte, waren schon gestorben. Die Pferde würden nie wieder die Packsättel auf ihren Rücken spüren und Tigon nie wieder die Freiheit genießen, von morgens bis abends herumzurennen.

Wie damals, als ich mein altes Leben in Australien hinter mir ließ und in die Mongolei fuhr, würde auch mit diesem Abschied ein Teil von mir sterben.

Genauso wenig wie man den genauen Zeitpunkt festlegen kann, an dem der Sommer zu Ende geht und der Herbst beginnt, kann man sagen, an welchem Ort und an welchem Tag ich mit meiner Reise ans Ziel gekommen war. Es gab mehrere Endpunkte und später auch viele Neuanfänge.

Ursprünglich hatte ich mit dem Gedanken gespielt, in Budapest anzukommen, dachte dann aber, dass eine Großstadt, in der man sich an die Mongolen bis heute nur in Zusammenhang mit ihren Zerstörungen erinnerte, vielleicht doch nicht der richtige Ort war. Das eher unbekannte Stück Donau in der Nähe von Solt schien mir ein persönlicherer Zielort zu sein, und symbolisch gesehen war es auch das Ende der Steppe. Der Zieleinlauf würde jedoch recht einsam und unspektakulärer werden.

Ein zweiter wichtiger Schlussakt sollte bekanntlich in Ópusztaszer stattfinden, genau wie János es geplant hatte. Árpád hatte dort im Jahr 896 die Nation der nomadischen Magyaren gegründet, und der Ort war zu einem Wahrzeichen für Ungarns andauernde Bedeutung in der Geschichte der Eurasischen Steppe geworden. Mindestens genauso wichtig war jedoch, dass ich in Ópusztaszer mit anderen Menschen feiern konnte.

Am Tag nachdem ich in Solt und an der Donau angekommen war, nahm ich meine Sachen und machte mich auf den Weg zum internationalen Flughafen von Budapest. An der Grenzkontrolle stolperte mir etwas orientierungslos mein Bruder Jon entgegen. Er hatte immer vorgehabt, mich ein Stück meiner Reise zu begleiten, letztendlich war es aber nie dazu gekommen. Nun, nach dem Tod unseres Vaters, war er fest entschlossen, zumindest auf der Zielgeraden dabei zu sein.

Die vier Tage, die wir noch von der Donau Richtung Südosten nach Ópusztaszer zurücklegen mussten, begleitete er mich. Am ersten Tag ging er zu Fuß, rannte von hier nach dort, fotografierte und sog jede Kleinigkeit in sich auf. Er war erst zum zweiten Mal außerhalb Australiens und zum ersten Mal in Europa. In der Abenddämmerung kam Jon mit einem Lächeln auf mich zu: »Schau mal, wie viele Frösche es hier gibt! Ich hab einen gefangen!« Er öffnete die Hand und zeigte mir ein sich windendes, schlammüberzogenes kleines Exemplar. Wie er da so stand, mit dem Tagesrucksack auf dem Rücken und seinem staunenden Gesichtsausdruck, war er das Ebenbild meines Vaters – oder zumindest der Vision meines Vaters, wie er am Tag seines Todes neben mir ging.

Am zweiten Tag kam János dazu und führte uns auf einen 50 Kilometer langen Trampelpfad. Wir wanderten bis nach Einbruch der Dunkelheit, und als wir an das pferdefreundliche Hotel kamen, in dem wir übernachten wollten, hörte ich plötzlich eine bekannte Stimme.

»Tigon! Du bist es wirklich!«

Tigon, der unserer kleinen Gruppe vorangelaufen war, begrüßte meine Mutter als Erster. Auch Graeme Cook, ein alter Nachbar und Freund der Familie, der mich vor vier Jahren zum ersten Mal auf ein Pferd gesetzt hatte, erwartete uns. Und sogar mein Sandkastenfreund Mark Wallace mit seiner Freundin Nadia war da.

Die nächsten zwei Tage vergingen wie im Traum. Zusammen mit Freunden und Familienmitgliedern in meiner immer noch vollständigen kleinen Karawane zu reiten, gab mir ein Gefühl der Gemeinschaft, das sich auf genau diese Weise wohl nie wiederholen würde.

Nur zehn Kilometer vor meinem Ziel schlug ich ein letztes Lager auf. Diese Nacht, in der ich eigentlich meinen Gedanken nachhängen wollte, wurde jedoch zu einem kleinen Desaster: Tigon hatte sich in einem Kadaver gewälzt, und ich brauchte Stunden, um ihn mit Shampoo und Wasser wieder zu säubern.

Für das große Finale im Nationalpark in Ópusztaszer hatten die Botschaften der Mongolei und Kasachstans ihre Vertreter geschickt, und auch der stellvertretende australische Botschafter war aus Budapest angereist. Als Repräsentant der Long Riders' Guild kam Gordon Naysmith, ein verschmitzter Schotte, der in seiner Jugend durch ganz Afrika geritten war: von der Südspitze bis in den Norden und nach Europa. Und noch viele, viele andere erwarteten mich – einige Freunde aus Europa, darunter auch meine alten Freunde Sandy und Rita Cooper aus Schottland, und vor allem zahlreiche Ungarn, die mich unterwegs beherbergt hatten.

Je kürzer die verbleibende Strecke wurde, umso schneller trug mich die Welle der Emotionen vorwärts. Die letzten paar Schritte ging ich durch ein Spalier ungarischer Reiter in traditionellen Trachten. Als der offizielle Teil der Veranstaltung vorüber war, verlagerten sich die Feierlichkeiten in ein Jurtenlager ganz in der Nähe, und dort mischten sich dann bis in den frühen Morgen der Geruch von Gulasch, die Ausdünstungen des Pálinka und das Wiehern der Pferde.

Irgendwann zog mich Attila Cseppento, der Besitzer des Jurtenlagers, zur Seite. Er hatte ein Leuchten in den Augen, das sicherlich zu einem guten Teil dem Pálinka geschuldet war. »Tim Cook – erste Nacht von Reise, du schläfst in Jurte. Letzte Nacht von Reise, du schläfst in Ungarn, auch in Jurte.« Er schaute mich an, den Tränen nahe, schüttelte dann aber nur bedächtig den Kopf: »Schön, das ist schön.«

Epilog

Der 22. September 2007, der Tag, an dem ich das Freilichtmuseum in Ópusztaszer in Ungarn erreichte, war einer der erfülltesten Tage meines Lebens. Mehr als drei Jahre nach dem Reisebeginn in der Mongolei hatte ich meinen Traum verwirklicht, die Eurasische Steppe zu Pferd zu durchqueren und bis zur Donau zu reiten. Meine Mutter, mein Bruder, alte und neue Freunde, Repräsentanten verschiedener Kulturen der Steppe – und natürlich auch meine Tierfamilie – waren gekommen, um diesen Augenblick mit mir zu teilen.

Der gleiche Tag stand jedoch auch für den Anfang eines Prozesses, den ich am besten als – nicht immer freiwillige – Aufgabe und Ablegen von vielem, was mein Leben in der Steppe bestimmt hatte, beschreiben könnte.

Während meines Aufenthalts in Ungarn hatte ich lange und intensiv darüber nachgedacht, was ich nach dem Ende der Reise mit den Pferden tun könnte. Ich hatte erwogen, sie Peter Kun oder Tamas Petrosko zu überlassen, aber letztlich überzeugte mich ein Vorschlag von János Loska, sie doch einem Waisenhaus in dem kleinen Dorf Tiszadob zu schenken. Bei meiner Reise hatte ich in diesem Waisenhaus Station gemacht, und die Leiterin Aranka Illes hatte mir erklärt, dass ihre Einrichtung schon seit vielen Jahren versucht habe, ein Reitprogramm für die Waisen einzurichten. Bei der Abschlusszeremonie übergab ich die Pferde an Aranka und an mehrere Kinder, die mitgekommen waren, um mich zu grüßen. Am nächsten Morgen wurden die Tiere in Pferdeanhänger verladen und weggebracht, und mir blieb nur noch ein inzwischen nutzloser Bestand an Pferdegeschirr.

Die Pferde nach Australien zu bringen war niemals im Bereich des Möglichen gewesen, deshalb hatte ich schon lange mit diesem Tag gerechnet. Ich hatte jedoch die Hoffnung gehegt, Tigon mit nach Hause nehmen zu können. Deshalb war es eine niederschmetternde Nachricht, dass es mich – pleite, wie ich war – etwa 10 000 Dollar kosten würde, ihn von Ungarn nach Australien zu bringen, eine selbst zu guten Zeiten unmögliche Summe. Außerdem musste Tigon zunächst in einem Land der Europäischen Union registriert werden, bevor ich angesichts der strengen Quarantänebestimmungen in Australien eine Einfuhrerlaubnis beantragen konnte. Das würde für Tigon einen mindestens sechsmonatigen weiteren Aufenthalt in Ungarn bedeuten. János nahm Tigon mit nach Hause und bot mir großzügigerweise an, ihm auf seiner Pferdefarm Unterkunft zu gewähren.

Sechs Wochen später stellte ich mein Gepäck im Landhaus meiner Mutter in Gippsland, Victoria, ab und betrat eine Welt, in der ich es genoss, in einer vertrauten Umgebung und meinen Familienangehörigen nahe zu sein. Dennoch hatte ich das Gefühl, dass ein Teil von mir noch im Ausland war, und ich hatte Mühe, die Bedeutung all dessen, was ich gelernt und erlebt hatte, einzuschätzen. Ich verstand nahezu sofort, dass es im Vergleich zu den Anforderungen, die auf einen wenig erfahrenen Reiter in der Steppe zukamen, sehr viel schwieriger sein würde, sich wieder auf das Leben in Australien einzustellen, vor allem ohne meine Tiere. Die schwierigste Phase stand mir erst noch bevor. Etwas mehr als einen Monat nach meiner Rückkehr wurden mehrere meiner Tagebücher, die ich während der ganzen Zeit in der Steppe gehütet hatte, in St. Kilda, einem Stadtteil von Melbourne, vor der Wohnung meiner Schwester aus meinem Auto gestohlen. Aufrufe über die Medien, mit Handzetteln und Plakaten, auf denen eine Belohnung ausgesetzt wurde, blieben ergebnislos. Der Kummer, den mir dieser Vorfall bereitete, ist schwer zu beschreiben – es war, als hätte mir jemand einen Teil meines Lebens gestohlen.

Die Monate, die auf den Verlust der Tagebücher folgten, waren ein Tiefpunkt, zu dem ich nie wieder zurückkehren möchte, aber zugleich wurden sie für mich auch zum Wendepunkt auf dem langen Weg zu einem Gefühl für die Bedeutung dieser Reise für mich selbst, und, das war das Wichtigste, es begann die Katharsis, durch die ich meine Erfahrungen in einer Form gestalten konnte, die auch für andere Menschen bedeutsam ist.

Mit dem Redakteur Michael Balson, meinem Bruder Cameron und dem Produzenten Richard Dennison arbeitete ich 140 Stunden mit Videoaufnahmen durch, die ich im Lauf der Reise gemacht hatte. Unser Ziel war eine fürs Fernsehen bestimmte Filmreihe. Gleichzeitig begann ich damit, meine Reiseerlebnisse niederzuschreiben. Der Schreibprozess war anfangs wegen des Verlusts eines Teils der Tagebücher mit Kummer verbunden. Als ich dann mit dem Schreiben begann, stellte ich jedoch fest: Ich war noch so tief mit meinen Erfahrungen verbunden, dass ich nur die Konturen meines Sattels zu spüren brauchte – an dem immer noch der Geruch meiner Pferde und der Steppe klebte –, ein bisschen an einem Holzfeuer riechen, die Brise, die über die Hügel beim Haus meiner Mutter wehte, fühlen, einen Blick auf ein Pferd in einer Koppel werfen und weit weg einen Hund bellen hören musste, um mich zurück in die Steppe zu versetzen. Ich erkannte, dass ich für die Teile der Reise, für die mir jetzt die Tagebuchaufzeichnungen fehlten, auf Karten, Fotos und andere schriftliche Aufzeichnungen zurückgreifen konnte, die ich damals zum Glück gemacht hatte. Am wichtigsten war die Wiederaufnahme des Kontakts zu vielen der Freunde, die ich in der Steppe gefunden hatte. Das geschah durch Briefe und E-Mails und in einigen Fällen auch durch Besuche. Zur Jahresmitte 2008 nahm ich ein überraschendes Angebot von World Expeditions an, für die ich eine Trekkingreise in der Mongolei führte. Bei dieser Gelegenheit traf ich viele der Menschen wieder, die mich vor einigen Jahren zu meiner Steppenreise verabschiedet hatten, unter anderem auch Gansukh Baatarsuren und Tseren Enebish und ihre Familie und Verwandten. Es war die erste in einer Serie von Reisen in die Mongolei, die ich seitdem jährlich unternommen habe.

Gegen Jahresende 2008 kamen die Dinge ins Rollen. Im Herbst fand ich mich in Nordamerika wieder, nachdem ich ein Angebot für einen Vortrag bei einem Reise- und Abenteuer-Festival in Montreal angenommen hatte. Auf dem Rückweg nach Australien machte ich in Washington, D.C., Station, von wo aus ich mit der Literaturagentin Gail Ross nach New York flog und dann in Manhattan mehrere Termine mit Verlagsleuten hatte, unter anderem mit dem Lektor Anton Mueller und dem Verleger George Gibson von Bloomsbury. Innerhalb weniger Monate hatte ich einen Vertrag.

Tigon vermisste ich in dieser Zeit sehr, ich hielt engen Kontakt zu János Lóska und erkundigte mich nach dem Wohlergehen meines Hundes. Es gab viele Geschichten von Übermut zu berichten, einmal folgte Tigon zum Beispiel einen ganzen Tag lang einem vorbeiziehenden Reiter und nahm dabei alle Hofhunde mit. János klagte, er habe ein Taxi losschicken müssen, um sie alle einzusammeln. Erwartungsgemäß wurde Tigon auf János' Hof auch Vater, und einer der Welpen ging an das Waisenhaus von Tiszadob, wo er den Namen Tigi erhielt.

Im November 2008, mehr als zwölf Monate, nachdem ich Tigon zum letzten Mal gesehen hatte, erhielt ich einen Brief. Er kam von der australischen Quarantänebehörde – Tigon war die Einfuhrerlaubnis nach Australien erteilt worden! Ich hatte allerdings immer noch kein Geld, und der Haken an der Sache war, dass die Genehmigung nach einem Monat auslief. Ich war zu diesem Zeitpunkt in Perth, wohnte dort bei meinen Freunden Rob und Rachel Devling, und mit der Unterstützung von Mike Wood von Mountain Designs gelang es mir, eine Präsentation zur Spendenbeschaffung zu organisieren. Die Reaktion fiel überwältigend aus, und in einem vollbesetzten Vortragssaal mit Menschen, die gekommen waren, um sich meine Geschichte anzuhören, kamen an einem einzigen Abend 8000 Dollar zusammen.

Die ungarische Tierärztin Edit Budik brachte Tigon im Dezember 2008 von Budapest zum Wiener Flughafen. Von dort wurde er per Flugzeug in die Vereinigten Arabischen Emirate gebracht und an dieser Zwischenstation in eine Maschine nach Melbourne umgeladen. Am 12. Dezember 2008 kam Tigon aus dem Quarantäne-Bereich gestürmt, um mich zu begrüßen – und anschließend eine halbe Stunde lang zu ignorieren, während er auf dem Markknochen herumkaute, den ich ihm als Begrüßungsgeschenk mitgebracht hatte. Tigon war im Januar 2009 an meiner Seite, als ich mich ernsthaft auf die lange Reise der Niederschrift dieses Buches begab, und ich musste einen großen Schritt machen, um die Kluft zwischen dem Leben in Australien und dem Leben in der Steppe zu überbrücken.

Seit dieser Zeit ist viel geschehen, sowohl in meinem wie auch im Leben der vielen Menschen in der Steppe, zu denen ich immer noch eine enge Verbindung habe.

Im August 2009 unternahm ich die erste von mehreren Trekkingreisen, die mich – in Zusammenarbeit mit Tseren Enebish und World Expeditions – in die Turgen-Charchiraa-Bergregion im Westen der Mongolei zurückführte. Dort engagierten wir Dashnyam als unseren leitenden Kamelbetreuer und Führer für genau die Tour, die ich damals mit ihm über den hohen Pass unternommen hatte. Es war ein wunderbares Erlebnis, wieder mit Dashnyam und seiner Familie zusammenzutreffen und ihm von meiner Reise bis zur Donau zu erzählen. Dashnyams Lebensumstände hatten sich kaum verändert, seit ich mich damals, an einem kalten Herbstmorgen im Jahr 2004, von ihm verabschiedet hatte.

Er war immer noch bettelarm und besaß nur sehr wenige Tiere, die zum Lebensunterhalt seiner zahlreichen Kinder beitrugen. Ich hatte gehofft, auch Saartai Zeerd wiederzusehen, das Pferd, das ich ihm damals geschenkt hatte, aber er erklärte mir, das Pferd sei alt geworden, und seine Familie habe es im vergangenen Winter gegessen. Vor nicht allzu langer Zeit sei ihm sein einziges anderes Pferd gestohlen worden, deshalb sei er jetzt ganz ohne Reittier. Mit der Unterstützung der Trekkingreisenden bei dieser ersten Reise im Jahr 2009 brachten wir zusätzlich zu seinem vereinbarten Honorar genug Trinkgeld zusammen, sodass er sich ein neues Pferd kaufen konnte, und in späteren Jahren kamen noch ein zweites Pferd und ein Kamel dazu. Inzwischen ist Dashnyam Großvater geworden: Seine Tochter, die ich 2004 fotografiert hatte (Tafel 7 in der Bildstrecke), brachte im Frühling 2012 einen Sohn zur Welt.

Zwei weitere Ereignisse waren im Sommer 2009 für mich wichtig. Nach all diesen Problemen und Sorgen erhielt ich die Nachricht, dass das Zweite Deutsche Fernsehen im Auftrag des Senders ARTE die Geldmittel für eine dreistündige Dokumentarserie über meine Reise bewilligt hatte. ABC folgte wenig später mit einem eigenen Budget für eine Version dieser Serie, und ich verbrachte einen großen Teil des folgenden Jahres mit der Arbeit an diesem Film, der den englischen Titel *On the Trail of Genghis Khan* und deutschen *Auf den Spuren der Nomaden* trägt. Die Serie ist seitdem in mehreren Ländern und Sprachen gesendet worden.

Das andere wichtige Ereignis war die Begegnung mit Khorloo Batpurew, einer jungen Mongolin, in die ich mich verliebte. Ich verbrachte die Sommer 2010 und 2011 in der Mongolei, führte dort meine jährliche Reisegruppe und schrieb in Ulan-Bator, wo ich mir mit Khorloo eine Wohnung teilte, an meinem Buch. Seitdem haben wir den größten Teil unserer Zeit in Australien verbracht. Khorloo konzentrierte sich auf ihr Studium, ich arbeitete vor allem an meinem Buch.

Während des Schreibprozesses verfolgte ich mit großem Interesse den weiteren Lebensweg vieler Menschen, denen ich in der Steppe begegnet war. Keiner von ihnen ist mir wichtiger als Aset aus Zhana Zhol, der mich im Winter 2004/2005 begleitete, und Baitak und seine Freunde in Akbakai.

Aset erzählte mir erst ein Jahr nach unserer gemeinsamen Reise in Kasachstan, dass er 14 Jahre seines Lebens im Gefängnis verbracht hatte.

Er war erst 20 Jahre alt gewesen und hatte damals als Taxifahrer gearbeitet, als er in eine Schlägerei geraten war und dabei versehentlich einem Polizisten den Kiefer gebrochen hatte. Er hatte mir das damals nicht erzählt, weil er befürchtete, dass es mich von weiterem Umgang mit ihm abschrecken würde. Aset war nach unserer Reise vom Dorf Zhana Zhol in die Stadt Öskemen umgezogen, wo er heute mit seiner Frau und mit Guanz, seinem behinderten Sohn, lebt. Damals, im Jahr 2005, konnte ich den Sattel zurückgeben, den er mir verkauft hatte und der heute, in seinem neuen Leben in der Stadt, nicht mehr benutzt wird. Guanz geht es gut, er studiert inzwischen an der Universität. Ich habe versprochen, mehr aktuelle Nachrichten über seinen ehemaligen Welpen Tigon zu schicken, und hoffe, dass ich die drei eines Tages wieder besuchen kann.

Kathrin Nienhaus, mit der ich die Reise begonnen hatte, heiratete im Dezemberg 2006, in dem Jahr, bevor ich die Donau erreichte. Wir blieben in Kontakt, und Kathrin war mir eine große Hilfe. Ihre Unterstützung reichte von Gesprächen in der Zeit nach dem Tod meines Vaters bis zur gemeinsamen Erörterung von Einzelheiten unserer gemeinsamen Reise in der Mongolei für dieses Buch.

Außerdem ist erwähnenswert, dass Gansukh Baatarsuren, der junge Mongole, der mir beim Kauf meiner ersten Pferde half, heute mit Sonya, seiner australischen Partnerin, in der Mongolei und in Australien lebt. Wir bleiben gute Freunde.

Und noch ein Wort zu meinen Tieren in Ungarn. Aranka hat, seit ich die Pferde dem Waisenhaus schenkte, den Kontakt gehalten. Sie schickte Fotos und Neuigkeiten zu den Pferden und den Waisenkindern, die mit ihrer Hilfe das Reiten gelernt haben. Kurz nach meiner Abreise aus Ungarn wurde der Fußballplatz des Heims dauerhaft zur Pferdekoppel umgewidmet. Ein Maßstab dafür, wie lange die Arbeit an diesem Buch gedauert hat, ist jedoch die Information, dass Taskonir, der vielleicht schon über 20 Jahre zählt, inzwischen in den Ruhestand getreten ist. Kok zog sich leider an einem Bein eine Verletzung zu und lahmt inzwischen. Ogonjok dient den Kindern dagegen nach wie vor als Reittier. Tigons Nachkomme Tigi trat eines Tages leider einen Ausflug an, von dem er nie zurückkam.

Zuletzt noch ein Wort über meine Zukunftspläne. Ich habe viele

Träume zu Reisen im Nordwesten Chinas, in Zentralasien und in Australien, die ich mir größtenteils zu Fuß und mit Tieren vorstelle. Außerdem interessiere ich mich für die Herkunft der Roma und ihre Wanderungsbewegungen im Lauf der Jahrhunderte, und, ein ganz anderes Thema, ich träume davon, ein Kinderbuch über Tigon und einen Besuch bei meinen Pferden zu schreiben. Ich habe ein Programm gestartet, das australische Studenten in die Mongolei bringt und mit dem Geldspenden für die Dorfschule in Chowd gesammelt werden, und hoffe, dies weiterführen zu können.

Zuvor werde ich jedoch durchatmen und die Erfahrung genießen, mit der Fertigstellung dieses Buches neue Horizonte erschlossen zu haben. Danach werde ich vielleicht mit meinem vierbeinigen Gefährten einen langen Spaziergang unternehmen, um darüber nachzudenken.

Tim Cope

Eines der letzten Familienfotos zusammen mit meinem Vater, aufgenommen im November 2003. Stehend: ich mit meinen Brüdern Cameron (*links*) und Jonathan (*rechts*). Sitzend: meine Schwester Nathalie, Andrew, mein Vater, und meine Mutter Ann mit unserem Hund Pepper, der während meiner ersten Wochen in Kasachstan starb.

Dank

Was einst als Plan begann, auf Pferden 18 Monate lang von der Mongolei bis nach Ungarn zu reiten, hat mein Leben ein ganzes Jahrzehnt lang geprägt und in Anspruch genommen.

Im Großen und Großen gab es dabei drei Phasen: die Vorbereitung, die Reise und die Verarbeitung der Erfahrungen, einschließlich der Herstellung einer Filmreihe, vor allem aber der Niederschrift dieses Buches. In jeder Arbeitsphase haben mir die Hilfe und die Unterstützung und Ermutigung durch andere Menschen weitere Fortschritte ermöglicht.

Zu einigen der Personen, denen ich Dankbarkeit schulde, habe ich den Kontakt verloren, teilweise, weil die Reise mich so in Anspruch genommen und weil ihr eigenes Leben sie auf andere Wege geführt hat; mit anderen bin ich nach wie vor eng befreundet; und wieder andere, das muss ich traurig feststellen, haben das Ende dieses Projekts nicht mehr erlebt.

Großen Dank für die Zeit der Anfangsphase schulde ich meinen Eltern – Anne Cope und meinem verstorbenen Vater Andrew Cope – und meiner damaligen Freundin Kathrin. John und Alison Kearney, mein Großonkel und meine Großtante, unterstützten mich bei meinen Reisen über all diese Jahre hinweg und gewährten mir entscheidende moralische und finanzielle Unterstützung.

Die Welt der Pferde ist für den Uneingeweihten vielfältig und verwirrend, und es gab Menschen, die mir bei der Einführung behilflich waren. CuChullaine O'Reilly, Gründungsmitglied der Long Riders' Guild, reagierte sofort auf meine Ratsuche, er war nicht nur großzügig mit seinem Wissen, sondern auch ein verständnisvoller Zuhörer, und seine Ermutigung rüstete mich nicht nur mit dem Wissen für eine Reise zu Pferd aus, sondern regte mich auch dazu an, das, was ich gelernt hatte, weit über das Reiseziel Donau hinaus fortzuführen und dieses Buch zu schreiben. Sein Kollege, der Long Rider und Autor Jeremy James, trug ebenfalls zu meiner Anleitung bei.

Cath und Steve Baird von Horseback Adventures verschafften mir in Australien großzügig meine erste Kostprobe in Sachen Reiten – eine

Reise mit Packpferden in den Australischen Alpen in Victoria. In Western Australia sorgten Brent, Sam und Sascha Watson von Horses und Horse men zunächst für Training und berieten mich anschließend im gesamten Verlauf meiner Reise. Sie machten mich mit der hervorragenden Tierärztin und Pferdeexpertin Sheila Greenwell bekannt, die mir einen Tierarztkoffer schenkte und mir während der ganzen Reise auf dem Korrespondenzweg lebensrettende Ratschläge gab.

Dann sind da noch die Menschen, die mir in den Ländern halfen, die ich bereiste. Meine alten Freunde Tseren Enebish und ihr Mann Rik Idema, Tserens alte Mutter und ihr Cousin Bayara Mishig beherbergten und führten mich während der schwierigen Anfangsphase in Ulan-Bator. Gansukh Baatarsuren, ein engagierter junger mongolischer Historiker und Pferdefachmann, half mir beim Pferdekauf und war eine unendlich ergiebige Quelle für Informationen zur nomadischen Kultur und Lebensweise.

In Kasachstan übernachtete ich bei etwa 70 Familien, aber ganz besonders danken möchte ich Jewgenij und Mischa Jurckenkow in Öskemen, Aset und seinem Sohn Guanz, der mir Tigon schenkte, Baitak in Akbakai und Dauren Izmagulow und Azamat Sagenow in Atyrau. Besonders dankbar bin ich auch Kosibek Erzgalew, dem Landwirtschaftsminister in Westkasachstan, und seinen Mitarbeitern, die mir dabei halfen, meine Pferde nach Russland zu bringen. In Almaty geht ein Dank an Rosa und Wadim Chaibullina von Tour Asia für ihre Hilfe in Visum- und Logistikfragen und an Gauchar Konuspajewa für die Vermittlung so vieler hilfreicher Kontakte.

In Russland unterstützten mich Dr. Anna Luschtschekina von der Russischen Akademie der Wissenschaften, die Journalistin Inna Manturowa und Dr. Liudmilla Kiselewa. Liudmilla, eine Biologie-Professorin und Umweltaktivistin, kam leider nur wenige Wochen vor dem Ende meiner Reise unter ungeklärten Umständen bei einem Verkehrsunfall ums Leben. Danken möchte ich auch Juri im Kalmückischen Wildtierzentrum, dem Kalmückischen Institut für Geisteswissenschaften und Nikolai Wladimirowitsch Luti und all seinen Mitarbeitern in Timaschewsk. Im Winter 2005/2006 reiste ich auf die Krim, um mein Russland-Visum zu verlängern. Meine russische Ersatzmutter Baba Galja, mit der ich im Jahr 2000 bei der Radtour im Norden Russlands Freundschaft geschlossen hatte, beherbergte mich dabei in Sewastopol einen Monat lang. Ihre Tochter Schura, die Enkelkinder Olja und Dima und der Schwiegersohn Sascha Schischkin kümmerten sich einen Monat lang freundlich um mich. Sascha starb 2007 plötzlich an Krebs. Baba Galja starb am 24. November 2008 kurz vor ihrem 80. Geburtstag.

Dank schulde ich auch Ismet Zaatow, dem stellvertretenden Kulturminister der Krim, und Ira von der Argamak-Pferdefarm bei Feodossija und ihrem Helfer Sascha, der inzwischen leider bei einem Reitunfall ums Leben kam.

In der Ukraine danke ich Anya Summets für ihre Liebe und Unterstützung, vor allem in der Zeit nach dem Tod meines Vaters, und Wladimir Skljaruk und seiner Familie in Kodyma, die sich darum kümmerten, dass Tigon und die Pferde versorgt wurden, als ich nach dem Tod meines Vaters nach Australien zurückkehrte. In den Karpaten ist Iwan Ribaruk nach wie vor ein guter Freund. In Ungarn hatte ich das Glück, von vielen Menschen breite Unterstützung zu erfahren. Besonderen Dank schulde ich János Lóska, der im Alleingang meinen Grenzübertritt nach Ungarn und die weitere Reise bis zur Donau arrangierte, einschließlich der Ankunfts- und Abschlussfeier in Ópusztaszer. Auch Peter Kun, István Vismeg und Tamas Petrosko verdienen eine besondere Erwähnung.

Die letzte Phase meiner Reise, von der Donau bis heute, ist die längste und in vielerlei Hinsicht auch die schwierigste gewesen. Großen Dank schulde ich meiner Mutter Anne, die mich den größten Teil der zwei Jahre nach meiner Rückkehr nach Australien beherbergte. Mum hat mich in allen Höhen und Tiefen unterstützt, die ich erlebt habe, während ich mich an der Tatsache abarbeitete, dass diese Reise zu Ende war, und mich zugleich neuen Aufgaben stellte. Ebenso danke ich meinen Brüdern Cameron und Jonathan und meiner Schwester Natalie. Die Cooks, die Wallaces und die Nicholsons, allesamt Freunde der Familie, haben uns sehr unterstützt, vor allem seit dem Tod meines Vaters.

Es versteht sich von selbst, dass ich meinem Vater viel verdanke, denn er brachte mich der Natur nahe und tat alles, was in seiner Macht stand, um mich auf dem Weg zu Abenteuerreisen und zum Schreiben zu unterstützen, auch wenn das bedeutete, dass ich mein Jurastudium an der Universität aufgab – eine Entscheidung, die er damals nicht so leicht wegsteckte.

Das Buch bestimmte fast vier Jahre lang einen großen Teil meines Lebens. Ich habe an vielen Orten daran geschrieben. Die Arbeit begann im Haus der Wallaces, mit denen unsere Familie schon seit Langem befreundet ist und die mir freundlicherweise ihr Arbeitszimmer zur Verfügung stellten. Dann begab ich mich auf Solo-Schreib-»Expeditionen«, zum Beispiel, als mich Andrew Faulknor, alias Viktor, auf sein Anwesen in den Strzelecki-Bergen einlud, wo ich tagsüber in einem Schuppen schrieb und nachts mit Tigon in einem Zelt schlief. Ein Teil des Buches wurde in der Mongolei geschrieben, und im November 2011 erhielt ich ein Fleck-Stipendium für einen Schreibaufenthalt in der Künstlerkolonie im Banff Centre for Creativity in Kanada. Das letzte Stück entstand zum größten Teil in Tawonga in den Australischen Alpen in Victoria, wo ich in Helen und Glen McIlroy zwei sehr verständnisvolle Gastgeber, mit der Familie Van der Ploeg unendlich geduldige und hilfreiche Freunde und außerdem noch einen treuen Hund hatte, der neben mir auf der Couch saß und am Ende eines jeden Schreibtags seinen Auslauf verlangte.

Für ihre Geduld und den Glauben an dieses Projekt in dieser ganzen Zeit danke ich meinen Literaturagenten Benython Oldfield in Australien und Gail und Howard in Washington, D.C., und meinem Verleger George Gibson in New York, der bereit war, etwas zu riskieren, indem er dieses Buch bei einem unbekannten und ziemlich unordentlichen Australier in Auftrag gab.

Mein Lektor Anton Mueller hat diese Reise nachvollzogen, und obwohl das nur auf dem Korrespondenzweg zwischen New York und Australien geschah, habe ich das Gefühl, dass er mich auf Schritt und Tritt begleitet hat. Anton hat mich während des Schreibprozesses ermutigt und auch gefordert, und ich fühle mich in seiner Schuld für den persönlichen Gewinn, den dies für mich bedeutet hat. Das Buch wäre ohne seinen Beitrag ganz einfach nicht das, was es ist. Beim Schreiben und beim Kürzen dieses Buches, bei dem das Originalmanuskript um fast die Hälfte schrumpfte, erhielt ich außerdem von meinem langjährigen Freund und Reisegefährten Dr. Chris Hatherly großzügiges Feedback. Und dann ist da noch der Mensch, der mir am nächsten steht und alle Höhen und Tiefen miterleben musste. Meine Freundin Khorloo Batpurew kannte mich noch gar nicht, als ich diese Reise unternahm, bekam es aber mit allen Problemen zu tun, die sich ergaben, als ich sie nachvollzog. Denn auch als ich schon lange aus der Steppe zurückgekehrt war, war ich zu Hause keineswegs zu 100 Prozent präsent. Danke, Khorloo, für all deine Liebe und Fürsorge und für das Durchstehen dieser langen Reise.

Es gibt noch viele weitere Freunde und Unterstützer, die mir sehr geholfen haben, unter anderem Rob Devling, mein ehemaliger Lehrer für Englisch und Geschichte, die langjährigen Freunde Cordell Scaife, Ben Kozel und Todd Tai sowie Joss Stewart, ein Freund aus jüngerer Zeit. Ein Dank gilt auch den vielen anderen, die hier nicht genannt werden.

Abschließend ist noch festzuhalten, dass diese Reise ohne die Unterstützung meiner Sponsoren, denen hier ebenfalls gedankt sei, niemals möglich gewesen wäre.

Glossar

Um dem Leser die Lektüre dieses Buches zu erleichtern, habe ich ein Glossar der darin verwendeten gebräuchlichen und wichtigen fremdsprachigen Begriffe zusammengestellt und sie nach ihrem Ursprungsland geordnet. Die im Buch erwähnten mongolischen Khans und Heerführer sind in einer separaten Liste aufgeführt. Darüber hinaus gibt es Listen von anderen bedeutenden historischen Persönlichkeiten sowie Steppenvölkern und -reichen.

MONGOLISCHE BEGRIFFE

Aaruul Ein traditionelles Milchprodukt der Steppenvölker aus getrocknetem Quark. Im Kasachischen bekannt als *kurt*.

Aimag Bedeutet in den Turksprachen und im Mongolischen eigentlich »Stamm«; bezeichnet heute jedoch eine Verwaltungseinheit in der Mongolei.

Airag Fermentierte Stutenmilch. In der Steppe auch unter dem turkischen Namen *kumys* bekannt.

Arkhi Klarer Schnaps aus vergorener Yak- oder Kuhmilch; allgemein als »Mongolenwodka« bekannt.

Boortsog Frittiertes Buttergebäck, das alle Steppenkulturen kennen. Wird im Kaschischen *baursak* genannt.

Borts In Streifen geschnittenes Fleisch, das zum Trocknen an die Decke einer Jurte gehängt und dann zu Pulver zerstoßen wird.

Deel Langärmliges, langes, mantelartiges Gewand, das traditionell von den Mongolen und vielen anderen Steppenvölkern getragen und mit einem Gürtel oder einer Schärpe zusammengehalten wird.

Jurte Transportables Zelt der Steppennomaden, das mithilfe zusammenklappbarer Scherengitter und Dachstangen errichtet wird, die eine isolierende Schicht Wollfilz tragen. In der Mongolei wird die Jurte *ger* genannt.

Khan Titel eines Herrschers oder Heerführers in den turkisch-mongolischen Gesellschaften der Steppe und Zentralasiens. In den Turksprachen auch als *kagan* bekannt.

Nomkhon Gleichmütig, friedlich; oft für ein gutmütiges, ruhiges Pferd verwendet.

Nuur See

Obo Ein mongolischer Stein- oder Holzhaufen, der oft auf Pässen und Berggipfeln zu finden ist; Kultstätten, an denen Reisende pausieren, ihre Hochachtung vor den Bergen bekunden und zu Tengri beten können.

Tavan tolgoi mal Herde mit fünf Tierarten (Schaf, Ziege, Kamel, Pferd und Yak/Rind); bei den Nomaden ein Symbol für Reichtum und Prestige.

Tengri Himmelsgott, der von vielen alten Steppenvölkern verehrt wurde, darunter die Mongolen, viele turkische Nomadenvölker Zentralasiens und sogar die Ungarn. Der »Tengrismus« vereint in sich Merkmale des Schamanismus, Animismus, Totemismus und der Ahnenverehrung und gilt als ehemalige organisierte Religion. In der Region des heutigen Kasachstan überstand der Tengrismus im 6. Jahrhundert den Vormarsch des Christentums und im 7. den des Judentums. Zwischen dem 12. und 15. Jahrhundert konkurrierte der Tengrismus mit dem Islam und wurde schließlich durch ihn verdrängt. In der heutigen Mongolei praktizieren viele Mongolen eine Mischung aus Buddhismus und der Verehrung des Himmelsgottes. *Tengri* – im modernen Mongolisch *tenger* – ist auch das Wort für »Himmel«.

Uul Berg

Zud Besonders harter Winter in der Steppe, der gewöhnlich zu großen Verlusten an Nutztieren führt. Es gibt verschiedene Arten des Zud, von äußerst kalten Wintern und solchen mit viel Schnee und Eis bis hin zu *harin zud* – dem schwarzen Winter –, in dem gar kein Schnee fällt. Das kasachische Wort für Zud ist *zhut*, das russische *dschut*.

KASACHISCHE BEGRIFFE

Airan Vergorene Kuhmilch

Akim Orts- oder Bezirksvorsteher

Ak-shi Eine Art Steppengras *(Achnatherum splendens* oder *Stipa splendens)*, das zu hohen Büscheln heranwächst. In Kasachstan wird das Gras zu vielen handwerklichen Produkten verarbeitet, die den Nomaden im Alltagsleben dienen.

Akyn Ein talentierter Musikant, der von einer kasachischen Sippe oder Familie traditionell zu ihrem Vertreter auserkoren wurde.

Aul Historisch eine Gemeinschaft von Nomaden, die zusammen am Weideland ihre Lager aufschlugen und mitunter gemeinsam durch die Steppe zogen. Heute bezeichnet der Begriff ein kasachisches Dorf.

Barimta Ein traditionelles Rechtssystem in der Nomadengemeinschaft. Es sah unter anderem vor, Verbrechen zu ahnden, indem man dem Täter sein Vieh stahl und es als Pfand behielt, bis der Streit beigelegt war.

Batyr Ehrentitel eines kasachischen Kriegshelden. Ein Batyr gehörte der *aksuyet,* der Aristokratie in der kasachischen Nomadengesellschaft, an.

Baursak Frittiertes Teiggericht der kasachischen Nomaden, entsprechend dem mongolischen *boortsog.*

Beshbarmak Kasachisches Nationalgericht, wörtlich: »fünf Finger«, weil es mit einer Hand gegessen wird. Aus grobem Mehl und mit gekochten Rechtecken aus Teig zubereitet, wird es häufig mit wilden Zwiebeln verzehrt.

Biys Der traditionelle Titel eines gewählten Führers oder Richters in der kasachischen Gesellschaft. Ein Biys gehört der *aksuyet,* der Aristokratie in der Nomadengemeinschaft, an.

Buran Heftiger Schneesturm in der Steppe, begleitet von einem Whiteout, der starken Lichtreflexion im Schnee, die tagelang anhalten kann. Im Mongolischen ist das Wetterphänomen als *shurgan zud* bekannt.

Chaban Nomadischer Viehhirte

Dastarkhan Ein traditioneller flacher Tisch der Nomaden. Der Begriff bezeichnet auch ein auf dem Boden ausgebreitetes Tuch, an dem gegessen wird, oder, allgemeiner, die traditionelle kasachische Gastfreundschaft.

Dombra Die traditionelle kasachische zweisaitige Laute mit langem Hals.

Dzhabe Eine kasachische Pferderasse, die für ihre Zähigkeit und Stärke bekannt ist und die auch bei schmaleren Futterrationen nicht gleich an Gewicht verliert. Meine Pferde Taskonir und Ogonjok waren Pferde dieser Rasse. Laut einer Redensart der Kasachen gründete sich ihr Volk »auf dem Rücken des Dzhabe«.

Jalau Eine Sommerweide. Der Begriff entspricht der *jayla* in der Sprache der Krimtataren.

Jeti-su (Siebenstromland), eine fruchtbare Region im südöstlichen Kasachstan zwischen dem Balchasch-See und dem Tienschan-Gebirge (auf Russisch *Semiretschje*). Ihren Namen »sieben Wasser« verdankt sie den sieben Flüssen, die vom Tienschan in den Balchasch-See fließen. Das Siebenstromland war für die Reiche Zentralasiens von strategisch wichtiger Bedeutung.

Jüz Ein Bund aus Nomadenstämmen, von denen drei die Nation Kasachstan begründeten: die Kleine Horde (Kişi Jüz), die Mittlere Horde (Orta Jüz) und die Große Horde (Ulı Jüz).

Kalym Brautpreis

Kstau Ein Winterquartier der kasachischen Nomaden, gewöhnlich bestehend aus einem Lehmziegelhaus mit Verschlägen für Vieh.

Kumys Vergorene Stutenmilch, entspricht im Mongolischen *airag*

Kurt Getrocknete Quarkbällchen, die unter Steppenvölkern traditionell weithin beliebt sind. Sie entsprechen im Mongolischen *aaruul.*

Kurultai Der politische und militärische Rat der einstigen mongolischen und türkischen Stammesführer und Khane. Die Wurzel *kural* oder *chural* bedeutet auf Mongolisch »Versammlung« wie im »Großen Staats-Chural«, dem Parlament der Mongolei.

Kyl terlek Eine aus Pferdehaar gewobene Satteldecke. Ursprünglich aus dem Kasachischen stammend, bedeutet der Begriff im Mongolischen ungefähr »Sommer-Deel (oder -Unterzeug) für Pferde« – wohl ein Hinweis auf eine weite Verbreitung in der Vergangenheit.

Oralman Auslandskasachen, deren Vorfahren zum Schutz vor kriegerischen Ereignissen oder den Enteignungen unter Stalin aus Kasachstan geflohen waren. Der Begriff bezeichnet zudem Kasachen, die nach dem Zusammenbruch der Sowjetunion nach Kasachstan zurückkehrten.

Otamal Ein plötzlicher Kälteeinbruch, der gewöhnlich Mitte März auftritt, wenn der Winter vorüber zu sein scheint.

Saxaul kleiner, buschartiger Baum *(Haloxylon spp.)* der ariden Steppen und Wüsten Eurasiens. Im Leben der Nomaden spielte er als Lieferant für Brenn- und Bauholz und notfalls auch für Wasser eine bedeutende Rolle.

Schubat Kamelmilch

Tazi Eine zentralasiatische Rasse des Windhunds, die über weite Distanzen ausdauernd rennen kann. Tazi wurden traditionell zur Fuchs- und Hasenjagd eingesetzt. Wegen ihres ruhigen Charakters und des kurzhaarigen Fells waren sie die einzige Hunderasse, die Kasachen – gewöhnlich Muslime – im Haus halten durften. Tigons Vater war ein reinrassiger Tazi.

Zhut Ein besonders harter Winter in der Steppe, der gewöhnlich zu großen Verlusten an Vieh führt – entspricht dem *zud* im Mongolischen und dem *Dschut* im Russischen.

RUSSISCHE BEGRIFFE

Babuschka Großmutter, alte Frau

Banja Traditionelle Sauna, die zum Baden und Waschen genutzt wird.

Datscha Sommerhaus von Stadtbewohnern in der gesamten Sowjetunion. Die Grundstücke wurden vor allem zum Gemüseanbau genutzt, um die Familien im Winter versorgen zu können.

Krai Verwaltungseinheit in Russland. Historisch steht sie für Gebiete, die an der Grenze des Russischen Reiches lagen. Sie entspricht einer Provinz oder einem Teilstaat und hat den gleichen Status wie eine *oblast.*

Kulaken Ursprünglich gebrauchte man diesen Ausdruck für unabhängige und relativ wohlhabende (Groß-)Bauern in Russland zu Beginn des 20. Jahrhunderts, aber nach der Oktoberrevolution 1917 bezeichnete das Wort jeden Bauern, der seinen Besitz nicht dem Staat übergab.

Lada Ehemals sowjetische, heute russische Automarke

Moskwitsch Kleine Limousine, die in der Sowjetzeit gebaut wurde.

Oblast Verwaltungseinheit in slawischen Ländern (und in Kasachstan), sie entspricht einer Provinz oder einem Teilstaat.

Solontschak Salzmarsch, Salzpfanne, Salzebene

Tschernosem Fruchtbarer »Schwarzerde«-Boden, der im Süden Russlands, in der Ukraine und einigen nördlichen Landesteilen Kasachstans vorkommt.

Ural-Motorrad Motorrad mit Seitenwagen, das in Sowjetzeiten als Arbeitspferd galt und heute noch in weiten Teilen der ehemaligen Sowjetunion benutzt wird.

Walenki Traditionelle, bis zum Knie reichende Filzstiefel.

KOSAKEN-BEGRIFFE

Ataman Anführer; das Spektrum reicht hier vom Verwalter einer regionalen Gemeinde bis zum Befehlshaber einer Kosaken-Armee zu Zeiten des Russischen Reiches.

Chutor Traditionell wird damit ein Einzelgehöft bezeichnet; das Wort entwickelte sich zur Bezeichnung für eine kleine Ansiedlung von Kosaken, die für eine eigene Kirche nicht groß genug war.

Horilka Wodka; eigentlich ein ukrainisches Wort

Samohon Selbst gebrannter Wodka; eigentlich ein ukrainisches Wort.

Staniza Traditionell eine wirtschaftliche und politische Organisationseinheit der Kosaken; entwickelte sich zur Bezeichnung für Kleinstädte und regionale Zentren der Kosaken, die groß genug für eine eigene Kirche waren.

KRIMTATARISCHE BEGRIFFE

Jayla Sommerweide der Nomaden; normalerweise verwendet, um die verschiedenen Hochebenen des Krimgebirges zu beschreiben. Hat dieselbe Bedeutung wie *jalau* im Kasachischen.

Mejlis Die 1991 gegründete Selbstvertretung der Krimtataren; repräsentatives Organ, das die Krimtataren gegenüber der ukrainischen Zentralregierung, der Regierung der Krim und internationalen Gremien vertritt.

UKRAINISCHE BEGRIFFE

Horilka Wodka
Krysani Traditioneller steifer Hut der Huzulen
Kyptar Traditionelle, schwere Schaffellweste der Huzulen, die meist mit bunten Borten, Knöpfen, Ziermünzen, Metallbesätzen und Stickereien geschmückt wird.
Polonina Almwiesen in den Karpaten, die von den Huzulen als Sommerweiden für ihr Vieh genutzt werden.
Samohon Selbst gebrannter Wodka

UNGARISCHE BEGRIFFE

Komondor Ungarische Hunderasse, die für ihr langes, verfilztes weißes Fell bekannt ist.
Pálinka Ein traditioneller ungarischer Obstbrand.
Puszta Steppe

Wichtige Persönlichkeiten der Steppengeschichte

IN DIESEM BUCH ERWÄHNTE MONGOLISCHE KHANS UND HEERFÜHRER DES MONGOLISCHEN REICHS

Arigkbugha Enkel Dschingis Khans; jüngster Sohn von Tolui. Von 1260 bis 1264 trug er mit seinem Bruder Kublai einen Machtkampf um den Anspruch aus, Großkhan des Mongolischen Reichs zu werden. Er unterlag in diesem Kampf und starb 1266.

Batu Khan Enkel Dschingis Khans und Sohn Jochis. Khan der Goldenen Horde (inklusive der russischen Herrschaftsgebiete) von 1227 bis zu seinem Tod 1255.

Dschebe Einer der wichtigsten Heerführer Dschingis Khans, der 1223 zusammen mit Subutai den ersten Feldzug der Mongolen gegen Russland anführte. Man geht davon aus, dass Dschebe anschließend auf dem Weg zurück nach Zentralasien starb. Das mongolische Wort für Dschebe ist *zev*, das »Pfeil« bedeutet.

Dschingis Khan Vereinte die Mongolen und die Turkvölker des Mongolischen Plateaus und gründete 1206 das Mongolische Reich; er eroberte zu seinen Lebzeiten mehr Herrschaftsgebiete als jeder andere. Dschingis wurde 1162 geboren und starb 1227.

Hülegü Khan Enkel Dschingis Khans und Sohn Toluis; er gründete das persische Ilkhanat. Hülegü starb 1265.

Jochi Ältester Sohn Dschingis Khans. Nach dem Tod seines Vaters erhielt er dessen westlichste Länder, vom Irtysch bis zum Ural; seine Nachkommen wurden Khane der Goldenen Horde (auch Ulus Jochi oder Khanat Kiptschak genannt). Jochi starb 1227, im selben Jahr wie sein Vater.

Kublai Khan Enkel Dschingis Khans, Sohn Toluis; Gründer der Yuan-Dynastie, zu deren Herrschaftsgebieten China und die Mongolei gehörten. Er gründete die Sommerresidenz des Khanats, Shangdu, und die Hauptstadt der Yuan-Dynastie, Khanbalik. Kublai focht in den 1260er-Jahren einen kurzen Kampf gegen seinen Bruder Arigkbugha um den Thron des Großkhans des Mongolischen Reichs. Kublai ging siegreich daraus hervor und war von den 1260er-Jahren bis zu seinem Tod 1294 der Herrscher der Yuan-Dynastie.

Ögedei Khan Dschingis Khans dritter Sohn; bestieg 1229 den Thron des Großkhans des Mongolischen Reichs; leitete die Expansion der Mongolen nach Europa. Als die mongolischen Heere 1241 die Botschaft vom Tod Ögedeis erreichte, traten sie den Rückzug nach Osten an, um einen neuen Führer zu wählen.

Subutai Dschingis Khans wichtigster Militärstratege und Befehlshaber. Nach dem Tod Dschingis Khans leitete Subutai die Expansion der Mongolen nach Russland und Osteuropa und wurde später damit beauftragt, gegen die Song-Dynastie in China Krieg zu führen. Subutai, der als einer der fähigsten Heerführer der Geschichte gilt, starb 1248 im Alter von 72 Jahren in der Mongolei.

ANDERE IN DIESEM BUCH ERWÄHNTE WICHTIGE PERSÖNLICHKEITEN DER STEPPENGESCHICHTE

Alim Khan Emir von Buchara von 1910 bis 1920, dem Jahr, in dem er von der Sowjetarmee abgesetzt wurde und gezwungen war, ins Exil nach Afghanistan zu fliehen. Gilt als der letzte direkte Nachfahre von Dschingis Khan, der Herrschaftsgewalt innehatte.

Árpád Großfürst der Magyaren (Ungarn) von 895 bis 907. Unter ihm besiedelten die Magyaren das Karpatenbecken und gründeten die Nation Ungarn.

Béla IV. König von Ungarn während der Invasion der Mongolen in Osteuropa (1241); floh zunächst, kehrte aber nach dem Rückzug der Mongolen nach Asien zurück und regierte sein Land sehr erfolgreich.

Dschani Beg Khan Entfernter Nachfahre von Jochi; Khan der Goldenen Horde von 1341 bis 1357.

Hacı Giray Nachfahre von Batu Khans Bruder; begründete um 1430 das Khanat der Krim. Die Giray-Dynastie überlebte bis zur Annexion der Krim durch Russland Ende des 18. Jahrhunderts.

Inaltschuk Statthalter von Otrar am Fluss Syrdarja während der Herrschaft Muhammads II. und des Choresmischen Reiches. Er zog sich

Dschingis Khans Zorn zu, als er 450 Kaufleute einer mongolischen Karawane, die 1218 aus der Mongolei nach Otrar geschickt wurde, ermorden ließ. Otrar war die erste Stadt, die während des Feldzugs der Mongolen gegen Choresmien 1219 bis 1220 vernichtet wurde. Inaltschuk wurde hingerichtet, indem man ihm geschmolzenes Silber in die Augen und Ohren goss.

Kotjan Khan der nomadischen Kiptschaken (auch bekannt als Kumanen) zur Zeit der Invasion der Mongolen in Russland und Europa. Während des ersten Raubzugs der Mongolen 1223 schloss Kotjan Militärbündnisse mit mehreren Fürstentümern der Kiewer Rus, erlitt aber dennoch während der Schlacht an der Kalka eine vernichtende Niederlage. Als die Mongolen 1238 zurückkehrten, wurden die Kiptschaken erneut besiegt, und Kotjan suchte zusammen mit 40 000 Nomadenfamilien Zuflucht in Ungarn. Dass König Béla IV. von Ungarn die Kiptschaken in seinem Land aufnahm, diente den Mongolen als Vorwand, 1241 in Ungarn einzufallen.

Muhammad II. Sultan des Choresmischen Reiches, das sich über Transoxanien erstreckte und die heutigen modernen Staaten Iran, Turkmenistan, Usbekistan sowie Teile von Kasachstan, Tadschikistan, Afghanistan und Pakistan umfasste. 1219 bis 1220 brachte Dschingis Khans Heer den Choresmiern eine vernichtende Niederlage bei. Muhammed floh auf eine kleine Insel an der kaspischen Küste, erlag jedoch im Winter 1220/1221 einer Lungenentzündung.

Sahin Giray Letzter Khan des Khanats der Krim.

Tamerlan Türkischer Herrscher aus Zentralasien, der in der zweiten Hälfte des 14. Jahrhunderts versuchte, an das Vermächtnis Dschingis Khans anzuknüpfen; gewann die Herrschaft über einen Großteil des Gebietes wieder, das die Mongolen früher erobert hatten. Auch bekannt als Timur und »Timur Lenk«. Tamerlan starb 1405.

Tayang Khan Führer der Naimanen, die 1204 von Dschings Khans Heer besiegt wurden. In dieser Schlacht wurde Tayang Khan, der auch als »Taibuqa« bekannt war, tödlich verwundet.

Ubashi Khan Kalmücken-Khan des 18. Jahrhunderts; führte 1771 den verheerenden Auszug der Kalmücken aus der kaspischen Steppe zurück nach China und in die Mongolei an.

Bedeutende Steppenvölker

Borjigin Ein Klan des mongolischen Volkstamms, der die Steppen und Wälder der Nordmongolei zwischen den Flüssen Onon und Cherlen besiedelte. Wichtigster Vertreter war Dschingis Khan.

Botai Ein altes Steppenvolk im heutigen Nordkasachstan (Oblast Akmola), nach heutigem Forschungsstand die erste Kultur, in der Pferde domestiziert wurden (ca. 3700-3100 v. Chr.)

Chotonen Eine kleine mongolische Minderheit, deren Vertreter zumeist nomadisch vor allem im Turgen-Charchiraa-Gebirgsmassiv in der Westmongolei leben.

Hunnen Berüchtigtes kriegerisches Reitervolk, das im 4. Jahrhundert n. Chr. in den russischen und ungarischen Steppengebieten auftauchte. Unter Attila fielen die Hunnen im 5. Jahrhundert in zahlreiche Gebiete ein und bedrohten das Römische Reich, Persien und einen Großteil Europas.

Kalmücken Nachfahren des mongolischen Volksstamms der westmongolischen Oiraten, die Anfang des 17. Jahrhunderts ans Kaspische Meer abgewandert waren und das kalmückische Khanat gegründet hatten.

Kiptschaken Mächtiges Turkvolk der Steppe, das zeitweise eine Region von Sibirien und Zentralasien bis zum Balkan beherrschte. Beim Vorstoß der Mongolen westwärts nach Europa wurden die Kiptschaken geschlagen, worauf 40 000 ihrer Familien nach Ungarn flohen. Die Goldene Horde wird als »Khanat Kiptschak« bezeichnet. Kiptschaken heißen auf Latein auch »Kumanen« und auf Russisch »Polowtsy«. Im Kapitel zu Ungarn habe ich den in Europa bekannten Begriff *Kumanen* verwendet.

Magyaren Ein Nomadenvolk, das irgendwo aus der Region um Baschkirien (oder Baschkortostan), nahe dem russischen Südural, stammen soll. Gegen Ende des 9. Jahrhunderts eroberten sie das Karpatenbecken (auch Panonische Tiefebene genannt). Unter Großfürst Árpád sollen sie 896 Ungarn gegründet haben.

Mamluken Eine mächtige Kriegerkaste des mittelalterlichen Ägypten, die die Herrschaft über das Sultanat von Ägypten und Syrien gewann und den Mongolen erste große Niederlagen beibrachte. Die Mamluken stammten in der Mehrzahl von Kiptschaken ab, von Steppennomaden, die als Sklaven nach Ägypten verkauft worden waren und mit den Kriegstaktiken der Mongolen bestens vertraut waren.

Naimanen Ein turksprachiger Volksstamm in der Westmongolei. Gegen Ende des 12. Jahrhunderts, während Dschingis Khans Aufstieg, gehörten sie zu den einflussreichsten Mächten in der mongolischen Steppe. Wie Keraiten waren Naimanen nestorianische Christen. Nach ihrer Niederlage 1204 gegen Dschingis Khans Armee flohen sie nach Westen in die Steppengebiete des heutigen Kasachstan. Dort schlossen sie unter ihrem Führer Kütschlüg, dem Sohn Tayang Khans, ein Bündnis mit den Kara-Kitai. Während der Eroberung Choresmiens durch die Mongolen erlitten die Naimanen erneut eine Niederlage. Heute leben rund 400 000 Naimanen in Kasachstan, hauptsächlich im Osten. Die Naimanen gehörten zum Stammesbündnis Orta Jüz (der Mittleren Horde). Ich hatte eine Begegnung mit naimanischen Nomaden, die vom Fluss Schu zur Hungersteppe zogen.

Nogaier Nachkommen mongolischer und turksprachiger Stämme, die sich nach dem Zusammenbruch der Goldenen Horde zur Herrschaft über die Aralo-Kaspische Niederung aufschwangen. Wegen ihres Bündnisses mit dem Khanat der Krim wanderten viele auf die gleichnamige Halbinsel aus und dienten dort in der Kavallerie des Krim-Khans. In der ersten Hälfte des 17. Jahrhunderts wurden die Nogaier von den Kalmücken aus den Steppengebieten nördlich des Kaspischen Meeres verdrängt. Heute leben sie in der Mehrzahl im Nordkauskasus, auf der Krim und in der Türkei. Ein Stamm der Nogaier gehörte der Kişi Jüz (Kleinen Horde) der Kasachen an.

Oirat-Mongolen Ein Bündnis aus den westmongolischen Stämmen Chorosen, Dürbeten, Torguten und Choschuten. Die Oiraten kämpften erbittert gegen Dschingis Khan und errichteten später das Dsungarenreich, das im frühen 17. Jahrhundert wieder zurückgedrängt wurde. Anschließend wanderten einige Stämme nach Westen in die Steppe ums Kaspische Meer ab, wo sie das Khanat Kalmücken (Khu Urluk) gründeten. Deswegen wurden sie unter dem Begriff Kalmücken bekannt. 1771 traten die Kalmücken einen tragischen Rückzug nach Asien an, bei dem viele in den kasachischen

Steppen umkamen. Das Dsungarenreich wurde zwischen 1755 und 1775 von der Qing-Dynastie unterworfen. Heute leben Oiraten hauptsächlich noch in der Westmongolei, in China und in der autonomen Republik Kalmückien in Russland.

Skythen Verschiedene nomadisch und halbnomadisch lebende Hochkulturen, die vom 7. Jahrhundert vor bis zum 4. Jahrhundert n. Chr. auf Gebieten vorherrschten, die sich von Ungarn bis zum Altaigebirge erstreckten. Ihre Kriegstaktik des vorgetäuschten Rückzugs und ihr von Herodot beschriebenes Geschick als berittene Bogenschützen erinnern verblüffend an die Mongolen. Berühmt waren die Skythen für ihre Goldschmiedekunst und ihre kunstvollen Grabhügel, die sogenannten Kurgane, die vielfach heute noch auf der Steppe sichtbar sind.

Xiongnu Ein innerasiatisches Nomadenvolk, das während der Eisenzeit vom 3. Jahrhundert vor bis zum 1. Jahrhundert n. Chr. ein Reich behauptete. Auch wenn die Herkunft der Xiongnu weiterhin umstritten ist, sind zahlreiche Historiker überzeugt, dass es sich ursprünglich um jene Hunnen handelte, deren Nachfahren Jahrhunderte später unter Attila bis nach Europa vordrangen.

Auswahlbibliografie

SACHLITERATUR

Allworth, Edward A., *The Tatars of Crimea: Return to the Homeland*, Durham, NC, 1998.

Burnaby, Frederick, *A Ride to Khiva: Travels and Adventures in Central Asia*, Oxford 2002.

Carpini, Giovanni di Plan, *The Story of the Mongols Whom We Call the Tartars*, Wellesley, MA, 1996.

Conquest, Robert, *Ernte des Todes: Stalins Holocaust in der Ukraine 1929–1933*, München 1992.

Dave, Bhavna, *Kazakhstan: Ethnicity, Language and Power*, London 2007.

Dolot, Miron, *Execution by Hunger: The Hidden Holocaust*, New York 1987.

Gray, John, *Kazakhstan: A Review of Farm Restructuring*, Herndon, VA, 2000.

Halperin, Charles J., *Russia and the Golden Horde: The Mongol Impact on Medieval Russian History*, Bloomington 1985.

Hartog, Leo De, *Genghis Khan, Conqueror of the World*, Folioausgabe, Berkeley 2005.

Haslund, Henning, *Mongolian Adventure: 1920s Danger and Escape Among the Mounted Nomads of Central Asia*, Zürich 2001.

Hildinger, Erik, *Warriors of the Steppe: A Military History of Central Asia 500 BC to 1700 AD*, New York 2001.

Hopkirk, Peter, *Die Seidenstraße: Auf der Suche nach verlorenen Schätzen in Chinesisch-Zentralasien*, Reinbek bei Hamburg 1990.

———, *The Great Game: The Struggle for Empire in Central Asia*, New York 1992.

Jankovich, Miklos, *They Rode into Europe: The Fruitful Exchange in the Arts of Horsemanship Between East and West*, Zürich 2007.

Khodarkovsky, Michael, *Where Two Worlds Met: The Russian State and the Kalmyk Nomads 1600–1771*, Ithaca, NY, 2006.

Kleveman, Lutz, *The New Great Game: Blood and Oil in Central Asia*, London 2004.

Maclean, Fitzroy, *Von Männern, Kampf und Mächten: im Russland Stalins, gegen Rommel in Afrika, unter Titos Partisanen*, Stuttgart 1985.

Manz, Beatrice Forbes, *The Rise and Rule of Tamerlane*, Folioausgabe, Berkeley 2005.

Martin, Virginia, *Law and Custom in the Steppe: The Kazakhs of the Middle Horde and Russian Colonialism in the Nineteenth Century*, Richmond, Surrey, GB, 2001.

Rink, Bjarke, *The Centaur Legacy: How Equine Speed and Human Intelligence Shaped the Course of History*, Zürich 2004.

Rockhill, W. W., *The Journey of William of Rubruck to the Eastern Parts of the World, 1253–55*, Asian Educational Services 1998.

Ronay, Gabriel, *The Tartar Khan's Englishman*, London 1978.

Rossabi, Morris, *Khubilai Khan: His Life and Times*, Folioausgabe, Berkeley 2005.
Shayakhmetov, Mukhamet, *The Silent Steppe: The Memoir of a Kazakh Nomad Under Stalin*, New York 2007.
Uehling, Greta Lynn, *Beyond Memory: The Crimean Tatars' Deportation and Return*, New York 2004.
Weatherford, Jack, *Genghis Khan and the Making of the Modern World*, New York 2004.

ERZÄHLLITERATUR

Rong, Jiang, *Der Zorn der Wölfe*, München 2011.
Stanislaw, Vincenz, *On the High Uplands: Sagas, Songs, Tales and Legends of the Carpathians*, London 1955.
Tolstoi, Lew Nikolajewitsch, *Die Kosaken und andere Erzählungen*, Zürich 1985.

LITERATUR ZU REISEN ZU PFERD

Denjenigen, die sich für die praktische Seite von Reisen zu Pferd interessieren, empfehle ich die Website der Long Riders' Guild www.thelongridersguild.com.
Eine umfassende Liste historischer Abenteuer zu Pferd und Packtipps für das Wanderreiten finden sich auch unter www.horsetravelbooks.com
Eine vollständige Liste meiner persönlichen Ausrüstung findet sich auf meiner Website www.timcopejourneys.com